复旦附中『双新』语文课
中华古诗文阅读

第二卷

主编/吴坚 黄荣华
副主编/王希明 张翔

广西师范大学出版社
·桂林·

图书在版编目(CIP)数据

复旦附中“双新”语文课. 中华古诗文阅读 第三卷 / 吴坚，黄荣华主编；王希明，张翔副主编. —桂林：广西师范大学出版社，2023.4(2024.7 重印)

ISBN 978-7-5598-5875-7

Ⅰ. ①复… Ⅱ. ①吴… ②黄… ③王… ④张… Ⅲ. ①古典诗歌-中国-阅读教学-高中-教学参考资料 ②文言文-阅读教学-高中-教学参考资料 Ⅳ. ①G634.303

中国国家版本馆 CIP 数据核字(2023)第 040657 号

复旦附中“双新”语文课·中华古诗文阅读·第三卷

FUDANFUZHONG “SHUANGXIN” YUWENKE · ZHONGHUA GUSHIWEN YUEDU · DISANJUAN

出 品 人：刘广汉

策划编辑：刘美文

责任编辑：伍忠莲

装帧设计：李婷婷

广西师范大学出版社出版发行

(广西桂林市五里店路 9 号　　邮政编码：541004
网址：http://www.bbtpress.com)

出版人：黄轩庄

全国新华书店经销

销售热线：021-65200318　021-31260822-898

山东韵杰文化科技有限公司印刷

(山东省淄博市桓台县桓台大道西首　邮政编码：256401)

开本：787 mm × 1 092 mm　1/16

印张：26.25　　字数：453 千

2023 年 4 月第 1 版　　2024 年 7 月第 2 次印刷

定价：68.00 元

修订版前言

“中华古诗文阅读”系列图书于2015—2016年由上海教育出版社出版。

2017年初，该系列图书一度成为各大媒体争相报道的热点，成为热门图书。五年过去了，该系列图书依然有较强的市场竞争力。

但在使用的过程中，编者、读者均发现了一些问题，尤其是读者提出了一些非常中肯的意见与建议。

因此，我们依据中学语文教育发展的要求，参照读者的意见与建议，对该系列图书做了较大幅度的修订，并更名为《复旦附中“双新”语文课：中华古诗文阅读》。

（1）调整了篇幅。

将原来的6卷200余万字，缩减为3卷100余万字，图书内容更为精练。

（2）加强了课内外联读。

原来的版本有关高中课内古诗文阅读指导的内容只占图书的十分之一，修订后该部分内容大约占图书的二分之一；并且，修订后每卷设上、下编，上编为课内古诗文阅读，下编为课外古诗文阅读，上编与下编在关要处加强勾连与贯通。这样，在整体上大大提升了图书的使用价值。

课内古诗文阅读，由统编高中《语文》教科书中的古诗文构成，第一卷对应必修上册教科书中的古诗文，第二卷对应必修下册教科书中的古诗文，第三卷对应选择性必修上中下三册教科书中的古诗文。

课外古诗文阅读，第一卷由《诗经》选读、《楚辞》选读、《论语》选读、《荀子》选读、汉乐府选读、唐诗选读六单元构成，第二卷由《孟子》选读、《左传》选读、《史记》选读、《韩非子》选读、唐宋词选读、《文心雕龙》选读六单元构成，第三卷由《老子》选读、《庄子》选读、《墨子》选读、《大学》《中庸》选读四单元构成。

（3）更加注重贯通学习的指导。

强化“以中华传统文化的存在方式学习中华传统文化”的学习理念（详见代后记），

引导并帮助学生构筑21世纪“中国人”存在的文化逻辑；屏弃近代以来形成的“以西方思想审视中华传统文化”的书写方式，在东西方文化对照中彰显中华传统文化优秀基因的当代意义；图书以对中华传统文化的认知、理解、欣赏为经，以对中华传统文化的探讨为纬，可质疑者质疑之，不可质疑者不强疑，更不为异而求异、为新而出新。

因此，在图书编写时，整体上以诗史、文史、文化史为线索，以单元主题贯通为阐释方式，展示诗思文脉，构筑文化逻辑。

为了方便学生学习，课内古诗文阅读以单篇为单元组，课外古诗文阅读则以多篇（段）为单元组。两者都遵循适切性学习原则，筑阶而上，步步提升。

每一个单元组均设四个学习阶梯：

（1）知识朋友圈——呈现与本篇（段）相关的文学、文化常识和言语知识等。

（2）诗心（文心）点点通——展示诗思文脉、诗艺文心，贯通与之相关的文史脉络，知其然亦知其所以然。

（3）思想会客厅——以经典内在文化核心为基点，沟通古今中外，形成与之相关的文化史、思想史认知，构筑文化逻辑。

（4）练习步步高——每单元组设置若干习题，题型依次为知识识记、诗心（文心）体悟、思想碰撞（有接受，有商榷，有新见）。

我们期待修订后的“中华古诗文阅读”系列图书，在唤醒学生作为中国人的语言意识、思维意识、审美意识，落实“双新”语文课程标准制定的“文化传承与理解”学科核心素养等方面，都能发挥重要的作用；也期待读者进一步提出宝贵的意见！

在图书修订过程中，副主编王希明老师、张翔老师付出很多，在这里向他们表达感谢！也感谢广西师范大学出版社的大力支持！

黄荣华

2022 年 7 月 12 日于上海

前言

“中华古诗文阅读”系列图书的编写是继《中国人》编写之后，复旦大学附属中学（以下简称“复旦附中”）语文课程校本化进程中的重要步伐。

2006年始，复旦附中语文教研组进行语文课程校本化攻关，从教材建设、课堂建设、教师队伍建设和评价体系建设等几个方面展开。

在教材建设方面，语文教研组计划完成《中国人》、“中华古诗文阅读”、“中华根文化·中学生读本”等教材的编写。《中国人》、“中华根文化·中学生读本”（15种）于2010—2012年完成，并于2011—2012年先后由复旦大学出版社出版。

“中华古诗文阅读”系列图书是在复旦附中十余年古诗文课堂教学探索的基础上完成的。2002年始，复旦附中人文实验班将《论语》《孟子》《古文观止》《诗经》等引入课堂，此后逐步在全校推广。至2008年，语文教研组已形成较为完善的“中华古诗文阅读”教学计划并落实到课堂，引导学生在三年学习过程中，分阶段阅读《论语》大部分篇目、《古文观止》四十余篇、历代诗歌一百五十余首，选读《诗经》《楚辞》《老子》《庄子》《孟子》《荀子》《韩非子》《墨子》《左传》《战国策》等先秦经典。2013年，完成“中华古诗文阅读”（6卷）的编写，并投入使用。

2014年9月，以《中国人》、“中华古诗文阅读”、“中华根文化·中学生读本”为主体的“阅读‘中国人’书写‘中国人’”教学成果，荣获首届基础教育国家级教学成果一等奖。

现在呈现给大家的“中华古诗文阅读”系列图书，是在此次获奖成果的基础上，根据教学需要进一步修订而成。每卷10个单元：《论语》《古文观止》4个单元（第六卷为钟嵘的《诗品》、文言文“通假字”、文言文“古今异义”、文言文“特殊句式”4个单元）；《文心雕龙》1个单元；先秦经典2个单元；古诗词鉴赏1个单元；谈诗论文1个单元；沪版高中《语文》古诗文“思考与表达”1个单元。

在《中国人》的《前言》中我曾说：“现在多数同学高中毕业了，对中国人的认识还是相当模糊的，甚至是非常片面的。这对基础教育而言，不能说是成功的。我们认为，通过十二年的中小学教育，正常的情况，一个高中毕业生对在本民族发展进程中产生过重大影响的民族文化人物，起码要有一个比较全面的、比较正面的认识，而不是相反。”我们期待《中国人》“能引导同学在‘识自’方面有所感悟，有所领悟，有所觉悟，为他们以后自觉地以一个中国人的身份参与全球化的进程打下良好的基础；我们期待，《中国人》的学习，对学生文化表现力的培育有深远的影响，对他们语文能力的成长也有良好的助推作用”。

在此我要说：“中华古诗文阅读”系列图书是在“识自”方面更深一层的学习。如果说《中国人》是从“人的发现”角度启示学生做一个觉醒的中国人，那么“中华古诗文阅读”系列图书则是从“文化的发现”角度启示学生更深更广地认识作为中国人的文化所自，唤醒沉睡在自己心中的《论语》之“仁”，担起自己生命中应当承担的《孟子》之“义”，激发潜隐在自己头脑中的《老子》之“智”，了然可以自我享受的《庄子》之“达”，力行世间最难践行的《墨子》之“爱”……

有人说，中国文化的最伟大处是她伟大的诗性，如我们的先人发明了火药，但火药用于庆典，用于热闹，用于生活，而不是用于屠杀；我们的先人发明了指南针，但指南针用于风水，用于精神的彼岸，用于灵魂的安顿，而不是用于扩张与掠夺。

我想说，中国文化的最伟大处是她无处不在的诗性，并且这种诗性特征的内核在先秦就已凝结。《易》的“变化”、《礼》的“恒在”、《诗》的“无邪”、《楚辞》的“绚烂”、孔子的“中庸”、孟子的“性善”、荀子的“君子”、老子的“有无”、庄子的“齐物”、墨子的“兼爱”……不仅引领着中国人从远古走向现代、走向未来，而且将成为世界现代文化建设的重要力量。

列夫・托尔斯泰曾在 1884 年 3 月 29 日的日记中写道：“如果没有孔子和老子，《福音书》是不完整的，而没有《福音书》，于孔子则无损。”

诺贝尔文学奖获得者黑塞在 1925 年给好友茨威格的信中说：“中国人的文化理想与我们现代西方的文化理想是如此相反，以至于我们应该为地球另一面拥有如此坚定和值得崇敬的一种对极而感到高兴。企望整个世界欧洲化或中国化都是愚蠢的，我们应该尊重这种陌生的精神，否则，人们就什么也学不到，也不能互相接受；我们应该期待远东至少成为我们的老师，就像长期以来我们对西亚所做的一样（只要想想歌德）。”

1987年11月，时任中国国家主席的李先念访问法国时，法国前总理、时任法国总统的希拉克在欢迎辞中说："启蒙思想家在中国看到了一个理性、和谐的世界，这个世界听命于自然法则且又体现了宇宙之大秩序。他们从这种对世界的看法中汲取了很多思想，通过启蒙运动的宣传，这些思想导致了法国大革命。"

英国著名科学史专家李约瑟在他的《中国科学技术史》一书的《序言》中说："今天保留下来的各个时代的中国文化、中国传统、中国社会的精神气质和中国人的人事事务，在许多方面，将对日后指引人类世界作出十分重要的贡献。"

被誉为"近世以来最伟大的历史学家"的阿诺德·汤因比说："如果让我选择，我愿意生活在中国的宋朝。"

这里我不厌其烦地引用，不是想用列夫·托尔斯泰、黑塞、希拉克、李约瑟和阿诺德·汤因比等人的话来证明中国文化的伟大（中国文化的伟大是无须证明的），只是想从另一个角度提醒所有的有意无意忽视、有意无意轻视，甚至有意无意鄙视自己所拥有的伟大文化的"糊涂家"或"清醒者"，你应当"清醒"，或者你应当"更清醒"。

我们生活在一个伟大的时代，这个伟大的时代需要伟大的情怀去拥抱，需要伟大的智慧去创造，需要伟大的心力去享受。

也许，你正前行在这样一条伟大的道路上。我们只想提醒你，如果你以前并没有真正认识自己拥有的文化有多么伟大，并没有真正认识自己可以在自己所拥有的伟大文化中获得前行的伟大力量，那么，从现在开始就努力去改变吧。

我们无意夸大中华传统文化的现代意义，但我们决不能再无视中华传统文化的现代意义。回望历史，展望未来，我们感恩着，我们梦想着，我们前行着。我们想起了梁启超的那句满贮深情的话："吾感谢吾先民之饷遗我者至厚，吾觉有极灿烂庄严之将来横于吾前！"

感谢复旦附中语文教研组全体教师的付出，感谢朱家角中学王友、吴淞中学赵晖、洋泾中学董鹏、浦东复旦附中分校王欣悦等教师的友情援助，他们的努力使"中华古诗文阅读"系列图书的编写得以顺利进行。

中华传统文化博大精深，中华古诗文浩如烟海，限于我们的学力与见识，"中华古诗文阅读"系列图书肯定还存在许多问题，期待读者的批评指正。

黄荣华

2015年2月28日

（本文为2015年版的《前言》，收入本书时有改动）

目录

上编：课内古诗文（选择性必修上中下册）

上编：课内古诗文（选择性必修上中下册）

第一单元

诸子精神

单元概说

两千七百多年前的中华大地上，诸子百家悉数登场，他们彼此有着鲜明的立场，形成自由而激烈的学术论争，点亮了中华文明的“星空”。《汉书·艺文志》记载了百家争鸣的盛况：“凡诸子百八十九家……蜂出并作，各引一端，崇其所善，以此驰说。”儒、道、墨三家则是中华文明“星空”中三颗极亮的“恒星”。

本单元由《〈论语〉十二章》《大学之道》《人皆有不忍人之心》《〈老子〉四章》《五石之瓠》《兼爱》构成，从不同侧面呈现了百家争鸣时代儒、道、墨三家的思想。孔子的“仁”“义”“礼”等核心概念、《大学》的“三纲”“八目”、孟子的“性善”、老子的“无为”、庄子的“无用”“无己”、墨子的“兼爱”，都是中华传统文化的重要组成部分，影响着中国人的行为习惯、伦理观念和思维方式。

儒家以道德为终极关怀，将追求道德完善作为人生目标，进而积极作为，造福社会。孔子以“仁”构筑起自己的思想体系，主张行“忠恕”之道，能够从“尽己”到“推己”，其“克己复礼为仁”的思想本质上是个体通过修习成为道德完善之人，继而推己及人，以实现理想的社会等级秩序；《大学之道》中“三纲”“八目”的关系与孔子“克己复礼”“修己”“安人”的理想相符合，“壹是皆以修身为本”，“格物”“致知”“诚意”“正心”是修身，也是道德主体内在建构的过程，而“齐家”“治国”“平天下”是道德主体向外拓展的过程。孟子主张“性善”，存心养性，灌溉“四端”，扩充“善心”，“以不忍人之心行不忍人之政”，实现“事父母”“保四海”之目的。

道家“法自然”，老子主张行“无为”之道，“以辅万物之自然而不敢为”，顺万物自然之性而为之。庄子能从人们普遍认定的“无用”之物中发掘出大用，与他“至人无己”的思想息息相关，他比老子更进一步，将自我融于自然，“万物与我为一”(《庄子·齐物论》)，以实现物与我的和谐共生。

墨家基于礼坏乐崩、周文疲弊的社会现状，提出“兼相爱，交相利”，为人们绘制了一幅理想而美好的图景，人与人之间停止倾轧、猜忌、纷争，做到同情共感，以爱来消解矛盾。

儒、道、墨三家思想本质上都是思考如何消解社会的纷争、矛盾，为乱世中的人获得幸福提供路径。阅读、理解儒、道、墨三家思想的过程，就好似发现、领受几千年来一直照耀着人类天空的那些伟大的“星光”，借助诸子思想的“星光”照亮我们的内心世界。

《论语》十二章、大学之道、人皆有不忍人之心

一、知识朋友圈

1.《论语》语录体的编排方式有何特点？

众所周知，《论语》是一部先秦诸子散文，记录了孔子及其弟子的言行，由孔子门人集辑而成，成书于战国初年，其文体是语录体。语录体，顾名思义，主要记录人物的言论，只言片语，简短精练，朴实自然，不讲究篇章结构，上下文之间也没有严谨的逻辑。如《论语·学而》之篇名取“学而时习之，不亦说乎”前两字，并没有体现该篇的思想内容，篇章的命名与安排多少带有随机性。因此，不少人会感觉《论语》的体例杂乱无章，漫无头绪，甚至有人提出这样的疑问：是不是有必要根据主题将之分门别类，梳理出一个逻辑重新编排？

按主题分门别类，确实有助于我们从整体上把握《论语》的思想，可以视作我们理解《论语》的方法。但《论语》就好像孔子教学活动的实录，是具体情境中自然生成的反应。如《子路、曾皙、冉有、公西华侍坐》就是孔子及其弟子探讨礼乐教化的实录。语录体或许就是呈现教学实录本来样貌的形式。

更进一步思考，《论语》的各篇是不是如同我们所感觉的那样杂而无序呢？孔子曾说：“仁远乎哉？我欲仁，斯仁至矣。”(《论语·述而》) 若我们仔细推敲《论语》的篇章，便不难发现，其中有一条主线贯穿，或直接或间接地与“仁”相关，“仁”作为孔子一以贯之的道，或隐或现，存在于《论语》呈现的具体时空之中，此时此地此情此景，时时处处事事有“仁”。因此，即便是看似杂乱散漫的语录体，本质上也是“形散神聚”的。

2. 何为“大学”？

提到“大学”，现代人的理解是实施高等教育的学校。其实，“大学”一词古已有之，与当下人们的理解有差异。

《汉书·礼乐志》曰：“古之王者莫不以教化为大务，立大学以教于国，设庠序以化于邑。”“大学”一词与“庠序”（地方教育机构）的概念相对，指中央教育机构；此外，“大学”与儿童学习的“洒扫、应对、进退之节”等“小学”科目相对，可理解为“大人之学”（朱熹《四书章句集注》）、“成人”之学。

相传，孔子的弟子曾子作《大学》，被收入儒家经典《小戴礼记》，为《礼记》第四十二篇。到了宋代，北宋理学家程颢、程颐将它从《礼记》中抽出，单独成篇；南宋理学家朱熹又把它与《论语》《孟子》《中庸》合称“四书”，并为之作注，定名为《四书章句集注》。“四书”曾被天下读书人视作必读书，后来又成为元、明、清三代科举考试的大纲。

《大学》的第一章即《大学之道》，着重阐述了个人修养与社会政治的关系，提出“明明德”“亲民”“止于至善”三纲领，以及“格物”“致知”“诚意”“正心”“修身”“齐家”“治国”“平天下”实现天下大治的八个步骤。当代学者徐复观认为，《大学》“完全代表儒家之理想”（《中国人性论史·先秦篇》），是儒家思想的集大成者。

3. 语言积累。

（1）义。小篆写作。许慎《说文解字》云：“义，己之威仪也。从我、羊。”本义为威仪。引申为仁义，正义，合宜的道德、行为。《释名》曰：“义，宜也。裁制事物，使各宜也。”学者劳思光如此解释儒家所论之“义”：“盖‘义’指‘正当性’，而人之所以能求‘正当’，则在于人能立‘公心’。”（《新编中国哲学史》）君子有“公心”，因而能做到克制私欲，行事正当合宜。

（2）仁。小篆写作。许慎《说文解字》云：“仁，亲也。从人，从二。”段玉裁《说文解字注》曰：“古文仁，从千心作。从心，千声也。”“从心”，表明在古人看来，“仁”是一种源于天性、发乎内心的情感。“仁”的本义为仁爱。引申为敬辞、果核、果壳里的东西。

（3）端。“端”表示“发端”义原写作“”。许慎《说文解字》对其字形的解读：“耑，物初生之题也。上象生形，下象其根也。”上半边象生长的形状，下半边象根，意为事物的开始。孟子《人皆有不忍人之心》提出“四端”，“四端”即“四心”，也就是善之本心。我们也可以结合“端”的字形进一步理解孟子的“四心”说，人的善心萌芽、生发，勤于灌溉，最终长成参天大树，从而抵达至善之境。

二、文心点点通

1.《大学之道》中的“诚其意”“正其心”做何解？

《大学之道》开宗明义，提出了“三纲”“八目”，“八目”之中“修身”是本，“格物”“致知”是“修身”的前提。所谓“格物”“致知”，朱熹注曰：“推极吾之知识，欲其所知无不尽也。”（《四书章句集注·大学章句》）也就是推究事物原理，获得无尽的知识，这是人向外部世界学习以充实内在的过程。

紧接着“格物”“致知”的是“诚意”“正心”，如何理解“诚意”“正心”呢？《大学》将“诚意”直接界定为“毋自欺也”。徐复观对此的解释可以给我们以启发：“但心亦因与事物相接，事物同时可以诱发生理的欲望，心因生理欲望的乘机窃发而亦易于迁移。……为使与事物相接之心，不被生理欲望所迁移，便须在由心所发之意的地方，做一番‘诚’的功夫。”（《中国人性论史·先秦篇》）“正心”即去除遮蔽，回归本心。心是本心、善心；意是心与外物接触后，产生的种种意念，使本心蒙蔽，自欺即自我蒙蔽。“诚意”“正心”就是去除种种遮蔽，回归本心。

单单积累知识是不够的，要能够使知识发挥效用，使自己去伪存真，这才是“修身”之真谛。

2. 孟子有关“四端”的比喻蕴含怎样的思维方式？

《人皆有不忍人之心》中，孟子在关于“四端”的论述过程中运用了两处比喻，一处是“人之有是四端也，犹其有四体也”；一处是“凡有四端于我者，知皆扩而充之矣，若火之始然，泉之始达”。

事实上，这两处比喻蕴含古人的思维方式。比喻（譬喻）是现代修辞学概念，在古代被视作取譬的一种，“譬”是一个广义概念。墨子说：“辟也者，举也物而以明之也。”（《墨子·小取》）就是取类似、相关的事物来说明道理。孔子曰：“能近取譬，可谓仁之方也已。”（《论语·雍也》）在孔子看来，从切近的事物中，从自己出发取譬，以己度人，推己及人，是实现仁的方式。《易·系辞下》介绍八卦的产生，说：“近取诸身，远取诸物，于是始作八卦。”取譬隐含推类思维，而此种推类，很大程度上建立在经验、直觉的基础之上。借助已知的、具体的形象来说明未知的、抽象的理，偏重形象思维，这是人认识事物、解释世界和表达思想的重要方式。

而孟子在推类以取譬的过程中，善于从物中提炼出人的精神品质，如孟子把火燃烧、泉涌出的现象与人扩充善心联系起来，让“四端”（人内在潜隐的四种善心）与“四体”（外部显现的“四肢”）形成相似性联系，说明“四端”是人固有的天性。

荀子将这一过程称为“君子比德”（用玉的温润有理比喻君子的品格）。“比德”可以说是儒家比喻的常见思路，将自然物象与人的精神品质联系起来。“君子比德”在《论语》中也处处可见，如“为政以德，譬如北辰，居其所而众星共之”（《论语·为政》）、“岁寒，然后知松柏之后凋也”（《论语·子罕》），其都是借自然现象以阐明儒家对仁义、对至善境界的追求。

三、思想会客厅

1.“忠恕”之道如何体现“仁”？

学者汤一介说：“孔丘提出的‘仁’是他全部思想的核心。……它包括忠、恕、孝、悌、智、勇……”（《“仁”——孔丘思想的核心》）然而，对于“仁”的内涵，孔子并未做明确界定，因此后世注家蜂起，莫衷一是。

《论语·里仁》记载，曾子用一个词概括孔子一以贯之的道——“忠恕”。“忠恕”成为后人理解“仁”的重要依据。学者高亨说：“孔子的仁即忠恕。”（《孔子思想三论》）冯友兰也说：“忠恕是行仁的具体方法。”（《中国哲学简史》）那么，“忠恕”是如何体现并落实“仁”的？

我们应当明确什么是“忠恕”。“恕”字容易理解，古人常常拆字为解，“如心为恕”，可解释为如其己心，也就是将心比心。“忠”为何意呢？不少人将之理解为忠诚待人，其实这缩小了“忠”的含义，如果将“忠”拆开，“中心为忠”（《周礼·大司徒》疏、《故训汇纂》），可理解为把心放正，不偏不倚，能够做到克制自我的私欲。有不少学者以内外分“忠恕”，“忠”偏于对己，“恕”则偏于对他人。朱熹说：“尽己之谓忠，推己之谓恕。”（《四书章句集注》）清代刘宝楠曰：“己立己达，忠也；立人达人，恕也。”（《论语正义》）“忠”侧重尽力做好自己，也就是忠于己；恕偏于对于人，即忠于人。“忠恕”其实是由“忠”而“恕”，从“尽己”而“推人”，从“忠于己”到“忠于人”。

“仁”可做两解：其一，“从人，从二”；其二，“从千心作。从心，千声”。在古人看来，“仁”是源于天性、发乎内心的情感，如果能做到“仁”，也就意味着能处理好“人己”关系，使人与己和谐、相亲。

若从字形、字义来理解“忠”“恕”“仁”三者的关系，我们便不难发现，“中心”“如心”“千心”皆“从心”，这意味着“仁”从心性基本修养而来。孔子认为君子有三境界——“修己以敬”“修己以安人”“修己以安百姓”(《论语·宪问》)。亦可视其为“仁”的三境界——以敬肃的态度修己之“仁心”，推己及人，“安人”“安百姓”。修“仁心”是行“仁行”于天下的前提，知行合一，此乃“忠恕”之道，更是“仁”之真谛。

从“尽己”到“推己”的“忠恕”之道不仅在《论语》中得以彰显，而且适用于其他儒家经典。以《大学之道》为例，“三纲”“八目”中，“修身”是本，“格物”“致知”“诚意”“正心”是“修身”的过程，也是“明明德于己”的过程，是道德主体的内在建构；“齐家”“治国”“平天下”是“亲民”的各种方式，是道德主体向外拓展，是“明明德于天下”的过程。《人皆有不忍人之心》中，孟子“以不忍人之心行不忍人之政”，以“四端”为基础，推而广之，可以“事父母”“保四海”，与《齐桓晋文之事》中“推恩足以保四海，不推恩无以保妻子”互为印证，“推恩”不就是从“尽己”到“推己”的过程吗？

儒家用“仁”构筑起自身与外部世界的关系，通过“修身”成为一个完善的人，进而关切他人、关切社会。这个过程近乎“涟漪”，以自我为参照，由内而外，层层递推。

2. 中西方哲人眼中的“恕”之异同。

《论语·卫灵公》记载，子贡问孔子：“有一言而可以终身行之者乎？”孔子回答了一个字：“恕。”什么是“恕”？孔子的解释是：“己所不欲，勿施于人。”就是不把自己不愿意做的事强加给别人。孔子认为这个“恕”字可以终身奉行，乍一看，它似乎很容易做到。人都有自己不愿意做的事、不愿意要的东西，想到别人也会不愿意做、不愿意要，就不要强加给别人了。但事实上要做到“恕”并不容易。做到“恕”的前提是心中不仅有自己，而且有他人。因而能克制自己的私欲，做到将心比心，要一以贯之，持之以恒，非易事也。

因而，这一条被称作“道德黄金律”，中外皆然。曾有人问古希腊先哲泰勒斯：“怎样才能过着有哲理和正直的生活？”泰勒斯说：“不要做你讨厌别人做的事情。”这一表述与孔子的“恕”何其相似，然而，两者有略微差别。孔子说：“夫仁者，己欲立而立人，己欲达而达人。能近取譬，可谓仁之方也已。”（《论语·雍也》）“仁”即“恕”，其逻辑是由内向外，是从自己出发，以自我为参照，推己及人；而西方的“恕”，是由外向内，从外部诉求反推到内在的修养。

儒家主张“己所不欲，勿施于人”，以己度人，推己及人，然而，推己及人的逻辑在道家眼中行不通。《庄子·至乐》记载了鲁侯养鸟这个故事，有一只海鸟在鲁国国都郊外停留，鲁侯派人用专车迎接它，并在宗庙里给它敬酒，演奏《九韶》来取悦它，又准备了祭祀时才用的牛、羊、猪的肉饲养它。海鸟却双目昏花，心情悲伤，不敢吃一块肉，不敢喝一杯酒，三天后就死了。鲁侯为海鸟创造了最好的物质条件，让海鸟过上了锦衣玉食的生活，但海鸟三天后郁郁而终。庄子曰：“此以己养养鸟也，非以鸟养养鸟也。”也就是说，鲁侯是从自己的立场、自己的需求出发养海鸟，而非遵从海鸟的特性去养它。在道家看来，以己度人往往会伤害他人。

那么，儒家与道家关于“人己”的观点是否就是绝对对立的呢？事实上，两家的出发点不同，儒家侧重从伦理道德的视角来看待“人己”关系，“能近取譬”，从近处打比方，就是从自己入手，去对待事物，因此顺理成章地推出“己欲立而立人，己欲达而达人”“己所不欲，勿施于人”，这符合人情、人性。而道家从自然、天地的视角来看待“人己”关系，无论“人己”还是万物，都是自然的一部分，任何人为干预皆为妄作，唯有顺其自然，顺天致性，才能实现万物的和谐共生，我们或许可将之视作道家之“恕”吧！

四、练习步步高

（一）知识识记

1. 填空。

（1）____________，就有道而正焉。（《论语·学而》）

（2）____________，夕死可矣。（《论语·里仁》）

（3）见贤思齐焉，____________。（《论语·里仁》）

（4）____________，仁者不忧，勇者不惧。（《论语·子罕》）

（5）非礼勿视，________，________，非礼勿动。（《论语·颜渊》）

（6）欲诚其意者，____________。（《大学之道》）

（7）_______________，壹是皆以修身为本。（《大学之道》）

（8）《论语》成书于战国初年，记录________，全书二十篇492章，主要是______体。

（9）《礼记》又名《______》，成书于汉代，为西汉礼学家______所编，是一部______家思想的资料汇编。

（10）《大学之道》选自《大学》，南宋理学家______从《礼记》中摘出《大学》及《______》两篇，分章断句，加以注释，与《______》《______》合称“四书”。

（11）《人皆有不忍人之心》中，孟子提出的“四心”分别是______、______、______和是非之心。

2. 解释下列加点的字词。

（1）人而不仁（　　　　）

（2）君子喻于义（　　　　）

（3）文胜质则史（　　　　）

（4）士不可以不弘毅（　　　　）

（5）天下归仁焉（　　　　）

（6）其“恕”乎（　　　　）

（7）迩之事父（　　　　）

（8）在明明德（　　　　）

（9）安而后能虑（　　　　）

（10）虑而后能得（　　　　）

（11）先齐其家（　　　　）

（12）致知在格物（　　　　）

（13）人皆有不忍人之心（　　　　）

（14）皆有怵惕恻隐之心（　　　　）

（15）仁之端也（　　　　）

（16）自贼者也（　　　　）

（17）若火之始然（　　　　）

3. 将下列句子翻译成现代汉语。

（1）《诗》可以兴，可以观，可以群，可以怨。

____

（2）非所以内交于孺子之父母也，非所以要誉于乡党朋友也，非恶其声而然也。

（二）文心体悟

论语 · 宪问（节选）

子路问君子。子曰：“修己以敬。”曰：“如斯而已乎？”曰：“修己以安人。”曰：“如斯而已乎？”曰：“修己以安百姓。修己以安百姓，尧、舜其犹病诸！”

精读《〈论语〉十二章》《大学之道》《人皆有不忍人之心》，梳理这些文本如何体现孔子“修己”“安人”“安百姓”的思想，填写表格。

	“修己”	“安人”“安百姓”
《〈论语〉十二章》		
《大学之道》		
《人皆有不忍人之心》		

（三）思想碰撞

阅读下列材料，回答问题。

材料一：

论语 · 卫灵公（节选）

子贡问曰：“有一言而可以终身行之者乎？”子曰：“其恕乎！己所不欲，勿施于人。”

材料二：

庄子 · 至乐（节选）

昔者海鸟止于鲁郊，鲁侯御而觞之于庙，奏《九韶》以为乐，具太牢以为膳。鸟乃眩视忧悲，不敢食一脔，不敢饮一杯，三日而死。此以己养养鸟也，非以鸟养养鸟也。

孔子主张“恕”为“己欲立而立人，己欲达而达人”“己所不欲，勿施于人”，是从自己出发，推己及人；然而，有人质疑儒家推己及人的合理性，以《庄子·至乐》中鲁侯养鸟这个故事为例，己之所欲，施于人，可能会对他人造成伤害，对此，你有何看法？请简要说明理由。

《老子》四章、五石之瓠

一、知识朋友圈

1. 瓠（葫芦）有何文化含义？

《庄子·逍遥游》中，庄子与惠施围绕五石之瓠的用途展开了论辩。“瓠”是葫芦，“石”是计量单位，可以表容量，亦可以表重量。若表容量，十斗为一石，一斗约为十升；若表重量，一石约等于一百二十斤。《五石之瓠》中，惠施说：“我树之成而实五石。”“实”有填充、容纳之义。而根据日常经验，瓠可以做装水的容器，相当于水壶，还可以剖开做瓢，用来舀水。因此，这里的“五石”理解为容量更确切，“五石之瓠”的容量约为五百升。这是什么概念呢？我们现在喝的矿泉水，一瓶为五百毫升，两瓶为一升，五百升也就是一千瓶矿泉水，可见，惠施所种的瓠的容积与体积大得惊人。因而，用它来盛水，其坚固程度托不住水的压力；剖开做瓢，则宽大空廓无处可容。这大大地超出了瓠使用的日常经验，使惠施“拙于用大”。而庄子能突破瓠的日常使用经验，从宇宙视野、从万物的角度出发，根据物（瓠）的特性，将五石之瓠作为浮于江湖的腰舟，能够因物而用，类似《庖丁解牛》中所表达的“依乎天理”“因其固然”，在顺应事物固有天性的基础上充分发挥其价值，是为“无用之用”。在有关五石之瓠的对话中，庄子借瓠营造了“浮乎江湖”的意境，其后惠施又提到一棵无用之木，庄子回应他“彷徨乎无为其侧，逍遥乎寝卧其下”(《庄子·逍遥游》)，庄子对大瓠与大木的态度，均符合其“适性逍遥”的人生追求。庄子赋予大瓠“逍遥无为”“无用之用”等文化含义。

事实上，瓠用作腰舟并非庄子所发明，据考证，瓠是古代黎族人的水上交通工具，后来才有独木舟、竹筏、木板船。而瓠用作腰舟的操作方法较为便捷，或用一只手臂夹住瓠，另一只手和双脚划水，类似侧泳姿态；或将瓠置于头前，双手抓住瓠上的竹篾，双脚上下交替击水。因而，生活于海岛上的居民普遍将之作为交通工具。这里，瓠隐含着人战胜自然、谋取生存的智慧。

而关于瓠还有更为原始的文化含义，这与神话、传说有关。中国西南部流传着这样一个故事：雷公发大水欲消灭人类，有一男一女曾因救过雷公，而得到雷公的牙齿，他们把雷公的牙齿种在土里，长成大瓠，两人躲在瓠中得以避水幸存，后来两人结为夫妻，繁衍后代。这里，瓠成为保全人类的挪亚方舟，也象征着人类生生不息、绵延不绝。

2. 庄子为何喜欢创作寓言？

司马迁评价庄子：“故其著书十余万言，大抵率寓言也。”(《史记·老子韩非列传》)庄子的确好用寓言，从广义上看，《庄子》可称得上一部“寓言故事集”。我们曾经学过的庄子寓言有《北冥有鱼》《庖丁解牛》等，《五石之瓠》同样是一则寓言。有人不禁会产生疑问：庄子为何喜欢创作寓言呢？

事实上，庄子的寓言创作是相对自觉的，他专门著有《寓言》篇，提出了著名的三言理论，“寓言十九，重言十七，卮言日出，和以天倪”。“重言”一般有两解，一是重复，二是重要，有不少学者认为主要指援引古代贤人名士之语。“卮言”唐代成玄英疏：“支离其言，言无的当，故谓之卮言也。”“无心之言，即卮言也。”大概就是庄子那些随意发挥、汪洋恣肆的言辩。而“寓言”，借庄子自己的话来说是“寓言十九，藉外论之”(《庄子·寓言》)，也就是不直接说理，而是借助他物的故事来阐明道理。庄子说：“以天下为沉浊，不可与庄语……以寓言为广。”(《庄子·天下》)战国时期世风沉浊，人怀偏见，因而刻意不选择庄严理性的论说正面阐释、直接表述思想，而是有意识地通过想象、虚构的故事来委婉曲折地表达自己的哲思，具有婉曲达意的效果。

此外，寓言创作不是庄子一人的选择，是战国时期诸子普遍运用的说理方式。我们都知道，上古圣哲多用格言的形式表达思想，《尚书》《易》里多有金句，到春秋时期，《老子》《论语》的语录体就是沿用格言说理的方式。战国时期，诸子百家为探寻“治道”展开了更为激烈的学术争鸣，不约而同地选择扩大论说容量。与此同时，叙事文学日渐发展，在那样的时代背景下，寓言形象生动，富有趣味，成为战国时期诸子论说的重要选择，除庄子以外，墨子、孟子等都是讲寓言的高手。清代章学诚说：“战国之文，深于比兴，即其深于取象者也。”（《文史通义·易教下》）学《诗经》时，我们介绍过“比”“兴”，“比”是比喻（以此物比彼物），“兴”是起兴（以他物引起所咏之物），实际上都是“取象”尽意，借已知的、具体的、形象的事物来表情达意。从格言到寓言，是散文语体发展流变的结果。

3. 语言积累。

（1）兆。小篆写作𠧞。本义为卜兆。古人说的“兆象”指占卜时候龟壳、蓍草等显示的征象，是对未来的预测，因此引申为预示、预兆之义。《老子》（第六十四章）“其未兆易谋”可理解为问题还没有显露迹象的时候容易解决。

（2）泮。“泮”通“判”。“判”，小篆写作㸬。许慎《说文解字》云：“判，分也。从刀，半声。”“判”的本义为把一个整体从中间分开。引申为分辨、评定、判决、区分明显。《老子》（第六十四章）“其脆易泮”的“泮”是分离的含义。

（3）蓬之心。又称“蓬心”，出自《庄子·逍遥游》。庄子对惠施无法认识五石之瓠的“大用”而发出感叹：“则夫子犹有蓬之心也夫！”唐代成玄英疏：“蓬，草名，拳曲不直也。……而惠生既有蓬心，未能直达玄理。”唐代陆德明《经典释文》引向秀云：“蓬者短不畅，曲士之谓。”无论何种解释，“蓬心”的指向较为明确，即心灵的茅塞不通，见识的浅陋不通达。这是庄子讥笑惠施不明玄理而运用的比喻，后人常常用“蓬心”指自身的浅陋，以示自谦。

二、文心点点通

1. “自胜者强”“强行者有志”符合道家精神吗？

不少人读到《老子》（第三十三章）中“自胜者强”“强行者有志”的句子，会产生这样的疑问：这一章的表述有点像儒家章句，很有为，很励志，似乎不像老子所言。那么，这一章符合老子的基本思想吗？

那就让我们通过基本概念的梳理来分析一下这一章的核心思想。这一章提出了一些对立概念，如“知人”与“自知”、“胜人”与“自胜”，但对立中有侧重，侧重“自知”“自胜”。“自知”“自胜”与《老子》（第二十四章）所论的“自见”“自是”等概念不同，尽管它们均突出自我，但“自见”“自是”等是刻意彰显自我，在老子看来这是逞强；而“自知”“自胜”是反省自我且能超越自我，其“作为”不是借助他人（“知人”），不是与他人争高下（“胜人”），而是退守自我，符合老子“为而不争”的思想：“上善若水，水善利万物而不争。处众人之所恶，故几于道。”[《老子》（第八章）]“自知”“自胜”就蕴含着如水一般的智慧。老子曰：“知足不辱，知止不殆，可以长久。”[《老子》（第四十四章）] 此种退守自我的“为而不争”之道就是老子说的“知足”“知止”。而《老子》（第三十三章）所说的“强行”（勤勉而行）就是“为而不争”的“无为”之道，只有坚持此道，“不失其所”，才能“死而不亡”，抵达不朽。如此看来，《老子》（第三十三章）完全符合老子“自然无为”的基本思想。

2.《老子》所论的“对待之理”有怎样的特点？

学者柳诒徵指出：“老子之书，专说对待之理。”（《中国文化史》上）所谓对待关系，简单说来，就是相对概念，《〈老子〉四章》中的“有”和“无”、“知人”和“自知”、“胜人”和“自胜”体现的就是对待关系。《老子》中有许多相对概念：动静、长短、高下、强弱、巧拙、进退、治乱等，举不胜举。但我们发现，相对概念并非《老子》专属，在《论语》中也有相对概念，如“君子”和“小人”、“利”和“义”等。那么，老子所论的“对待之理”有何特点呢？

首先，老子从大家普遍忽视的“反面”来看待其“正面”，如人们大多重视“作为”，老子看到了“作为”的对立面“无为”，告诉人们“为者败之”[《老子》（第二十九章）]，要顺其自然，不要刻意而为。人们多重视与人相争——“胜人”，而老子从自己出发，强调战胜自己——“自胜”。

其次，《老子》之“对待”是对立统一，相反相成的。如《老子》（第十一章）强调“无之以为用”，但老子并不否定“有”——“有之以为利”，而“无”的价值正是通过“有”得以彰显的，这就是老子说的“有无相生”[《老子》（第二章）]。

最后，老子所言之“反”主要有两层含义，一层为正反之“反”，指物极必反，也就是对立统一；另一层为往返之“反”，指事物“周行而不殆”。老子说：“大曰逝，逝曰远，远曰反。”[《老子》（第二十五章）]“道”广大无边，事物从“道”中产生，周流不息地运动着，渐渐远离“道”，又回到原点。

事物对立统一、相反相成、相互转化、循环往复的关系是老子论说之“对待之理”的主要特点。钱锺书评曰：“夫‘正言若反’，乃老子立言之方。”（《管锥编》）

“正言若反”[《老子》（第七十八章）] 体现了老子的语言风格、思维方式，也是老子思辨哲学的重要特征。

3. 老子之“无”“无为”与庄子之“无用”有怎样的关联？

《〈老子〉四章》看似四章各有主题，事实上有主线贯穿其中，第十一章论述“无之用”，第二十四章批判“自见”“自是”“自伐”“自矜”等刻意而为，第三十三章以“自知”“自胜”“知足”论述“自然无为”，第六十四章核心思想是“圣人无为”，除了第十一章论述“无”，其余三章均指向“无为”。

那么，什么是老子所论之“无为”呢？有不少人看到“无为”便望文生义，将之与“不为”“不作为”画上等号。我们可以借助《老子》（第六十四章）中的关键句“以辅万物之自然而不敢为”来进一步认识“无为”的内涵，这里“辅”是辅助、顺应、不干预；老子所言“自然”不只是大自然，“自”是自己，“然”是这样，是自然而然，包括大自然，但更为广义，可指人类社会的存在状态，是未经人为干预的、天然的状态。“不敢为”不是“不为”，“无为”也不是“不作为”，而是顺其自然而为。《老子》（第六十四章）中，“为之于未有”“慎终如始”都可以看作顺应事物发生、终结的规律自然而为。

如果说《〈老子〉四章》的主题是“无为”，那么《五石之瓠》的核心便是“无用”了，要充分理解庄子“无用之用”的意义，应当把它还原到《庄子·逍遥游》的主题之中。在《庄子·逍遥游》中，庄子表达了“至人无己”的人生态度。有关“无己”，学者徐复观在《中国人性论史·先秦篇》中的解释是：取消“我”与外物的封界，把自己融于万物，“自然取消了以我为主的衡量标准”，而能“顺其性之自然”，抵达“乘天地之正”的“逍遥”境界，这正是庄子的人生追求。庄子能够突破人类社会自我中心的世俗价值之“用”，回归万物的自然物性之“用”，抵达“逍遥”之境，此为“无用”之“大用”。

如果我们从贯通的视角来看待问题，可以进一步思考庄子的“无用”与老子基本思想“无”“无为”的关联。

第一，庄子“无用之用”是对老子“无为”思想的继承和发展。老子“无为”是“以辅万物之自然而不敢为”，是顺应自然而为；庄子“无用之用”突破人类自我中心的局限，因物而用，在顺应自然的基础上，进一步融于自然，是对老子“无为”思想的继承与发展。

第二，庄子“无用”是对老子之“无”的阐释。老子从纷繁的世界中，发现了“无”的价值，“天下万物生于有，有生于无”[《老子》(第四十章)]、“故有之以为利，无之以为用”[《老子》(第十一章)]。学者任继愈认为：“老子的‘无’不是停留在描述性的‘没有’的认识阶段。‘无’并不是消极的存在，而是有它实际多样肯定性的含义。”(《中国哲学史的里程碑——老子的“无”》)老子的“无”不是“没有”，而是宇宙的起源，有其肯定性的含义。庄子从世俗价值所认定的“无用”之物中发现“大用”，是对老子所发现的“无”的价值做具体阐发。

三、思想会客厅

1. 老庄哲学的“无”蕴含怎样的智慧？

我们阅读经典的目的不仅是获取知识，更重要的是从经典中汲取养分指导我们当下的生活。任继愈说：“(道家)不但认识‘无’，而且用‘无’的原则来指导日常生活、社会生活以及政治生活。”(《中国哲学史的里程碑——老子的“无”》)老庄哲学以“无”为原则，“无”及其相关的“无为”“无用”等思想蕴含怎样的智慧？它们是如何指导我们的日常生活、社会生活的？

当我们拓宽思路、结合当下来审视老庄哲学思想，我们可以看到其中蕴含的“为而不争”的处世哲学。人类社会充满竞争，老子的“无为”启发我们顺其自然，涵容万物，不争一日之短长。

而庄子的“无用”蕴含“超越功利”的处世哲学。如哲学、艺术、文学……若按照功利的价值标准，会被认定为“无用”之物。然而，冯友兰说：“哲学的用途乃无用之大用。”(《中国哲学简史》)庄子的“无用之用”启发我们超越物质的功利之用，发现哲学、艺术、文学对人类精神滋养之“大用”。

从宏观的角度看，道家之“无为”是以退为进、以后为先，隐含极为精深的政治智慧。春秋、战国时期礼坏乐崩，所有的争斗均以“有为”为目的，要消解争斗，要用“无”消解“有”。历史上，汉初与唐初推行“清静无为”之道，成就了“文景之治”和“贞观之治”。

2. 道家之“无为”与儒家之“有为”可以融合吗？

林语堂曾经说过：“道家及儒家是中国人灵魂的两面，中国的文人很幸福，往往得意的时候是个儒家，失意的时候是个道家。”(《国学拾遗》)儒、道之“有为”“无为”并非对立，往往能互为补充，甚至相互调和。

儒、道融合的典范有苏轼，他自幼受传统儒家教育，志在建功立业，其词云："有笔头千字，胸中万卷；致君尧舜，此事何难。"(《沁园春·孤馆灯青》）后因"乌台诗案"，被贬黄州。他寄情山水，顺其自然。然而，他并不虚无，几年后，当他再次被朝廷任用，仍能全力以赴，政绩卓著。《前赤壁赋》曰："且夫天地之间，物各有主，苟非吾之所有，虽一毫而莫取。惟江上之清风，与山间之明月，耳得之而为声，目遇之而成色。"其中隐含着苏轼"无我所无，有我所有"的人生态度，他以此将"有为""无为"融合起来。面对生命的困境，他泰然自若，"回首向来萧瑟处，归去，也无风雨也无晴"(《定风波·莫听穿林打叶声》)，做到了"无往而不乐"。

更多时候，儒、道之"有为""无为"在中国传统文人身上得到不同程度的体现，帮助他们应对人生的不同境遇。以"诗仙"李白为例，他身上有着强烈的用世之志，也有"适性逍遥"的隐遁志趣，得志时高唱"仰天大笑出门去，我辈岂是蓬蒿人"(《南陵别儿童入京》)，失意时吟咏"人生在世不称意，明朝散发弄扁舟"(《宣州谢朓楼饯别校书叔云》)，"有为""无为"在他身上兼而有之，是他在人生的不同境遇中的不同选择。

中国传统文人大多心怀儒家"修己""安人"的理想，得志之时，积极作为；失意之时，则借鉴老庄，融入自然，为自己的心灵开辟一片"桃花源"。儒家与道家的"星光"相互补充、调和，照亮了中国传统文人的精神家园。

3. 西方哲学家眼中的"无"是怎样的呢？

胡适称老子是"中国哲学史上第一位真正的哲学家"(《中国哲学史大纲》)。为什么老子能得"哲学家"之殊荣呢？哲学又是什么呢？罗素说："哲学……包含着人类对于那些迄今仍为科学知识所不能肯定之事物的思考。"(《西方哲学史》）冯友兰认为哲学就是"人生的有系统的反思"(《中国哲学简史》)。综合前人的论述，我们可以将哲学理解为一门人类在理性范围内探究终极问题的学问。老子论述"无"便反映了人类穷根究底、追根溯源的哲学精神，那么，西方哲学家眼中的"无"又是怎样的呢？

若仔细比对，我们便不难发现中西方哲学家关于"无"的认识的相通之处。黑格尔曾探讨"有""无"之关系："我们说在这个世界中一切皆有，外此无物，这样我们便抹杀了所有的特定的东西，于是我们所得的，便只是绝对的空无，而不是绝对的富有了。……因此'有'与'无'的真理，就是两者的统一。"(《小逻辑》）在黑格尔看来，"有"("纯有"）不是有规定性的"有"，而是一种能动的"待有"，而

“有”之所以能动，正是因为“无”，“无”又不会永远空无，“有”出现之后，“无”就成为“有”，如此，“有”“无”统一起来。这一观点不就是老子所说的“有无相生”吗？

海德格尔的哲学思想也受到老子的影响，他曾翻译《老子》，并多次引用。例如，他在论“物”时，曾说道：“器皿的物性因素绝不在于它由以构成的材料，而在于起容纳作用的虚空。”（《演讲与论文集》）这一观点出自《老子》（第十一章）“故有之以为利，无之以为用”。从黑格尔与海德格尔的相关论述中，我们可以感受到中西方哲学思想之互通。

四、练习步步高

（一）知识识记

1. 填空。

（1）____________，当其无，有室之用。（《老子》四章）

（2）____________，强行者有志。（《老子》四章）

（3）为之于未有，____________。（《老子》四章）

（4）______，生于毫末；九层之台，______；______，始于足下。（《老子》四章）

（5）老子，即______，相传姓李名耳，字伯阳，______时期哲学家，道家的创始人。《老子》又称《____________》。

（6）庄子，名______，战国时期哲学家，与老子并称“老庄”，《五石之瓠》节选自《____________》。

2. 解释下列加点的字词。

（1）埏埴以为器（　　　　　　）（　　　　　　）

（2）故有道者不处（　　　　　　）

（3）常于几成而败之（　　　　　　）

（4）复众人之所过（　　　　　　）

（5）魏王贻我大瓠之种（　　　　　　）

（6）我树之成而实五石（　　　　　　）

（7）非不呺然大也（ ）

（8）吾为其无用而掊之（ ）

（9）夫子固拙于用大矣（ ）

（10）今一朝而鬻技百金（ ）

（11）何不虑以为大樽（ ）

3. 将下列句子翻译成现代汉语。

（1）故有之以为利，无之以为用。

（2）企者不立，跨者不行，自见者不明，自是者不彰，自伐者无功，自矜者不长。

（3）其安易持，其未兆易谋，其脆易泮，其微易散。

（4）以盛水浆，其坚不能自举也。剖之以为瓢，则瓠落无所容。

（二）文心体悟

《五石之瓠》中，当惠施认为五石之瓠“无用”应当毁坏，庄子批评惠施“拙于用大”。“拙”是不巧、不善的意思。惠施的“不通达”“不善用大”体现在哪里呢？庄子的“用”相比惠施的“用”高明在哪里呢？请你做简要分析。

（三）思想碰撞

1. 牟宗三说：“这套西周三百年的典章制度，这套礼乐，到春秋的时候就出问题了，所以我叫它作‘周文疲弊’。诸子的思想出现就是为了对付这个问题。”（《中国哲学十九讲》）孔子与老子面对“周文疲弊”，各自采取了怎样的策略？结合《〈论语〉十二章》《〈老子〉四章》，填写对比图。

对比图

孔子	老子
“复古路线”	“（　　）路线”
回归“周文”	（　　）“周文”
提出（　　）	建立“道”
实现和谐之思路：	实现和谐之思路：

2. 德国哲学家黑格尔认为老子的论说方式像一位哲学家，相比之下，孔子就如同“一位实际的世间智者”（《哲学史讲演录》）。你赞同黑格尔的观点吗？结合《〈论语〉十二章》《〈老子〉四章》表达思想的方式，简要阐述你的看法。

兼爱

一、知识朋友圈

1. “孔席墨突”为何意？

有人听说过“孔席墨突”这个词吗？此词出自《淮南子 · 修务训》：“孔子无黔

突，墨子无暖席。”此后，史学家班固作赋曰：“是以圣哲之治，栖栖皇皇。孔席不暖，墨突不黔。”（《答宾戏》）班固的词句与《淮南子·修务训》对孔子、墨子的表达颠倒过来了，此后“孔席墨突”便成为典故为文人所引用。我们不妨将这个词视作互文来理解，孔子、墨子均“无黔突”“无暖席”，意思就是：孔子与墨子生逢乱世，为实现理想而奔走天下，常常是席子还没有坐暖，烟囱还没有熏黑，就又忙着往别处去传道、济民。“孔席墨突”这个词是对孔子与墨子敢于舍己救世的精神的褒扬与尊崇。

2. 墨子有哪些“头衔”呢？

墨子在历史上以思想家、军事家著称，事实上，他在科学、逻辑学等领域也作出了不可替代的贡献。

墨子乃工匠出身，因此，他并非坐而论道的理论家，可称得上先秦时期思想家中极为罕见的技术人才。他擅长制造各种器械，曾自制用于载重致远的车辖，改良了交通工具。

梁启超在《墨经校释·自序》中说：“在吾国古籍中，欲求与今世所谓科学精神相悬契者，《墨经》而已矣。”《墨经》是《墨子》的一部分。墨子富有科学精神，《墨经》中的科学知识主要集中在数学、物理学领域。数学方面，墨子对几何学颇有研究，其论述涉及点、线、面、圆等概念。例如，他界定了圆的概念：“圆，一中同长也。”（《墨子·经上》）也就是圆心只有一个，从圆心起到圆周上任何一点的长度都相等。此外，墨子还关注了一些物理学原理，如浮力、杠杆定理、小孔成像、平面镜成像、凸面镜和凹面镜成像等，在《墨经》中我们可以看到不少关于此类知识的论述。

墨子还有一个很重要的“头衔”——中国古代逻辑学的奠基者。墨家可以说是先秦诸子百家中极为重视说辩逻辑的一家，墨子提出了“譬”“侔”“援”“推”等概念，《墨子》的《经上》《经下》《经说上》《经说下》《大取》《小取》六篇合称为《墨辩》，亦称《墨经》，奠定了中国古代的逻辑学，与古希腊逻辑学、古印度因明学，并称为世界古文明三大逻辑体系。

3. 语言积累。

（1）兼。小篆写作，象一只手并持二禾之形。许慎《说文解字》云：“兼，并也。从又持秝。兼持二禾，秉持一禾。”本义为同时具有。引申为合并、同时、两倍的、加倍。所以“兼爱”就是“并爱”，把自己与他人等同起来爱。

（2）虽。小篆写作雖。本义为一种爬行动物，形似蜥蜴而体大。假借为连词，表转折或让步，相当于“虽然”“即使”。南朝顾野王《玉篇》对“虽”字的解释还有一个义项是“推”。课文《兼爱》第二段论证过程中，用了三个“虽”字，还原到语境中，“虽”字“即使，纵然”的解释中其实隐含着“推”（把意思推开一层去讲），契合墨子“同类相推”的论说方式。

二、文心点点通

1. 墨子的“兼相爱”有哪些内涵？

了解墨学的人都知道，“兼爱”是墨子的基本思想，他的其他学说大多可从“兼爱”生发、推演。那么，墨子所说的“兼爱”有怎样的内涵呢？

课文《兼爱》中明确指出：“若使天下兼相爱，爱人若爱其身。”这里的“爱人若爱其身”，顾名思义，就是像爱自己或是爱自己身体的一部分那样去爱别人，做到爱人若己。墨子还提出了“体爱”（《墨子·经上》）的概念，或许可以帮助我们丰富对于“兼爱”内涵的理解。所谓“体爱”，即体验自己去爱他人。墨子曾举过一个例子：“爱己者，非为用己也，不若爱马，著若明。”（《墨子·经说上》）人珍爱自己的身体和爱马不同，爱马是因为马可以骑，可以为我们所用才去爱它。例如，爱我的手，不是因为手对我有用，而是因为手是我自己的一部分，有一种切身之感。墨子要求我们“爱人若爱其身”，把他人当作自己身体的一部分去爱，借宋明理学家的话说就是“同体痛痒”，同情共感。

在课文《兼爱》中还有这样的表述：“臣子之不孝君父，所谓乱也。……虽父之不慈子，兄之不慈弟，君之不慈臣，此亦天下之所谓乱也。”从中我们可以看到，无论是父子、君臣还是兄弟，人与人之间的爱是对等的。因此，爱人若己本质上是把自己和他人等同起来对待，换言之，“兼爱”是一种无等差的爱，具有很强的包容性。

墨子在“兼爱”“体爱”以外，还提出了“周爱”的概念。“爱人，待周爱人而后为爱人。不爱人，不待周不爱人。”（《墨子·小取》）“周爱”确定了爱的范围，同样可以帮助我们更好地理解“兼爱”。“周爱”的“周”有“遍”“尽”“全”之义，“爱人”必须等到尽爱天下之人才为爱人，而不能尽爱人，即只要不爱一个人就不算爱人。“兼爱”实际上与“周爱”界定的范围是一致的，即要爱尽天下人。借墨子自己的话说："兼爱天下之博大也，譬之日月兼照天下之无有私也。"（《墨子·兼爱下》）可见，"兼爱"是一种如日月照耀大地的"普世之爱"。

2. 墨子是功利主义者吗？

我们探讨"兼相爱"实际上只表达了"兼爱"一半的意思，在《墨子》中，与"兼相爱"紧密相连的还有一个观点，即"交相利"。在墨子看来，"爱、利不相为内、外"（《墨子·经说下》），"爱"和"利"就犹如硬币的正反两面，互为表里，不可分割，墨子的"兼爱"是以现实功利为根基的。正因为如此，墨子常常受到质疑，不少人批评他是一个功利主义者。那么，墨子的"利爱"（《墨子·大取》）是不是功利主义？其实要判断墨子是不是功利主义者，重要依据之一，就是看看"交相利"的目的是什么，他所求的利是不是个人私利、蝇头小利。我们还是借助墨子自己的话来判断吧！"仁人之事者，必务求兴天下之利，除天下之害。"（《墨子·兼爱下》）墨子提出"交相利"，不是纯粹的个人私利，而是兼顾我与他人共同的利益，是"天下之利"。"兼爱"思想，本质上是墨子面临大乱之世提出的救世方案，目的是"兴天下之利，除天下之害"。因此墨子崇尚功利，但绝非功利主义者。

3. 墨子为何喜欢反复论说？

不少人在阅读课文《兼爱》的过程中感觉墨子的论证似乎有些啰唆。如第二段明明可概括为一句话：不相爱导致乱。但作者在述乱过程中大量运用结构相近的句式，反复论说。这是不是重复、啰唆呢？

我们不妨以课文《兼爱》第二段为例，将墨子的论说逐句排列整齐，有什么发现吗？

"当察乱何自起？起不相爱。

臣子之不孝君父，所谓乱也。

子自爱，不爱父，故亏父而自利；

弟自爱，不爱兄，故亏兄而自利；

臣自爱，不爱君，故亏君而自利。此所谓乱也。

虽父之不慈子，兄之不慈弟，君之不慈臣，此亦天下之所谓乱也。

父自爱也，不爱子，故亏子而自利；

兄自爱也，不爱弟，故亏弟而自利；

君自爱也，不爱臣，故亏臣而自利。

是何也？皆起不相爱。

虽至天下之为盗贼者，亦然。

盗爱其室，不爱异室，故窃异室以利其室；

贼爱其身，不爱人，故贼人以利其身。

此何也？皆起不相爱。

虽至大夫之相乱家、诸侯之相攻国者，亦然。

大夫各爱其家，不爱异家，故乱异家以利其家；

诸侯各爱其国，不爱异国，故攻异国以利其国。

天下之乱物，具此而已矣。”

我们可以看到，作者重复的句式是“自爱”“不爱”“故亏……而自利”，他反复论说各种“自爱”“不爱（人）”“亏人而自利”的乱象，反复是对此类现象的强调。

如果换一个角度，看看不变句式中的变，“父、子”“兄、弟”“君、臣”“盗”“贼”“大夫”“诸侯”……仔细推敲，我们不难发现墨子在变化中隐含着层层递推的逻辑，由社会最基础、最内核的人伦关系（父、子、兄、弟、君、臣）往外推，推到社会层面的普通的人际关系（盗、贼与人），再到国家层面、天下层面的大夫、诸侯之乱，而这正是墨子所处的战国这一大乱世的写照。

如果我们通读《墨子》，就会发现此种反复比比皆是，其论说倾向于列举大量同类事例，由近及远，层层递进，推出道理。此种反复不仅突出了内容，而且体现了墨子对于论说形式的思考与探索。墨子在《墨子・小取》中提出了“辟”（譬）的概念：“举也物而以明之也。”在墨子看来，“辟”成立之依据是“以类取，以类予”。“取”是选择，“予”即“推”，此句意为选取“同类”事物推演、证明，即同类相推，这是墨子常用的论证方式，也是他自觉的语言追求。

三、思想会客厅

1.“摩顶放踵”、舍己救世的墨子精神。

“兼爱”与“非攻”是墨子思想的基石，墨子“十论”中“尚贤”“尚同”“节用”“节葬”“天志”“明鬼”“非乐”“非命”均由此生发。而在“兼爱”与“非攻”之间，“兼爱”是“非攻”的思想依据，“非攻”则是对“兼爱”的具体实践。“兼爱”是从思想上、心理上消解人我之间的矛盾，去除个人的偏私；“非攻”则是消除诸侯国之间的争斗，将“兼爱”思想落到实处。

《墨子·公输》中，公输盘（鲁班）为楚国造了云梯来攻打宋国，墨子听说后，即刻从鲁国出发，十天十夜，日夜兼程，赶到楚国的都城郢，最终阻止了这场战争。这个故事体现了墨子的“非攻”思想，也可以帮助读者认识墨子的人格。我们阅读墨子，不仅要理解他的主要学说，而且要了解他的人格与精神，如此才能深入地体认他的“兼爱”思想。墨子完全可以称得上是一位“知行合一”“言行合一”的实干家。他的学说中，最核心却最为人诟病的就是“兼爱”，因为它“善而不可用”，墨子却说：“如果真的不可用，那我也会反对它。”在《墨子·公输》中，我们不难发现，墨子不仅是“兼爱”的倡导者，而且是“兼爱”的行动者，终其一生倾其所能践行“兼爱”思想。他提出了“三表法”作为立言的标准：第一，“言必有据”（“上本之于古者圣王之事”）；第二，“言必据实”（“下原察百姓耳目之实”）；第三，“言必有利”（“废以为刑政，观其中国家百姓人民之利”）。“三表法”与墨子“知行合一”的人格精神相契合。

墨子曾说：“万事莫贵于义。”（《墨子·贵义》）在他看来，没有比行义更重要的事了。对于墨子的“行义”，有朋友就诟病他，说：“现在天下人都不肯行义，而你偏要苦苦地去做，你还是停止吧！”可墨子说：“假如一个人有十个儿子，其中九个都不肯好好干活，那一个好好耕田的更应该努力。如今天下没有人肯行义，更应当勉励我努力才行，怎么能阻拦我呢？”

先秦诸子中对墨子思想存有非议者许多，但对他的人格认识高度一致，给予好评。庄子说他是：“真天下之好。”（《庄子·天下》）孟子评价他：“摩顶放踵利天下，为之。”（《孟子·尽心上》）也就是头顶摩秃了，脚后跟走破了，他还在为“兴天下之利”而奔走。墨子本质上是舍己的，牺牲小我，成就大我。而墨子的此种精神具有强大的感召力，他的追随者形成了一个纪律严明的武装团体，为救世而“赴火蹈刃，死不还踵”（《淮南子·泰族训》）。

鲁迅曾说：“我们从古以来，就有埋头苦干的人，有拼命硬干的人，有为民请命的人，有舍身求法的人……这就是中国的脊梁。”（《中国人失掉自信力了吗》）他创作《故事新编》，在小说《非攻》中，还原了墨子“摩顶放踵”、舍己救世的形象，可以说，墨子最符合他寻找的“中国的脊梁”。

2.“兼爱”思想是否成为绝响了呢？

墨家曾经是百家争鸣“星空”下最璀璨的星辰之一，有两则材料可以证明墨家曾经的辉煌。孟子曰：“杨朱、墨翟之言盈天下。天下之言不归杨，则归墨。”

(《孟子 · 滕文公下》) 韩非子说：“世之显学，儒、墨也。儒之所至，孔丘也。墨之所至，墨翟也。”(《韩非子 · 显学》) 无论是“杨墨”并举还是“儒墨”并称，这两则材料至少可以证明，墨家在孟子和韩非子所处的战国时期是毋庸置疑的显学。

然而，墨家在历史上又好似谜一般的存在，它曾经璀璨煊赫，却又如同流星般掠过，最后隐去了踪迹，汉代以后再无墨家。墨家由显学成为绝学，“兼爱”思想也随即成为绝响。那么，墨家何以成为绝学？“兼爱”思想是否成为绝响了呢？

古往今来，有不少学者从可操作性的角度向墨子思想提出疑问。以“兼爱”思想为例，人们普遍认为，“兼爱”很难做到，因为人很难把自己与他人等同起来，像爱自己那样去爱他人，人也很难无等差地去爱他人，如我们不可能像爱自己父母那样去爱一个陌生人，墨子“兼爱”的主张确实有理想主义之嫌。我们看看古人是怎么质疑“兼爱”思想的。《墨子 · 耕柱》记载，巫马子对墨子说：“我和你不同，我做不到兼爱，我爱邹人甚于爱越人，我爱鲁人甚于爱邹人，我爱同乡人又甚于爱鲁人，我爱家里人又甚于爱同乡人，我爱我的至亲甚于爱家里人，我爱自己甚于爱至亲。”而孟子的批评就更为直接尖锐了，他说墨子的“兼爱”思想本质上是“无父”，“无父无君，是禽兽也”(《孟子 · 滕文公下》)。巫马子是什么学派，典籍中没有明确记载，后世研究者多推测他习儒学。无论是巫马子还是孟子，都认为“人己”关系是有等差的，儒家“恕”道的核心是“己欲立而立人，己欲达而达人”“己所不欲，勿施于人”，可概括为四个字——推己及人，以自我为中心，由近及远，层层递推，就好似自然界中的涟漪效应。就客观现实而言，人的爱的能力是有限的，就如同蜡烛，在有限的范围内发光、发热；所以处理人际关系时，远近亲疏的考量是自然而然的，而墨子要求我们像太阳一样普照大地，这并不符合人情，也不符合人性。所以，墨家的爱的“星空”很大，但只是空想，很难实现。

既然如此，当下我们学习“兼爱”思想还有什么意义与价值呢？我们大体可以从以下两个方面来思考这个问题。第一，与儒家的“仁爱”思想、道家的“无为”思想一样，墨家的“兼爱”思想是基于春秋战国之际周文疲弊的社会现状而提出的救世方案，尽管思想路径不尽相同，但目标是一致的，都是消除社会矛盾，实现人类幸福与和谐。我们阅读、理解“兼爱”思想可以与所学的儒家、道家基本思想互相观照比较、融会贯通。

第二，我们学习经典不仅是为了识记、理解，更重要的是把经典思想与当下我们所面临的问题联系起来，站在当下反思古人的思想，做到古为今用。事实上，“兼爱”思想对身处现代社会的我们处理人际关系具有启发性。当下生活中，人与人之间缺乏信任的根源就是把自己、把自己的利益看得太重，把自己与他人区分得太清楚。尽管我们做不到像墨子那样爱人若己、爱无等差，但如果我们能有一点墨子的“兼爱”精神，有一种同情、同理之心，愿意让出一点点自己的利益给他人，也许就能与他人建立起互信、互爱、互利的关系。更进一步说，当下我们提倡建立人类命运共同体，“兼爱”虽然偏于理想，难以实现，但是可以作为一种终极目标而存在，人类在前进过程中需要某种信仰、某种愿景作为支撑，因此我们不能否定“兼爱”思想的价值。

墨家骤兴于战国，遽衰于秦汉，趋于冷落湮没，却作为一股暗流影响着中国文化。近代学者方授楚在《墨学源流》中说：“墨学非真能亡也。其直接影响而发为行动者，有许行及任侠一派。而其尚同重功利，见取于法家；节用平等，见取于道家……”而墨家的“尚贤”“兼爱”“非攻”等思想逐渐渗入儒家，不知不觉中熔于一炉。在清末，在近代，兴起了一股墨学思潮，墨子的“兼爱”“非攻”“尚贤”“非命”“节用”，以及科学实践精神的“星光”在中华文明的“星空”下再度熠熠生辉！孙中山主张儒、墨并用，“依据儒家的精神，吸取墨家的精华，实践科学的精神”。如此看来，墨家并未成为绝学，“兼爱”思想也并未成为绝响。

四、练习步步高

（一）知识识记

1. 填空。

（1）____________，必知乱之所自起。（《兼爱》）

（2）__________，__________，犹有不孝者乎？（《兼爱》）

（3）故天下兼相爱则治，__________。（《兼爱》）

（4）墨子，名______，______之际的思想家，墨家的创始人。

（5）《墨子》中表达墨子崇尚和平思想的篇目是__________。

2. 解释下列加点的字。

（1）焉能治之（　　　　　　）

（2）当察乱何自起（　　　　　　）

（3）故亏兄而自利（　　　　　　　　　）

（4）故贼人以利其身（　　　　　　　　　）

（5）恶施不孝（　　　　　　　　　）

（6）兼相爱（　　　　　　　　　）

3. 将下列句子翻译成现代汉语。

（1）天下之乱物，具此而已矣。

（2）故圣人以治天下为事者，恶得不禁恶而劝爱？

（二）文心体悟

鲁迅曾说：“我们从古以来，就有埋头苦干的人，有拼命硬干的人，有为民请命的人，有舍身求法的人……这就是中国的脊梁。”（《中国人失掉自信力了吗》）他创作《故事新编》，在小说《非攻》中，还原了墨子“摩顶放踵”、舍己救世的形象，可以说，墨子最符合他寻找的“中国的脊梁”。

请你结合墨子“兼爱”思想对其脊梁精神做简要评析。

（三）思想碰撞

阅读下列材料，结合课文《兼爱》，回答问题。

材料一：

墨子·耕柱（节选）

巫马子谓子墨子曰：“我与子异，我不能兼爱。我爱邹人于越人，爱鲁人于邹人，爱我乡人于鲁人，爱我家人于乡人，爱我亲于我家人，爱我身于吾亲，以为近我也。”

材料二：

孟子·滕文公下（节选）

杨氏为我，是无君也；墨氏兼爱，是无父也。无父无君，是禽兽也。

巫马子与孟子反对墨子“兼爱”思想的理由是什么？你是否支持巫马子与孟子的观点？请简要说明你的理由。

（石莉 编）

第二单元

史传精神

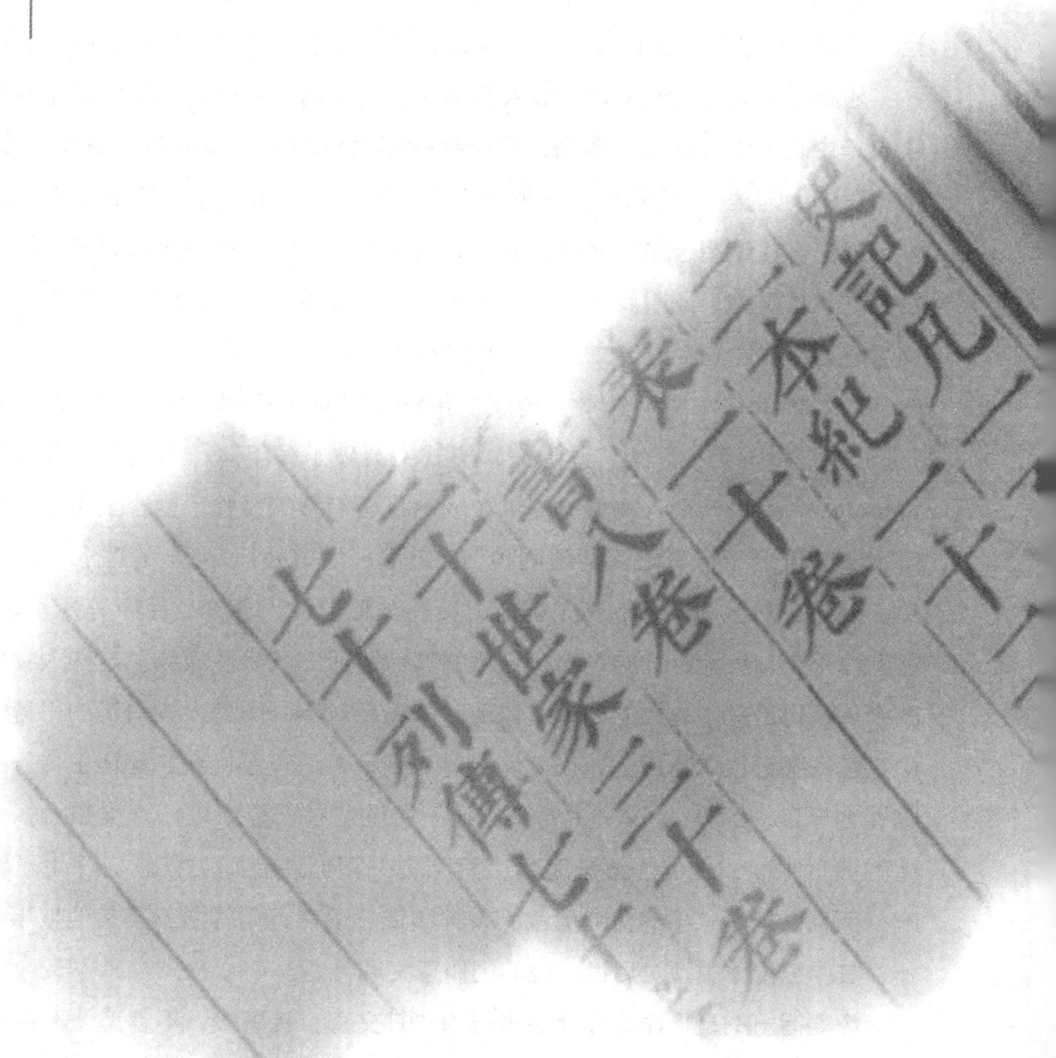

单元概说

史传文学，通常是指有文学价值的史书，即史学性与文学性兼具的历史记载。由史学角度观之，这类历史记载往往需要借助文学艺术的手段来描写历史事件与历史人物，并且借历史事件的呈现与历史人物的刻画来传递作者的历史观。自文学角度观之，这类文学作品的写作题材是历史事件，其重心则在于刻画历史人物形象。

我国的史传文学源远流长，可以追溯到文字尚未产生的时代。如黄帝擒蚩尤、共工怒触不周山、刑天断首、鲧禹治水等口耳相传的故事，在文字产生后便以神话、传说、史诗等形式记载下来。这其中的一部分成为后世史官选用的史籍材料。

随着历史典籍的编写逐渐被人们重视，我国第一部史传文学作品《春秋》在春秋末年由孔子修订而成。而后，第一部叙事完备的编年体史书《左传》、第一部国别体史书《国语》、初稿极有可能成于战国时期的《战国策》等史书先后问世。史学家或史官在编撰这些史书时，深受口头文学的影响，在叙述历史事件的同时充分发挥文学想象力。或增添情节，或加入细节，或还原人物对话，使得这些史书兼具文学魅力，成为先秦史传文学不可或缺的部分。

汉代继承并发展了先秦史传文学传统，诞生了扛鼎之作《史记》与《汉书》。《史记》是我国第一部纪传体通史，形式上突破了编年体，形成了以人物为中心的纪传体，为后世塑造人物形象提供了成熟且可借鉴的经验。内容上秉承“欲载之空言，不如见之于行事之深切著明也”(《史记·太史公自序》)的理念，既有如秦始皇、刘邦、刘恒为代表的帝王群像，又有类似管仲、苏秦、屈原等为代表的人臣，还有淳于髡、优孟、优旃等出身低微的其他行业的代表性人物。这些人物既是独立的个体，也是其中复数的群体，体现了司马迁对不同类型人物命运的思考。《汉书》则是第一部纪传体断代史，在体例上对《史记》进行了优化，除诸王传，一律以姓或姓名标目。此外，《汉书》对《史记》中的“书”重新进行分类整合，使得书志体的典章制度体例能够逐渐完善。两部史书不但对我国史官修史产生了深远的影响，而且以其高水平的史料剪裁、人物塑造、语言运用等滋养了其他叙事文学的创作，其中纪传体类型对后世小说的创作意义非凡。

需要指出的是，司马迁修史奉行的“其文直，其事核，不虚美，不隐恶”(班固《汉书·司马迁传》)、“秉笔直书”(《左传·襄公二十五年》)，这成为史传精神的核心。后世史书大多沿袭《汉书》体例，修史过程则沿袭司马迁的态度，重视史料的搜集与史实的客观呈现，强调史书的现实针对性。与此同时，削弱故事化程度，减少华美辞藻的使用，强调史书“推明大道”的功效，其文学成就逐渐降低，这也是文学发展的必然。

史论，是论说文的一种，包含各种论史的文章，恰似刘勰《文心雕龙·论说》所言：“弥纶群言，而研精一理者也。”除去暗寓褒贬的春秋笔法不论，先秦诸子中已有论史的文字，譬如《左传》中的“君子曰”。发展至西汉初年，陆贾的《新语》、贾谊的《新书》中的史论就更多了，《新书》里收录的《过秦论》一文开创了散文史论体裁。这以后，史论通常以两种形式出现：一是附着于史书，以附论的形式出现；二是单篇散文，但这种史论多由文学家创作，文胜于史。宋明以后，随着社会矛盾复杂，借史论阐释观点的著作诞生了，出现了如吕祖谦的《东莱博议》、张溥的《历代史论》等史论专著。史论的写作常常围绕历史人物的功过是非和历史事件的成败得失而展开，其目的在于借古观今、针砭时弊，体现了先辈经世致用的责任担当。

本单元课文包括两篇史传和两篇史论，学习此类作品可以帮助我们积累文言阅读经验，领悟史传精神，培养审美趣味，增进对中华传统文化的理解。

屈原列传

一、知识朋友圈

1. 文学常识。

课文《屈原列传》选自《史记·屈原贾生列传》，其叙事艺术精湛，既有对史实的粗笔勾勒，又有对细节的工笔描绘，并在叙事中融入大段议论，揭示了屈原个人的身世浮沉与国家生死存亡的内在联系，充分彰显了屈原的人格风采。

2. 语言积累。

志。小篆写作。本指意志，情感。如《左传·昭公二十五年》：“是故审则宜类，以制六志。”杜预注：“为礼以制好恶喜怒哀乐六志，使不过节。”孔颖达疏：

“此六志，《礼记》谓之六情。在己为情，情动为志，情志一也。”也指志向、志愿。如《论语·公冶长》：“盍各言尔志？”又包含德行之义。如《吕氏春秋·遇合》：“凡举人之本，太上以志，其次以事，其次以功。”高诱注：“志，德也。”到了《屈原列传》，“志”有多重含义：既有忠君爱国的志愿，如虽遭流放，仍心系楚怀王，担忧楚国兴亡，多次在诗文中表达对楚怀王的忠贞、对楚国的眷恋；又包含对高洁人格的坚守，如“宁赴常流而葬乎江鱼腹中耳，又安能以皓皓之白，而蒙世俗之温蠖乎”。

二、文心点点通

课文《屈原列传》围绕屈原的文学成就为其立传，司马迁为什么要这样着笔？

课文《屈原列传》的选材以屈原的文学成就为核心，而非其政治、外交影响。司马迁给予《离骚》“作辞以讽谏，连类以争义”（《史记·太史公自序》）这样的高度评价，认为屈原去世以后，宋玉、唐勒、景差等人均不可及。这样的选材与组织方式明确反映了史家修史“成一家之言”的理念，创造性地开辟了文学传记。

第一，作者主张“发愤著书”说。据《史记·太史公自序》记载，司马迁因李陵之祸遭遇变故，隐忍苟活，幽思难寄，言及“夫《诗》《书》隐约者，欲遂其志之思也。昔西伯拘羑里，演《周易》；孔子厄陈、蔡，作《春秋》；屈原放逐，著《离骚》；左丘失明，厥有《国语》；孙子膑脚，而论兵法；不韦迁蜀，世传《吕览》；韩非囚秦，《说难》《孤愤》；《诗》三百篇，大抵贤圣发愤之所为作也”。这与《离骚》所言“信而见疑，忠而被谤，能无怨乎”的情绪异曲同工，彼此都借文章抒发内心无法排解的怨愤郁结。类似的情感、处境使得作者对于屈原的文学创作动机感触极深，为其立传，自然要彰显这一点，将自己的人生经验融入创作实践。

第二，作者认为文学应具有批判、讽刺社会现实的功能，应当关涉社会现实。作者旗帜鲜明地肯定了屈原“作辞以讽谏，连类以争义”（《史记·太史公自序》）的创作目的。在司马迁看来，“《春秋》推见至隐，《易》本隐之以显。《大雅》言王公大人而德逮黎庶。《小雅》讥小己之得失，其流及上。所以言虽外殊，其合德一也。相如虽多虚辞滥说，然其要归引之节俭，此与《诗》之风谏何异”（《史记·司马相如列传》）。这与课文《屈原列传》中对于《离骚》的评价如出一辙，“上称帝喾，下道齐桓，中述汤、武，以刺世事。明道德之广崇，治乱之条贯，靡不毕见”。

第三，作者推崇以文学观行事从而彰显作者的人生品格的理念。司马迁在课文《屈原列传》的赞语中说："余读《离骚》《天问》《招魂》《哀郢》，悲其志。适长沙，观屈原所自沉渊，未尝不垂涕，想见其为人。"在这段文字中，司马迁直接指出可以通过文学作品来考察作者的行事风格和处世之道。通过阅读屈原的文学作品，司马迁深切体悟到屈原内心的困苦、矛盾和挣扎，对其悲剧性命运给予深切同情，高度赞扬其坚持人生理想、宁死不屈的崇高品格，以及故土难离的爱国主义精神。这一思想贯穿于司马迁撰写《史记》的全过程。余嘉锡曾指出《史记》里的诸子列传，大抵为作者读其书有所感而发。《史记·管晏列传》里作者也有类似表达："吾读管氏《牧民》《山高》《乘马》《轻重》《九府》，及《晏子春秋》，详哉其言之也。既见其著书，欲观其行事，故次其传。"

三、思想会客厅

历来对屈原的评价见仁见智，如班固《离骚序》批评屈原"露才扬己，竞乎危国群小之间，以离谗贼"，又"责数怀王，怨恶椒兰，愁神苦思，强非其人，忿怼不容，沉江而死，亦贬絜狂狷景行之士"。王逸在《楚辞章句序》里意见则不同："今若屈原，膺忠贞之质，体清洁之性，直若砥矢，言若丹青，进不隐其谋，退不顾其命，此诚绝世之行，俊彦之英也。"宋代洪兴祖则盛推屈原："虽流放废斥，犹知爱其君，眷眷而不忘，臣子之义尽矣。"(《楚辞补注》)

事实上，上述对屈原的评价着眼点不同，班固认为屈原处危国乱世而执着忠谏，不辨形势而陷己于祸，过分强求君主，又不能自释其忠信被谤的怨愤，行为狂狷，不能明哲保身，这是从处世角度而言；王逸对屈原的赞叹则是对其精神品质的肯定；洪兴祖更是从忠君爱国的角度给予屈原高度评价，忠君与爱国此时不能分割。毫无疑问，屈原的精神价值具有划时代意义：他对楚国的眷恋与热爱与我们现在所提倡的爱国精神实质相同；他怀才不遇时仍能坚守信仰、追求高洁人格的做法让后世有相同经历的读书人极易产生共鸣，且能引发无数人的同情；他极深的文学造诣及其创立的骚体诗形式对后世产生了深远的影响，创作的《离骚》更是开辟了中国浪漫主义文学的源头，同时成为爱国主义诗篇的开山之作。屈原成为一种文化现象，展现出永久魅力和时代风采，具有重要的理论价值和现实指导意义。

四、练习步步高

（一）知识识记

1. 填空。

屈原名________，是中国历史上一位伟大的爱国诗人，中国浪漫主义文学的奠基人，“____________”（填文学体裁）的创立者和代表作家，开辟了“____________”的传统，被誉为“楚辞之祖”，其主要作品有________和________等。

2. 解释下列加点的字。

（1）博闻强志（　　　　　　）（　　　　　　）

（2）王甚任之（　　　　　　）

（3）争宠而心害其能（　　　　　　）

（4）屈平属草稿未定（　　　　　　）

（5）平伐其功（　　　　　　）

（6）《国风》好色而不淫（　　　　　　）

（7）靡不毕见（　　　　　　）（　　　　　　）

（8）皭然泥而不滓者也（　　　　　　）（　　　　　　）（　　　　　　）

（9）推此志也（　　　　　　）

3. 将下列句子翻译成现代汉语。

（1）信而见疑，忠而被谤，能无怨乎？屈平之作《离骚》，盖自怨生也。

____

（2）其称文小而其指极大，举类迩而见义远。

____

（二）文心体悟

屈原与渔父的两次对话在课文《屈原列传》中起什么作用？

____

____

____

____

（三）思想碰撞

胡适在《读〈楚辞〉》中曾指出："《史记》本来不很可靠，而《屈原贾生列传》尤其不可靠。"可是，《史记》在历史上被称为实录。对此，你有怎样的认识？请从课文《屈原列传》记载的史实中选取一处，考察其史料来源以佐证你的观点。建议参考《战国策·楚策》《离骚传》《新序·节士》等史料。

苏武传

一、知识朋友圈

1. 文学常识。

课文《苏武传》节选自《汉书·李广苏建传》。其精于剪裁，善用对比，灵活选取人物的典型语言，寓论断于叙事，生动刻画了苏武这位备尝艰辛却矢志不渝的爱国者形象。

2. 语言积累。

义士。班固将自己对苏武的评价寓于对李陵的感叹中："嗟乎，义士！陵与卫律之罪上通于天！"要了解"义士"的内涵，需要先理解何为"义"。许慎《说文解字》云："义，己之威仪也。"可见"义"的本义为威仪。清代段玉裁《说文解字注》曰："是谓义为古文威仪字……义之本训谓礼容各得其宜，礼容得宜则善矣……义，善也。引申之训也……威仪出于己，故从我。董子曰，仁者，人也。义者，我也。谓仁必及人，义必由中断制也。从羊者，与善美同意。"从中可知，"义"经董仲舒解释为"仁必及人"，明确要求义的主体需要将仁爱之心施于他人。

由此可知，义既是符合道德的内在价值取向，又是尊崇礼法的外在行为规范。“义士”自然指将义转化为行动的群体，他们恪守大义、笃行不苟。诚如《左传·桓公二年》所记载：“武王克商，迁九鼎于洛邑，义士犹或非之。”这是义士不屈服于任何力量，对心中纲常伦理的坚守。又如西汉刘向在《列女传》里所言：“义士非礼不动，不为贫而易操，不为贱而改行。”这是义士不论在何种处境中都笃行义礼的精神品格。苏武就是一位典型的义士，他持节不失，恪守使者身份，无条件地忠君爱国，将使命和国家利益置于第一位。

二、文心点点通

课文《苏武传》作为《汉书》里的名篇，“既不是依据前史旧文，又不是采用传主的自叙，而完全出于独创”（郭预衡《中国散文史长编》上），自然体现出了史家在修史过程中秉持的史学理念，比较典型的有三个方面：

第一，继承了《史记》“不虚美，不隐恶”的实录精神。虽然《汉书》是班固奉诏而作，更多的是站在当朝统治者的立场上去记录史实、品评人物，但诸多篇目都彰显出史家尊重史实的精神。如并不回避汉武帝执政后期存在的问题：一是穷兵黩武，“时汉连伐胡”“恐汉袭之”；二是滥用刑法，“法令亡常，大臣亡罪夷灭者数十家”。

第二，春秋笔法的运用。如明清之际的学者顾炎武在《日知录》中所言，“古人作史，有不待论断而于序事之中即见其指者”，“后人知此法者鲜矣，惟班孟坚间一有之”。如通过对话暗寓褒贬，卫律劝降一段，苏武面对威逼“不动”，面对利诱“不应”，甚至“骂律”，显示出苏武爱憎分明、立场坚定的品格。借助卫律、李陵等次要人物的描写来映衬传主苏武的高尚品格。

第三，高度的史识和正义感，在一些问题上突破正统思想的桎梏。随着大一统形式的逐渐形成，中央集权不断强化，思想上的百家争鸣随即消逝。在这样的社会背景下，史权和君权势必存在矛盾。但班固还是或多或少地留存了对“书法不隐”（《左传·宣公二年》）、“彰善瘅恶，树之风声”（《尚书·毕命》）的史学秩序的维护。如通过李陵的悔与敬表现出其内心的矛盾与痛苦，对这一人物寄寓了同情。

三、思想会客厅

史传文学既有历史性，又有文学性，两者不可偏废。若是一味地追求其文学性则可能丧失其历史性，反之亦然。故而在阅读过程中，既需要回到历史现场，又需要关注文章中的审美价值和艺术性。

以课文《苏武传》为例，班固对其为何作《汉书·李广苏建传》有直接解释："陵不引决，忝世灭姓。苏武信节，不诎王命。"（《汉书·叙传下》）同时在《汉书·李广苏建传》文末赞语中提及："孔子称'志士仁人，有杀身以成仁，无求生以害仁'，'使于四方，不辱君命'，苏武有之矣。"从中不难看出，班固在剪裁史料时围绕节义展开。就历史性而言，忠君爱国的人物形象解读不能脱离节义精神，同时这一形象离不开特定历史机遇的创造。但《苏武传》所记载的可能并不完全是史实，此前苏武其人仅在《史记·匈奴列传》《新序·节士·苏武》《法言》《论衡》中有所提及，可以明确的是，苏武出使匈奴是确定的史实，而其他刻画则得益于班固高超的文学表现手法。

由于史传文学的特殊性，史家秉承实录精神，在尊重核心史实的基础上，可以发挥想象甚至是进行虚构，从而使得传主形象丰满立体，为后世提供精神滋养。如苏武与李陵同时出现，且史家耗费大量笔墨描写李陵，史事基本属实，兼具文学性，细节生动，言辞动人。这样的组合方式，容易成为特殊时期士人的价值取向与情感载体。当人们面对民族存亡、国家危难的时刻，往往会借苏武牧羊或李陵劝降等事迹慰藉困境中的自己，强化守节忠君的精神，甚至出现大量假托苏武、李陵所作的诗文。历史人物苏武，自然而然就成为不朽的文化符号。

四、练习步步高

（一）知识识记

1. 填空。

《苏武传》节选自________，这是我国第一部____________，"二十四史"之一。编者是________，东汉史学家、文学家，与司马迁并称"____________"。

2. 解释下列加点的字。

（1）后随浞野侯没胡中（   ）

（2）阴相与谋劫单于母阏氏归汉（　　　　　　　　　　）

（3）私候胜曰（　　　　　　　　　　）

（4）虞常等七十余人欲发（　　　　　　　　　　）

（5）恐前语发（　　　　　　　　　　）

（6）虞常果引张胜（　　　　　　　　　　）

（7）引佩刀自刺（　　　　　　　　　　）

3. 将下列句子翻译成现代汉语。

（1）汝为人臣子，不顾恩义，畔主背亲，为降虏于蛮夷，何以汝为见？

（2）终不得归汉，空自苦亡人之地，信义安所见乎？

（二）文心体悟

请你赏析课文《苏武传》中借次要人物映衬传主的写法。

（三）思想碰撞

你如何看待苏武精神与儒家伦理道德之间的关系？

过秦论

一、知识朋友圈

1. 文学常识。

《过秦论》是西汉政论家、文学家贾谊的作品，节选自《新书》。《过秦论》有上中下三篇，教科书选的是上篇。文章评述了秦的过失，对秦顷刻覆灭的历史教训进行了总结，意图针对西汉初年的社会实际，劝诫汉朝统治者应该吸取前朝教训，施行仁政，与民休息，安民养民，采取顺应时代发展的治国策略。

2. 语言积累。

仁义。贾谊认为“仁义者，明君之性也”(《新书·大政上》)。所谓“仁义”，指的仍旧是孔孟所说的先王之道，与西汉散文家贾山在《至言》中提出的“定明堂，造太学，修先王之道”的政治主张相似，但不同于法家的“内立法度”及纵横家的“斗诸侯”。仁者，爱人，亦即仁爱，成为仁者的基础是有不忍之心。诚如《孟子·梁惠王上》所言：“君子之于禽兽也，见其生，不忍见其死；闻其声，不忍食其肉。是以君子远庖厨也。”义者，指正义或信义，可作为德政的标志，亦可作为善良和顺、言而有信的性格特征。这是维护社会稳定的基本准则。

二、文心点点通

《过秦论》的赋体色彩体现在哪些方面？

《过秦论》不同于一般的政论性散文的写作方式，分析、论证过程未必周密，甚至援引的史实存在失当的地方，但不妨碍其成为文学史上的经典。文章以赋体为文。所谓“以赋为文”，指的是古文写作中借用赋体铺陈、夸张，喜用排比、对偶，打破文章体式。

就论说方式而言，文章以叙述为主，较少议论性文字。如写惠文、武、昭襄之“强”是“南取汉中，西举巴、蜀，东割膏腴之地，北收要害之郡”，从南、西、东、北四个方位铺陈史实；写陈涉起义军的武器是“锄櫌棘矜，非铦于钩戟长铩也”；写陈涉起义军的构成是“谪戍之众，非抗于九国之师也”，与九国之师不能同日而语，就是一群毫无战斗力的乌合之众，这是极力夸张。

就语言形式而言，文采斐然，辞藻相对华丽。如“有席卷天下，包举宇内，囊括四海之意，并吞八荒之心”一句中，“席卷”“包举”“囊括”“并吞”语义相同，“天下”“宇内”“四海”“八荒”内容一致，采用精彩的同义词铺陈，循环往复地从多个层面立体再现秦孝公带领秦国逐渐强大的过程。

全文既有赋体的华美绮丽，思想内容又极为醇厚，无怪乎鲁迅称赞贾谊之散文为“西汉鸿文，沾溉后人，其泽甚远”(《汉文学史纲要》)。

三、思想会客厅

西汉时期的政论性散文魅力独特，涌现了诸如陆贾、贾谊、晁错等具有代表性的文学家，诞生了《新语》《至言》《新书》等十八篇影响深远的作品。按照张啸虎在《中国政论文学史稿》里的说法：“政论文学的基本特征，就是政论与文学的结合，也就是政论的内容与文学的形式之统一体。”可见政论性散文其实具有政治性与文学性融合的特点。

就政治性而言，政论性散文应该具有“政论的实质内容与政论的战斗锋芒”(张啸虎《中国政论文学史稿》)。也就是说，这类文章应该要针对具体的社会现实，反思、批判现实中出现的社会问题，或就具体的问题提出建议，而不是客话、套话，或出于应酬的目的。读者往往也是特定的，统治阶层甚至是皇帝都可能成为潜在的读者。如分为上中下三篇的《过秦论》，表面论秦政之过失，实则具有强烈的时代特色。按照钱锺书《管锥编》的说法：“《史记·陆贾列传》汉高帝曰：‘试为我著秦所以亡失天下。’”而后“‘过秦’‘剧秦’遂为西汉政论中老生常谈”。其中包括“贾山《至言》、晁错《贤良文学对策》”等，还有“贾生《过秦》三论外，尚复《上疏陈政事》，戒秦之失。汉之于秦，所谓‘殷鉴不远，在夏后氏之世也’”。

就文学性而言，纵横驰骋是这一时期政论性散文的主要特征。清代程廷祚《骚赋论》中谓贾谊之文：“若其雄伟卓荦，冠于一代矣。”黄宝《新书序》曰：“卓卓乎奇伟，悠悠乎其深长，凿凿乎其有援据，如江河荡谲，而莫测其涯也；如风霆变化，而莫见其迹也”，“千态万状，而莫可名言也”。鲁迅论贾谊、晁错“为文皆疏直激切，尽所欲言”(《汉文学史纲要》)。文章彰显出士大夫以天下为己任的风骨，独特的见识与豁达雄阔的胸怀交织在一起。

四、练习步步高

（一）知识识记

1. 填空。

贾谊（前200—前168年），世称________、________、贾生。洛阳（今属河南）人。________初期的政论家、文学家。贾谊写有《________》，因此在《史记》中，司马迁将他与________合传。

2. 解释下列加点的字。

（1）过秦论（　　　　）

（2）蒙故业（　　　　）

（3）以致天下之士（　　　　）

（4）约从离衡（　　　　）

（5）追亡逐北（　　　　）

（6）奋六世之余烈（　　　　）

（7）却匈奴七百余里（　　　　）

3. 将下列句子翻译成现代汉语。

（1）振长策而御宇内，吞二周而亡诸侯，履至尊而制六合，执敲扑而鞭笞天下。

____

（2）一夫作难而七庙隳，身死人手，为天下笑者，何也？仁义不施而攻守之势异也。

____

____

（二）文心体悟

请你赏析课文《过秦论》先叙后议的写法。

____

____

____

____

（三）思想碰撞

通过《过秦论》第一至第四段的叙述能否得出“仁义不施而攻守之势异也”这一结论？请你说明原因。

五代史伶官传序

一、知识朋友圈

1. 文学常识。

课文《五代史伶官传序》选自《新五代史·伶官传》，是宋代文学家、史学家欧阳修所作。欧阳修在《新五代史》中对一些他认为值得后人警惕的事件、发人深省的问题，都用序、论的形式表明看法，《五代史伶官传序》正是这类文字。文章论说了后唐的错谬，对其顷刻覆灭的历史教训进行总结，通过强调“人事”的意义和价值，劝勉北宋统治者励精图治、奋发有为。

2. 语言积累。

呜呼。叹词，常用于表示悲伤、赞美或慨叹。欧阳修的儿子欧阳发等说：“其于《五代史》尤所留心，褒贬善恶，为法精密，发论必以‘呜呼’，曰：‘此乱世之书也。’其论曰：‘昔孔子作《春秋》，因乱世而立治法。余述本纪，以治法而正乱君。’”（《欧阳文忠公集·附录》卷五《事迹》）这段话说明“呜呼”在欧阳修写的史传及史论中具有重要的意义。综观中国正史，从《史记》到《清史稿》“二十六史”之史论，太史公曰、赞曰、史臣曰、评曰、论曰等更常见，庄重严谨。《新五代史》以“呜呼”发端，使人耳目一新，具有文体革新的意义。此外，这一声“呜呼”不是一般的感叹，它蕴含作者对盛世的赞叹与对乱世的哀鸣。

二、文心点点通

《五代史伶官传序》叙议结合的写法好在哪里？

《五代史伶官传序》之前，常见的写法是先叙述人物或事件而后评述，如《史记》《旧五代史》。但《新五代史》在写法上极力突破，采取叙议结合的写法。第一段便开门见山提出观点："呜呼，盛衰之理，虽曰天命，岂非人事哉！"然后才概述后唐庄宗得失天下的史实。第二段则以叙述为主，以叙代议。通过"三矢"的故事，先叙述晋王的遗命，后叙述后唐庄宗执行遗命的恭谨慎重，不仅回应了首段的"盛"，还回答了"所以得天下"的问题。第三段叙议结合，如"方其系燕父子以组，函梁君臣之首，入于太庙，还矢先王，而告以成功"五句是叙，"其意气之盛，可谓壮哉"两句是议。第四段以议论为主，叙中见议。"故方其盛也，举天下之豪杰，莫能与之争；及其衰也，数十伶人困之，而身死国灭，为天下笑。"此七句是叙，但叙中见议，再一次回应"人事"。全文事显理明，提纲挈领。

三、思想会客厅

宋代倪思《经钼堂杂志》卷四云："司马迁传滑稽，欧阳公传伶官，皆有深意，政以直言谏救未必能行，而滑稽、伶官巧发中机，或能回人，此滑稽、伶官之言所以不可废也。"《五代史伶官传序》与《史记·滑稽列传》有异曲同工之妙，传主身份、著作体例、暗寓褒贬的写作方法一脉相承。

如在《史记·滑稽列传》中，滑稽常用隐言微语的方式来劝谏君主，启示正道。就像齐之赘婿淳于髡因齐威王"好为淫乐长夜之饮，沉湎不治，委政卿大夫"，便用"国中有大鸟，止王之庭，三年不蜚又不鸣"的隐语，令国君悟出"此鸟不飞则已，一飞冲天；不鸣则已，一鸣惊人"之理，从而整饬吏治，革新朝政。欧阳修在写作《五代史伶官传序》时也采用了类似方法，不直接劝谏，而是以字句寓褒贬。如称李克用为"晋王"，而不使用《旧五代史》里"太祖武皇帝"的称谓。李克用出身陇右沙陀部，曾出兵帮助唐朝镇压黄巢起义，受封为晋王，后其子李存勖建立后唐，追谥其为武皇帝，庙号太祖。称其"晋王"其实暗含"尊王攘夷"思想，显示出欧阳修对唐王室的敬意及对唐朝正统地位的维护，排除夷狄，否定后唐政权的合法性。

事实上，欧阳修自己也曾提及“我作《伶官传》，岂下《滑稽》也”(《欧阳修全集·修五代史》)。通过与《史记·滑稽列传》对比，确定了《新五代史·伶官传》的价值。就思想意义而言，两者均谈及微不足道的伶人在治乱兴亡中的作用。司马迁认为“天道恢恢，岂不大哉！谈言微中，亦可以解纷”(《史记·滑稽列传》)，他肯定伶人对国家之治产生的正面意义。欧阳修则反其意而行之，认为即便地位低下的优伶也能令君主身死国灭，从而抒发其盛衰得失、兴亡成败的历史慨叹，希冀统治者能借鉴李存勖成功的经验，吸取其惨败的教训，借古观今，体现出史论鲜明的体式特征。

四、练习步步高

（一）知识识记

1. 填空。

欧阳修，宋代文学家、史学家，他与宋祁等合修________，并独撰________。他自称“吾家藏书一万卷，集录三代以来金石遗文一千卷，有琴一张，有棋一局，而常置酒一壶”，此外还自居为一______，故号为______居士。

2. 解释下列加点的字词。

（1）原庄宗之所以得天下（　　　　　　）

（2）世言晋王之将终也（　　　　　　）

（3）以三矢赐庄宗而告之曰（　　　　　　）

（4）则遣从事以一少牢告庙（　　　　　　）（　　　　　　）

（5）负而前驱（　　　　　　）

（6）抑本其成败之迹（　　　　　　）（　　　　　　）

（7）忧劳可以兴国，逸豫可以亡身（　　　　　　）（　　　　　　）

3. 将下列句子翻译成现代汉语。

（1）方其系燕父子以组，函梁君臣之首，入于太庙，还矢先王，而告以成功，其意气之盛，可谓壮哉！

____

____

（2）夫祸患常积于忽微，而智勇多困于所溺，岂独伶人也哉？

（二）文心体悟

请你赏析《五代史伶官传序》中的对比手法。

（三）思想碰撞

请你评析《五代史伶官传序》的观点。

（申龙 编）

第三单元

诗词精神

单元概说

高中阶段，我们已经在诗词的河流中“溯洄从之”(《诗经·蒹葭》）了两年多时间，明确了诗词发展的源流，也学习了诗词的相关专题，可以说诗词已经成为我们血液中的一分子，也参与了我们的生活。高三是人生的关键时期，让我们再一次走入诗词的世界，领略诗词背后的精神与文化。

诗词从哪里来？它一定是从生活中来，经过了诗人的妙笔，发常人所不能发之言，语言婉转动听；它一定高于生活，有常人不能达之境界，给人以向往的理想。所以，诗词可歌又可泣。

我们已经知道，从体裁上分，唐以前的古体诗和唐以后的近体诗各有千秋，词、曲接续诗的余韵，展现出自己独有的风骚。我们也知道，从内容上分，山水田园里的恬淡悠闲并不输于边塞风霜的金戈铁马、游子思妇、落月摇情，和贬官受挫、天涯断肠的故事一样动人心魄。我们善于用现实主义和浪漫主义的手法来区分中国历史上的诗词，而诗人在叙事和抒情的表达方式上的不同选择，也能够体现诗人本身的性格，从另外一个角度把握诗词的发展脉络。

《诗经》里的《氓》是一首叙事诗。就古代、近代而言，一部中国文学史几乎就是中国男性文学史，但史书里面也有《列女传》，在无法直言其事的婉曲表达之中，“香草美人”是自陈清白高洁的方式，两性关系也会拿来比附君臣关系。由此而言，在我们今天看来，被丈夫抛弃的女子未必没有希望，被君主抛弃的臣子未必有女子那么坚强。因为女性会慢慢遇到她的同盟者，也许反抗无力，但可以一同赴死，成为《孔雀东南飞（并序）》里的“举身赴清池”和“自挂东南枝”。仔细回溯，你又是否能够在以前学过的文章里面找到与之相呼应的女性身影，在西方的娜拉出走的感召之下，勇敢地走出改变自己命运的更大步伐？

而作为文人诗歌传统源头的《离骚》，那些抒情的诗句从来不会因为诗人的自沉而变成绝唱，屈原自沉的地方，贾谊来过，司马迁来过，李白和杜甫也来过。楚文化的世界自与儒家传统的温柔敦厚不同，瑰丽浪漫的想象力，屈原分给了李白，当谪仙人吟诵出“飞湍瀑流争喧豗，砯崖转石万壑雷”(《蜀道难》）的诗句，神话、传说与一身傲气有了新的时代颜色。屈原还有忠君爱国的丹心，没有沉入汨罗江底，而是被杜甫打捞起来，时代的眼泪从此变成了“诗圣”的责任，以沉郁顿挫的方式演绎国家破亡之际的个人担当。

随着朝代更迭，经济中心转移，中原文化逐渐让位给江浙一带崛起的市民文化。诗人是历史的见证者，也是历史的记录者，他们笔下有俗世繁华最美的热闹，也有战火之后空城最惨淡的荒芜。他们和前辈诗人一样，既有成就功名的渴望，也有闲散游玩的雅兴，更有心系天下苍生的悲悯。因此，到了我们这个单元的尾声，当姜夔念出《扬州慢》(淮左名都)里的句子，千岩老人萧德藻听出了黍离之悲，你看，我们又一次回到了《诗经》!

诗人并非全能，他们也无法摆脱困顿的境遇，也是时代的受难者；但是他们用温暖的手写下的诗句，穿越了时代的阻隔，给了自己，给了他人，也给了读诗词的我们无限的慰藉和思考。诗词有风骨，笔有的时候，的确比剑更为锋利。

氓

一、知识朋友圈

1.《氓》为什么看起来和《芣苢》这样的《诗经》篇章不太一样?

《氓》全诗共六章，每章十句；它并不像《诗经》其他篇章采用重章复沓的形式，而是依照人物命运发展的顺序，自然地加以书写。诗中对现实的描写，在一定程度上反映、批判了当时礼教对女子的束缚。

但《氓》依旧符合《诗经》的基本特点，它以“赋”为主，兼用“比”“兴”。“赋”以叙事，“兴”以抒情，“比”在于加强叙事和抒情的色彩。“桑之未落，其叶沃若”与“桑之落矣，其黄而陨”通过物的变化，写出了时间的流转，女子的容颜随之衰老，而男子对她已经情驰爱淡了。从“送子涉淇，至于顿丘”到“淇水汤汤，渐车帷裳”，再到“淇则有岸，隰则有泮”，暗示了女主人公情感的波澜与对丈夫的埋怨。

2. 语言积累。

（1）复关。阅读《氓》，很多人一定会问：第二段，为什么女子会对复关牵肠挂肚呢？课文注释中将“复关”解释为卫国地名，并代指氓。

“复”，许慎《说文解字》云：“复，往来也。”本义为往而复来，即返回。“关”，许慎《说文解字》云：“关，以木横持门户也。”即用木横着支撑门扇。本义为门闩，门闩将两扇门联结起来，引申为关联、联系。清代段玉裁《说文解字注》曰：“凡立乎此而交彼曰关。”引申为国境出入之门户。《周礼·司关》注：“界上之门也。”《左传·襄公十四年》：“蘧伯玉……遂行，从近关出。”杨伯峻注：“国界有关，卫四面皆邻他国，蘧伯玉欲速出国境，以免祸乱，于是择最近之国门出国。”国门既为两国相隔之门户，又是出入必经之地，“关”于是有隔断和通达之义。《史记·梁惠王世家》：“大臣及袁盎等有所关说于景帝。”《索隐》曰：“关者，隔也。”《史记·佞幸列传》：“公卿皆因关说。”《索隐》曰：“关，通也，谓公卿因之而通其词说。”由以上两义，朱骏声《说文通训定声》中说：“事不觌面相隔，而由中人以通达谓之关。”

从以上分析可以看出，“关”作为国之门户，具有“通”与“隔”的双重属性，诗中，女子正是因此把“关”比喻为与氓之间相隔相通的“良媒”，女子所望之“复关”就是去将复来的“良媒”。

（2）耽。清代段玉裁《说文解字注》曰：“此引《诗》说假借也。《毛传》曰：‘耽，乐也。’耽本不训乐，而可假为媅字。女部曰：‘媅者，乐也。’”这样解释，其实只是说出了女子在爱情中的幸福的表面状态，如果要深入探究，“无与士耽”更像是一种反思后的警告。耽：迷恋，沉溺。女子的“耽”一方面是用情之深，另一方面是对爱情的盲目。由于无视男子轻易就会发怒的性格特点，还要安慰对方说“将子无怒，秋以为期”，为自己后来的婚姻生活埋下了不幸的种子，丈夫“至于暴矣”，让她陷入了更大的不幸。

《氓》是一首写女性的不幸遭遇的悲歌，也是一首女性自我意识觉醒之歌。“于嗟女兮，无与士耽！士之耽兮，犹可说也。女之耽兮，不可说也！”既是感慨，又是提醒。完全沉溺于感情，过于自信也会陷入被动。“士之耽”是有条件的，“女之耽”是无条件的。越是这样，越要分析爱的理由，从纯粹感性走向适当理性，既尊重自己的情感，也客观分析爱情中双方的情况。即使是在中国古代社会女性无法独立自由的情况下，诗歌中的女性依旧是勇敢而有力量的。

二、诗心点点通

《氓》是一首叙事诗。开头一、二章运用“赋”的手法，具体描写男子向女子求婚以至结婚的过程。在一次集市上，一个男子以买丝为名，向女子吐露爱情，软硬兼施。女子请求男子找人说媒，将婚期定在秋天，在等待的过程中，心情悲喜起伏不定。及至男子派车前来迎娶，她就带着全部的财物，嫁了过去。方玉润评价：“不见则忧，既见则喜，夫情之所不容已者，女殆痴于情者耳。”（《诗经原始》）一个“痴”字，点出了女子钟情之深。

第三章“比而兴也”，第四章“兴也”，这两章以抒情为主，揭示了女子嫁过去好几年，夫妻关系渐渐不和，终至破裂。女子不得已又坐着车子，渡过淇水，回到娘家。她反复考虑，自己并无一点差错，而是那个男子“二三其德”。

第五章用赋的手法叙述被弃前后的处境，前六句承第四章“自我徂尔，三岁食贫”，补叙多年为妇的苦楚，她早起晚睡，辛勤劳作，丈夫却因为变心变得暴戾残酷。后四句写她回到娘家以后兄弟的不理解。

第六章“赋”兼“比”“兴”，在抒情中叙事，在今昔对比中写出当初相恋时有说有笑，可是现在丈夫违背誓言，爱情没有了，也只能这样算了。

这首诗所写的故事虽然不够细腻完整，但已经讲清了基本事实，展示了女子的命运，可以说已经具有戏剧因素，塑造了一个有血有肉、有鲜明个性的悲剧人物形象。更加成熟的、完整的古代叙事诗，还要数后世出现的乐府长诗——《孔雀东南飞（并序）》。

三、思想会客厅

《氓》叙述女子从恋爱到被遗弃，最后终于决定和负心丈夫决裂的过程。它开创了弃妇诗的先河。

汉代卫宏《毛诗序》认为这首诗是对当时“淫泆”之风的批评：“《氓》，刺时也。宣公之时，礼义消亡，淫风大行。男女无别，遂相奔诱；华落色衰，复相弃背。或乃困而自悔，丧其妃耦，故序其事以风焉。美反正，刺淫泆也。”宋代朱熹《诗集传》也对被抛弃的女子进行批评，并借此警醒士人君子要注意自己的德行：“此淫妇为人所弃，而自叙其事，以道其悔恨之意也。夫既与之谋，而不遂往，又责所无以难其事，再为之约，以坚其志，此其计亦狡矣。以御蚩蚩之氓，宜其有余，而不免于见弃。盖一失其身，人所贱恶。始虽以欲而迷，后必有时而悟，是以无往而不困耳。士君子立身一败，而万事瓦裂者，何以异此？可不戒哉！”两种意见都是站在“礼”和“修身”的角度，并不同情弃妇。在男性本位的古代社会，唐代的元稹也在《莺莺传》中更多地把始乱终弃的原因推到女性身上。

中国现代文学史上，李金髪曾写有《弃妇》一诗：“长发披遍我两眼之前，/ 遂割断了一切羞恶之疾视，/ 与鲜血之急流，枯骨之沉睡。/ 黑夜与蚊虫联步徐来，/ 越此短墙之角，/ 狂呼在我清白之耳后，/ 如荒野狂风怒号：/ 战栗了无数游牧。/ 靠一根草儿，与上帝之灵往返在空谷里。/ 我的哀戚惟游蜂之脑能深印着；/ 或与山泉长泻在悬崖，/ 然后随红叶而俱去。/ 弃妇之隐忧堆积在动作上，/ 夕阳之火不能把时间之烦闷 / 化成灰烬，从烟突里飞去，/ 长染在游鸦之羽，/ 将同栖止于海啸之石上，/ 静听舟子之歌。/ 衰老的裙裾发出哀吟，/ 徜徉在丘墓之侧，/ 永无热泪，/ 点滴在草地 / 为世界之装饰。”

从表层来看，这首诗抒写的是女子在遭到遗弃之后内心的痛楚与生命的哀号。这里写蚊虫的嘤嗡让人心烦意乱，实际是在写人们对女子的闲言碎语让女子感到生存的举步维艰。诗人用象征主义的手法所写的诗句，难免有自身的投射，但也让人直面女子所要面临的社会困境，让人对被遗弃的女子产生了同情。

四、练习步步高

（一）知识识记

1. 填空。

（1）“比”是《诗经》中常用的表现手法之一。《氓》中以桑树的日渐凋零比喻夫妻情意淡薄的句子是：“＿＿＿＿＿＿，＿＿＿＿＿＿。”

（2）《氓》中女主人公追叙自己早起晚睡、每日操劳的婚后生活的句子是：“＿＿＿＿＿＿，＿＿＿＿＿＿。”

（3）《氓》中写男、女主人公少年时期一起愉快玩耍，尽情说笑的句子是：“＿＿＿＿＿＿，＿＿＿＿＿＿。”

2. 解释下列加点的字词。

（1）氓之蚩蚩（　　　　　　）

（2）匪我愆期（　　　　　　）

（3）将子无怒（　　　　　　）

（4）以我贿迁（　　　　　　）

（5）无与士耽（　　　　　　）

（6）不可说也（　　　　　　）

（7）自我徂尔（　　　　　　）

（8）女也不爽（　　　　　　）

（9）士贰其行（　　　　　　）

（10）言笑晏晏（　　　　　　）

（二）诗心体悟

阅读诗歌，回答问题。

谷　风

《诗经·小雅》

习习谷风，维风及雨。将恐将惧，维予与女。将安将乐，女转弃予。
习习谷风，维风及颓①。将恐将惧，寘予于怀。将安将乐，弃予如遗②。
习习谷风，维山崔嵬。无草不死，无木不萎。忘我大德③，思我小怨。

注释　① 颓：旋风。　② 遗：遗弃。　③ 大德：指能共患难。

（1）《谷风》的第一章在表现手法上有何特点？请你结合诗句简要分析。

（2）《谷风》表达的感情是如何变化的？请你结合诗句具体分析。

（3）请你自选角度，比较分析《氓》和《谷风》的异同。

（三）思想碰撞

《氓》中被遗弃的女子作出了“士之耽兮，犹可说也。女之耽兮，不可说也”的反思，你是否同意她的观点？请结合你的阅读积累，谈谈看法。

离骚（节选）

一、知识朋友圈

1.《离骚》为什么那么“难读”？

相比于《诗经》,《离骚》所描绘的世界我们其实并不熟悉。从体裁看，我们知道，屈原是楚辞体的创始人，这种类型的作品采用楚地的诗歌形式、方言声韵来描写楚地的风土人情，具有浓郁的地方色彩，容易产生陌生感。《离骚》是《楚辞》的代表作品。从表达方式看，《离骚》是我国古代最长的抒情诗，以表现主观感情、抒怀咏志为主，通过抒发诗人的思想感情来反映社会生活，因此不具体刻画人物，不展开故事情节，比较难以把握内容，但我们也要注意到抒情诗恰恰是中国古代诗歌的主流，因此可以在这首诗歌中关注诗人的抒情方式，结合诗人的生平，还原诗歌发生的历史背景，才能更加准确而深刻地把握诗歌的内涵。

2. 语言积累。

（1）离骚。诗歌的题目《离骚》到底是什么意思？王逸《楚辞章句·离骚经序》：“离，别也；骚，愁也。”此题目之义，历来多有争议，其中具有代表性的有四种：①班固《汉书·离骚赞序》：“离，犹遭也。骚，忧也。明己遭忧作辞也。”离骚，即遭忧。②钱澄之《屈诂》：“离为遭，骚为扰动。扰者，屈原以忠被谗，志不忘君，心烦意乱，去住不宁，故曰骚也。”③《离骚》，即楚国古曲名《劳商》。游国恩《离骚纂义》：“第考本书《大招》有云：‘伏羲《驾辩》，楚《劳商》只。’王逸注，《驾辩》《劳商》皆曲名也。按《劳商》与《离骚》本双声字，古音宵，歌、阳、幽并以旁纽通转。疑《劳商》即《离骚》之转音，一事而异名者耳。”④林庚《中国历代诗歌选》：离骚，等于说“牢骚”，“离”“牢”是双声字。希望这样一些学者的解释，能够帮助你更好地理解诗歌的题目，走进屈原忧愁扰动、波澜起伏的情绪世界。

（2）修。小篆写作修。在《离骚》中，“修”字多次出现，如“修能”“修姱”“灵修”“修吾初服”，成为贯穿诗歌的一个关键字。清代段玉裁《说文解字注》说：“修，饰也。巾部曰：饰者，刷也。又部曰：刷者，饰也。”本义为拂去污垢、尘土，使发出光彩。故引申为文饰。段玉裁《说文解字注》又说：“不去其尘垢，不可谓之修。不加以缛采，不可谓之修。修之从彡者，洒刷之也，藻绘之也。修者，治也。引申为凡治之称。匡衡曰：治性之道，必审己之所有余，而强其所不足。从彡攸声。”由此可以看出，“修”与洒刷、拂拭相关，既是对物理世界的尘埃和心灵世界的蒙蔽的清扫，使之呈现出清洁美好的状态；又是毕生都要修炼的行为，这与屈原高洁的人生境界和毕生的追求相关，也成为他对曾经给予厚望的君主的美称。

二、诗心点点通

清代王邦采在《离骚汇订》中将《离骚》分成三个部分：（1）政治斗争失败后的苦闷情怀；（2）在幻想世界中寻求理想的实现；（3）诗人犹豫徘徊终不忍去国远游。课文节选自《离骚》的第一部分。在这一部分中，出身高贵的“内美”也许是天生所得，但后天的“修能”则来自自己的选择。

为了表现自己美好的精神世界和现实世界之间的落差，屈原开启了影响后世的“香草美人”传统。

首先，我们看到的是一个植物世界，课文中出现的香草有江离、辟芷、木兰、宿莽、蕙、茝、椒、芰荷、芙蓉。它们要么本身具有香气，要么生长在僻静的地方，保持操守独立。诗人并非简单地描写这些香草的芬芳，而是引类譬喻，比喻人的高洁品质，甚至直接把这些香草作为配饰，彰显他光明纯洁的本质。

这样的打扮与世俗不同，本身就是一种宣战。由此我们看到人类世界的纷争：佩戴和装饰香草居然成为一种罪名，天生丽质的“蛾眉”成为众女忌妒毁谤的理由，在这个是非黑白颠倒的世界，屈原选择的是保持清白，献身正道，散发出灵魂的香气。

王逸《楚辞章句 · 离骚经序》曰：“《离骚》之文，依《诗》取兴，引类譬喻，故善鸟香草，以配忠贞；恶禽臭物，以比谗佞；灵修美人，以媲于君。”后以“香草美人”比喻忠贞贤良之士，内涵是忠贞爱国。“香草美人”以其色彩缤纷的物象，深刻比喻当时的社会状况和自己的处境，构建了一套典型的政治隐喻系统，在中国古代怀才不遇的文人中，引起了强烈反响与共鸣。自此之后，文坛以美人自喻抒怀的作品层出不穷，以“美人”“弃妇”而自喻，抒发无法实现的政治理想和不被重用的抑郁与苦闷。

三、思想会客厅

屈原虽被后世誉为伟大的爱国诗人，受人景仰，但在汉代，人们对他的认识却经历了由尊崇（以东方朔为代表）到怀疑（以贾谊、司马迁为代表），再到否定（以扬雄为代表）的过程。到了南宋，洪兴祖、朱熹认为扬雄为“屈原之罪人”“《离骚》之馋贼”（《楚辞集注 · 楚辞后语》）。而明代的李贽、胡应麟，清代的方苞则为扬雄辩护，他们认为扬雄对屈原的基本感情与态度应该是尊敬、同情与惋惜。

扬雄的《反离骚》一文，从三个方面对屈原进行质疑：首先以“资娵娃之珍髢兮，鬻九戎而索赖”说明屈原自身材质优异却选择去“九戎”这样的地方求利，是方向性的错误。其次又以“陵阳侯之素波兮，岂吾累之独见许”（东汉应劭注：“阳侯，古之诸侯也，有罪自投江，其神为大波。”）认为阳侯是因获罪而自沉，屈原无罪而自沉，没有必要。最后又以“精琼靡与秋菊兮，将以延夫天年；临汨罗而自陨兮，恐日薄于西山”指出屈原想要通过食琼靡秋菊延年益寿，却又用自沉汨罗的方式过早结束生命之行为的矛盾之处。其认为屈原应该保存实力，避其锋芒，择机而动。

但值得注意的是，扬雄并非彻底否定屈原其人。《汉书·扬雄传》：“先是时，蜀有司马相如，作赋甚弘丽温雅，雄心壮之，每作赋，常拟之以为式。又怪屈原文过相如，至不容，作《离骚》，自投江而死，悲其文，读之未尝不流涕也。”可见，扬雄对屈原有很高的评价，认为他的才华超过了自己文学上的偶像司马相如。一个“怪”字，一个“悲”字，都泄露了扬雄心里对屈原的欣赏。《反离骚》中又用凤皇（凤凰）、骅骝、神龙、圣哲等高贵形象来类比屈原，既对屈原的人格和理想给予了肯定，又从文学的角度接续了屈原“香草美人”的传统。

扬雄之所以会产生这样的想法，首先与他的生平有关。如果说屈原出身高贵，内心存有骄傲，会选择激烈的方式，以身殉道，那么扬雄为人简朴，不善言辞，汉成帝时为给事黄门郎。“雄以为赋者，将以风之也，必推类而言，极丽靡之辞，闳侈巨衍，竞于使人不能加也，既乃归之于正，然览者已过矣。往时武帝好神仙，相如上《大人赋》，欲以风，帝反缥缥有陵云之志。由是言之，赋劝而不止，明矣。又颇似俳优淳于髡、优孟之徒，非法度所存，贤人君子诗赋之正也，于是辍不复为。”（《汉书·扬雄传》）可见扬雄虽然是皇帝近侍，但是皇帝只喜欢他的辞赋，忽略了其讽谏意义，扬雄就放弃了以赋“风”人的努力，致力于《法言》《太玄》的写作。此外，早年扬雄师从道家严君平，因此他更多受到老子思想的影响，虽然也有辅佐君主的政治抱负，但通常采用明哲保身的做法。因此他认为屈原如果当初也能像他这样做，凭借屈原政治和文学上的才能，静待时机，隐居避世，有朝一日定会有所作为。

对于屈原的崇敬、认可与惋惜是历朝历代文人所共通的情感，扬雄另辟蹊径，是想通过这种特殊的方式悼念屈原，引起世人对自己主张的关注。

四、练习步步高

（一）知识识记

1. 填空。

（1）《离骚》（节选）中，用香草做比喻，说明诗人遭贬黜是因为德行高尚的两句是：“________，________。”

（2）《离骚》（节选）中，表明诗人因为德行美好而遭到小人诽谤的两句是：“________，________。”

（3）《离骚》（节选）中，表明诗人在黑暗混乱的社会中烦闷失意，走投无路的两句是：“________，________。”

2. 解释下列加点的字词。

（1）皇览揆余初度兮（　　　　）

（2）扈江离与辟芷兮（　　　　）

（3）纫秋兰以为佩（　　　　）

（4）日月忽其不淹兮（　　　　）

（5）春与秋其代序（　　　　）

（6）何不改此度（　　　　）

（7）来吾道夫先路（　　　　）

（8）谣诼谓余以善淫（　　　　）

（9）偭规矩而改错（　　　　）

（10）宁溘死以流亡兮（　　　　）

（二）诗心体悟

阅读诗歌，回答问题。

九歌·河伯

屈　原

与女游兮九河，冲风起兮横波。乘水车兮荷盖，驾两龙兮骖螭。登昆仑①兮四望，心飞扬兮浩荡。日将暮兮怅忘归，惟极浦兮寤怀②。鱼鳞屋兮龙堂，紫贝阙兮朱宫。灵何为兮水中？乘白鼋③兮逐文鱼，与女游兮河之渚，流澌④纷兮将来下。子交手兮东行，送美人兮南浦。波滔滔兮来迎，鱼邻邻兮媵予。

注释 ① 崑崙：山名，古人认为是黄河的发源地。今作昆仑。 ② 寤怀：寤寐怀想，形容思念之极。 ③ 鼋（yuán）：大鳖。 ④ 流澌（sī）：古代词语，指流水。

（1）这首诗是否蕴含了屈原“香草美人”的传统？请你结合诗句简要分析。

（2）请你联系诗人生平，分析画线的诗句蕴含的思想感情。

（3）你是否在《九歌·河伯》中看到了与《离骚》类似的情感？请结合相关诗句进行分析。

（三）思想碰撞

屈原为了自己的政治理想，最后抱石沉江，你是否赞成他的这一举动？请结合你的阅读积累，谈谈看法。

孔雀东南飞（并序）

一、知识朋友圈

1.《孔雀东南飞（并序）》的语言为什么那么活泼生动？

《孔雀东南飞（并序）》是中国文学史上第一部长篇叙事诗，全诗350余句，1700余字，是乐府诗发展史上的高峰之作，虽经乐府搜集整理，文人加工润色，但仍有着十分浓郁的民歌气息。

《孔雀东南飞（并序）》以孔雀失偶起，以鸳鸯双飞结。这种以美禽恋偶起兴作序曲，喻夫妻恨别的艺术手法，常见于民歌开头。此外，诗歌反复铺陈渲染，使用概念化的词语，不强求真有其物其人，如装饰上的“青骢马”“金镂鞍”，作为通称，只取物之华丽，人物上的“秦罗敷”，形容人之美丽。并且在第三人称叙事的诗歌中，夹杂第一人称叙事，表达作者对刘兰芝的爱怜之情。“君当作磐石，妾当作蒲苇”的誓言更是通过比喻的手法，热烈、直接地表达了焦仲卿、刘兰芝夫妻间的深厚情感。

2. 语言积累。

（1）相。小篆写作相。许慎《说文解字》云：“相，省视也。从目，从木。《易》曰：‘地可观者，莫可观于木。’”本义读xiàng，观察树木。引申为察看、相貌、事物的外观、姿态、辅助、辅助的人。又读xiāng，引申为亲自观察、副词（表示动作或情况是双方对等的，也表示是一方对另一方的、单向的）。如《孔雀东南飞（并序）》中“枝枝相覆盖，叶叶相交通”的“相”表交互、互相，“及时相遣归”的“相”表一方对另一方有所施为，需要在阅读中注意分辨。

（2）谢。小篆写作谢。许慎《说文解字》云：“谢，辞、去也。从言，䠶声。”本义为辞去官职。《礼记·曲礼上》：“大夫七十而致事，若不得谢，则必赐之几杖。”大夫级别的官员，到了七十岁就可以告老还乡，如果告老还乡不成，那么君主一定要赐给大夫凭几和手杖。引申为辞别离去。《孔雀东南飞（并序）》“往昔初阳岁，谢家来贵门”的“谢”是辞别的含义。而《孔雀东南飞（并序）》的“多谢后世人”的“谢”则是告诉，告知的含义，亦是劝告后人不要重蹈覆辙。

二、诗心点点通

清代沈德潜《古诗源》卷四：“[《孔雀东南飞（并序）》] 共一千七百八十五字，古今第一首长诗也。淋淋漓漓，反反复复，杂述十数人口中语，而各肖其声音面目，岂非化工之笔！”个性的人物对话塑造了鲜明的人物形象，是《孔雀东南飞（并序）》最大的艺术成就。

刘兰芝对焦仲卿、对焦母、对小姑、对自己的哥哥和母亲讲话时的态度与语气各不相同。如她对焦母说的话：“昔作女儿时，生小出野里，本自无教训，兼愧贵家子。受母钱帛多，不堪母驱使。今日还家去，念母劳家里。”这些话体现了她谨守礼节又富有反抗精神的外柔内刚的性格。再如刘兰芝对小姑说的话：“新妇初来时，小姑始扶床；今日被驱遣，小姑如我长。勤心养公姥，好自相扶将。初七及下九，嬉戏莫相忘。”这些话体现了她对小姑深厚的感情，足见她是一个善良温和的人。焦、刘爱情悲剧的原因主要是焦母的挑剔不满和压迫。

同样地，在焦仲卿各种不同场合的话语中，也可以感受到他那忠于爱情、明辨是非，但又迫于母亲威逼的诚正而软弱又有发展的性格。虽然他孝顺母亲，但是一开始就表达了“今若遣此妇，终老不复取”的坚定决心，后来他误解了妻子刘兰芝，以为她要再嫁，说出了“卿当日胜贵，吾独向黄泉”的激烈的话，最后两人在表明心迹之后，选择了双双殉情而死。

而焦母则是以“吾意久怀忿，汝岂得自由”“小子无所畏，何敢助妇语”显示出蛮横之态；刘兄以“作计何不量”“否泰如天地，足以荣汝身”显示出势利之状。主要人物、次要人物的语言表达，都符合人物的身份、特点，建议大家在学习过程中演一演，说说这些人物的语言，揣摩一下语言背后的人物情绪和性格特征。

三、思想会客厅

我们都知道篇首“孔雀东南飞”这一句是民歌中继承《诗经》传统，托物起兴的一种写法，而且“兴”中有“比”，借孔雀失偶后的留恋徘徊引出恩爱夫妻被迫分离的凄楚故事。那么孔雀为什么要“东南”飞呢？

《孔雀东南飞（并序）》的内容最早的雏形可能是《古艳歌》：“孔雀东飞，苦无寒衣。为君作妻，中心恻悲。夜夜织作，不得下机。三日载匹，尚言吾迟。”南朝梁简文帝萧纲也有《咏中妇织流黄》:“翻花满阶砌，愁人独上机。浮云西北起，孔雀东南飞。调丝时绕腕，易镊乍牵衣。鸣梭逐动钏，红妆映落晖。”在这些作品中，孔雀都选择了“东飞”或者是“东南飞”，可见不是偶然。

中国著名古典诗论家陆侃如在巴黎大学进行博士论文答辩时，有一位主考就拿这个问题问他:“《孔雀东南飞（并序）》中的第一句，为什么不说孔雀向西或其他方向飞呢?”陆侃如立即说:“因为‘西北有高楼’。”叶嘉莹《汉魏六朝诗讲录》中也说:“中国旧诗有一个传统：它的文字本身往往就能引起人向某一个方面的联想。……它的开头第一句‘西北有高楼’，就把人引向一种脱离世俗的高寒境界。因为，中国在地理形势上是西北高、东南低，西北是寒冷的，东南是温暖的。所以在中国的旧诗里，一提到北方或西北，就给人一种高峻、寒冷的感觉。”

从五行、五方、五时的角度来看:

五行：木、火、土、金、水;

五方：东、南、中、西、北;

五时：春、夏、长夏、秋、冬。

东方与春对应，南方与夏对应，这与学者所说的东南方温暖的感觉是一致的。

2012 年 10 月 12 日，《文汇报》登载了张蛰的《孔雀东南飞：离去即是归途》。这篇文章从民间的角度进一步印证了这种观点:“这让我想起小时候看到的北方居家农院里的排水沟，它们都一溜地走向东南，出口都在各家大门的东南角。故乡人嫁女，不论去夫家的路是何方向，出门从来先朝东。出嫁的女儿带着襁褓中婴儿回娘家，一定先到村东（南）而非村西（北）的桃林里为孩子折得桃枝。又想到故乡人命殒入土，墓葬的穴位也多是东南向。……无论生死，我们的文化心理都把东（南）做了吉祥之所。‘东南’既是生命的朝向，也是生命的避难之地，就连人世的轮回之源似乎也在了那里。”张蛰在文章最后引用了伊塔洛·卡尔维诺《如果在冬夜，一个旅人》前言中的话:“我们生活在一个有开始但没有结束的故事构成的世界里。”这句话表达了张蛰对一部经典作品诞生后极强的可塑性的探索，认为这也是“阅读者面对一部作品时应持的阅读态度”(《孔雀东南飞：离去即是归途》)。在看似没有问题的地方发现问题，值得我们深思。

四、练习步步高

（一）知识识记

1. 填空。

（1）《孔雀东南飞（并序）》中“________________，________________”两句，说明刘兰芝与小姑关系融洽，表现了刘兰芝的懂礼仪、易相处，这同焦母的不容恰成对照。

（2）《孔雀东南飞（并序）》中写刘兰芝离开焦家时，焦仲卿发誓不离开刘兰芝、不辜负刘兰芝的两句诗分别是“________________”，“________________”。

（3）《孔雀东南飞（并序）》中“________________，________________”两句，写出了刘兰芝和焦仲卿告别时忧愁伤感的样子。

2. 解释下列加点的字词。

（1）便可白公姥（　　　　　　　）

（2）可怜体无比（　　　　　　　）

（3）谢家来贵门（　　　　　　　）

（4）昼夜勤作息（　　　　　　　）

（5）新妇起严妆（　　　　　　　）

（6）誓天不相负（　　　　　　　）

（7）自可断来信（　　　　　　　）

（8）摧藏马悲哀（　　　　　　　）（　　　　　　　）

（9）作计乃尔立（　　　　　　　）

（10）多谢后世人（　　　　　　　）

（二）诗心体悟

阅读诗歌，回答问题。

陌上桑

佚　名

日出东南隅，照我秦氏楼。秦氏有好女，自名为罗敷。罗敷喜蚕桑，采桑城南隅。青丝为笼系，桂枝为笼钩。头上倭堕髻①，耳中明月珠。缃绮为下裙，紫绮为上襦。行者见罗敷，下担捋髭须。少年见罗敷，脱帽著帩头②。耕者忘其犁，锄者忘其锄。来归相怨怒，但坐观罗敷。

使君从南来，五马立踟蹰。使君遣吏往，问是谁家姝？“秦氏有好女，自名为罗敷。”“罗敷年几何？”“二十尚不足，十五颇有余。”“使君谢③罗敷：宁可共载不？”罗敷前置辞：“使君一何愚！使君自有妇，罗敷自有夫。”

“东方千余骑，夫婿居上头。何用识夫婿，白马从骊驹。青丝系马尾，黄金络马头。腰中鹿卢剑④，可值千万余。十五府小史，二十朝大夫。三十侍中郎，四十专城居。为人洁白皙，鬑鬑颇有须。盈盈公府步，冉冉府中趋。坐中数千人，皆言夫婿殊。”

注释

①倭堕髻：堕马髻，发髻偏在一边，呈坠落状。 ②帩头：古代男子束发的头巾。 ③谢：这里是“请问”的意思。 ④鹿卢剑：剑把用丝绦缠绕起来，像鹿卢的样子。鹿卢：辘轳，井上汲水的用具。这里指宝剑名，荆轲刺秦王时带的就是鹿卢剑。

（1）诗歌塑造的秦罗敷，是一个怎样的女子？

（2）除了对秦罗敷的正面描写，诗歌还采用了哪些表现手法？

（3）请你结合诗歌内容，分析《陌上桑》是如何体现其民歌特色的。

（三）思想碰撞

《孔雀东南飞（并序）》的悲剧到底是由什么造成的？在现在的社会，这样的悲剧是否还会发生？请谈谈你的看法。

蜀道难

一、知识朋友圈

1. 你知道李白因为哪一首诗被称为“谪仙人”吗？

唐代孟棨《本事诗》曰：“李太白初自蜀至京师，舍于逆旅。贺监知章闻其名，首访之。既奇其姿，复请所为文。出《蜀道难》以示之。读未竟，称叹者数四，号为‘谪仙’，解金龟换酒，与倾尽醉。期不间日，由是称誉光赫。”这段话说的是李白刚从四川到京师长安的时候，住在旅店里。秘书监贺知章听说他的名声，第一个探访他。觉得他容貌非凡，又请他拿出所写的文章。李白拿出《蜀道难》给他看。贺知章还没有读完，就数次称赞，称李白为“谪仙人”，解下官员的腰带换酒，他和李白喝酒，两人都喝醉了。天天见面，李白因此而声名显赫。

2. 语言积累。

危。小篆写作危。许慎《说文解字》云：“危，在高而惧也。从产、自卪止之。”意思是说，一个人站在很高的地方，心怀畏惧，自己便会有所节制。“危”，本义为古人的一种坐姿（后作“跪”）。假借为高而陡，《蜀道难》里“危乎高哉！蜀道之难，难于上青天”的“危”就是这个含义。

有些从“危”得声的字也具有“高”的特征。例如“桅杆”的“桅”，指的是船上用来扬帆的高高的杆子；“跪”在古代指的是双膝着地，是“拜”的准备动作，因为上身挺直，所以也具有“高”的特征。

更确切地说，“危”是“高而不稳”。处于高而不稳的危险境地，人们自然会产生畏惧心理，因此“危”有恐惧的含义。“危”也有端正的含义。如“正襟危坐”，指把衣服整理好，端正、严肃地坐着。如果用端正来形容一个人的言行，那就是正直。如《论语·宪问》：“邦有道，危言危行。”

二、诗心点点通

唐代殷璠《河岳英灵集》评价《蜀道难》“奇之又奇，自骚人以还，鲜有此体调”，强调了这首诗对《离骚》体调形式的继承。明代许学夷《诗源辨体》则说：“屈原《离骚》本千古辞赋之宗，而后人摹仿盗袭，不胜厌饫……至《远别离》《蜀道难》《天姥吟》，则变幻恍惚，尽脱蹊径，实与屈子互相照映。”其认为《蜀道难》和《天姥吟》在继承《离骚》的同时摆脱了前人的俗套，有自己独特的风格，可以和屈原相互照应。我们已经学习过《梦游天姥吟留别》，诗人在诗中描写了一个瑰丽神奇的仙境世界，发展壮大了屈原的“香草美人”传统。那么，《蜀道难》的独创性又在哪里呢？

形式上，唐以前的《蜀道难》，阴铿、萧纲的作品均为五言，刘孝威的作品为五言夹杂七言，大都简短。李白对乐府古题有所创新和发展，用了大量散文化诗句，字数从三言、四言、五言、七言，直到十一言，参差错落，长短不一，有错综变化之美，与蜀道之奇险形成呼应。

内容上，明代胡震亨《唐音癸签》说：“《蜀道难》自是古曲，梁陈作者，止言其险，而不及其他。”但李白能在前人的基础上突破创新。他人眼中的蜀道之难，大多带来行动上的止步和情绪上的沮丧，但我们在李白的诗句中完全看不到这样的场景。即使道路艰难，只有鸟才能飞越，也有人借此“横绝峨眉巅”，不管是神话中的“五丁开山”，还是在现实中的“天梯石栈”，人类都在为打通蜀道而努力。

虽然从表面上看，诗人一直在以蜀道艰难劝阻友人入蜀，但是既然大家对蜀道之难心知肚明，友人又为什么要执意入蜀呢？诗人接下来描写了蜀地雄奇无比的风景，因为山高，所以几乎可以摘到星辰（“扪参历井”），距离天空那么近，美到令人屏住呼吸（“仰胁息”），飞湍流瀑发出雷鸣般的轰响，简直可以引发观景者生命的最强音，人在蜀地的浩瀚壮美风景之下，既感受到了自己的渺小，也激活了自己的壮大。后世的王安石在《游褒禅山记》中说：“世之奇伟、瑰怪、非常之观，常在于险远，而人之所罕至焉。故非有志者不能至也。”这恐怕就是吸引友人远道入蜀的重要原因。

诗人还在第三层的人事之难的表达中暗藏了一个“乐”字。锦城就是锦官城，即今四川成都。四川自古有“天府之国”的美称，至今，成都人“巴适”（四川方言，大体意思是舒服、妥帖）的生活令人向往。诗人李白虽然没有在此之上多费笔墨，但我们也能借助自己的认识来体会。蜀道虽难，锦城有乐，如果是你，读了李白的诗歌，你还会害怕蜀道之难吗？

三、思想会客厅

李白到底是在何时、何地为了什么而写下《蜀道难》的呢？

关于《蜀道难》的创作背景，从中唐以来，学界主要有四种说法：第一种是“罪严武”说，认为这首诗是为房琯、杜甫两人担忧，希望他们早日离开四川，免遭剑南节度使严武的毒手；第二种是“刺玄宗幸蜀”说，认为这首诗是为躲避安史之乱逃亡至蜀的唐玄宗李隆基而作，劝谏他归返长安，以免受四川地方军阀挟制；第三种是“讽章仇兼琼”说，认为这首诗旨在讽刺当时蜀地长官章仇兼琼想凭险割据，不听朝廷节制；第四种是“即事成篇”说，也就是说这首诗纯粹歌咏山水风光，并无寓意。

明代胡震亨《唐音癸签》曰：“《蜀道难》自是古曲，梁陈作者，止言其险，而不及其他。白则兼采张载《剑阁铭》‘一人荷戟，万夫趑趄，形胜之地，匪亲弗居’等语用之，为恃险割据与羁留佐逆者著戒。惟其海说事理，故苞括大，而有合乐府讽世立教本旨。若第取一时一人事实之，反失之细而不足味矣。”足见这首诗内容包罗万象，经得起各种阐释。

《蜀道难》最早见录于唐代殷璠所编的《河岳英灵集》，该书编成于唐玄宗天宝十二年（753 年），由此可知李白这首诗的写作年代最迟也应该在《河岳英灵集》编成之前。而那时，安史之乱尚未发生，唐玄宗安居长安，房琯、杜甫也都还未入四川，所以，第一、二种说法显然错误。至于讽刺章仇兼琼的说法，从一些史书的有关记载来看，也缺乏依据。章仇兼琼镇蜀时一直想去长安做官。相对而言，还是最后一种说法比较客观，接近于作品实际。而就诗论诗，从诗中“所守或匪亲，化为狼与豺”看，却是在写蜀地山川峻峭的同时，告诫朝廷，蜀地险要，应好好派人防守。

学界大多认为这首诗写于秦地。康怀远在《〈蜀道难〉是李白在蜀地时的作品》一文中引殷璠《河岳英灵集序》，所收诗一百七十首“起甲寅，终乙酉”，甲寅是唐玄宗开元二年（714年），乙酉是天宝四年（745年），如果孟棨《本事诗》的记载是真实的，那么李白给贺知章看《蜀道难》的时候是天宝元年（742年），可知这首诗已经写成。康怀远以李白出蜀前（开元十三年，即725年）的游踪，李白年少时的诗才储备和阅读经历，以及诗中非身临其境不能写出的景物，认为这是诗人青年时亲历剑门，写于蜀地的作品，诗歌结尾的“侧身西望”也是李白从西而望，而不是在长安向西望，在此也备一说。

四、练习步步高

（一）知识识记

1. 填空。

（1）李白《蜀道难》中“__________，__________”两句，用“五丁开山”的传说给蜀道的开辟蒙上了神秘的色彩，强调蜀道的来之不易。

（2）李白《蜀道难》中用黄鹤不能飞过、猿猴无法攀援，表明蜀道之高的两句是：“__________，__________。”

（3）李白《蜀道难》中运用夸张的手法，以人仿佛能触摸星辰、内心惶恐来写蜀道之高的两句是：“__________，__________。”

2. 解释下列加点的字词。

（1）危乎高哉（　　　　　　）

（2）开国何茫然（　　　　　　）

（3）尔来四万八千岁（　　　　　　）

（4）西当太白有鸟道（　　　　　　）

（5）可以横绝峨眉巅（　　　　　　）

（6）青泥何盘盘（　　　　　　）

（7）百步九折萦岩峦（　　　　　　）

（8）以手抚膺坐长叹（　　　　　　　　）

（9）使人听此凋朱颜（　　　　　　　　）

（10）一夫当关（　　　　　　　　）

（二）诗心体悟

阅读诗歌，回答问题。

行路难三首（其一）

李　白

金樽清酒斗十千，玉盘珍羞①直万钱。
停杯投箸不能食，拔剑四顾心茫然。
欲渡黄河冰塞川，将登太行雪满山。
闲来垂钓碧溪上②，忽复乘舟梦日边③。
行路难，行路难，多歧路，今安在？
长风破浪会有时，直挂云帆济沧海！

注释　①珍羞：名贵的菜肴。羞，同“馐”。　②垂钓碧溪上：相传吕尚未遇周文王时，曾在磻溪（今陕西宝鸡市东南）垂钓。　③乘舟梦日边：相传伊尹见商汤以前，梦乘舟过日月之边。合用这两句典故，比喻人生遇合无常，多出于偶然。

（1）请你结合诗歌的具体内容，谈谈诗人是如何描写行路之难的。

（2）请你简要分析画线的诗句在全诗中的作用。

（3）《行路难三首》（其一）中的“路”与蜀道有何不同？两首诗抒发的情感有何不同？你对此有何审美启发？

（三）思想碰撞

明代许学夷《诗源辨体》说：“屈原《离骚》本千古辞赋之宗……至《远别离》《蜀道难》……则变幻恍惚，尽脱蹊径，实与屈子互相照映。”你同意他的观点吗？请结合李白《蜀道难》简单说说。

蜀相

一、知识朋友圈

1. 杜甫寻找的地方是武侯祠，为何以《蜀相》为题？

唐肃宗上元元年（760 年）的春天，安史之乱还没有平息。杜甫探访了诸葛武侯祠，写下了这首感人肺腑的千古绝唱。诗歌的题目是《蜀相》，而不是《诸葛祠》，可以知道杜甫这首诗的主旨在人而不在祠。然而诗为什么要从“丞相祠堂”写起呢？是因为蜀相已逝，不可触及，而祠堂留有实体，可以借武侯祠而思念蜀相，表达对诸葛亮的追思、仰慕和钦敬之情。由祠而人，虚实之间，联想自然。

2. 语言积累。

森森。“森”，小篆写作森。许慎《说文解字》云：“森，林多皃。从林，从木。”清代段玉裁《说文解字注》曰：“从林，从木，正谓有木出平林之上也。”晋代潘岳《怀旧赋》将“森”字叠用，并与柏连用，写出了柏树高耸茂密的样子：“坟垒垒而接垄，柏森森以攒植。”《蜀相》中的“森森”也是这种用法。茂密的树木投下浓荫，带来凉爽，也因为遮蔽阳光，带来阴暗和寒冷的感觉，有时甚至会触发威严或者战栗的情绪。《蜀相》中的“柏森森”一词，记祠堂之所在、外景，渲染安谧、肃穆的气氛。一是写出武侯祠的历史悠久，静谧、肃穆的气氛，适合追奉先人；二是衬托诸葛亮高大、正直的形象，表现历代人对诸葛亮的爱戴，表达诗人对诸葛亮的崇敬之情；三是带有象征意味，“岁寒，然后知松柏之后凋也”(《论语·子罕》)，柏树在中华传统文化中素来象征忠贞、高洁，在这里可以视为诸葛亮伟大人格的象征。此外，“森森”不仅表示茂密、繁多，而且给人肃静之感，说明武侯祠并非一个荒芜废弃的地方，而是有人在悉心维护，因此这也是人们爱戴诸葛亮的见证。首联自问自答，以实写虚，情景交融。

二、诗心点点通

王文濡在《历代诗评注读本》中评价《蜀相》：“悲壮雄劲，此为七律正宗。”从语言风格和格律两个方面高度评价了这首诗。

作为一首咏史诗，全诗分为两个部分：前四句凭吊丞相祠堂，从景物描写中感怀现实，透露出诗人的忧国忧民之心；后四句咏叹丞相的才德，从历史追忆中缅怀先贤，蕴含诗人对国家命运的许多期盼与憧憬。

第一联以一个“寻”字，刻画出诗人追慕先贤的执着感情和虔诚拜谒的悠悠我思。第二联“映阶碧草自春色，隔叶黄鹂空好音”，色彩鲜明，静动相衬，描绘出武侯祠中春意盎然的景象。自然界的春天来了，唐朝中兴的希望却非常渺茫，安史之乱还没有结束，诗人不免产生了一种哀怨惆怅的感觉，青草自绿，无人光顾；黄鹂好音，无人倾听，营造出冷寂凄清的氛围。就像金圣叹《杜诗解》中所说：“碧草春色，黄鹂好音，入一‘自’字、‘空’字，便凄清之极。”“自”和“空”互文，刻画出一种静态和静境。诗人将自己的主观情绪渗透客观景物之中，景中生情，把自己内心的忧伤从景物描写中传达出来，反映出诗人忧国忧民的爱国精神。透过这种爱国思想的折射，诗人眼中的诸葛亮形象更加光彩照人。第三联浓墨重彩，高度概括了诸葛亮的一生。上句写出山之前，刘备三顾茅庐，诸葛亮隆中对策，指出诸葛亮在当时就能预见魏、蜀、吴鼎足三分的政治形势，并为刘备制定了一整套统一国家的政策，足见其济世雄才。下句写出山之后，诸葛亮辅助刘备开创蜀汉、匡扶刘禅，颂扬他为蜀汉呕心沥血的耿耿忠心，刻画出一位忠君爱国、济世扶危的贤相形象。怀古为了伤今，安史之乱尚未平息，诗人渴望能有忠臣贤相匡扶社稷，整顿乾坤，恢复唐朝的安定统一，这种忧国思想凝聚成诗人对诸葛亮的敬慕之情。最后一联“出师未捷身先死，长使英雄泪满襟”，咏叹了诸葛亮病死军中、功业未成的历史不幸，也歌颂了他“鞠躬尽瘁，死而后已”(《后出师表》)的献身精神，与诗人自身的抱负重合叠加。唐代著名政治家王叔文，在永贞革新失败后，反复吟诵此诗，常常泣不成声；宋代爱国将领宗泽念着“出师未捷身先死，长使英雄泪满襟”，高呼三声“渡河”后而愤然离世。杜甫的一首诗，写尽了历史上多少“英雄”内心的不甘啊！

三、思想会客厅

朱熹《王梅溪文集序》云：“予尝窃推《易》说以观天下之人……于汉得丞相诸葛忠武侯，于唐得工部杜先生、尚书颜文忠公、侍郎韩文公，于本朝得故参知政事范文正公。此五君子其所遭不同，所立亦异，然求其心，则皆所谓光明正大，疏畅洞达，磊磊落落而不可掩者也。其见于功业文章，下至字画之微，盖可以望之而得其为人。”不仅朱熹要将诸葛亮和杜甫归为一类，而且杜甫一生也写了近二十首关于诸葛亮的诗，《蜀相》更是将诸葛亮作为英雄知己。

在杜甫这些书写诸葛亮的诗歌中，有的抒发的是对君臣遇合的艳羡之情，如《武侯庙》“犹闻辞后主，不复卧南阳”；《古柏行》“君臣已与时际会，树木犹为人爱惜。……志士幽人莫怨嗟，古来材大难为用”则是以树喻人，进一步表达了“材大难用”的感慨；《诸葛庙》更是以“虫蛇穿画壁，巫觋醉蛛丝。欻忆吟梁父，躬耕也未迟”写出诸葛庙中荒凉凌乱的景象，衬托出诗人内心的落寞与惆怅。

杜甫另一些关于诸葛亮的诗歌，则更多是对诸葛亮的同情。《咏怀古迹五首》（其五）以“诸葛大名垂宇宙”，盛赞诸葛亮的名声、才智以及“鞠躬尽瘁，死而后已”的品格，更是以“运移汉祚终难复，志决身歼军务劳”对诸葛亮的赍志而殁感到遗憾。《八阵图》的写法亦与之相同，这里略过不提。这种感情到了《蜀相》更是达到高峰。

到了《登楼》一诗中，杜甫以“可怜后主还祠庙，日暮聊为梁甫吟”借眼前古迹慨叹刘禅宠幸佞臣而亡国，暗讽唐代宗信用宦官招致祸患。以刘禅比喻唐代宗李豫。而诗人自己，就像曾经吟诵《梁甫吟》的诸葛亮那样空怀济世之心，苦无献身之路，只能靠吟诗来聊以自遣，诗人形象与诸葛亮的形象得以重合。

对杜甫的“诸葛亮情结”，杜诗研究专家陈贻焮有着极为精辟的概括：“羡其风云际会，敬其鞠躬尽瘁，叹其赍志以没，伤庙貌的凄凉，感祭祀的千年未断，并借孔明以自况抒己壮志难酬的哀怨。”

我们再来看看历史上其他诗人笔下的武侯，晋代袁宏《三国名臣序赞》“刘后授之无疑心，武侯处之无惧色”写出了诸葛亮的胆色；唐代李白《读诸葛武侯传书怀赠长安崔少府叔封昆季》“武侯立岷蜀，壮志吞咸京”写出了诸葛亮的气魄；宋代王安石《诸葛武侯》“武侯当此时，龙卧独摧藏”写出了诸葛亮的担当；陈衍《元诗纪事·范五老》“（范）每战必胜，尝有诗：‘……男儿未了功名债，羞听人间说武侯。’”写出了诸葛亮对后世有抱负者的激励作用。可以说，“千面”的诸葛亮契合了人们心中所坚持的东西，才能够在这么多的作品中始终熠熠生辉。

四、练习步步高

（一）知识识记

1. 填空。

（1）《蜀相》中以乐景写哀情的两句是：“________________，________________。”

（2）《蜀相》中的“________________，________________”两句，以高度凝练的语言概括了诸葛亮一生的功绩和才德。

（3）《蜀相》中体现出作者对诸葛亮献身精神的崇敬之情和对诸葛亮事业未竟的痛惜心情的句子是：“________________，________________。”

2. 解释下列加点的字词。

（1）锦官城外柏森森（   ）

（2）映阶碧草自春色（　　　　　　　　　　）

（3）隔叶黄鹂空好音（　　　　　　　　　　）

（4）三顾频烦天下计（　　　　　　　　　　）

（5）两朝开济老臣心（　　　　　　　　　　）（　　　　　　　　　　）

（二）诗心体悟

阅读诗歌，回答问题。

登　楼

杜　甫

花近高楼伤客心，万方多难此登临。
锦江春色来天地，玉垒浮云变古今。
北极①朝廷终不改，西山寇盗②莫相侵。
可怜后主还祠庙，日暮聊为梁甫吟③。

注释　①北极：星名，北极星，古人常用以指代朝廷。②西山：指今四川西部当时和吐蕃交界地区的雪山。寇盗：指入侵的吐蕃。③梁甫吟：古乐府中的一首葬歌。相传诸葛亮曾经写过一首《梁甫吟》。

（1）首联写道“花近高楼伤客心”。请你结合全诗谈谈诗中“伤客心”的原因有哪些。

（2）请你自选角度，鉴赏诗歌的颔联。

（3）《蜀相》和《登楼》都提到了诸葛亮，请你分析两首诗运用典故的不同目的。

（三）思想碰撞

有关丞相祠堂环境的特点，历来有争议，一说是寂寥冷清，祠堂因少有人管理而荒凉；另一说是百姓对祠堂悉心维护，祠祀不绝。你认同哪一种说法？请结合《蜀相》相关诗句，阐释原因。

望海潮（东南形胜）

一、知识朋友圈

1. 词的题目一定要和内容有关吗？

在柳永之前，并没有《望海潮》这个词牌，这是精通音律的柳永首创的词牌，词调始见于《乐章集》。《望海潮》的词题在这首作品中具有实际意义，但此后的作品则只需要符合格律即可，内容上不一定与词题有关，柳永之后宋代的《望海潮》词作内容可分为歌颂升平、酬和朝寿、吟咏江南风物、伤春归思、写男女艳情、抒怀泄愤这几类。

柳永写《望海潮》（东南形胜）一词，其创作缘起已无从考察，吴熊和《柳永与孙沔的交游及柳永卒年新证》考证此词为柳永在杭州赠资政殿学士、知杭州孙沔作。陈元靓《岁时广记》卷三十一引杨湜《古今词话》将孙沔误作“孙何”，说“柳耆卿与孙相何为布衣交”。但根据唐圭璋考证，《孙何传》见《宋史》卷三〇六，孙何于宋太宗淳化三年（992 年）登进士第，此前柳永尚为五至七岁的幼童，年龄上的差距很难成为布衣交，而且孙何亦未曾入相。但这段话可作为《望海潮》（东南形胜）的写作缘由的参考资料：“孙知杭州，门禁甚严。耆卿欲见之不得，作《望海潮》词，往谒名妓楚楚曰：‘欲见孙相，恨无门路。若因府会，愿借朱唇歌于孙相公之前。若问谁为此词，但说柳七。’中秋府会，楚楚宛转歌之，孙即日迎耆卿预坐。”（杨湜《古今词话》）可见这首词本是柳永的一首干谒之作。

2. 语言积累。

夸。小篆写作夸。许慎《说文解字》云：“夸，奢也。”清代段玉裁《说文解字注》曰：“奢者，张也。”本义为张大。引申为夸张、夸大、浮夸、炫耀等含义。从这首词来看，“参差十万人家”使用了夸张的修辞手法，写出了城市中人口众多的繁华景象；“千骑拥高牙”则写出了将军被千人簇拥的出行阵势；“异日图将好景，归去凤池夸”则想象了孙何他日把这美好的景致描绘出来，回京升官时向朝廷中的人夸耀的场景，一方面体现出前文所说的城市繁华都来自孙何的政绩卓著，另一方面表达了柳永对孙何的政治前途的美好祝愿。长于婉约之词的柳永在这首词中也因为“夸”，显示出豪放的词风。

二、诗心点点通

善于铺叙，是此词的特点之一。这首词选取最典型、最具表现力的景物，从最有特色的角度铺叙，一句一景，写景富有层次感，对杭州的繁华景象进行了淋漓尽致的描绘，特别是对钱塘潮和西湖的描写，非常充分，既具有高度的概括性，又非常具体形象，极力铺排，从不同的角度表现了杭州的繁荣、美丽和富饶。

“东南形胜，三吴都会”是说杭州的地理位置优越。“钱塘自古繁华”是从历史传统方面点出杭州的繁华。“烟柳画桥”“云树绕堤沙，怒涛卷霜雪，天堑无涯”等是从自然景观方面，从城内和城外描写杭州的美丽。“有三秋桂子，十里荷花”写出了从夏到秋，不同季节典型景物层出不穷。“风帘翠幕，参差十万人家”“市列珠玑，户盈罗绮，竞豪奢”是从市井面貌方面描写杭州的繁华。“羌管弄晴，菱歌泛夜”写出了从早到晚，城市的热闹持续时间之久。“嬉嬉钓叟莲娃”写出了城市中的男女喜笑颜开，百姓生活幸福。全词写出了词人对杭州风物的惊叹、赞美和艳羡之情。

三、思想会客厅

写杭州的诗词名篇层出不穷，大致可以分为三类。

第一类是对杭州优美的自然风光的描写，表达自己对这座城市的喜爱、留恋和思念之情。如白居易的《忆江南》：“江南好，风景旧曾谙。日出江花红胜火，春来江水绿如蓝。能不忆江南？”再如苏轼的《饮湖上初晴后雨二首》（其二）：“水光潋滟晴方好，山色空蒙雨亦奇。欲把西湖比西子，淡妆浓抹总相宜。”还有杨万里的《晓出净慈寺送林子方》：“毕竟西湖六月中，风光不与四时同。接天莲叶无穷碧，映日荷花别样红。”

第二类是借西湖的美丽和繁华，进行讽刺。如林升《题临安邸》：“山外青山楼外楼，西湖歌舞几时休？暖风熏得游人醉，直把杭州作汴州。”词人看见“游人”无视国家前途与命运，醉生梦死，表达出对时事的愤怒与忧虑。

第三类是以这个城市中生活的人为主角，把市民生活、市民文化作为写作的重点。如柳永《望海潮》（东南形胜），还有潘阆《酒泉子》（长忆观潮）：“长忆观潮，满郭人争江上望。来疑沧海尽成空，万面鼓声中。弄潮儿向涛头立，手把红旗旗不湿。别来几向梦中看，梦觉尚心寒。”

欧阳修在《采桑子》（群芳过后西湖好）中写道：“笙歌散尽游人去，始觉春空。”这一个“空”字，正说明了人和春意有着不可分割的联系。人，永远是城市生活中最重要的元素。城市中美景的营造，自然风景和城市繁荣的维护，城市文化的传承，都离不开人的活动。

四、练习步步高

（一）知识识记

1. 填空。

（1）柳永《望海潮》（东南形胜）中“________，________，

__________”三句点出杭州位置的重要、历史的悠久，揭示出所咏的主题。

（2）柳永《望海潮》（东南形胜）中写钱塘江堤上树木茂密如云，钱塘江江水澎湃浩荡的句子是：“__________，__________。”

（3）柳永《望海潮》（东南形胜）中“__________，__________，嬉嬉钓叟莲娃”几句，生动地描绘了一幅太平盛世下的百姓安乐图。

2. 解释下列加点的字词。

（1）东南形胜（　　　　　　）

（2）天堑无涯（　　　　　　）

（3）市列珠玑（　　　　　　）

（4）重湖叠巘清嘉（　　　　　　）

（5）嬉嬉钓叟莲娃（　　　　　　）

（6）千骑拥高牙（　　　　　　）

（7）异日图将好景（　　　　　　）

（二）诗心体悟

阅读这首词，回答问题。

采桑子

欧阳修

清明上巳西湖好①，满目繁华。争道谁家？绿柳朱轮走钿车②。
游人日暮相将去，醒醉喧哗。路转堤斜。直到城头总是花。

注释　①上巳：节日名。古时以农历三月上旬巳日为上巳，这一天人们多到水边嬉游，以消除不祥。西湖：指颍州（今安徽阜阳）西湖。　②朱轮：漆着红色的轮子。汉制，太守所乘之车，以红漆涂轮。钿车：嵌上金丝花纹作为装饰的车子。

（1）这首词中画线的句子在写作上颇有妙处，请你加以鉴赏。

（2）这首词的上下阕表达的内容各有侧重，请你试作分析。

（3）结合这首词，请你谈谈作者是如何写出西湖的“满目繁华”的。

（三）思想碰撞

罗大经《鹤林玉露》说：“柳耆卿作《望海潮》……此词流播，金主亮闻歌，欣然有慕于‘三秋桂子，十里荷花’，遂起投鞭渡江之志。近时谢处厚诗云：‘谁把杭州曲子讴？荷花十里桂三秋。那知卉木无情物，牵动长江万里愁！’余谓此词虽牵动长江之愁，然卒为金主送死之媒，未足恨也。至于荷艳桂香，妆点湖山之清丽，使士大夫流连于歌舞嬉游之乐，遂忘中原，是则深可恨耳！”罗大经和谢处厚的观点，你更同意哪一个？请结合你的阅读积累，谈谈看法。

扬州慢（淮左名都）

一、知识朋友圈

1. 在词的前面，为什么会有一段话？

这一段话是词序。姜夔词中，多有词序，这是姜夔词的一大特点。在他流传下来的八十多首词中，有词序的约有三十首。这些词序或交代填词的背景，或叙述作词的缘起，或记录作者交游、行踪，成为研究姜夔的重要资料。他的词序，语言凝练自然，与词相配，互为补充，一散一韵，相得益彰。姜夔词中的序并不是可有可无的，它既可以是开场白，又可以是中心句，是构成词作完整艺术形象的一个重要部分。

《扬州慢》（淮左名都）中的“慢”指慢词，依曲调舒缓的慢曲填写词，一般比较长，同长调一样在 91 字以上。这个词牌是姜夔首创，词牌与内容亦相关。后人多用以抒发怀古之思。

2. 语言积累。

废。小篆写作廢。从广（yǎn），發声。本义为房屋倒塌。“废池乔木”一句，写了衰败的池台、残存的古树，两者都是战乱后的余物，表明城中荒芜，人烟萧条，与下文中的“都在空城”形成照应。

二、诗心点点通

《扬州慢》（淮左名都）中，词人在历史与现实、虚与实的交织中，构成今昔对比。

起句从“淮左名都，竹西佳处”的繁华入笔，下文马上写当时扬州的衰败：昔日“春风十里”的扬州长街，当时只有“荠麦青青”的荒凉凄清；往日的亭台楼阁经金兵洗劫，只剩下萧条残破的“废池乔木”；萧索的“空城”中，词人“解鞍少驻”的留恋只剩下空虚和惆怅。

接下来，词人又假想曾经写下大量诗句歌颂扬州繁华的诗人杜牧“重到”扬州可能会感到震惊，以过去诗作中的热闹与当时扬州的残破对比，以昔日“杜郎俊赏”反衬当时“难赋深情”。“二十四桥仍在”几句，桥下清波依旧荡漾，只是冷月无声地倒映在波纹中，波动与月静又形成对比，构成凄清悲凉的意境，景物依旧，花开无主，物是人非，渲染伤感的情绪。

三、思想会客厅

对姜夔《扬州慢》(淮左名都）的评价，大部分还是以肯定为主。

有的是针对其词作中用字的得力进行赞赏。如先著、程洪《词洁辑评》卷四曰："'二十四桥仍在，波心荡，冷月无声'，是荡字着力。所谓一字得力，通首光彩，非炼字不能，然炼亦未易到。"

有的则认为词作中警句不断。如清代李佳《左庵词话》卷下曰："词家有作，往往未能竟体无疵。每首中，要亦不乏警句，摘而出之，遂觉片羽可珍。……姜白石云：'波心荡，冷月无声。'"南宋张炎《词源》卷下评"波心荡，冷月无声"七字"平易中有句法"。元代陆辅之所撰的《词旨》也将"波心荡，冷月无声"列为"警句"。

还有的对词作的主旨有所肯定，如张德瀛《词徵》卷一曰："词有与风诗意义相近者，自唐迄宋，前人巨制，多寓微旨。……姜白石'淮左名都'，击鼓怨暴也。……其它触物牵绪，抽思入冥，汉、魏、齐、梁，托体而成。揆诸乐章，喁于勰声，信凄心而咽魄，固难得而遍名矣。"刘永济《唐五代两宋词简析》也认为："此尧章（姜夔，字尧章）过扬州感怀之词也。……自绍兴三十一年，完颜亮大举渡淮以后，已残破不堪。至尧章作此词时，已十六年矣。此词序所谓'感慨今昔'也。此词首言小驻'名都'。'过春风'以下，极形其荒芜之状，而'空城''清角'，尤足引人悲感。后半阕设想杜牧重来，深情难赋。盖唐末杜牧曾游此地，有诗歌记事，故下文即用杜牧诗事。'二十四桥'遗迹虽存，而波心冷月，景象凄凉；吹箫玉人固已不见，而'桥边红药'，年年犹生。曰'知为谁生'者，伤'俊赏'无人也。言外更有举国无人、危亡可惧之意，不但感一地之盛衰也。词中之'重到''杜郎'，盖尧章自谓也。尧章尝喜以杜牧自比，如《鹧鸪天》词句曰：'东风历历红楼下，谁识三生杜牧之？'《琵琶仙》词有句曰：'十里扬州，三生杜牧，前事休说。'盖杜牧生当唐末，其诗多伤时闵乱语，又其人风流儒雅，尧章所企慕也。"

但是，也有不同的看法，王国维用一个"隔"字对姜夔词作的写景效果表示了惋惜，见《人间词话》卷上："白石写景之作，如'二十四桥仍在，波心荡，冷月无声'……虽格韵高绝，然如雾里看花，终隔一层。梅溪、梦窗诸家写景之病，皆在一

‘隔’字。北宋风流，渡江遂绝。抑真有运会存乎其间耶?”再如周济（晚号止庵）《宋四家词选目录序论》在肯定了“白石号为宗工”后，认为姜夔的作品“亦有俗滥处、寒酸处、补凑处……”，其中“俗滥处”的例子就是《扬州慢》（淮左名都）“淮左名都，竹西佳处”句。

对此，陈匪石《宋词举》表示不同意见：“此为赋体，哀时乱之感，一以摹写被兵后景象出之。起处从过扬州说入，曰‘名都’，曰‘佳处’，为下之‘空城’反衬，极言扬州之名胜，风景应佳，亦‘少驻初程’前之揣想，绝不料其‘四顾萧条’，即叙中所谓‘昔’也。周济诋为‘俗滥’，愚未敢苟同。”唐圭璋《唐宋词简释》较为详尽、公允，认为“此首写维扬乱后景色，凄怆已极。千岩老人，以为有黍离之悲，信不虚也。至文笔之清刚，情韵之绵邈，亦令人讽诵不厌。起首八字，以拙重之笔，点明维扬昔时之繁盛。‘解鞍’句，记过维扬。‘过春风’两句，忽地折入现时荒凉景象，警动异常。且十字包括一切，十里荠麦，则乱后之人与屋宇，荡然无存可知矣。正与杜甫‘城春草木深’同意。‘自胡马’三句，更言乱事之惨，即废池乔木，犹厌言之，则人之伤心自不待言。‘渐黄昏’两句，再点出空城寒角，尤觉凄寂万分。换头，用杜牧之诗意，伤今怀昔，不尽唏嘘。‘重到须惊’一层，‘难赋深情’又进一层，‘二十四桥’两句，以现景寓情，字练句烹，振动全篇。末句收束，亦含哀无限。正亦杜甫‘细柳新蒲为谁绿’之意。玉田谓白石《琵琶仙》，与少游《八六子》同工。若此首，亦与少游《满庭芳》同为情韵兼胜之作。惟少游笔柔，白石笔健。少游所写为身世之感，白石则感怀家国，哀时伤乱，境极凄焉可伤，语更沉痛无比。参军芜城之赋，似不得专美于前矣。周止庵既屈白石于稼轩下，又谓白石情浅，皆非公论”。

四、练习步步高

（一）知识识记

1. 填空。

（1）《扬州慢》（淮左名都）中虚写旧时扬州长街的繁华景况，实写当时扬州凄凉情形的词句是：“________，________。”

（2）《扬州慢》（淮左名都）中用拟人手法形容战乱残酷和破坏之深重，并从侧面反映人们对战乱痛心疾首的词句是：“________，________，________。”

（3）《扬州慢》（淮左名都）中描写芍药花自生自灭无人欣赏的词句是：“________________，________________？”

2. 解释下列加点的字词。

（1）夜雪初霁（ ）

（2）荠麦弥望（ ）

（3）戍角悲吟（ ）

（4）自度此曲（ ）

（5）黍离之悲（ ）

（6）解鞍少驻（ ）

（7）清角吹寒（ ）

（8）纵豆蔻词工（ ）

（二）诗心体悟

阅读诗歌，回答问题。

黍 离

《诗经·王风》

彼黍离离①，彼稷②之苗。行迈靡靡③，中心④摇摇。知我者，谓我心忧；不知我者，谓我何求？悠悠苍天！此何人哉？

彼黍离离，彼稷之穗。行迈靡靡，中心如醉。知我者，谓我心忧；不知我者，谓我何求？悠悠苍天！此何人哉？

彼黍离离，彼稷之实。行迈靡靡，中心如噎。知我者，谓我心忧；不知我者，谓我何求？悠悠苍天！此何人哉？

注释 ①黍：谷物名。籽实去皮后称“黏黄米”。离离：行列貌。 ②稷：谷子。 ③行迈：行走。靡靡：步行迟缓貌。 ④中心：心中。

（1）请结合《诗经》重章复沓的特点，简要分析这首诗。

____

____

____

____

（2）读了这首诗，你眼前浮现出来的主人公是一个怎样的形象？请结合诗句具体谈谈。

（3）千岩老人萧德藻读了姜夔的《扬州慢》（淮左名都），认为其词有黍离之悲。你是否同意这种说法？

（三）思想碰撞

姜夔的词风，南宋末年的张炎在《词源》中拈出“清空”两字作为它的总评，并且比喻为“野云孤飞，去留无迹”。你是否同意他的观点？请结合《扬州慢》（淮左名都）谈谈你的看法。

（李郦　编）

第四单元

古文精神

单元概说

谭家健在《中国古代散文若干焦点之探讨》一文中说：“散文最根本的特征在于‘散’，即自由活泼，没有严格的文体规则。……从内容看，散文也不同于其他文体。诗歌长于抒情写景，而不宜于议论和叙事。小说擅长讲故事，不适于说理写景。戏剧长于再现活动、场景和情绪，不宜于发议论，也不可能表现无法见诸视觉和听觉的东西。而散文则不然，只要心之所思，口之所言，即可笔之于文。”作为一种文学体裁，散文最不受文体规则的限制，作者大可随物赋形，依情感的起伏，以自然思路表现文章结构，偶有所感皆可涉笔成趣，随情所至哭笑也可成文。也许我们一生难以写出一篇精彩的小说或者戏剧，无法写出一首让人耳熟能详的诗歌，但我们能轻松自如地写出一篇散文。

实用与审美并重是古代散文的一个特质。古代散文名篇往往文采斐然，令人情不自禁地吟诵回味。如观鲜花，赏心悦目；如品香茗，香远益清。古代散文名篇在遣词造句上无不跌宕有致，紧密连贯，几乎找不到哪一环略有松弛，甚至达到随意抽换一段则错节、更易一字则松动的地步。从源头看，古代散文起源于社会交流的实际需要。从甲骨卜辞、铜器铭文到《尚书》《左传》，乃至诸子百家，古代散文首先是记叙事件、人物，总结经验教训，沟通思想，表达感情的工具，有着具体的社会功利目的，而不单纯是为了审美享受。在实践过程中，人们发现，美的文辞可以达到更好的社会效果，于是逐渐讲究并追求审美。这条经验就是孔子总结的“言之无文，行而不远”(《左传·襄公二十五年》)。为了“行远”，必须“辞达”有文。这就把实用和审美结合起来了。当然，在中国两千多年的散文史上，实用和审美的关系也是不断发展变化的。先秦西汉，是为实用追求审美的时期。魏晋南北朝时期，比较忽视内容，偏重形式。到了唐宋，经过两次古文运动，则实用与审美并重。明清时期，出现了打破实用的束缚，展现自我性灵，窥视大千世界的新潮。五四运动以后的白话散文，更进一步冲出实用的藩篱，产生了与直接功利疏离的“美文”。这就使得现代散文和古代散文在功能上截然不同。

崇尚真实是古代散文的又一个特质。真实是散文创作的灵魂，古今流芳的散文名篇，不管体裁大小，内容是否宏大，都传达出一个“真”字。大浪淘沙，情真意切是古代散文名篇得以传世的前提。古代散文名篇，运用的材料，反映的事实，都经得起生活检验，真实而不虚伪。作者敢于反映人间的真情，揭示现实的真相，论述人生的真谛。可以说散文是作者的灵魂之歌，是一种内在心灵发现与开掘的艺术。透过作者的自我展现，帮助读者望得更高、更远，看到更多、更广的东西，引起读者的共鸣或深思。当然，崇尚真实，并不等于素材的罗列和生活事实的机械摹写。其艺术魅力就在于客观真实与艺术提炼水乳交融。

刘勰在《文心雕龙·知音》中说："夫缀文者情动而辞发，观文者披文以入情，沿波讨源，虽幽必显。"本单元的六篇古代散文，有的以情见长，至情至性，感人肺腑；有的以理取胜，理趣盎然，发人深思；都展现了作者的个性。读者倘能"披文以入情"，便能感受作者情感的起伏、思想的跳动。同时，通过这一单元的学习，希望能充分认识散文的最高境界不是技法与技巧，散文是每个人表现自我内心的最朴实、最真挚的艺术。在平时的学习和生活中能自觉地用散文创作来引领自省和反思，在正视自己心灵世界的同时，把青春的美好与痛苦、挣扎与坚守、困惑与省察真切地刻在生命的历程中。

陈情表

一、知识朋友圈

1. 表是一种怎样的文体？

表是臣子向帝王陈情的文书。东汉以后凡议谏、劝请、陈乞、进献、推荐、庆贺、慰安、讼理、弹劾等均用表。其程式：汉代首称"臣某言"，末云"臣某诚惶诚恐，顿首顿首，死罪死罪"。后世有所变化。刘勰《文心雕龙·章表》中说："章以谢恩，奏以按劾，表以陈情，议以执异。"陈懋仁注《文章缘起》，说："下言于上，曰表。表，明也。标著事绪，明告乎上也。"表的主要内容不是劝谏君主，也不是表达对国家大事的意见，而是向君主陈述请求，抒发己志。在数不胜数的表文中，广为传诵的都是将事、理融于真情之中的作品，其中《出师表》以忠著称，《陈情表》以孝感人，均堪称这一文体的典范之作。

2.《陈情表》写作的时代背景。

司马氏集团通过阴谋和屠杀建立了西晋政权，为了巩固统治，提出以孝治天下。李密很早就以孝敬祖母而闻名。据《晋书·李密传》，祖母有疾，他痛哭流涕，夜不解衣，侍其左右。膳食、汤药，必亲自口尝然后进献。李密因为非常好学，博览五经，所以也以才学见称于时。司马氏集团灭蜀汉后，为了笼络蜀汉人士，大力征召蜀汉名贤到朝中做官，李密是其中之一。泰始元年（265 年），晋武帝请李密出来做官，先拜郎中，后又拜为太子洗马（即太子侍从官），就是《陈情表》中说的“诏书特下，拜臣郎中，寻蒙国恩，除臣洗马”。

晋武帝为什么要这样重用李密呢？第一，当时东吴尚据江左，为了减少灭吴的阻力，笼络东吴民心，晋武帝对亡国之臣实行怀柔政策，以显示其胸怀之宽厚。第二，李密当时以孝闻名于世，晋武帝承继汉代以来以孝治天下的策略，实行孝道，以显示自己清正廉明，同时用孝来维持君臣关系，维护社会的安定秩序。正因为如此，李密屡被征召。

据说，晋武帝看了《陈情表》后很感动，不仅同意他的请求，而且赐给他两个奴婢，叫郡县供给他赡养祖母的费用。

3. 语言积累。

（1）夙。“夙”做形容词用，有“早”和“一向，向来”两种常见义项。结合后文“生孩六月，慈父见背；行年四岁，舅夺母志”可断定，“夙遭闵凶”中的“夙”是“早年”之义。首段李密从孩提时期即遭受不幸写起，落笔酸楚，奠定了文章悲凉的感情基调。

（2）孩。小篆写作。许慎《说文解字》未收录“孩”，可参考“咳”，云：“咳，小儿笑也。从口，亥声。古文咳，从子。”“孩”，本义为“咳”的古文，婴儿笑。引申为孩子、幼童、子女。《老子》（第二十章）：“我独泊兮，其未兆，如婴儿之未孩。”“生孩六月”就是出生半岁刚刚会笑的时候，能够有意识地体会父之慈。这本应是天真幸福之时，慈父不幸弃我而去，何其沉痛！

（3）见背。弃我而去。见，用在动词前面表示“对我怎么样”。见背是对尊长去世的委婉说法。

（4）茕茕孑立。孤单无依靠地独自生活。“茕”，小篆写作。许慎《说文解字》云：“茕，回疾也。从卂，营省声。”本义为鸟盘旋疾飞。假借为孤单、孤独。“孑”，小篆写作。许慎《说文解字》云：“孑，无右臂也。”本义为孤单、单独。

引申为剩余。“茕茕”与“孑”连用，强化了孤苦的意味。“茕茕孑立，形影相吊”更是反复描绘，极写孤苦无依的状态，将前文陈述的所有不幸做了形象总结。

二、文心点点通

《陈情表》中陈了哪些情？

《陈情表》之所以打动晋武帝，最重要的当然是李密的孝心，但伴随孝心的还有其他情感因素。综观全文，我们完全可以读出下面这些。

（1）身世孤苦之悲情——“茕茕孑立，形影相吊”。

“生孩六月，慈父见背；行年四岁，舅夺母志”，“臣少多疾病，九岁不行，零丁孤苦，至于成立。既无伯叔，终鲜兄弟，门衰祚薄，晚有儿息。外无期功强近之亲，内无应门五尺之僮，茕茕孑立，形影相吊”。

（2）祖母养育之恩情——“臣无祖母，无以至今日”。

“祖母刘愍臣孤弱，躬亲抚养。臣少多疾病，九岁不行，零丁孤苦，至于成立”，所以，“臣无祖母，无以至今日”。

（3）报答祖母之孝情——“区区不能废远”。

“而刘夙婴疾病，常在床蓐，臣侍汤药，未曾废离”，而今“刘日薄西山，气息奄奄，人命危浅，朝不虑夕”，“祖母无臣，无以终余年”，“是以区区不能废远”。

（4）难以赴命之隐情——“臣之进退，实为狼狈”。

一方面“区区不能废远”，一方面却是“诏书切峻，责臣逋慢；郡县逼迫，催臣上道；州司临门，急于星火”。所以，“臣欲奉诏奔驰，则刘病日笃；欲苟顺私情，则告诉不许：臣之进退，实为狼狈”。

（5）乞命尽孝之私情——“愿陛下矜愍愚诚，听臣微志”。

“臣密今年四十有四，祖母今年九十有六，是臣尽节于陛下之日长，报养刘之日短也。乌鸟私情，愿乞终养”，所以，“愿陛下矜愍愚诚，听臣微志”。

（6）效忠陛下之忠情——“臣生当陨首，死当结草”。

“逮奉圣朝，沐浴清化”，“伏惟圣朝以孝治天下”，“且臣少仕伪朝，历职郎署，本图宦达，不矜名节。今臣亡国贱俘，至微至陋，过蒙拔擢，宠命优渥，岂敢盘桓，有所希冀”，“臣密今年四十有四，祖母今年九十有六，是臣尽节于陛下之日长”，待祖母终余年，“臣生当陨首，死当结草”。

（7）情理相生之才情。

《陈情表》感人的是情，服人的是理，情理相生有一种不可抵御的力量。除了文章所陈为真情、真理，其驾驭真情、真理的才情也是重要的因素。总的来看，是叙事与抒情水乳交融，显示了其高超的文学才华。

从文章结构看，第一段诉说家境“闵凶”，陈祖孙相依为命之衷情，为第一层；第二段诉说进退两难之实情，表祖母供养无主之苦衷，为第二层；第三段暗示朝廷孝治，明降臣盘桓迟疑之赤胆，为第三层；第四段解开两难死结，乞陛下准终养之请求，为第四层。四层由一个“孝”字统领，但各有侧重。第一层侧重悲苦家境的陈述，在悲苦之中坚守孝；第二层侧重进退两难的陈述，既表达了“沐浴清化”的感激，又在感激中突出了对孝的坚守；第三层侧重忠诚于朝廷的陈述，而在忠诚于朝廷时有对孝的坚守；第四层侧重写作目的的陈述，直接提出先尽孝再尽忠的请求。四个侧重点层层推进，最后将“抗旨”之罪成功化解，同时解开了忠孝难两全的死结。

从辞章看，与大批徒具文采、缺少实质内容的表文相比，本文语言简洁流畅，质朴诚恳，不堆砌辞藻，不刻意修饰，不滥用典故，说实话，抒真情，自然感人。从句式看，本文有两个主要特点，一是骈散结合，二是善用四言。

魏晋时期，随着散文的骈化，晋初张华等人的表章已经出现了重排偶的倾向，《陈情表》则仍以散句为主，间以骈句，但不过度使用。在骈句的使用上，本文很有讲究。有时在简洁紧凑的散句叙事之后，以骈句描绘具体情境，强化表达效果，如“外无期功强近之亲，内无应门五尺之僮”生动表现孤苦之状，“郡县逼迫，催臣上道；州司临门，急于星火”集中展示尴尬处境。有时则用骈句直接抒情说理，如“臣无祖母，无以至今日；祖母无臣，无以终余年”，以警句的形式将文章情感推向高潮。此外，作者善于搭配骈句和散句，如上述骈偶警句之后，随即用“母、孙二人，更相为命，是以区区不能废远”这一散句把调子降下来，以避免陈情语气过于高亢、激烈。

就四字句的使用来说，本文充分体现了“四字密而不促”（《文心雕龙·章句》）的特点，以四言为主，使全文形成整齐、紧凑而不紧迫的节奏，读起来既典雅又有气势，强化了文章的抒情氛围。由于四字句本身比较齐整，可以毫不费力地在骈散之间切换，使得文章读来整齐而不板滞。四字句在表达上非常灵活，既有很强的概括性，便于叙述直陈，又有很强的生动性，可以描绘形象（如“茕茕孑立，形影相吊”）。不少广为人知的成语，就出自上述生动的表达中。此外，文中一些字数较多的句子，如“且臣少仕伪朝”同样由四字句增饰而来，增饰部分或提顿，或承接，或转折，在结构上起了重要的作用。

三、思想会客厅

古人云：“读李令伯《陈情表》而不堕泪者，其人必不孝。”（宋代赵与时《宾退录》卷九）虽然说得有点夸张，但点出了这篇文章所承载的文化观念——孝。

有一句话叫“‘孝’感天地”，这是对一些子女坚持对久病的父母的艰苦照料的褒扬。中华民族自古以来就有许多孝的典型，如周文王、周武王、曾参等。因为中国古代将孝视为人伦之本，所以孝敬长辈已成为中华传统文化的重要部分，已成为人们的一种生活方式。

《礼记·祭义》中曾子对孝有详细阐释：“君子反古复始，不忘其所由生也，是以致其敬，发其情，竭力从事，以报其亲，不敢弗尽也。”“孝有三：小孝用力，中孝用劳，大孝不匮。思慈爱忘劳，可谓用力矣；尊仁安义，可谓用劳矣；博施备物，可谓不匮矣。父母爱之，嘉而弗忘；父母恶之，惧而无怨；父母有过，谏而不逆；父母既没，必求仁者之粟以祀之。此之谓礼终。”“孝有三：大孝尊亲，其次弗辱，其下能养。”

“尊亲”是大孝。也就是说，大孝是使自己的父母受到所有人的尊敬。这不仅要求自己对父母有尊敬之心，而且有让别人都尊敬自己父母的能力，即自己有极高的品格，其道德、学问、人生成就都值得人敬仰，同时不让父母有大的过错。曾参有一次被父亲曾点暴打，苏醒之后向父亲认错，还装作若无其事的样子在屋里弹琴，不让父亲担心自己的身体。孔子听到此事后不许他进门，曾参不解，孔子说：“小棒责打等着挨，大棒狠打赶快逃。让父母打死了你，不是让父母担当了恶名吗？再者，你是君主的子民，父亲擅杀君主的子民，又该担当何罪呢？”

于是就引出了中孝——“弗辱”。一个人活着，很难做到让父母受到所有人的尊敬，但完全可以做到不使父母受辱。也就是子女的行为能符合社会的礼法，用现在的话说是对外能奉公守法，成为对社会有益的人；对内能搞好家政，尊敬父母，家人和睦相处。

孔子将“能养”排在孝行的末位。在孔子看来，奉养父母是孝行最基本的要求。但从实际生活看，仅做到“能养”的子女好像占了大多数。也许，正因为如此，那些能“弗辱”、能“尊亲”的人就特别令人感动。李密亲身侍奉祖母，对祖母不离不弃；不贸然出仕，又能以情理说动君主，既保全了自身，也使祖母“保卒余年”，更以德才受到人们尊敬，荣亲显亲。其行为的确可以称得上“尊亲”，其孝情足以感人。

四、练习步步高

（一）知识识记

1. 填空。

（1）____________，夙遭闵凶。（李密《陈情表》）

（2）既无伯叔，____________，门衰祚薄，晚有儿息。（李密《陈情表》）

（3）外无期功强近之亲，________________，茕茕孑立，形影相吊。（李密《陈情表》）

2. 解释下列加点的字词。

（1）夙遭闵凶（　　　　　　　　）

（2）舅夺母志（　　　　　　　　）

（3）门衰祚薄，晚有儿息（　　　　　　　　）（　　　　　　　　）

（4）外无期功强近之亲（　　　　　　）（　　　　　　）（　　　　　　）

（5）茕茕孑立，形影相吊（　　　　　　）（　　　　　　）（　　　　　　）

（6）而刘夙婴疾病（　　　　　　　　）（　　　　　　　　）

（7）猥以微贱（　　　　　　　　）

（8）诏书切峻，责臣逋慢（　　　　　　　　）（　　　　　　　　）

（9）臣欲奉诏奔驰，则刘病日笃（　　　　　　　　）

（10）欲苟顺私情，则告诉不许（　　　　　　　　）

（11）凡在故老，犹蒙矜育（　　　　　　　　）

（12）本图宦达，不矜名节（　　　　　　　　）

（13）是以区区不能废远（　　　　　　　　）

（14）庶刘侥幸，保卒余年（　　　　　　　　）

3. 将下列句子翻译成现代汉语。

（1）生孩六月，慈父见背；行年四岁，舅夺母志。

（2）诏书切峻，责臣逋慢；郡县逼迫，催臣上道；州司临门，急于星火。

（3）今臣亡国贱俘，至微至陋，过蒙拔擢，宠命优渥，岂敢盘桓，有所希冀。

（4）母、孙二人，更相为命，是以区区不能废远。

（二）文心体悟

清代学者余诚评论《陈情表》："通体俱是陈情，而前两段是陈其已往之情，乃题前文字；中三段是陈其现今之情，乃题中文字；末段是陈其日后之情也，乃题后文字。"（《重订古文释义新编》）你是否认同他对文章结构的分析？请谈谈你的理解。

（三）思想碰撞

1. 清代学者吴楚材、吴调侯评论《陈情表》："历叙情事，俱从天真写出，无一字虚言驾饰。晋武览表，嘉其诚款，赐奴婢二人，使郡县供祖母奉膳。至性之言，自尔悲恻动人。"（《古文观止·陈情表》注）你认为《陈情表》之所以能够打动晋武帝，主要原因有哪些？

2. 清代学者唐介轩评论《陈情表》："情真语挚，绝无粉饰之迹，读之令人感动。盖《出师》，一忠心所注；《陈情》，一孝思所迫，文章根忠孝中来，自足不朽千古。”(《古文翼》)你是否同意他对《陈情表》的分析？为什么？

项脊轩志

一、知识朋友圈

1. 项脊轩由何得名？

项脊轩的“项脊”两字源自归有光的家族记忆，归有光的远祖归道隆曾居住在江苏太仓的项脊泾，以“项脊”命名，寄托了怀祖追远之意。“轩”指有窗的廊子或小屋，旧时多用作书斋名。作为书斋名，轩是一个带有浓重的文人色彩的称呼，它不只是一个物理空间，更是一个重要的精神空间，它往往被视为读书人“心灵的家园”，尤其与读书以求取功名密切相关。对归有光而言，项脊轩不仅承载着对远祖归道隆的追忆，而且“项脊”本身有一种担当之意，意味着自己要通过读书承担起复兴家族的重任。归有光将破旧的小屋改造成书斋，并命名为项脊轩，寄托了怀祖追远、自我勉励之情。

2. 志是一种怎样的文体？

“志”是“记”的意思。表是古代记叙事物、抒发感情的一种文体（记事寓情）。志或记属于杂记类文体，这种文体常常灵活运用记叙、描写、抒情、议论等多种表达方式，来记人叙事，描摹对象，抒发怀抱。其内容丰富多样，可以写书斋记（如《项脊轩志》)，可以写书画杂物（如《核舟记》)，可以写亭台名胜（如《醉翁亭记》)，等等。在描写事物时，形神兼顾；写法多样，随物赋形，言而有序。

3. 语言积累。

（1）轩。小篆写作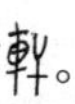。许慎《说文解字》云：“轩，曲辀藩车。从車，干声。”

本义为一种前顶较高、带有帷幕的车子。如“轩驾”指帝王的车驾，“轩冕”指卿大夫的车和礼服，借以指官爵禄位。“轩”后来引申为有窗的廊子或小屋、高等含义，如“轩昂”指气概不凡，高大雄伟；“轩眉”形容人志气高昂或高兴的样子。

（2）庭。小篆写作。许慎《说文解字》云：“庭，宫中也。从广，廷声。”本义为房屋的正室。引申为宫廷、正堂、正厅、位于正房前的院子、法庭等。中国传统建筑中，院在内而房在外。房屋、墙垣等围合成院落。庭院被围合在四周房屋的中间，充分体现了中华民族长期统一、团结和稳定的愿望。

（3）厅。在古代宅第中，多具有小型公共建筑的性质，用以会客、宴请等。因此，室内空间较大，门窗装饰考究，造型典雅端庄。在这类具有会客功能的建筑空间中，“鸡栖于厅”，可见这个家族的无序、杂乱，人心涣散。

（4）异爨。分灶做饭，意思是分家。“爨”是会意字。小篆写作。义为生火做饭。“累世同居”最基本的特点是同居、共财、合爨，因此，“合爨”不仅是日常饮食的一种方式，而且是家族和睦、社会安定的象征。“异爨”打破了“累世同居”的平衡，标志着各自分家，家族颓败之势可想而知。

（5）象笏。象牙做的手板。《礼记·玉藻》：“史进象笏，书思对命。”郑玄注：“书之于笏，为失忘也。”古代品级较高的官员朝见君主时皆执笏，供指画和记事。笏多用玉、象牙或竹片制成。据《明史·舆服志》，一品到五品官员上朝用象牙做的手板。归有光远祖执象笏，位高五品之上。

（6）归宁。许慎《说文解字》云：“归，女嫁也。从止、从妇省，自声。”本义为女子出嫁。引申为前往、返回、返还、趋向、归并等。朱熹《诗集传》曰：“宁，安也。谓问安也。”出嫁的女子回娘家看望父母称为归宁。

二、文心点点通

从全文看，《项脊轩志》的深情主要是喜，是悲，还是悲喜交加？

文章先写喜——

先前狭小、破漏与昏暗的项脊轩经过修葺之后变得优美、宁静与舒适：轩内积书，轩外花木；白日小鸟，月夜桂影，构成了一种和谐清雅的氛围。人居于其中，怡情悦性。作者高洁的志趣、平和的心态、对生活怜爱的性情，都从这一“喜”字中表现出来。

后写悲——

一叙“诸父异爨”，大家庭分崩离析。“墙，往往而是”，“始为篱，已为墙”，那种亲人之间的离合与嫌隙令人黯然。平实的叙述中寓含作者对家庭衰变与亲情变异的深沉悲寂。

二忆故母对子女的关怀。“娘以指叩门扉曰：‘儿寒乎？欲食乎？’”“叩门”之后叩问，如见其人，如闻其声，倍感真切，让人想象慈母形象，涌动对慈母的思念。“语未毕，余泣，妪亦泣”，悲戚的情感很自然地生发出来。林纾曾评价《项脊轩志》：“震川之述老妪语，至琐细，至无关紧要，然自少失母之儿读之，匪不流涕矣。”（《古文辞类纂选本》）其实，不仅“自少失母之儿读之”流涕，而且所有对母亲深爱者都会为之流涕。

三忆祖母对自己的牵挂、赞许和期盼。“何竟日默默在此，大类女郎也”，“儿之成，则可待乎”；“比去，以手阖门”，“顷之，持一象笏至”，两句话，两个动作，让人感受到祖母对孙子的爱，感受到孙子对祖母记忆的刻骨铭心。

四忆亡妻生活片段和轩的变迁。妻“时至轩中，从余问古事，或凭几学书”，令人想象夫妻深情。此段呈现的是妻来、妻归、妻死、室坏、己病、室异制、不常居，传达的悲寂之情几令人窒息。

五忆亡妻所植枇杷树。妻子手植枇杷树之年正是其辞别人世之年，而枇杷树“今已亭亭如盖矣”！树越长越茂盛，人越走越遥远，思念妻子之情越来越浓密。但作者只说树在生长，不说人在思念，这正是借物生情，寄情于物，物长情长。

明代王锡爵在《归公墓志铭》中说归有光“所为抒写怀抱之文，温润典丽，如清庙之瑟，一唱三叹。无意于感人，而欢愉惨恻之思，溢于言语之外”。确实，《项脊轩志》这篇散文睹物怀人，悼亡念存，随事曲折，娓娓细谈，笔意极清淡，而感情极深厚；文章开篇虽叙一“喜”字，但实则以喜写悲，以悲写爱，以爱写憾。虽有“欢愉”，但终篇传递给读者的是“惨恻”之情，“悲喜互隐，终结于悲”。这种悲痛里有个人际遇的自我伤悼，家族没落、亲人离别的人事苍凉。文章感情层层延展，一往而深，“欢愉惨恻之思”时时袭来，读后令人唏嘘不已。

三、思想会客厅

归有光是明代中叶“唐宋派”的代表作家，时人说他是“今之欧阳修也”。归有光委婉深挚的抒情风格确实与欧阳修有神似之处，但欧阳修长于抒情议论，归有光则擅长细节传情，这一点受《史记》的影响，而与《史记》不同的是，归有光开古文的禁区，将家庭生活细节和琐事融入“载道”的古文，这是归有光对中国古代散文的创造性贡献，开启了中国古代散文的新途。

那么，具体到《项脊轩志》，它的创造性表现在哪里？一方面，与一般的志相比，《项脊轩志》似乎无意于批判现实，而是较多着眼于个人生活细节和琐事，用极富生活实感的笔触写出了作者独特的生活体验，寄托了对人、物、事的深沉情感和深刻记忆。另一方面，文章虽然直抒胸臆，但其内核仍显现着中华传统文化的核心。归有光对“诸父异爨”感到遗憾，深情怀念与项脊轩有关的亲人，体现的是对家庭、家族的珍视；归有光在项脊轩“扬眉瞬目，谓有奇景”，体现的是读书人善于处穷的品格和志存高远的胸襟。由此，在感受《项脊轩志》的“欢愉惨恻”的同时，我们可以体会到中华传统文化的核心内容。

回顾一下中国古代散文的发展，或许我们能更清楚地认识到《项脊轩志》的意义。先秦散文包括诸子散文和历史散文（哲学和历史）；汉代散文的代表是司马迁的《史记》（史传）；魏晋南北朝时期散文的代表文体是由大赋发展而来的骈文（可看作独立于哲学、史学之外的文学，但因多关注形式而最后走向死途）；唐宋时期是以“载道”“明道”为旗帜的古文；明代的代表性散文是“独抒性灵”的小品文，代表性作家是徐渭、李贽、袁宏道、冯梦龙和张岱，此后，“载道”散文与“性灵”散文并行。归有光的《项脊轩志》等散文是推动中国古代散文从“载道”一途到“载道”与“性灵”两途并行的重要力量。比他稍晚的李贽提出“童心说”，再晚些的“三袁”之一的袁宏道提出“性灵说”，至此，中国古代“性灵”散文渐趋成熟。到清代，从钱谦益、魏禧、侯方域、戴名世等人开始，沿着“唐宋派”古文的道路发展，稍后的“桐城派”大师视归有光为明代散文的宗师，将其看作“唐宋八大家”与“桐城派”之间的桥梁。受其影响，“桐城派”作家的散文也多学其简洁平淡的风格，多写生活琐事，如方苞《左忠毅公逸事》、姚鼐《登泰山记》等。

五四新文学时期，两大主流文学团体——文学研究会和创造社提倡不同的文学观：文学研究会直接关心社会问题，用写实的方法同情被侮辱者与被损害者，追求“为人生的艺术”；创造社则推崇自我表现，追求浪漫主义抒情，主张“为艺术的艺术”。这可以看作五四新文学对古代散文“载道”与“性灵”两途的现代呼应。

四、练习步步高

（一）知识识记

1. 填空。

（1）＿＿＿＿＿＿，偃仰啸歌，冥然兀坐，＿＿＿＿＿＿。（归有光《项脊轩志》）

（2）三五之夜，明月半墙，＿＿＿＿＿＿，风移影动，＿＿＿＿＿＿。（归有光《项脊轩志》）

（3）＿＿＿＿＿＿。迨诸父异爨，内外多置小门墙，往往而是。（归有光《项脊轩志》）

（4）庭有枇杷树，吾妻死之年所手植也，＿＿＿＿＿＿。（归有光《项脊轩志》）

2. 解释下列加点的字词。

（1）室仅方丈（　　　　　　　　）

（2）垣墙周庭（　　　　　　　　）

（3）室始洞然（　　　　　　　　）

（4）亦遂增胜（　　　　　　　　）

（5）偃仰啸歌，冥然兀坐（　　　　　　　　）（　　　　　　　　）

（6）珊珊可爱（　　　　　　　　）

（7）迨诸父异爨（　　　　　　　　）

（8）往往而是（　　　　　　　　）

（9）已为墙（　　　　　　　　）

（10）妪，先大母婢也，乳二世（　　　　　　　　）（　　　　　　　　）

（11）室西连于中闺（　　　　　　　　）

（12）某所，而母立于兹（　　　　　　　　）

（13）大类女郎也（　　　　　　　　）

（14）比去，以手阖门（　　　　　　　　）

（15）余扃牖而居（　　　　　　　　）

（16）吾妻来归（　　　　　　　　）

（17）吾妻归宁（　　　　　　　　）

3. 将下列句子翻译成现代汉语。

（1）前辟四窗，垣墙周庭，以当南日，日影反照，室始洞然。

（2）庭中始为篱，已为墙，凡再变矣。

（3）轩凡四遭火，得不焚，殆有神护者。

（二）文心体悟

1.《项脊轩志》中用了不少叠字。请你试着把叠字找出来，并说说它们在文中所起的作用。

2.《项脊轩志》在选入高中《语文》教科书时做了删减。“殆有神护者”后面删掉了一段。原文是：“项脊生曰：‘蜀清守丹穴，利甲天下，其后秦皇帝筑女怀清台；刘玄德与曹操争天下，诸葛孔明起陇中。方二人之昧昧于一隅也，世何足以知之？余区区处败屋中，方扬眉瞬目，谓有奇景。人知之者，其谓与坎井之蛙何异？’”你是否同意把它删除？请说说你的理由。

（三）思想碰撞

唐宋古文运动主张“文从字顺”“务去陈言”“务为有补于世”。请你以《项脊轩志》为例，就以上主张的任一方面，谈谈归有光作为明代“唐宋派”代表对唐宋古文的继承与发展。

兰亭集序

一、知识朋友圈

1.《兰亭集序》缘何而作？

东晋穆帝（司马聃）永和九年（353 年）三月初三，王羲之和当时的名士谢安、孙绰及儿子王凝之、王献之等四十一人，在会稽山阴（今浙江绍兴）兰亭修禊、宴集，与者饮酒赋诗，各抒怀抱。参与聚会的四十一位中十五位没有临席赋诗的本领，只好饮酒认罚，而二十六位能赋诗的，则将诗作汇集起来，由王羲之作序一篇，是为《兰亭集序》。

可见《兰亭集序》是一篇“序典籍之所以作”（宋代王应麟《辞学指南》）的书序，对所序的文章或著作的缘起、内容、主旨等加以介绍或引申，有时也作出评价。序，这一文体具有灵活性和多样性的写作特点，在表达方式上，兼用叙事、议论和抒情。除了为文章、著作所写的书序，还有一类赠序，如《送孟东野序》《送东阳马生序》。所谓“君子赠人以言，庶人赠人以财”（《荀子・大略》），内容多为述交游、道惜别、致愿望，有时也谆谆教诲，以求有益于对方。

2. 兰亭雅集的修禊之事。

我国古代民俗，于农历三月上旬的巳日（三国魏以后开始固定为三月初三）到水边嬉戏，以祓除不祥，称为“修禊”，也称为“上巳节”。《论语·先进》中的“莫春者，春服既成，冠者五六人，童子六七人，浴乎沂，风乎舞雩，咏而归”描写的就是上巳节的情景。汉代学者应劭在《风俗通义·祀典·禊》对上巳节的起源和意义做过阐述，大意是：这种习俗活动早在殷周时就已经形成，政府还专门设置女巫之职进行主持。因为此时正当季节交换，阴气尚未退尽而阳气“蠢蠢摇动”，人容易患病，所以应到水边洗涤一番。所谓“禊”，即“洁”，故祓禊就是通过自洁而消弭致病因素的仪式。同时，“巳者，祉也”，既除掉致病因素，又祈求福祉降临。在上巳节活动中，最主要的活动是祭祀高禖（又称“郊禖”，“禖”同“媒”）——管理婚姻和生育之神。最初的高禖，是成年女性，具有孕育状。在汉代画像石中就有高禖神形象，还与婴儿连在一起。辽宁地区红山文化遗址的女神陶像，就是生育之神。起初，上巳节通过祭高禖、祓禊等活动，除灾辟邪，祈求生育。汉代以后，上巳节虽然仍旧是求子的节日，但已经是贵族炫耀财富和游春娱乐的盛会了。可以设想一下，三月初三，暮春时分，正是阳气日盛的时候，人的生命周期也随之进入一个力量勃发的时期。人们在这个时候以修禊的方式享受生命的快乐，真乃良辰之乐也。

3. 语言积累。

（1）曲水流觞。上巳节的水上活动中，以“曲水浮素卵”最为古老，即将煮熟的鸡蛋放在水中，任其顺流而下，鸡蛋流到谁的面前，谁就取来剥而食之。后人仿行，于环曲的水流旁宴集，在水的上游放置酒杯，任其顺流而下，酒杯停在谁的面前，谁就取饮，称为“曲水流觞”。“曲水浮素卵”是一种比较文明的孕育巫术。“曲水流觞”和“临水饮宴”则是这种巫术的演变，成为文人雅士的娱乐活动。

（2）期。小篆写作。许慎《说文解字》云：“期，会也。从月，其声。”清代段玉裁《说文解字注》曰：“会者，合也。期者，要约之意，所以为会合也。”本义为确定的时间。引申为有限度的一段时间、约会、盼望、归结。又读jī，引申为一周年的时间。“况修短随化，终期于尽”两句可译为“何况（人的寿命）长短依随自然造化而定，终将归结于消亡”。

二、文心点点通

文章主要写了两个字：“乐”与“悲”。

第一、二段写聚会之乐。一个表达主观情绪的“乐”字，是名士在兰亭美好环境中欢聚的真实感情，凸显了聚会当时的氛围。在《兰亭集序》中，王羲之极言心中之乐。这种乐可以概括为四个方面的原因：良辰、美景、赏心、乐事。

首先是时间很好。“暮春之初”，即阳春三月，春季是万物复苏的季节，人的心情也会随着春光变得明媚开朗。其次是景色优美。在这样一个温暖的季节里，一大群文人雅士聚集在兰亭这个地方。文中写道：“此地有崇山峻岭，茂林修竹，又有清流激湍，映带左右。”通过景物的描写“高高的竹子”“清澈的溪流”“茂密的树林”，可以感受到当时环境的清幽，这种美不是通常情况下作者笔下的“莺歌燕舞”“草长莺飞”“姹紫嫣红”“百花齐放”的艳丽之美，而是一种清雅宁静之美。再次是赏心之乐。暮春时节的这一天，天气晴朗，和煦温暖的春风徐徐地吹着，“仰观宇宙之大，俯察品类之盛”，视野极其辽阔，心情自然会变得开阔旷达。最后是乐事。在这样清幽的环境中，一群文人做着高雅的事情，他们“会于会稽山阴之兰亭，修禊事也”，他们在水边洗濯、游乐、祈福，文人雅士的娱乐自然不同于白丁，这些雅士引清流激湍来流觞赋诗，按次序排列坐着，一边饮酒，一边作诗抒发心中幽深内藏的情感，可见当时是多么尽兴。作者用一百二十四个字从四个方面记叙了这次集会之乐，那是一种朋友相聚、时节恰好、环境相宜的人生乐事。

第一段虽然写得简短，但言简意丰，将人们一直追求的“四美”全写了，且写到位了，写得趣味盎然，快乐可感可触，更可享，几乎每一个字都透着快乐。这就是生命的快乐！

然而，乐，绝对不是《兰亭集序》透露的主要情绪。随之来临的是良辰美景难以久驻的伤悲。第三、四段写一个“悲”字。

第三段悲的原因主要有三点：一是“当其欣于所遇，暂得于己，快然自足，不知老之将至”并“及其所之既倦，情随事迁，感慨系之矣”，是说（快乐）情感并不具有恒定性，而是受制于具体物、事，事变则随之情变。二是这种情变（即由快乐变为慨叹乃至悲慨），是在“俯仰之间”，即瞬息之间发生的变化，让理性主体（人）难以承受。三是“修短随化，终期于尽！……岂不痛哉”，生命不能自主，完全听天由命，让貌似主体的人在变化无常的社会现实面前显得更加无力，特别是饱受频发的社会灾难与战患之苦的魏晋六朝时期，人生的浮沉与湮灭感就变得异常凸显，又于何处可以奢求生命的快乐、自足与恒久呢？说到“兴感之由”，王羲之言犹未尽，又特地在第四段拓开一笔，说：“每览昔人兴感之由，若合一契，未尝不临文嗟悼，不能喻之于怀。固知一死生为虚诞，齐彭殇为妄作。”这一句群意味深长。作者有意将序文第三段中浓厚的伤感做一冷却，而将笔触从眼前的修禊、宴享、嬉游及伴随而来的“兴尽悲生”的感慨中移开并稍稍收束，使写作进入回顾、反思的历时视域。先写自己与前人关于生死感慨相遇的契合与嗟悼，由“每览”两字显示前文的悲乐兴感，其实在其人生经验中已多次出现，且已引起深深的感慨和思索，但又让人苦苦不得其解：既让他觉得神奇（“若合一契”），又让他感到不可思议（“不能喻之于怀”）。再推想后人将与自己同前人的感情相遇一样而发出嗟叹。这是把自己放置于人类历史的长河中来思考生命的意义。正是这样代代相传，传传相感，生命在悲凉中有了其存在的意义。于是，文章在“列叙时人，录其所述”，让“后之览者，亦将有感于斯文”处收束，寄望后人能与兰亭诸贤心灵相通。

纵览全文，先乐后悲，在悲伤中收束，但文章并不给人消极的引导，而是相反，让人读后去更深层地思考生命的意义，更好地把握住转瞬而逝的生命。它带给读者的是生命进取的力量。因此，可以说它是一首生命的欢歌，也是一首生命的悲歌，更是一首生命的赞歌。

三、思想会客厅

王羲之在《兰亭集序》中引用《庄子·德充符》“死生亦大矣”，表达对生命的关切与感慨。魏晋时期“人的觉醒”，其重要内涵之一就是对生命的极度看重，东晋时期的王羲之，与魏晋的多数文人一样，因眷恋、执着于现世生命而对庄子的以理化情从而坦然面对生命的达观，表现出直接的反对。在王羲之看来，生死之间有着截然的界限，这是一个无法解脱的困境，因而庄子“一死生，齐彭殇”的说法是不能为他所接受的。

对于生命的关切是人类基本的冲动。生死，是人生的大问题，历史上有过许多思考，也有各种不同的态度。如孔子作为儒家的创始人，秉持面向现世的精神，对另外的世界不是很热心，“未知生，焉知死”（《论语·先进》)。《老子》中对于死似乎主要持消极态度，并且强烈认为死是应当趋避的，在老子看来，“人之生也柔弱，其死也坚强；万物草木之生也柔脆，其死也枯槁。故坚强者死之徒，柔弱者生之徒”[《老子》(第七十六章）]，因而他主张处柔下之位，从而达到长久存在之目的。而庄子对生死问题的态度，在中华传统文化中具有特殊的意义，对于后世敏感的心灵有着深刻的影响。

《庄子》中一再表达过死是无可奈何的必然，因为世间一切都处在迁变不已的状态中：“物之生也，若骤若驰，无动而不变，无时而不移。”（《庄子·秋水》）“死生，命也；其有夜旦之常，天也。人之有所不得与，皆物之情也。”（《庄子·大宗师》）明白人生必有一死，这也只是依据一般生命现象做经验观察的结论，真正能达观地面对生死，还有待于对生命存亡的根本缘由的透视。《庄子》中对此有深切的看法，《庄子·至乐》“鼓盆而歌”一节有充分的展示。庄子的妻子死了，惠施来吊唁时，见他不仅没有悲哀之色，且正敲着瓦缶唱歌；在庄子看来，人生是一个自然的过程，自无而有，由气而成形，再回归于无形，如同四季之迭代。很明显，其中最为重要的一个关键是气的形成与变化。关于气在包括人在内的物种品类的生灭中的作用，《庄子·知北游》做了最简单明白的表述：“人之生，气之聚也。聚则为生，散则为死。”也就是说，人的生命之存在与结束其实不过是气的聚散活动而已。正是这种建立在气之聚散观念上的生命观，使得庄子可以将生命视为一个连续的自然迁变过程，用庄子的话说，就是“死生为一条”（《庄子·德充符》）。因此，庄子才能够以平静而自然的心态面对死亡，当生来到时便欢喜迎受，最后又忘生死之隔欣然回归原初的状态。

庄子对于死亡的达观，具有很高的境界，远超常情之外，不是一时即可被人接受的。汉代对于生命的长生久视抱有强烈的企望，在某种意义上构成了对庄子自然主义这样的古典理性精神的反驳，对于长生法术的追求成为一时的风尚。这一点在文学中也有鲜明的表现。《古诗十九首》里便充满了生死之感，表达得最突出的就是对于人生之有限的尖锐意识。“人生天地间，忽如远行客”（《青青陵上柏》）、“人生寄一世，奄忽若飙尘”（《今日良宴会》）、“人生非金石，岂能长寿考”（《回车驾言迈》）、“人生忽如寄，寿无金石固”（《驱车上东门行》）。对此，古诗作者诉诸的法门是及时行乐、世间荣名等。这是一种执着于生命的表现。东晋时，与王羲之等不同，真正领会庄子真意的是陶渊明。陶渊明的《游斜川诗序》也曾有“悲日月之遂往，悼吾年之不留”的感叹，他在精神上几乎重演了以往诗人曾经的所有对生死问题的思虑。他也一样为生命的短暂、有限而焦虑，“人生似幻化，终当归空无”[《归园田居》（其四）]，“一生复能几，倏如流电惊”[《饮酒》（其三）]。诗人为抵抗生命之短暂和空无而寻求依托和意义，如儒家之事业与世俗之功名，乃至道教之长生企望，然而这一切他最终都放弃了。陶渊明最后的道路就是庄子的道路，这一精神历程在《形影神》组诗中表现得最为清晰。《形赠影》说，如果死亡对于人生而言是不可避免的，不如抓紧现时，及时行乐，“得酒莫苟辞”；《影答形》的“影”谓个体生命之价值意义在于声名之类，饮酒自乐不如“立善扬名”；陶渊明真正的选择见于《神释》，在人生终究有一死的共同前提之下，“神”对现世的及时行乐与生命凭身后之声名而延伸这两种姿态都作出了清楚的否定：饮酒或许反而会伤生，而身后之名凭谁传？而且即使声名留后，又有何意义？诗人的结论是“委运”：“纵浪大化中，不喜亦不惧。应尽便须尽，无复独多虑。”（《神释》）这种归依自然、顺从迁化的生命观念，消释了恐惧和悲哀感，是古代庄学的真精神，也是当时玄学的新成果。

四、练习步步高

（一）知识识记

1. 填空。

（1）王羲之的《兰亭集序》一开始就点明聚会的季节、地点和事由的句子是：“________，________，________。”

（2）《兰亭集序》中交代了在兰亭集会的人是“________，________”。

（3）生活中当我们对所喜欢或得到的事物已经厌倦时，感情会随着事物的变化而变化，感慨也随之产生。这很容易让我们想起王羲之《兰亭集序》里的句子：“________，________，________。”

（4）《庄子》中说死生是人的一件大事，每个人寿命的长短，听凭造化，最后归结于消亡。正如王羲之《兰亭集序》中所说：“________，________！”

（5）针对魏晋名士崇尚虚无的思想倾向，王羲之在《兰亭集序》中用了一句话来批评：“________，________。”

2. 解释下列加点的字。

（1）引以为流觞曲水，列坐其次（　　　　）（　　　　）

（2）或取诸怀抱，悟言一室之内（　　　　）

（3）虽趣舍万殊（　　　　）

（4）若合一契（　　　　）

（5）不能喻之于怀（　　　　）

（6）所以兴怀，其致一也（　　　　　　　　）（　　　　　　　　）

3. 将下列句子翻译成现代汉语。

（1）此地有崇山峻岭，茂林修竹，又有清流激湍，映带左右，引以为流觞曲水，列坐其次。

（2）仰观宇宙之大，俯察品类之盛，所以游目骋怀，足以极视听之娱，信可乐也。

（3）夫人之相与，俯仰一世。或取诸怀抱，悟言一室之内；或因寄所托，放浪形骸之外。

（二）文心体悟

阅读下列材料，回答问题。

材料一：

生年不满百（节选）

《古诗十九首》

生年不满百，常怀千岁忧。昼短苦夜长，何不秉烛游？为乐当及时，何能待来兹。

材料二：

短歌行（节选）

曹　操

对酒当歌，人生几何！譬如朝露，去日苦多。

同样是感慨生命短暂，《兰亭集序》中王羲之对待人生的态度与上述诗歌中对待人生的态度是否一样？

（三）思想碰撞

对待生死的态度是一个严肃的哲学问题。古今中外的哲人对此都作出了探索。了解了王羲之的生命感悟后，你觉得人应该怎样面对生死？请你结合自己的阅读体验或有关警句、故事谈一谈。

归去来兮辞（并序）

一、知识朋友圈

1. 辞是什么？

辞是一种不常见的文体，是一种介乎散文、诗歌之间的文体。人们通常把辞同赋放在一起，统称为“辞赋”。辞和赋都属韵文，辞比赋更接近诗歌，富有抒情和浪漫色彩，辞一般要押韵，多用对偶句，能够吟唱，有抑扬顿挫之感。

辞发源于楚辞。屈原奠定了这种文学体制，模拟者甚多，其中最出色的是宋玉，还有唐勒、景差等人。到了汉代，模拟《离骚》的更多，东方朔、王褒、刘向、王逸等都走着宋玉的道路。汉代就称这种文学体制为“辞”。概而言之，辞即赋，不过辞“长于言幽怨之情”(陈廷祚《骚赋论》)，偏重抒情，而赋“铺采摛文，体物写志”(刘勰《文心雕龙·诠赋》)，偏重状物叙事。辞赋都源于《诗经》《楚辞》，盛行于汉魏六朝，齐、梁到唐初为其极盛时期。陶渊明的辞赋继承了魏晋抒情小赋的传统，但洗净铅华，与他的诗歌、散文保持一致的风格。《归去来兮辞(并序)》是其辞赋的代表作。

2.《归去来兮辞(并序)》的结构体制是怎样的?

关于辞赋的结构体制，刘勰《文心雕龙·诠赋》中说：“既履端于倡序，亦归余于总乱。序以建言，首引情本；乱以理篇，写送文势”。意思是说，赋这种文体，篇首常有序言，末尾还用“乱辞”作结。设置序言，说出全篇的主旨；“乱辞”总结全篇，可以进一步发挥文章的气势。刘勰的这番话，既是针对赋讲的，又完全适用于辞。陶渊明的这篇《归去来兮辞(并序)》就是这样的结构体制：文前有序，说明作辞的原因，课文的前三节是正文，最后一节是尾声。钱锺书说：“结处‘已矣乎’一节，即‘乱’也，与发端‘归去来兮’一节，首尾呼应。”(《管锥编》)对我们理解《归去来兮辞(并序)》的文体结构很有启发。

3. 关于《归去来兮辞(并序)》的押韵和对偶。

在形式上，辞赋都是押韵的。押韵的规则与诗歌基本相同，一般奇句不用韵，偶句用韵。《归去来兮辞(并序)》也是隔句为韵，中间换了几次韵，并非一韵到底，总共用了五个韵部的韵。从换韵的部位我们可以明显地觉察到作者思维和情感发展的层次。课文的分节大体上与换韵是一致的。

第一节的韵脚是：归、非、衣、微(平声韵，微部)，悲、追(平声韵，支部)。

第二节的韵脚是：奔、门、存、樽(平声韵，元部)，颜、关、还(平声韵，删部)，安、观、桓(平声韵，寒部)。

第三节的韵脚是：游、求、忧、畴、舟、丘、流、休(平声韵，尤部)。

第四节的韵脚是：时、之、期、耔、诗、疑(平声韵，支部)。

此外，《归去来兮辞(并序)》全文凡六十句，其中以四言、六言为主，间以杂言。骈散交错，而对偶居半。在本文十多句对偶句中，六言对偶句最多，四言次之。对偶成为辞的语言特色之一。就辞赋的对偶来说，同诗词的要求基本相同，但运用较为自由，不像唐宋诗词那么严格。简单来说，就是对偶句的上下句，句法结构必须相互对称，而且要实词对实词，虚词对虚词。文学作品里的对偶句使得文章语言凝练，句式整齐，音韵和谐，富有节奏感和音乐美，两方面的意思互相补充和映衬，加强语言的感人效果。

4. 陶渊明其人。

八岁，父亲去世，家境每况愈下，“箪瓢屡空”(《五柳先生传》)。

曾祖父陶侃，东晋开国元勋，封长沙公，死后追为大司马，但因出身被讥为“小人”和“溪狗”。

祖父陶茂，父亲陶逸做过太守一类的官。

外祖父孟嘉，在庾亮“崇修学校，高选儒官”时，曾被庾亮选为劝学从事。

出仕（二十九岁至四十岁）。

二十九岁出任江州祭酒，不久，“不堪吏职”辞官归家，“躬耕自资”(《晋书·陶潜传》)。

三十五岁担任荆州和江州刺史桓玄的幕僚，产生归隐之念。

三十七岁母亲去世，“丁忧”辞官归家三年。

四十岁先任镇将军刘裕的参军，第二年改官，任建威将军刘敬宣的参军。同年八月，以“耕植不足以自给”，求任彭泽令，八十一天后辞官归家。

隐居（四十一岁至六十二岁）。

义熙元年（405年）十一月，在彭泽令上辞官归家，从此不再出仕。程氏妹卒于武昌，作《归去来兮辞（并序）》。

义熙四年（408年）六月，家中火灾，宅院尽毁，一家寄居船上，到初秋还未定居。

义熙十一年（415年），朝廷诏征为著作佐郎，称病没有应征。

永初二年（421年），即南朝刘裕弑君篡位第二年，写《桃花源记》。

元嘉元年（424年），颜延之为始安太守，与陶渊明结交。

《宋书·陶潜传》卷九十三：“颜延之为刘柳后军功曹，在寻阳，与潜情款，后为始安郡，经过，日日造潜，每往必酣饮致醉。临去，留二万钱与潜，潜悉送酒家，稍就取酒。”

元嘉四年（427年），檀道济听闻陶渊明之名，赠以粱肉，劝其出仕，被拒。同年，卒于浔阳（今江西九江）。

5. 语言积累。

（1）役。小篆写作。许慎《说文解字》云：“役，戍边也。从殳，从彳。”又《周礼·地官·小司徒》：“凡征役之施舍，与其祭祀饮食丧纪之禁令，乃颁比法于六乡之大夫。”贾公彦疏：“役谓徭役。”可知“役”有“服役”之义，并有服兵役和服劳役两种。但是《归去来兮辞（并序）》中陶渊明是被叔父陶夔荐为彭泽令，是去做官，自然不是服兵役或劳役。《字汇 · 彳部》释：“役，官曰职，吏曰役。”可知“役”可指职位低微的官员。

（2）稔。小篆写作。本义为庄稼成熟。许慎《说文解字》云：“稔，谷熟也。”因为谷物一年一熟，由此引申出来“年”的含义。数词加上“稔”表示几年成为一个固定的用法，如《国语 · 晋语八》“国无道而年谷和熟，鲜不五稔”中的“五稔”指五年。

（3）飏。小篆写作。许慎《说文解字》云：“飏，风所飞扬也，从风，昜声。”“飏”作“飞扬”解时形容的对象是风、云气、浮烟之类轻柔之物。本文中“飏”的意思是船缓缓前进。《正字通 · 风部》注曰：“飏，舟徐行貌。”联系《归去来兮辞（并序）》来看，当时诗人辞官回家，于江上回顾、思索人生，此时他所处的环境应当相对宁静；联系文中的一句话“问征夫以前路，恨晨光之熹微”，“恨”字表现出诗人当时的心情是非常急切的，侧面反映出船行缓慢。

（4）啸。小篆写作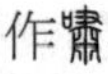。许慎《说文解字》云：“啸，吹声也。”本义为撮口、发出长声、打口哨。唐代封演《封氏闻见记》卷五《啸旨》释为：“激于舌端而清，谓之啸。”啸在魏晋时期有着特殊的文化内涵。它是士大夫抒发感情的一种特殊方法，当时的名士，都非常喜爱并且善于啸。其中啸得最著名的就是阮籍和孙登，阮籍“嗜酒，能啸，善弹琴”（《晋书 · 阮籍传》），孙登的啸更加动人，其啸“声若鸾凤之音，响乎岩谷”（《晋书 · 阮籍传》）。“登东皋以舒啸，临清流而赋诗”，陶渊明此时离开官场，回家躬耕，举目所见的是大自然美丽、恬静又充满生机的景色，心情自由舒畅，文中的啸正是诗人用来抒发自己这种惬意、欣喜之情以及表现悠然自得的精神面貌的一种方式。

二、文心点点通

《归去来兮辞（并序）》抒写的是陶渊明最终脱离尘世官场，返归乡居田园生活的快乐。文章的结构、脉络清晰，大致按照时间线索展开，可以分为四段五层。

第一段写“归去”的决心与急切。诗人知道先前出仕错了，知道将来可以挽救。他不愿再“心为形役”，所以坚定地回归田园。写返乡的行程，突出的是诗人投入故园的迫不及待。

第二段写“归去”的快乐。这中间有两个层次，一个是刚回到家的那一短暂时刻的呈现，“乃瞻衡宇，载欣载奔。僮仆欢迎，稚子候门。三径就荒，松菊犹存。携幼入室，有酒盈樽”。诗人赶着回家，见到熟悉的屋子，心情之雀跃可以想见——这是从赶路的诗人这边来说的；而另一方面，则是僮仆迎面而来的接引和孩子在门边的守候。家人是诗人最关心的，然后是家园的周遭，熟悉的小径和松树、菊花。诗人关切的还有酒，进得屋来，满杯的酒等着他，诗人该是多么欢欣而满足。第二个是刻画回归乡居田园之后诗人的日常生活。“引壶觞以自酌”，读来很容易想象成诗人“有酒盈樽”便把盏畅饮，这么理解也不能算错，但结合后文一连串的六字句式，与前文的四字句式不同，可能应该另做考虑；而且，后文的六字句已换韵，韵脚与前文四字句已不同，更使得我们须另做解读。如果我们将“引壶觞以自酌”以下的文字作为第二段的第二层来看，那它刻画的其实是诗人归隐田园之后日常家居的惬意生活。诗人所祈求的乡居世界，就是这样一个自然的世界。

第三段写“归去”的自由。“归去来兮，请息交以绝游。世与我而相违，复驾言兮焉求？”诗人申言将断绝交友，不过这仅是针对他决然离开的那个官场红尘世界而言。他并不是就此孤家寡人一个了，而是转身过来与近旁平凡亲切的亲戚邻人交好。除了“话桑麻”，诗人毕竟是一位文化人，他还读书、抚琴。春日来临的时候，农人想的自然是田里的活计要忙起来了；诗人也走出了家园，不过他关心的与普通农人不尽相同，他似乎更高兴的是能到自然的天地间游走，更在意的是春光之美好：泉水解冻，草木葱茏，一切都在苏醒过来，一切都显示出生机，这确是春天最动人之处。在最快乐的时候，易感的诗人常常联想到事情的反面去：“善万物之得时，感吾生之行休。”人与自然的对照和反衬，是文学中常见的情形，这也是《归去来兮辞（并序）》第四段要直接面对的主题。

第四段总写“归去”的感受。人当“乘化以归尽”“乐夫天命”。“寓形宇内复几时？曷不委心任去留”：人生天地间，本来时间就很短，为什么不顺其自然，任其生与死呢？既不愿求富贵，又不能抵达仙界，那么最美的人生境界就是乐天安命了！

文章四段按做一件事的自然的心理变化展开：行事决心——行事体验——行事启示，有如山泉淙淙而流，从容不迫，随地赋形，自然流淌。

三、思想会客厅

梁启超在《陶渊明之文艺及其品格》中认为，陶渊明的人生观“可以拿两个字来概括他：‘自然’”，“他并不是因为隐逸高尚有什么好处才如此做，只是顺着自己本性的‘自然’”，“‘自然’是他理想的天国，凡有丝毫矫揉造作，都认作自然之敌，绝对排除。他做人很下艰苦功夫，目的不外保全他的‘自然’”。“爱自然的结果，当然爱自由”，这使得陶渊明一生都是为了追求精神生活的独立而拒绝外界的利诱与胁迫，从而进入一种自然、自在、自由的精神境界。可以说，“自然”使陶渊明的生存得以返璞归真，“自由”则使他的精神能够高蹈浪漫。

作为“古今隐逸诗人之宗”（钟嵘《诗品》），陶渊明“自然”“自由”的诗文与人格为后世的仁人志士筑造了一个“精神之巢”。后世文人受其影响，效仿其人其诗的数不胜数。人们在仕途失意、厌倦官场、失去了人生的价值和意义时，都能从陶渊明身上得到慰藉。白居易的闲适诗就是效仿陶渊明，深受他的影响而来。苏轼从理论和实践方面对陶渊明进行研究和效仿，在仕途不顺的情况下，从陶渊明的人品与文字中得到安慰和启示。陆游晚年在乡下度过，经历与陶渊明相似，对陶渊明的人格和作品颇为欣赏。辛弃疾的一生中，特别是在闲居乡下近两年的岁月中，创作了不少景仰和追慕陶渊明的作品。在闲居的日子里，他学习陶渊明饮酒、赏月、抚琴、吟诗，甚至在屋前种起了柳树，以“五柳先生”自居，由此可见其对陶渊明的特殊情感。

进入工业社会，陶渊明“返自然”的思想不仅没有被时代所淘汰，而且具有强烈的现代性。陶渊明在对待自然的精神倾向上，充分展现了他的浪漫主义情怀，与一千多年之后西方世界的许多作家、诗人、学者遥相呼应。生态文艺学家鲁枢元认为，中国古代的陶渊明与西方现代的梭罗，其价值和意义都在于创造了一种有益于生态和谐、社会和谐的人生观念，一种与自然和解的生态型的生存方式。鲁枢元把这种生存方式称作“低物质消耗的高品位生活”（《文学的跨界研究：文学与生态学》），也就是荷尔德林所说的“诗意地栖居在大地之上”。工业社会以来，人类与自然相背而行，愈行愈远，生态危机四处蔓延，陶渊明诗文中展露的东方古典自然主义哲学精神或许能为现代人走出生态困境提供某些启示。

四、练习步步高

（一）知识识记

1. 填空。

（1）陶渊明《归去来兮辞（并序）》起笔两句“______，

______________”表达了诗人对田园生活的向往。

（2）我们经常用陶渊明《归去来兮辞（并序）》中“______________，______________”两句来表达过去不可挽回，未来则可把握。

（3）《归去来兮辞（并序）》中表现陶渊明在回家途中，摆脱束缚，重返自然的欢快舒畅心情的句子是：“______________，______________。”

（4）《归去来兮辞（并序）》中“______________，______________”两句形成了鲜明的对比，即精神上的富足、孤高与物质生活的清贫之间的对比。

（5）《归去来兮辞（并序）》中“______________，______________”两句写天色已晚，陶渊明还手抚孤松不愿离去，因为诗人想借孤松以咏怀，喻自己卓然独立的坚贞气节。

（6）《归去来兮辞（并序）》中写陶渊明跟乡里故人和农人的交往的句子是：“______________，______________。”

（7）《归去来兮辞（并序）》中“______________，______________”两句表现了陶渊明乐天安命，顺随自然的变化走到生命的尽头的思想。

2. 解释下列加点的字词。

（1）质性自然，非矫厉所得（　　　　　　）（　　　　　　）

（2）饥冻虽切，违己交病（　　　　　　）

（3）犹望一稔（　　　　　　）

（4）悟已往之不谏，知来者之可追（　　　　　　）（　　　　　　）

（5）舟遥遥以轻飏（　　　　　　）

（6）审容膝之易安（　　　　　　）

（7）策扶老以流憩（　　　　　　）

（8）景翳翳以将入（　　　　　　）（　　　　　　）

（9）善万物之得时（　　　　　　）（　　　　　　）

（10）怀良辰以孤往（　　　　　　）

（11）或植杖而耘耔（　　　　　　）（　　　　　　）（　　　　　　）

（12）聊乘化以归尽（　　　　　　）

3. 将下列句子翻译成现代汉语。

（1）归去来兮，请息交以绝游。世与我而相违，复驾言兮焉求？

____

（2）既窈窕以寻壑，亦崎岖而经丘。

（3）已矣乎！寓形宇内复几时？曷不委心任去留？胡为乎遑遑欲何之？

（二）文心体悟

在历代文人的心中，陶渊明的名字总是与“归”联系在一起。陶渊明诗中“归鸟”“归人”“归田”“归心”“归园田”“归空无”屡见不鲜。请你以《归去来兮辞（并序）》第一段和第三段两处的“归去来兮”为抓手，体会“归”字所蕴含的情感。

（三）思想碰撞

请你查阅相关资料，比较陶渊明和梭罗回归自然的方式的异同。

种树郭橐驼传

一、知识朋友圈

1.《种树郭橐驼传》是寓言还是传记？

寓言一般以简短的结构、鲜明的形象、夸张与幻想的艺术手法，阐明某种道理或讽刺某种社会现象。清代顾炎武在《日知录》中说《种树郭橐驼传》是“稗官之属”，把它当作小说。鲁迅在《中国小说史略》中则进一步说它是“幻设为文”“以寓言为本”。传记是记述人物生平事迹的文体。我国古代的传记一般分为历史传记（也称“史传”）和文学传记（也称“史外传”）。《种树郭橐驼传》借郭橐驼之口讽喻时弊，从内容上看是一篇寓言。这篇寓言在写作时借鉴了一些人物传记的写法，因此从形式上看是一篇人物传记。柳宗元以写奇人奇事来讽喻时事的“传”还有《童区寄传》《宋清传》《梓人传》，同类寓言体散文还有《三戒》（包括《临江之麋》《黔之驴》《永某氏之鼠》三篇）、《蝜蝂传》等。这些寓言体散文继承并发扬了《庄子》《列子》《韩非子》《吕氏春秋》的传统，善于运用各种人物或者动物拟人化形象来寄寓哲理，针砭时弊。

2.《种树郭橐驼传》写法上有哪些特点？

（1）象喻。以树的象征说明天道的两层含义，以郭橐驼种树为喻说明人道的两层含义。

（2）讽喻。以一个具体生动的故事（寓言）含蓄、委婉地喻示某一个道理，使帝王或上层统治者更好地接受。这是一种古代文人常用的进谏方法，也叫讽谏。文章以郭橐驼种树的寓言故事喻示为官者不可扰民的道理，具有很强的讽谏效果。

（3）对比。以郭橐驼与“他植者”对比，突出种树应“顺木之天，以致其性”的道理。

（4）类比。以种树之道类比做官治民之理。讲种树之道的目的是讲做官治民之理。可以说，前者是后者生发的基础，后者是前者的引申。

3.《种树郭橐驼传》的写作背景。

中唐时期，豪强地主兼并掠夺土地日益严重，“富者兼地数万亩，贫者无容足之居”（陆贽《均节赋税恤百姓六条》）。仅有一点土地的农民，除交纳正常的绢粟外，还要承受地方军政长官摊派下来的各种杂税。根据《旧唐书·食货志》记载，各地官僚为巩固自己的地位，竞相向朝廷进奉，加紧对下层的盘剥，于是“通津达道者税之，莳蔬艺果者税之，死亡者税之”，民不聊生。这就是柳宗元写作本文的社会背景。柳宗元通过对郭橐驼种树之道的记述，说明“顺木之天，以致其性”是“养树”的法则，只有顺天才是循其根本之道，并由“顺木之天”推出“顺人之天”，也就是“养人”的道理，指出为官治民不能“好烦其令”，指摘中唐吏治的扰民、伤民，规讽为政者，主张让百姓休养生息，反映出作者同情百姓的思想和改革弊政的愿望。

4. 语言积累。

（1）本。小篆写作。许慎《说文解字》云：“木下曰本。从木，一在其下。”本义是树根或草根。在实际使用中，引申为事物的根本、根源。如“夫先王以仁义为本”(《史记·陈涉世家》)，“阴阳三合，何本何化”(屈原《天问》)。随着时间的推移，“本”的含义越来越虚化，引申出了形容词（原来的，固有的）、动词（推原，执掌），甚至量词（草木的株、棵、丛、撮或书籍的册、部）的义项。

（2）怠。小篆写作。本义为轻慢、不恭敬，如《国语·郑语》“唯谢、郏之间，其冢君侈骄，其民怠沓其君，而未及周德”中的“怠”。引申为松懈、懒惰，如《尚书·大禹谟》“无怠无荒，四夷来王”中的“怠”。还可引申为疲倦，如宋玉《高唐赋》“昔者先王尝游高唐，怠而昼寝，梦见一妇人”中的“怠”。

二、文心点点通

柳宗元作文主张“文以明道”。这篇文章所“明”何“道”?

第一，是天道。这篇文章中，柳宗元以树为象征，说明天道的两层含义：“天”与“性”。“天”是指树的自然生长规律，“性”是指树在生长时可能达到的高度(“硕茂”“早实以蕃”)。由树引申开去，天道实指万物存在的自然规律以及万物成长（发展）的最大可能性。人作为万物之一，他的天道是什么？像树一样，他先是要活着，然后是要生长，再是要生长得好，这个“好”是指在现有条件下达到最佳。

第二，是人道。柳宗元以郭橐驼种树为喻，说明人道也有两层递进的含义：先是认识天道，再是使天道得到实现。郭橐驼树种得好，是因为他充分认识到了树的“天”“性”，并能用最适合树的方法保全树的“天”“性”——使树“天者全而其性得”。由此引申开去，人道是指人认识到事物的“天”“性”，并用最适合该事物的方法保全它的“天”“性”，使它的“天”“性”得以实现。所以反过来说，限制、扼杀事物“天”“性”的做法是不人道的。柳宗元借郭橐驼之口，指出为官者不懂天道，更不懂遵从天道，他们扰民的做法是对百姓天道的破坏。所以柳宗元要写这篇文章，告诫为官者“官理”(做官治民)应当遵从百姓的天道。“虽曰爱之，其实害之；虽曰忧之，其实仇之”的事情不可再做。

进一步看，文中郭橐驼“其莳也若子，其置也若弃”是对树木真正的爱，因为他“顺木之天”；“他植者”反复摇动、抠掐，“虽曰爱之，其实害之；虽曰忧之，其实仇之”，根本问题不在举动繁多，而在不是真正爱树，背离木之本性。相应地，为政者不顾民生，只顾表面上勤政，其根本是不爱民；如果真正爱民，无为而治和勤政为本都没有问题。文中“若甚怜焉，而卒以祸”一语，即点出此意。

柳宗元的这篇文章对后世具有很大的警示意义。古代统治者很少遵从百姓的天道，他们多数是百姓天道的最大破坏者。暴政害民，人皆易知，而缺乏真正的爱民、养民之心，打着爱民、忧民的幌子，实行所谓的“惠政”，照样会起扰民的作用，使百姓同样遭受灾难。这篇文章不仅能启示人们以史为鉴，而且能鞭策为政者少扰民、不扰民。其实，不单为政者，任何人做任何事情都需要遵从天道和人道，明乎顺天致性之理。

三、思想会客厅

《种树郭橐驼传》的思想内核指向儒家还是道家？

《种树郭橐驼传》与《庖丁解牛》在内容与语言上高度相似，“顺木之天，以致其性”与“依乎天理”“因其固然”似乎都指向道家的“自然无为”。然而，仔细阅读文本就会发现，郭橐驼虽然也以顺应自然规律为种树宗旨，但与庄子借以阐发“游世”哲学的《庖丁解牛》有本质区别。

比较郭橐驼与庖丁的自述的要点：

郭橐驼：“橐驼非能使木寿且孳也，能顺木之天，以致其性焉尔。……故吾不害其长而已，非有能硕茂之也；不抑耗其实而已，非有能早而蕃之也。……虽曰爱之，其实害之；虽曰忧之，其实仇之；故不我若也。吾又何能为哉！”

庖丁：“臣之所好者道也，进乎技矣。……是以十九年而刀刃若新发于硎。”

可以很清楚地看到，郭橐驼虽然希望树木“寿且孳”，但由总结性词语“故”可见，他强调关键做法只是“不害”“不抑耗”；而庖丁是因“所好者道也”才努力升级技艺，总结性词语“是以”强调实现养刀的效果。可见，郭橐驼顺应自然规律的出发点不是为寻求规律本身，“养树”才是根本目的，顺应只是方式、手段，“若弃”（“无为”）更是手段中的一部分，走的是从现实出发又归结到有益民生的路径。因此《种树郭橐驼传》这一观点看似与老庄学派的“道法自然”一脉相承，但柳宗元并不是主张“无为”，文章其实体现的是柳宗元在中唐儒、道合流背景下的儒家积极的济世思想。而庖丁顺应自然规律的出发点则是追求道本身，以此来养刀，是从内心出发又回到“游心”上，是真正的道家思想。

其实儒家本就重视顺其自然之理，提倡因势利导来达成功业。在柳宗元之前，孟子也有过类似的观点。《孟子 · 离娄下》云：“天下之言性也，则故而已矣。故者以利为本。所恶于智者，为其凿也。如智者若禹之行水也，则无恶于智矣。禹之行水也，行其所无事也。如智者亦行其所无事，则智亦大矣。”杨伯峻将其译为：“天下的讨论人性，只要能推求其所以然便行了。推求其所以然，基础在于顺其自然之理。我们厌恶使用聪明，就是因为聪明容易陷入穿凿附会。假若聪明人像禹的使水运行一样，就不必对聪明有所厌恶了。禹的使水运行，就是行其所无事（顺其自然，因势利导）。假设聪明人也能行其所无事（不违反其所以然而努力实行），那聪明也就不小了。”孟子推崇的智是如禹行水那样顺其自然、因势利导之智。在柳宗元之后，苏轼的《盖公堂记》以一个风寒病人被庸医胡乱用药，致使百病缠身的寓言故事，说明治身之道贵静，清静而身自健；进而以汉初大臣曹参为齐相时，采用盖公的黄老之术使齐国大治的史实，阐明治国之道亦然，与民休息，清静无为而民自定。《盖公堂记》以相似的笔法传达了与柳宗元《种树郭橐驼传》相同的主张。

四、练习步步高

（一）知识识记

1. 填空。

（1）《种树郭橐驼传》中，郭橐驼提到自己种树的经验时谦逊地说，自己的树之所以种得好，原因在于“__________，__________”。

（2）《种树郭橐驼传》中，“其本欲舒，__________，__________其筑欲密”既概括了树木的本性，也揭示了种树的要领。

（3）在《种树郭橐驼传》中，郭橐驼说为了保持树木的“天”“性”，种树人要做到“__________，__________”。这个比喻十分恰当，对育人也颇有启发意义。

（4）文章最后一句“__________”直接点出作者写作此文的真正意图。

2. 解释下列加点的字词。

（1）病偻（　　　　　　　　）

（2）名我固当（　　　　　　　　　　）

（3）驼业种树（ ）

（4）早实以蕃（ ）（ ）

（5）橐驼非能使木寿且孳也（ ）

（6）抑耗其实（ ）

（7）爱之太恩（ ）

（8）见长人者好烦其令（ ）

（9）官命促尔耕，勖尔植（ ）

（10）字而幼孩（ ）（ ）

（11）遂而鸡豚（ ）

（12）辍飧饔以劳吏（ ）（ ）（ ）

（13）故病且怠（ ）

3. 将下列句子翻译成现代汉语。

（1）故吾不害其长而已，非有能硕茂之也；不抑耗其实而已，非有能早而蕃之也。

（2）他植者则不然。根拳而土易，其培之也，若不过焉则不及。

（3）然吾居乡，见长人者好烦其令，若甚怜焉，而卒以祸。

（二）文心体悟

清代董汉策评价《种树郭橐驼传》："借此说性天，惟其深也；叙次无点尘，惟其洁也"。（转引自黄季耕《中国历代名文评赏》）请你根据《种树郭橐驼传》的内容，具体说明"深"与"洁"。

（三）思想碰撞

在中唐儒、道合流背景下，主张“文以明道”的柳宗元也受到道家思想的影响。请你分析《种树郭橐驼传》在写作上所体现出来的道家色彩。

石钟山记

一、知识朋友圈

1.《石钟山记》和一般游记相比有什么不同？

作为记游性的文章，苏轼的《石钟山记》有其明显的特色。陶渊明的《桃花源记》、柳宗元的《小石潭记》、姚鼐的《登泰山记》，这些游记重在记述游踪，描写景观，《石钟山记》重点不是描述石钟山的山光水色，而是辨明石钟山名字的由来。就形式说，《石钟山记》有记有议，先记后议，借记发议，同王安石《游褒禅山记》颇有相同之处。在宋代，“以哲理入诗”“以哲理入文”是普遍的现象，是一种社会性的文学思潮。像《石钟山记》这类文章，在记述中加入议论，借以升华主题，有益于提高作者对文章的理性认识，也比抽象单纯的说理更有说服力、更有感染力。比较阅读这类文章，对进一步了解各自的特点，体味“文章合为时而著”（白居易《与元九书》）的道理，更能见成效。

2.《石钟山记》的用词有什么特点？

《石钟山记》中多用双声词（如函胡、穴罅、澎湃、吞吐、窾坎、镗鞳）、叠韵词（如噌吰、涵澹、空中）和叠词（如硿硿、磔磔）。这些词音节响亮，节奏鲜明，用以描写山中水、石的形状及各种声响，绘形绘声，使文章有声有色，鲜明生动，读者如身临其中，耳闻目睹，十分亲切，从而得到真实、深刻的感受。

3.《石钟山记》写作的背景。

元丰二年（1079 年）四月，苏轼知湖州，同年七月二十八日，“拉一太守，如驱犬鸡”（宋代孔平仲《孔氏谈苑》）似的被朝廷派员逮捕入狱。御史中丞李定全凭“臆断”强加给苏轼四大“可废之罪”：一是“怙终不悔，其恶已著”；二是“傲悖之语，日闻中外”；三是“言伪而辩”，“行伪而坚”；四是“陛下修明政事，怨己不用”。更可笑的是，当朝副相王珪指控苏轼诗“根到九泉无曲处，世间惟有蛰龙知”[《王复秀才所居双桧二首》（其二）] 是对皇帝“不臣”，更是典型的“臆断其有无”，他根本就没有读懂苏轼的诗。苏轼蒙“乌台诗案”的不白之冤后，被贬黄州，元丰七年（1084 年）再移官汝州，途中与其长子苏迈同游石钟山，抒发议论，正是“乌台诗案”以后数年郁结心中不平之气的总爆发。苏轼吃尽了“臆断其有无”的苦头，差点为此丧命。这时才借题发挥，得以从理论上对“乌台诗案”的制造者以质问，并对此案作出否定性的回答。

4. 语言积累。

（1）焉。文中有四处使用“焉”字，但意义和用法各不相同。①“彭蠡之口有石钟山焉。”“焉”，语气词，兼有指代作用，含有“在那儿”之义。②“于乱石间择其一二扣之，硿硿焉。”“焉”，用作形容词词尾，表示状态，相当于“然”。③“微波入焉。”“焉”，相当于介词结构，含有于是、于此之义。④“如乐作焉。”“焉”，语气词，表示决断的语气。

（2）陋。小篆写作。许慎《说文解字》云：“陋，阨陕也。从𨸏，㔷声。”本义为边远荒僻之地。引申为住地狭窄简陋、粗鄙、狭隘、粗俗、难看。《荀子·修身》曰：“少见曰陋。”古人强调炼字，“而笑李渤之陋也”的“陋”字，十分准确、妥当，如果换用“粗”“浅”“丑”“缪”“误”“错”等字，细细吟味，都不如用“陋”字恰到好处。

（3）“噌吰者，周景王之无射也。”用“噌吰”来形容钟鼓声，苏轼不是开创者。汉代司马相如在《长门赋》中写道：“挤玉户以撼金铺兮，声噌吰而似钟音。”清代黄景仁《退潭舟夜雷雨》曰：“我舟忽尔移断岸，噌吰水石声交加。”其明显受到苏轼《石钟山记》的影响。周景王，东周第十二代君主。据《国语》记载，周景王二十四年（前 521 年）铸成无射钟。无射，本为音律名，我国古代十二音律之一，因其钟之声合乎无射的音律，故名。此钟霸气，敲起来声势惊人，雄厚优美。

（4）“窾坎镗鞳者，魏庄子之歌钟也。”魏庄子，名绛，晋国大夫，卒谥庄。据

《左传·襄公十一年》记载，鲁襄公十一年（前562年），郑人以歌钟和其他乐器献给晋侯，晋侯分一半给魏绛。歌钟，古乐器，即编钟，在架子上悬挂一组音调高低不同的铜钟，用小木槌敲打演奏乐曲。

二、文心点点通

文章先记后议，记为议存。

全文三段，前两段为后一段而生，后一段在前两段的基础上自然生发。行文处处照应，一笔不苟。

第一段，提出石钟山何以命名的两个疑团。文章开门见山，引用桑钦（一说郭璞）《水经》中的话，点明石钟山的地理位置；接着指出《水经注》的作者郦道元和唐代江州刺史李渤对石钟山名字由来的解说不可信；然后以疑问句作结，给人留下悬念，引出下文。

第二段写月夜访石钟山，实地考察石钟山名字的由来。这一段是全文的重点，可分为四个层次：第一层，自“元丰七年六月丁丑”至“因得观所谓石钟者”，交代游石钟山的时间、机缘和同游者。末句的“观”字，是观察、考察的意思，“观”的对象是“石钟”，即考察山为何以“石钟”命名，不是或主要不是观览石钟山的景色。从文意上看，接着应是第三层月夜考察石钟山，而作者在这两层中间“作一小波”，插入了第二层，描述“寺僧使小童持斧”“扣之”这一粗陋举动。这一“小插曲”并非赘文，目的是直接否定李渤的陋说，扫清障碍，以便集中精力写下一层的月夜考察。第三层，先写月夜乘舟考察的阴森环境，再写在惊恐中徐察山下的“石穴罅”，后写中流多窍的发声的大石，水石风浪激荡共鸣如钟声，苏轼终于找到了石钟山命名的缘由。第一段郦道元提及石钟山的命名原因是“下临深潭，微风鼓浪，水石相搏，声如洪钟”，但“下”指什么？“石”怎样？“水石”又如何相搏？“声如洪钟”的“声”又怎样？郦道元没有说出具体情形。苏轼针对性地补足了郦道元的缺漏。“下”展开为“山下”，“石”是“有大石当中流……空中而多窍”，“相搏”则是“与风水相吞吐”，“声”更是丰富，为“噌吰”“窾坎镗鞳”。把观览的过程具体呈现出来，也为后文“叹郦元之简”做铺垫。第四层，是苏轼对其长子苏迈说的话，引经据典，除证明此声与古书记载的钟声相合外，还与最后一段“渔工水师虽知而不能言”互通声气。至此，石钟山命名的缘由已被发现，疑团已消除。

第三段是结尾，也是结论。作者抒发感慨，发表议论，反对“臆断”，提倡

“目见耳闻”、深入实地进行探究。作为结尾，这一段利用对比概括了郦道元、李渤和作者自己三家回答石钟山命名缘由的特点：“简”“陋”“详”“实”，与开头相呼应，总结了全文。

综观全文，前两段为后一段而生，后一段在前两段的基础上自然生发。这是由苏轼的写作目的决定的。这篇文章并不是要描述石钟山的美景，也不只是考辨石钟山名字的由来，还有一个重要目的是借考辨石钟山名字的由来，述说心中已存之理：判断事理，不能“臆断其有无”，而应“目见耳闻”深入探究之后再下结论的求真精神。苏轼为何要借考辨石钟山名字的由来，述说心中已存之理呢？这是“文以载道”，也是抒写性灵。苏轼反对新法，被御史中丞李定等人视为大敌。他们抓住苏轼的几首小诗，捕风捉影，胡编乱造，给苏轼安上一个“讽刺新法”的罪名，苏轼被捕入狱。这就是著名的“乌台诗案”。后经多方营救，苏轼被贬为黄州团练副使。贬官黄州，对苏轼是一个沉重的打击。五年后，苏轼调任汝州团练副使。《石钟山记》就写于苏轼从黄州移官汝州期间。“事不目见耳闻，而臆断其有无，可乎？”这句话既是对一般事理的阐发，也是对欲置苏轼于死地的那些胡编乱造者的诘责。由此可见，借事说理之文，也蕴含着作者深切的生命体验，具有活泼泼的生命意趣。

三、思想会客厅

这篇具有考察性质的文章，将议论和叙述相结合，通过叙述自己夜游石钟山的经过，以自己的“目见耳闻”，证实并补充了郦道元关于石钟山得名的说法，否定、纠正了李渤的观点。在此基础上，作者抒发感想，提出了“事不目见耳闻，而臆断其有无，可乎”的论断，用一个反问句，强调了亲自认真观察对于发现真相的重要意义，表现了作者注重调查探究的求实精神。苏轼的做法难能可贵，特别是在“士大夫终不肯以小舟夜泊绝壁之下”，不愿做实地考察的风气之下尤为难得。他总结的心得、道理也是至理名言，富有教育、启发意义。

不过这个故事还有下文。苏轼专门为石钟山写了这篇情理兼美的文章，使得石钟山的知名度更高了，许多人采信了苏轼的观察结果，同时吸引了更多的人对这座“中国千古奇音第一山”游览和探究的兴趣。在数百年之后的清代，曾国藩和俞樾对苏轼关于石钟山的论述提出了疑问。曾国藩是湘军统帅，也是一位著名的文学家、考据家。他在镇压太平军时，曾与太平军在鄱阳湖对峙鏖战。虽然军务繁忙，军情紧急，但没有改变曾国藩的书生本色，他利用空闲与他的手下名将彭玉麟（字雪琴）认真游览、考察了石钟山。他们又看到了石钟山的另一副面貌，从而提出了石钟山得名的新观点。

原来，石钟山底下是“可数十丈”（《曾国藩日记》）、“可容数百人，深不可穷”（《求阙斋读书录》）的巨大山洞，几乎是空的。苏轼去的时候，正值夏天（六月），湖水涨得比较高，淹没了洞口的大部分，因此只露出许多窟窿、缝隙，“不知其浅深”，更不可能进去；又因为是“暮夜月明”之时，黑黢黢的，看不真切，更看不见里面的情况。曾国藩去的时候虽然也是夏天（七月二十九日），但一来可能正好那年雨水少，水位低；二来是傍晚去的，天色尚明，因此他们得以深入洞中，察看到另一番天地。根据他们的观察，曾国藩否定了郦道元和苏轼的观点，认为石钟山得名实因“形如覆钟”，“以形言之，非以声言之”（《求阙斋读书录》）。他说“东坡记叹李渤之陋，不知坡亦误也”（《曾国藩日记》），表露出感叹、惋惜和微讽之意。俞樾赞同曾国藩的说法，不过他的依据主要来自彭玉麟（彭玉麟与俞樾是儿女亲家）的描述，记录在他的《春在堂随笔》中。

一座小小的石钟山，围绕它的得名，引出一桩“千年公案”，也是一段耐人寻味的千古佳话。而至于它当初究竟因何得名，不好下定论。石钟山，顾名思义，其得名固然与钟有关，但钟有声亦有形，石钟山偏偏两者皆有迹可循，班班可考，主声说、主形说皆成其理。但真理总是愈辩愈明的，根据古人的观察，今人经综合考察，认为把两种说法结合起来，最符合石钟山得名的真相，即它之所以得名，是因为它既具有钟之声，又具有钟之形。

苏轼《题西林壁》云：“横看成岭侧成峰，远近高低各不同。”很多时候，我们对于事物的把握往往有如盲人摸象，“自以为得其实”，其实并非“庐山真面目”，而只是各自眼中的庐山。由于事物的复杂性、多变性，可能在不同的环境条件或者角度下，呈现出不同的特点。同一座庐山，不仅“横看成岭侧成峰，远近高低各不同”，而且可能春夏秋冬、晦明阴晴亦不同。另外，由于人们认知事物能力的局限性，以及观察角度的限制、观察得不够细致真切等，许多认识也不是一次能完成的，需要不断更正、完善。因此，“欲识庐山真面目”，一要有质疑精神，不轻信旧说、不迷信前人；二要有探究精神，善于观察，尽量做到全方位、多角度观察；三要不畏艰险，勇于实践。真理与谬误是对立又相互依存的，人类文明发展的历史就是不断匡正前人错误认识的历史。一代一代不断追寻，才会不断接近真理的内核。

四、练习步步高

（一）知识识记

1. 填空。

（1）在《石钟山记》中，作者用一个宾语前置句来表达自己知道石钟山得名的原因后轻松愉快的心情，这个句子是：“________！”

（2）从苏轼的《石钟山记》中我们可以得到一个启示：治学做事要有严谨的态度，“________，________”的态度不可取。

（3）《石钟山记》中，苏轼认为石钟山的得名由来在世上没有流传下来的原因，除了郦道元记录不详细和渔工水师不能用文字记载，还在于“________”，从而说明了实践的重要性。

（4）苏轼在《石钟山记》末尾自述他写作此文的原因是：“________，________。”

2. 解释下列加点的字词。

（1）微风鼓浪（ ）

（2）南声函胡（ ）

（3）桴止响腾（ ）（ ）

（4）磔磔云霄间（ ）

（5）则山下皆石穴罅（ ）

（6）涵澹澎湃而为此也（ ）

（7）有大石当中流（ ）

（8）空中而多窍（ ）

（9）有窾坎镗鞳之声（ ）（ ）

（10）郦元之所见闻，殆与余同（ ）

3. 将下列句子翻译成现代汉语。

（1）至唐李渤始访其遗踪，得双石于潭上，扣而聆之，南声函胡，北音清越，桴止响腾，余韵徐歇。

____

____

（2）石之铿然有声者，所在皆是也，而此独以钟名，何哉？

（二）文心体悟

清代学者刘大櫆评价《石钟山记》：“以心动欲还，跌出大声发于水上，才有波折，而兴会更觉淋漓。钟声二处必取古钟二事以实之。具此诙谐文章，妙趣洋溢行间，坡公第一首记文。”（清代王文儒《评校音注古文辞类纂》卷五十六引）请你结合这段话，分析《石钟山记》第二段的艺术特色。

（三）思想碰撞

阅读下列材料，回答问题。

材料一：“见闻之知”在宋代兴起的理学思想中并不太受推崇。张载说：“见闻之知，乃物交而知，非德性所知。德性所知，不萌于见闻。”“圣人尽性，不以见闻梏其心。”（《正蒙 · 大心》）

材料二：随着北宋社会经济的发展与物质生活的繁荣，产生了一股重视实证、乐于探索客观世界的思想潮流。沈括《梦溪笔谈》、苏颂《本草图经》等著作，就是这股思想潮流的杰出代表。

以上两种不同的思想取向，共同构成苏轼《石钟山记》的思想背景。请你就此分析苏轼重视“见闻之知”的求实思想有什么样的价值，又有哪些局限性。

（王丽　编）

第五单元

诗声词韵（一）

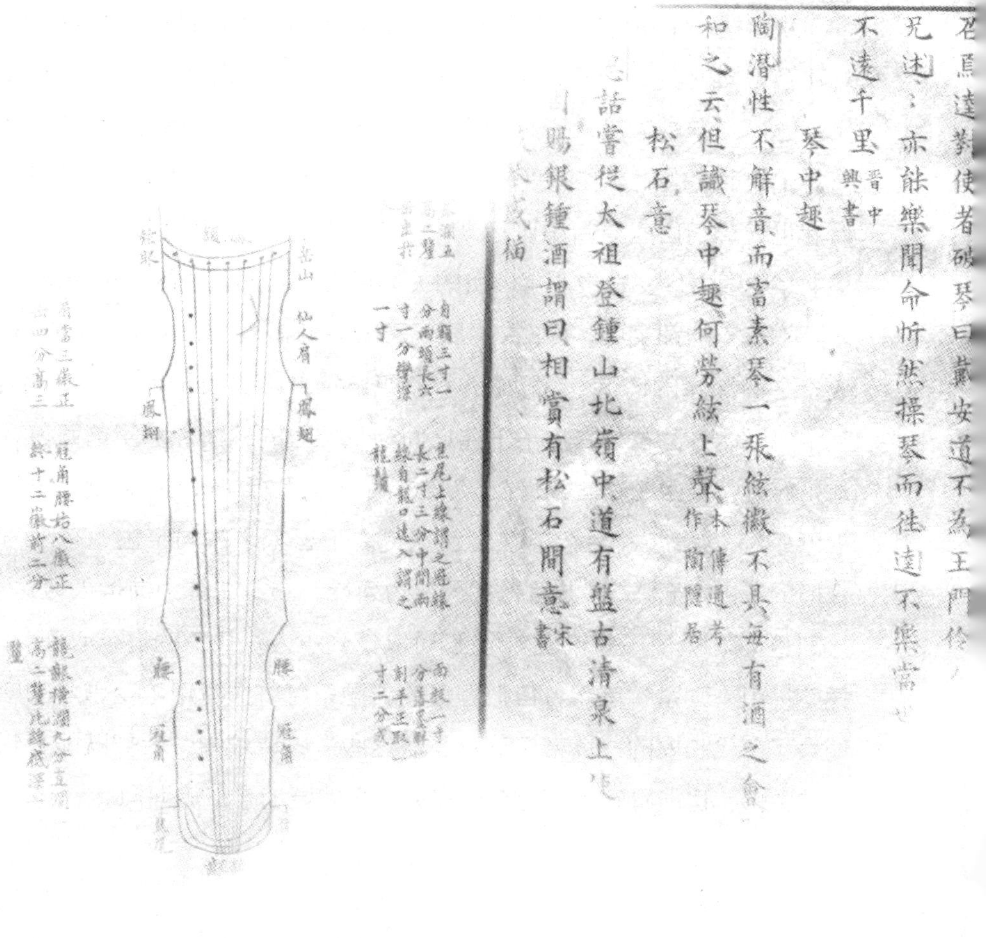

单元概说

本单元包含《无衣》、张若虚《春江花月夜》、李白《将进酒》、苏轼《江城子·乙卯正月二十日夜记梦》、高適《燕歌行（并序）》、李贺《李凭箜篌引》。可以看到，与第一卷、第二卷的“诗声词韵”不同，这一单元多是形态各异的乐府诗，期望通过本单元的学习，能体会乐府诗的特色与精神。

“乐府”之名始自秦汉，粗略言之，乐府是当时掌管音乐的官署，《汉书》记载汉武帝之时乐府广搜天下四方之谣曲，请李延年这样的音乐家将其谱成曲调，又请司马相如这样的文人为之作诗以配乐，这就是早期的汉乐府诗歌，如《关山月》《蒿里行》《孔雀东南飞（并序）》等。后世汉乐府的曲调逐渐失传，而这些乐府旧题却保留了下来，历代文人不断以这些乐府旧题作诗，由此围绕乐府诗这一体裁形成了一个文学传统。

从这样一个乐府的文学传统中，如果我们要寻觅某种内在精神的话，大约就是对社会现实的关怀。班固《汉书·艺文志》云：“自孝武立乐府而采歌谣，于是有代赵之讴，秦楚之风，皆感于哀乐，缘事而发。”乐府歌谣本来自民间，故其中多有对民间现实酸甜苦辣的兴感，这一精神上承《诗经》“刺诗”针砭时弊的传统，又为后世元稹、白居易新乐府运动中“为君为臣为民为物为事而作”的观念所继承，构成了中国古代文学中非常珍贵的关怀现实、关怀民众的一个面向。

本单元的课文中，《无衣》展现了秦人慷慨赴敌、同仇敌忾的豪情，也表现了战士之间深厚的情谊。《江城子·乙卯正月二十日夜记梦》是苏轼悼念亡妻之作，从中可以体会苏轼与其妻子王弗之间刻骨铭心的感情。除了这两首诗，其余作品皆是乐府诗，其中《春江花月夜》《将进酒》《燕歌行（并序）》都是据乐府旧题而作的古题乐府。《春江花月夜》在春江花月之下思考个体与宇宙、有限与无限、短暂与永恒的千古命题。《将进酒》是一首劝酒诗，李白在其中向世人传达了饮酒的快乐。从高適《燕歌行（并序）》中我们可以读到古人对战争的复杂心理。除此以外，《李凭箜篌引》则是一首作者自拟题目的新题乐府，作者用浓墨重彩的感官描写为后人记录了唐代长安的一场音乐盛宴。从这些乐府诗篇中，我们既能看到古人对社会现实的关怀，也能看到乐府诗在现实关怀之外更加丰富的面向。

无衣

一、原典选读

原文

无衣

《诗经·秦风》

岂曰无衣？与子同袍。
王于兴师，修我戈矛，与子同仇。

岂曰无衣？与子同泽。
王于兴师，修我矛戟，与子偕作。

岂曰无衣？与子同裳。
王于兴师，修我甲兵，与子偕行。

今译

谁说没有衣服穿？我与你合穿一件外衣。
君主兴兵去战斗，修整我的戈与矛，我与你疆场共同对敌。

谁说没有衣服穿？我与你合穿一件内衣。
君主兴兵去战斗，修整我的矛与戟，我与你携手共同行动。

谁说没有衣服穿？我与你合穿一件下衣。
君主兴兵去战斗，修整我的甲胄与兵器，我与你一起携手前进。

二、知识朋友圈

1.《秦风》。

《秦风》是采自秦地的诗篇。秦本东方部族，周初被迫迁于甘肃境内。周孝王时居于今甘肃天水一带，原是周朝附庸，西周末年秦襄公护送周平王东迁有功，才被封为诸侯。处在戎狄之间，秦人力战立国，险恶的生存环境培养了这里的先民热爱力量、崇拜英雄的尚武精神，却未能养成中原一般恢宏灿烂的礼乐文明，故直至秦汉，此地风俗仍质木无文，不以寇盗为耻，虽无礼仪之邦的文质彬彬，但也别有一种动人的务实和坦荡。频仍的战事让这个部族积累了大量苦难的记忆，秦人早期的领袖秦仲在战争中为西戎所杀，其兄世父力图复仇却又为西戎所掳，秦地艰难的生存处境、秦人的刚毅和质木连同他们所有的痛苦记忆共同浇灌出了这片土地上别样的文学风貌。《汉书·地理志》言：“天水、陇西，山多林木，民以板为室屋。及安定、北地、上郡、西河，皆迫近戎狄，修习战备，高上气力，以射猎为先。故秦诗曰‘在其板屋’；又曰‘王于兴师，修我甲兵，与子偕行’。及《车辚》《驷驖》《小戎》之篇，皆言车马田狩之事。”要之，那种提炼后的精美不是《秦风》的特点，它别有一种粗糙的纹理、深沉的激情和庄严的悲哀，它热衷于表现甲兵、车马和军旅生活，它用独特的方式保留了秦地先民力战以求生存的远古记忆。

2. 语言积累。

（1）袍、泽、裳。“袍”指穿在外面的长衣，行军之时白天穿在身上，夜间可当被子使用，有点类似现在的军大衣。“泽”通“襗”，指贴身的内衣。“泽”本有津液，如汗水、唾液等之义，如《离骚》“芳与泽其杂糅兮”是也；“泽”指内衣，大约和内衣易为汗所污有关系。“裳”指下身所穿的衣裙，一般前短后长，而军中之裳往往用皮革制成，古人称为“甲裳”，《左传·宣公十二年》“赵旃弃车而走林，屈荡搏之，得其甲裳”是也。

（2）于。语助词，常用于动词之前，如《诗经·周南·葛覃》“黄鸟于飞”、《诗经·周南·桃夭》“之子于归”等。《诗经》中有很多用于动词前的语助词，这类语助词没有实义，不用译出，如薄、曰、有、聿、如、于、以等。

三、诗心点点通

苦难的历史让秦人有着深刻的仇恨记忆，因此“与子同袍”“与子同仇”这样的文字颇能引起秦人的共鸣。不同于后世，在西周、春秋时期，参军主要是士的光荣事业，士族多少都拥有一定的资产，而秦地“无衣”的贫者已不得不拿起武器为家园而战，从中我们可以体会秦人在贫弱之中喷薄而出的生存意志。

本诗采用重章叠句的章法，结构简单，大抵每一章都是表达与战友同袍而为君主出征的慷慨之情（这里“王”可能指周王，也可能指秦君），而且都是用“岂曰无衣”的反问开头，这种形式非常适合作为军歌在军队中齐声歌唱，我们不难想象在出征之际的军队中，一人领唱“岂曰无衣”，千军齐和“与子同袍”的情形，这样的形式想必非常能激发军队的士气吧。根据《左传·定公四年》记载，前506年，吴国军队攻陷楚国都城，楚臣申包胥赴秦国求援，“立依于庭墙而哭，日夜不绝声，勺饮不入口，七日，秦哀公为之赋《无衣》，九顿首而坐，秦师乃出”，可见这首《无衣》在当时可做誓师之用。

《无衣》何以动人？明代钟惺评之“有吞六国气象”(《评点诗经》)、明代戴君恩评之“有此死士，秦安得不霸”(陈继揆《读风臆补》)……前人常基于历史的后见之明赞美这首诗如何反映了秦人的英勇气概和秦国得以横扫六合的缘由，这也许未必能完全揭示这一首诗歌的感发力究竟何在。《无衣》的动人之处在于它让我们感受到危难之际人与人之间的勠力同心、肝胆相照，而这种勠力同心又不以放弃任何个体为代价，恰恰是对个体的艰苦甚至仇恨的同情，才构成了民族同心协力的基础，这就是“与子同袍”“与子同仇”“与子偕作”“与子偕行”。这样的诗歌记录了秦地先民在艰难处境中生死与共的共同体情感和凝聚力，每一个屹立于世的民族都需要这种力量。

四、思想会客厅

诗歌与历史。

和《诗经》绝大多数篇章一样，本诗历来也有多种不同的理解。《毛诗序》曰：“《无衣》，刺用兵也。秦人刺其君好攻战，亟用兵，而不与民同欲焉。”据此，则《无衣》是针对秦君穷兵黩武的“刺诗”；又或认为《无衣》是秦人攻伐西戎以报先君之仇期间所作之诗歌，反映了战士之间同仇敌忾的情感面貌；又或认为《无衣》反映了周幽王期间戎狄入侵，秦襄公助周王室抗击异族之事。

在此强解其本意大约意义不大，但这里有一个有趣的现象可以提醒大家思考，历来诸家对《无衣》的解读往往喜欢将这首诗歌与某个历史事件相联系，仿佛诗歌难以脱离历史背景而得到理解。这种对诗歌背后历史的重视构成一种强大的传统，影响着后世所有读者对任何作者的任何作品的理解方式，但我们需要思考的是：历史真的比文学更靠得住吗？诗歌与历史，谁更真实？柏拉图与亚里士多德在这个问题上有针锋相对的观点。柏拉图在《理想国》中提出，诗是对模仿理念世界的现实的模仿，因此诗比现实更远离真相。但亚里士多德认为：“诗是一种比历史更富哲学性、更严肃的艺术，因为诗倾向于表现带普遍性的事，而历史却倾向于记载具体事件。”(《诗学》）在这个意义上，历史只在偶然的现象层面上才是真实的，而诗歌用一个虚构的现象却能表现凌驾于现象之上的普遍的可能，因此诗歌的真实在广度和深度上要胜过历史的真实。这样的争论也提醒我们反思：文学的意义是什么？文学的阅读究竟是读什么？有时掌握了一部文学作品的每一句话及其所有可能了解的历史背景，或许还未必意味着你进入了这部文学作品。

五、练习步步高

（一）知识识记

解释下列加点的字。

（1）兄及弟矣，式相好矣，无相犹矣（《诗经·小雅·斯干》）（　　　　　　　）

（2）我送舅氏，曰至渭阳（《诗经·秦风·渭阳》）（　　　　　　　）

（3）春日载阳，有鸣仓庚（《诗经·豳风·七月》）（　　　　　　　）

（4）王奋厥武，如震如怒（《诗经·大雅·常武》）（　　　　　　　）

（5）微我无酒，以敖以游（《诗经·邶风·柏舟》）（　　　　　　　）

（二）诗心体悟

阅读诗歌，回答问题。

渡辽水

王　建

渡辽水，此去咸阳五千里。
来时父母知隔生，重著衣裳如送死。
亦有白骨归咸阳，营家各与题本乡。
身在应无回渡日，驻马相看辽水傍。

“征衣”是战争文学中的一个常用意象。请你分析《无衣》与这首诗中“征衣”意象在情感主旨上的差异。

（三）思想碰撞

《无衣》以后多有书写战争、记录历史的诗歌，如杜甫常以诗歌记录唐代的战事，你读过这类诗歌吗？请结合你读过的诗歌，分析杜甫的诗歌为何被称为“诗史”。

春江花月夜

一、原典选读

原文

春江花月夜

张若虚

春江潮水连海平，海上明月共潮生。
滟滟随波千万里，何处春江无月明。
江流宛转绕芳甸，月照花林皆似霰。
空里流霜不觉飞，汀上白沙看不见。
江天一色无纤尘，皎皎空中孤月轮。
江畔何人初见月？江月何年初照人？
人生代代无穷已，江月年年望相似。
不知江月待何人，但见长江送流水。
白云一片去悠悠，青枫浦上不胜愁。
谁家今夜扁舟子？何处相思明月楼？
可怜楼上月裴回，应照离人妆镜台。
玉户帘中卷不去，捣衣砧上拂还来。

此时相望不相闻，愿逐月华流照君。
鸿雁长飞光不度，鱼龙潜跃水成文。
昨夜闲潭梦落花，可怜春半不还家。
江水流春去欲尽，江潭落月复西斜。
斜月沉沉藏海雾，碣石潇湘无限路。
不知乘月几人归，落月摇情满江树。

今译

春天的江潮浩荡与大海连成一片，一轮明月伴随着潮水从海上升起。
月光洒在千万里江面上波光荡漾，春江到处都有明亮的月光。
江水曲折流过那花草茂盛的原野，月光照耀花丛好像细密冰晶闪烁。
月色如空中流霜飞舞而无从觉察，汀洲上白沙和月光相容看不分明。
江水天空成一色而没有一点微尘，天空中只有一轮皎洁的孤月高悬。
江边上是什么人最初看见了月亮，江上月亮是哪一年最初照耀世人？
人生一代一代无穷无尽生生死死，只有那轮江月年复一年皎洁如初。
不知江上的月亮在等待着什么人，只见浩浩长江朝朝暮暮送别流水。
游子像那白云一片悠悠地离去了，空余思妇在双枫浦上伫立忧愁。
茫茫江湖上漂泊的是何方的游子？无情明月又点缀谁家相思的妆楼？
可怜可叹妆楼上流连徘徊的月光，月光应流连在她梳妆打扮的镜台。
月光在她的门帘上想卷却卷不走，月光在她的捣衣砧上想拂却拂不掉。
这一刻他们一同望月却声息不通，我多么希望随着月光去到你身旁。
飞翔的鸿雁却不能将这月光带走，鱼龙在水中跳跃时激起阵阵波纹。
昨天夜里我忽然梦见闲潭的落花，可惜春天已经过半我还不能归家。
一江春水满载着春光将要流尽，江潭上月亮挂在西天也将落下。
沉沉的斜月终于藏在海雾里睡去，远人还在无限遥远的碣石与潇湘。
能乘着月光回家的人能有几个啊，西落的月亮摇荡春情洒满江边的树。

二、知识朋友圈

1.《春江花月夜》。

《春江花月夜》与我们熟悉的《玉树后庭花》相传都是陈后主首创的乐府，宋代郭茂倩《乐府诗集》引《唐书·乐志》云："《春江花月夜》《玉树后庭花》《堂堂》

并陈后主所作。后主常与宫中女学士及朝臣相和为诗，太常令何胥又善于文咏，采其尤艳丽者，以为此曲。”但今存最早的两首《春江花月夜》系隋炀帝所作，其形式为五言诗，与张若虚《春江花月夜》大不相同，录于此：

《春江花月夜》其一：“暮江平不动，春花满正开。流波将月去，潮水带星来。”

《春江花月夜》其二：“夜露含花气，春潭漾月晖。汉水逢游女，湘川值两妃。”

就张若虚《春江花月夜》而言，其诗四句一换韵，每一韵呈现一个相对独立的主题，九节构成这样一首完整的长诗，这种体式称为“定格联章”。后世温庭筠《春江花月夜》形制与之相似。

2. 语言积累。

（1）汀、浦。水岸之平地谓之“汀”。“浦”指水滨。“青枫浦”之意象含有别离的意味。“浦”多为古人送别处，古诗文中多用之表生离之苦，又古人常借“青枫”表死别之哀。《楚辞·招魂》“湛湛江水兮上有枫，目极千里兮伤春心。魂兮归来哀江南”之名句，影响深远。

（2）潇湘。“潇湘”一词原本是一个偏正结构的短语，“潇”的本义是水清澈而深，故“潇湘”指清澈而深的湘江。大约在唐宋时期，湘江的一条支流逐渐被人们称为“潇水”，于是“潇湘”在唐宋以降便越来越多地被用来指潇水和湘江。

三、诗心点点通

当一首诗达到较长的篇幅，要采取怎样的形式才能让它依然充满力量，而不至于显得散漫或冗长？这是学习《春江花月夜》所要思考的问题。细心的读者不难发现，这首长诗四句一换韵，每一韵呈现一个相对独立的主题，全诗共由这样的九节构成。第一节依次展开了春、江、月、夜。第二节在春江月夜之中呈现了花。第三节是面对美丽的花月，诗人以眇眇之身叩问宇宙的起源。在这种叩问之中，诗人体认到了个体的有限和宇宙的无穷，这构成了第四节的主题。其后，诗人转而让个体有限这一宏大命题在人间具体的生活情态中加以再现，这就是“爱别离”的主题。于是诗人在此后几节中讲述了一个美丽的爱情故事，这个故事没有确定的主人公，只是一个游子、一个思妇，他们“相爱而不相闻”，希望借着月光来到爱人的身旁，但这拂之不去、揽之不留的月光并不能载动人类的爱情。这对幸福的可怜人只好寄希望于梦中相会，可惜梦中亦是唯见落花、不见情郎，诗人进而由“落花”感叹青春渐逝、时光流转。在最后一节中，诗人又由这具体的爱情故事转入一个普遍性的情感的思索，那就是：月亮要落下了，路还是那么遥远，但是在这流荡的时光之中有多少人放下了远方而回到爱人的身边呢？全诗就带着这样一个问号，在月光、江流和春树之中浪漫地结束。

有趣的是，在这用韵脚划分出来的九节之间，诗人又用类似顶真的方式串联起来。前一节末句言“何处春江无月明”，下节则从“江流”起；前以“何年初照人”结，下就以“人生代代”起；前结以“相思明月楼”，下即以“可怜楼上”起；等等。这种串联既是语意上的，也是声音上的，正是通过“人”“月”“楼”等字的重复出现，九个相对独立的乐章被关联成为一个完整的作品。这是一种巧妙的“定格联章”的体式，每四句为一节，单独构成整体而呈现一个个美丽的瞬间，每四句一换韵，展现着场景的变换、故事的流转，而各节之间的顶真造成的回环往复感又仿佛暗含着流转变换过程中的不舍与留恋。于是《春江花月夜》虽长却不散漫拖沓，而得以浑然一体，既有动人的场景，又有场景的变换、时光的流转，和对这流转的时光难以割舍的眷念，其形式正如这个美丽而变动不居的世界。在其中，诗人让有限变得美好、为美好的事物赋予变化，它呈现了美丽，也呈现了消逝，而美好消逝的感伤也让《春江花月夜》更加光彩照人，因为不包含消逝的美丽大约也是不那么完美的。

四、思想会客厅

本诗作者一生作品仅存两首，另一首相对平庸，因此可以说仅靠一篇《春江花月夜》，历史便记住了“张若虚”这个名字，个中缘由值得思考。《春江花月夜》所面对的母题其实是中国古代文学中常见的，即个体有限和宇宙无穷之间的矛盾和焦虑。这一问题迫使一代代文人、学者向其发起挑战，几乎形成了中国文化史中的一个强大的表达传统，从《庄子》到《古诗十九首》，从嵇康、阮籍到苏轼，都曾经与这个根本的问题搏斗过。而在 15 世纪的欧洲也有类似的文学表达，如弗朗索瓦 · 维庸在《往日的贵妇》谣曲中一再咏叹“去年的雪如今安在”追悼随风而逝的昔日贵妇。我们要思考的是：《春江花月夜》在这个传统之中的独特性何在？它如何面对这一根本困境？

传统对个体有限性的解决路径大略有三，即及时行乐、服食求仙、建功立业，而《春江花月夜》对这一问题的处置方式与此不同。它首先是将有限与无限的主题在一个具体的现实生活处境中加以表现，也就是有情人面对命运的不由自主，于是个体在宇宙间的有限性就在有情人面对命运的不由自主这个具体的困境中得到感知和体认。爱情是坚定而炽热的，它不会因为个体有限的无奈而暗淡自己燃烧的光芒，因此《春江花月夜》对于个体不由自主命运的抵抗就一定不是像《驱车上东门行》那样悲哀甚至消极，读者可以看到诗中恋人之间徒劳的追寻是如此热烈和义无反顾，"愿逐月华流照君"，在这些令人感动的誓言中我们看到了爱情的珍贵、人性的力量和渺小者的伟大。人类作为个体是渺小的、不由自主的，但我们依然拥有爱，拥有值得相伴的人，也因此拥有一个可以归去的处所，这些，因为人类的有限而更加值得珍视。于是，《春江花月夜》起于茫茫的"海月"，终于"回归"，起点是宇宙的浩渺和人类的有限，终点却是爱，是爱情的珍贵与美好，故一代代被《春江花月夜》打动过的读者可以体会到，正因为个体是渺小而有限的，我们的生活、情感，我们的存在才如此美丽而珍贵，才如此值得珍惜。

五、练习步步高

（一）知识识记

解释下列加点的字词。

（1）搴汀洲兮杜若，将以遗兮远者。（屈原《九歌·湘夫人》）（　　　　　　）

（2）望涔阳兮极浦，横大江兮扬灵。（屈原《九歌·湘君》）（　　　　　　）

（3）滟滟流光浅，娟娟泛露轻。［李群玉《初月二首》（其一）］（　　　　　　）

（4）潮平见楚甸，天际望维扬。［刘希夷《江南曲八首》（其五）］（　　　　　　）

（二）诗心体悟

阅读诗歌，回答问题。

代悲白头翁

刘希夷

洛阳城东桃李花，飞来飞去落谁家？
洛阳女儿惜颜色，行逢落花长叹息。
今年落花颜色改，明年花开复谁在？
已见松柏摧为薪，更闻桑田变成海。
古人无复洛城东，今人还对落花风。
年年岁岁花相似，岁岁年年人不同。
寄言全盛红颜子，应怜半死白头翁。
此翁白头真可怜，伊昔红颜美少年。
公子王孙芳树下，清歌妙舞落花前。
光禄池台文锦绣，将军楼阁画神仙。
一朝卧病无相识，三春行乐在谁边？
宛转蛾眉能几时？须臾鹤发乱如丝。
但看古来歌舞地，惟有黄昏鸟雀悲。

请你找出这首诗中与张若虚《春江花月夜》表意相似的诗句，并分析两首诗在情感主旨上的差异。

（三）思想碰撞

在中外文学中涉及世界永恒与个体短暂主题的作品你还读过哪些？请你结合张若虚《春江花月夜》与其他作品（至少两篇以上）加以评析。

将进酒

一、原典选读

原文

将进酒

李 白

君不见黄河之水天上来，奔流到海不复回。君不见高堂明镜悲白发，朝如青丝暮成雪。人生得意须尽欢，莫使金樽空对月。天生我材必有用，千金散尽还复来。烹羊宰牛且为乐，会须一饮三百杯。 岑夫子，丹丘生，将进酒，杯莫停。与君歌一曲，请君为我倾耳听。钟鼓馔玉不足贵，但愿长醉不愿醒。古来圣贤皆寂寞，惟有饮者留其名。陈王昔时宴平乐，斗酒十千恣欢谑。主人何为言少钱，径须沽取对君酌。五花马、千金裘，呼儿将出换美酒，与尔同销万古愁。

今译

你难道没有看到，黄河之水从天而降，直奔大海永不回还？你难道没有看到，堂中镜里白发苍颜，早上尚如青丝暮间已是满头白雪。人生得意之时须当纵情为乐，不要让金杯空对着天上的明月。天生就了我这样的材料必定会有用，即便黄金散尽还会再得到。让我们烤羊宰牛姑且享受欢乐，应须一口气饮个三百杯。

岑夫子啊，丹丘生啊，快请饮酒，不要停啊。我为各位朋友高歌一曲，请你们一定要为我侧耳倾听。钟鼓之乐和美味佳肴都不值得稀罕，我宁愿永远沉醉不愿清醒。自古圣贤都已寂然无声，只有那善饮酒之人留下美名。当年陈王曹植在平乐观摆酒宴，他们纵情为乐，一斗美酒值万钱。主人为何说钱已不多？你只管端酒来让我与诸君共饮。无论是五花马还是珍贵的皮衣，快叫侍儿拿去换美酒，我与你同饮来消除这千秋万古的忧愁。

二、知识朋友圈

1.《将进酒》。

《将进酒》是汉乐府旧题。《宋书·乐志》记载汉代鼓吹铙歌十八曲，《将进酒》位列其中。一般认为鼓吹铙歌是用于军中的音乐，而对于《将进酒》这个诗题，郭茂倩《乐府诗集》认为是“以饮酒放歌为言”来叙酣饮畅游之乐，也有学者认为《将进酒》是劝诫沉迷于酒的人的诗题，但李白《将进酒》近乎“叙游乐饮酒”之作大约是没有太大问题的。《将进酒》古辞为三言，后世形态演变而有五言，至李白改为杂言。

2. 语言积累。

（1）将（qiāng）。义为请，愿。例如，《诗经 · 卫风 · 氓》“将子无怒，秋以为期”、《诗经 · 郑风 · 将仲子》“将仲子兮，无逾我里”中的“将”皆是此义。

（2）会须。义为应当。“会”在唐诗中常用作“应”“当”，例如，杜甫“会待妖氛静，论文暂裹粮”（《寄彭州高三十五使君适虢州岑二十七史》）、李白“长风破浪会有时”[《行路难三首》（其一）] 中的“会”皆是此义。故“会须”即“应须”，李白“会须一饮三百杯”、杜甫“会须上番看成竹”（《咏春笋》）、苏轼“会须扫白发”（《初别子由》）中的“会须”皆是此义。又有“会当”，杜甫“会当凌绝顶”（《望岳》）等，也应如此理解。

三、诗心点点通

酒中趣味。

乐府是李白最擅长的体裁，读青莲居士的乐府能让人体会到唐诗中别有一种气象，而为其他时代所无。《将进酒》的主题是劝人饮酒。为什么要饮酒？《将进酒》劝人饮酒的理由在于“黄河之水天上来，奔流到海不复回”，在于“高堂明镜悲白发，朝如青丝暮成雪”，在于人生的一去不返。李白在这样一个宏大的终极命题下劝人饮酒，于是酒被赋予了超越人类有限性的本质意义。这就是彰显唐代人气象的文字。

沉醉而迷狂的诗人进而铺陈了要饮酒的无数条理由，首先是因为人生得意。凭什么得意？因为“天生我材必有用”，这难道不值得高兴？在酒的狂欢中，诗人忘却了人生的不如意，开始放声高歌；他睥睨古今的圣贤，歌唱饮者的伟大；他将自己比作曹植，不是基于文采，而是因为饮酒；最后他唱着歌卖掉了自己想象中的“五花马”“千金裘”，获得了“长醉不愿醒”的无限快乐。《将进酒》中有许多醉语，非常奇妙，如“朝如青丝暮成雪”“天生我材必有用，千金散尽还复来”“会须一饮三百杯”“古来圣贤皆寂寞，惟有饮者留其名”等。这些句子就像李白没来由的“人生得意”一样奇异怪诞乃至无厘头，它们写出了诗人醉中的迷狂。醉态易写，醉意难达，用文字模拟醉意是李白的一项绝活。他的很多诗句，如“天若不爱酒，酒星不在天。地若不爱酒，地应无酒泉”[《月下独酌四首》（其二）]、“蟹螯即金液，糟丘是蓬莱”[《月下独酌四首》（其四）]、“黄鹤高楼已槌碎，黄鹤仙人无所依”（《醉后答丁十八以诗讥余槌碎黄鹤楼》）等都有此特点。这些文字用它们的荒诞与无理，饶有趣味地向“醒者”传达了醉中的快乐，可谓厥功至伟。

四、思想会客厅

日神与酒神。

漂浮在时间的一去不返中，这样的生活如何不令人痛苦？西方哲学家尼采在古希腊传统中找到了两种冲动来对抗人生的无助与痛苦，这就是日神精神和酒神精神。

日神阿波罗是光明之神，也是一切形象的制造者。基于此，尼采说：“我们用日神的名字统称美的外观的无数幻觉。”（《悲剧的诞生》）世界自身是无所谓美丑的，美是活在人心中的梦幻图景，日神精神象征了人类做梦的本能，日神的智慧在于将人生、命运乃至一切难以承受的人间悲喜制作成一幅幅美丽而梦幻的图景，由此人类得以在这些和谐、静穆而美丽的图景中做着美好的梦。但梦并不比现实更次要，尼采认为人生的解脱需要快乐的幻象，在对美丽幻象的静观之中，脆弱的人得以体认残酷世间的美好和存在的必要，由此渡过人生的苦海。但只有日神精神对世间的美化并不能克服人生根本的悲剧感，因此还需要酒神的出场。

如果说日神象征形象的制造，那么酒神象征形象的毁灭。酒神狄俄尼索斯是宙斯和冥王哈迪斯之妻的私生子，出生后被提坦神肢解并吞噬，宙斯抢救出狄俄尼索斯的心，令其在另一个情妇塞墨勒腹中重生，这一身世仿佛暗示酒神精神天然具有毁灭与重生的意味。古希腊人会举办盛大的酒神祭庆祝酒神的重生，这将是一场盛大的狂欢会，在仪式之中人们会抛弃一切清规戒律，尽情放纵自己原始的生命力。尼采认为在这个过程中人们会意识到一切界限与尺度都是人为的假象，而放纵与过度则被视为真理的揭示，于是在没有边界的狂欢之中生命达到一种酣畅淋漓的地步。即人们终于意识到可怕的命运并不值得恐惧，一切个体的局限都可以被打破，生命就以冲破一切界限的方式达成了对统一的原始存在的回归、对生命本然的回归，这就是酒神精神。

《将进酒》中诗人的迷狂与尼采笔下酒神的迷狂存在一定的相通之处，可谓

“东海西海，心理攸同”（钱锺书《谈艺录 · 序》）。

五、练习步步高

（一）知识识记

填空。

（1）《将进酒》中运用夸张手法表现人衰老之速的两句是：“________________，________________。”

（2）《将进酒》中化用曹植《名都篇》“归来宴平乐，美酒斗十千”诗的两句是：“________________，________________。”

（二）诗心体悟

清代焦袁熹评价《将进酒》：“‘惟有饮者留其名’，乱道故妙，一学便俗。”（《此木轩论诗汇编》）请结合《将进酒》谈谈你的看法。

（三）思想碰撞

宋代严羽评价李白的《将进酒》：“一往豪情，使人不能句字赏摘。盖他人作诗用笔想，太白但用胸口一喷即是，此其所长。”（《评点李集》）你是否同意他的观点？请结合《将进酒》谈谈你的看法。

江城子·乙卯正月二十日夜记梦

一、原典选读

原文

江城子·乙卯正月二十日夜记梦

苏　轼

十年生死两茫茫。不思量，自难忘。千里孤坟，无处话凄凉。纵使相逢应不识，尘满面，鬓如霜。　　夜来幽梦忽还乡。小轩窗，正梳妆。相顾无言，惟有泪千行。料得年年肠断处，明月夜，短松冈。

今译

我们远隔茫茫的生死已十年。我不想去思念，却自然难以忘怀。你的孤坟在那千里之外，我没有地方跟你诉说心中的凄凉。即使相逢想必你也认不出我了，生活让我风尘满面，两鬓如霜。　　晚上在梦里我忽地又回到了家乡。我看见你在小窗前，正对镜梳妆。我们相望无言，只流下泪水千行。料想那年年相思断肠之处，是明月照耀下的坟茔，长着矮松的山冈。

二、知识朋友圈

1.《江城子》词牌。

《江城子》，一作《江神子》，兴起于晚唐五代，最初是单调三十五字，主题多为男女之情，用韵为平声韵，故演唱时可以延长韵脚字以便于抒情。其格律极为精巧优美，形制如下：

中平中仄仄平平（韵）。仄平平（韵），仄平平（韵）。中平中仄，中仄仄平平（韵）。中仄中平平仄仄，平仄仄，仄平平（韵）。

第一句亦可作“仄仄平平仄仄平”，第四句亦可作“仄仄平平”。宋代人好用原曲重复一遍而成双调，七十字，是为现在常见的《江城子》的面貌。

2. 语言积累。

轩。本义为一种前顶较高、带有帷幕的车子。其中一个重要的引申义是窗户。《游园》(【皂罗袍】) 中“云霞翠轩”的“轩”即此义。“轩”还有带窗的长廊或小屋的义项。后世文人常以“轩”命名自己的书斋，如“稼轩”“项脊轩”“惜抱轩”等。苏轼家乡四川眉山有“南轩”，苏洵名之“来风轩”，是苏轼少年时读书处。《江城子 · 乙卯正月二十日夜记梦》里的“小轩”大约指的就是“来风轩”。

三、诗心点点通

这首词所悼的是苏轼的妻子王弗。王弗小苏轼三岁，是同郡进士王方之女。苏轼在赴京应试前一年与她结为夫妇。这是一段温情的岁月，王弗常终日默默伴着苏轼读书，生活上对苏轼关照入微，她常为苏轼过于倔强的性格担忧。苏轼后来回忆：“轼与客言于外，君立屏间听之，退必反覆其言，曰：‘某人也，言辄持两端，惟子意之所向，子何用与是人言。’有来求与轼亲厚甚者，君曰：‘恐不能久，其与人锐，其去人必速。’已而果然。”（《亡妻王氏墓志铭》）苏轼对王弗每每以“君”相称，苏轼开朗好交友，王弗则常能在苏轼会客之时察言观色，帮助苏轼辨识人的品性，但苏轼一生中幸福的时光往往短暂。治平二年（1065 年），年仅二十七岁的王弗撇下苏轼和未满七岁的儿子苏迈，病逝于京师，从此成为苏轼一生的回忆。十年后的熙宁八年（1075 年），苏轼作这首《江城子 · 乙卯正月二十日夜记梦》悼念他曾经的妻子，上阕写情，下阕记梦。

文学作品中，积极浓烈地抒情有时并不是最动人的。本词中存在大量否定性的、消极的表达，有时这些恰恰更有味道。开篇“十年生死两茫茫。不思量，自难忘”，这里“不思量”三字足见情深，可见王弗的记忆已经构成苏轼自身的一部分，再也不需要回忆，也不可能遗忘了。苏轼此时身在密州（今山东诸城），王弗却长眠于四川眉山，所以苏轼感叹“千里孤坟”又是“无处话凄凉”，十年后的悼亡，写居室、帏屏、翰墨、余香都失去了意义，十年生死幽隔之后，没有比写坟墓更合适的了。但是追悼亡人，其可追否？“纵使相逢应不识”，“君埋泉下泥销骨，我寄人间雪满头”（白居易《梦微之》）。苏轼这些年蹉跎宦旅，星霜入鬓，再见少年时期的妻子怕也不敢相认，连续的否定性表达在梦境真正到来之前一次次地提醒读者这种追寻的徒劳无益。

“夜来幽梦忽还乡”，真正有情的人的入梦也常是这样没来由的，并没有追忆，也没有前兆，就是忽而梦到了。这时苏轼心中的王弗依然是眉山的那个小轩窗下细梳妆的模样，奈何经过了残酷的时间和江湖的风雨后，人到中年的苏轼在梦中与曾经的妻子再见时却又“相顾无言”，只有泪水替他们互诉那语言道不出的衷肠。梦魂相会，无言而醒，在梦将醒来的迷离恍惚中，苏轼眼前最后一个场景是王弗现实中长眠的那片坟茔，“明月夜，短松冈”，这也是苏轼心中的坟茔，全词就在这样一幕中与苏轼的梦境一同无奈地结束。略提一句，孟棨《本事诗》记载唐开元中幽州有一位姓张的衙将，其妻孔氏亡后忽于墓中题诗赠张衙将，云“欲知肠断处，明月照孤坟”[孔氏《赠夫诗三首》(其三)]，应是苏词所本。

“不思量，自难忘”“无处话凄凉”“相逢应不识”，最后是“无言”，这首词中大量否定性的表达让读者感受到亡妻王弗对于苏轼来说是怎样难以放下，又难以追寻，让读者感受到人间的真情是怎样难以言表。《江城子·乙卯正月二十日夜记梦》让我们看到了豪放的苏轼内心深藏的柔情。

四、思想会客厅

中西方悼亡诗的背后。

自西晋潘岳为亡妻作《悼亡诗三首》后，历朝历代悼亡诗名作辈出，成为中国文学一个强盛的传统。有趣的是，中国古代的夫妻结合往往是基于所谓“父母之命，媒妁之言”，而西方社会重视爱情的自由和义无反顾，但是在如此重视爱情的西方，悼念亡妻的文学作品为数不多，这一现象颇耐人寻味。西方最著名的早期悼亡诗大约是约翰·弥尔顿的《梦亡妻》，从这首抒情诗中我们可以思考中西方对亡妻的悼念背后思想观念的差异。

相较于苏轼的《江城子·乙卯正月二十日夜记梦》，约翰·弥尔顿笔下对亡妻的梦中相逢并没有那么深切的悲情，他笔下死去的妻子是圣洁的、美丽的、令人喜悦的，而当这个美丽的妻子在晨光中离去时，诗人的内心相对平静。这样的悼亡诗在传统中国是难以想象的，中国古人清楚地知道死亡就是生命的终点，“人死犹如灯灭”，夫妻死别意味着永远失去，无法弥补，所以在中国古代文人笔下，丈夫面对亡妻只好“惟将终夜常开眼，报答平生未展眉”[元稹《遣悲怀三首》(其三)]，再无别的办法。因此中国古代文人笔下才有如此多的悼亡之作，他们希望用文学排遣那无法排遣的伤逝之情。但是约翰·弥尔顿笔下的亡妻是圣洁而美丽的，死别并不是那么痛苦，而丈夫与亡妻的重逢也来日可期。彼岸观念的存在缓解了西方人对死亡的悲苦感受。

五、练习步步高

（一）知识识记

选择题。

《江城子 · 乙卯正月二十日夜记梦》最有可能出自（　　）

A.《东坡乐府》。

B.《豪放词萃》。

C.《悼亡诗选》。

D.《乐章集》。

（二）诗心体悟

阅读材料，回答问题。

一斛珠 · 洛城春晚

苏　轼

洛城春晚。垂杨乱掩红楼半。小池轻浪纹如篆。烛下花前，曾醉离歌宴。　自惜风流云雨散。关山有限情无限。待君重见寻芳伴。为说相思，目断西楼燕。

这首词是苏轼早年进京应试途中因思念留在故乡的妻子王弗所作。请你分析词中主要的表现手法和表达效果。

（三）思想碰撞

阅读美国诗人爱伦 · 坡著名的悼亡诗《安娜贝尔 · 丽》。请你比较分析这首诗与苏轼《江城子 · 乙卯正月二十日夜记梦》或其他你所熟悉的中国传统悼亡诗在表现亡妻形象上有何不同。

安娜贝尔·丽[1]

爱伦·坡

那是很多年，很多年以前了，
在海滨的一个王国里，
有一个女孩，你也许会知道
她的名字叫安娜贝尔·丽；
这女孩，她生前没有别的心事，
除了爱我，也接受我的爱意。

那时我是个孩子，她也是一个孩子，
在这海滨的王国里；
但我们相爱，以深于爱情的爱情，
我，和我的安娜贝尔·丽——
以如此的爱情，使双翼的天使
对我们都感到妒忌。

就是因为如此，在很久以前，
在这海滨的王国里，
一阵狂飙起自云间，吹冻了
我美丽的安娜贝尔·丽；
于是她家里的贵族们前来，
自我的身边将她领去，
且将她幽禁在一个荒丘，
在这海滨的王国里。

天使们也没有我们一半的快乐，
对我们竟感到妒忌，
是的！就是因此（谁都知道，
在这海滨的王国里），
一阵狂飙起自云间，在黑夜，
冻毙了我的安娜贝尔·丽。

---

[1] ［美］爱伦·坡：《安娜贝尔·丽》，余光中译，《英语诵读菁华》，杨自伍主编，上海：上海外语教育出版社，2017 年，第 37—38 页。

可是我们的爱情远胜于那些爱情，
那属于年长于我们的人的，
那属于聪明于我们的人的；
无论是天使们飞翱于天顶，
或是魔鬼们潜游于海底，
都不能分割我的灵魂自她的灵魂，
自美丽的安娜贝尔·丽。

因为每夜月亮的光辉都为我带来了梦寐
梦见美丽的安娜贝尔·丽；
而每夜星星的上升都使我感到那眼神，
来自美丽的安娜贝尔·丽。
于是，在整个夜间，我都躺下，在她的身边，
在我的小情人，小情人，我生命，我新娘的身边，
在临海的她的孤坟里，
在骚响的海畔的小墓里。

燕歌行（并序）

一、原典选读

原文

燕歌行（并序）

高　适

开元二十六年，客有从元戎出塞而还者，作《燕歌行》以示，适感征戍之

事，因而和焉。

汉家烟尘在东北，汉将辞家破残贼。
男儿本自重横行，天子非常赐颜色。
摐金伐鼓下榆关，旌旆逶迤碣石间。
校尉羽书飞瀚海，单于猎火照狼山。
山川萧条极边土，胡骑凭陵杂风雨。
战士军前半死生，美人帐下犹歌舞。
大漠穷秋塞草腓，孤城落日斗兵稀。
身当恩遇常轻敌，力尽关山未解围。
铁衣远戍辛勤久，玉箸应啼别离后。
少妇城南欲断肠，征人蓟北空回首。
边庭飘飖那可度，绝域苍茫无所有。
杀气三时作阵云，寒声一夜传刁斗。
相看白刃血纷纷，死节从来岂顾勋！
君不见沙场征战苦，至今犹忆李将军。

今译

开元二十六年（738 年），有个随主将出塞回来的人，作了一首《燕歌行》给我看，我感慨于边塞战守的事，于是写了这首《燕歌行》与之唱和。

唐朝东北边境燃起烽火尘土飞扬，唐朝将军辞家去击破残暴的敌寇。

男子汉本就看重在战场上纵横驰骋，皇帝又特别给予他们褒奖恩宠。

击打钲、铙之类的金属乐器和鼓军队齐出山海关，连绵的旌旗迎风招展在碣石山间。

校尉插羽的文书飞驰在浩瀚沙海，匈奴单于的战火的光芒已到狼山。

边塞之地山河满眼荒芜萧条，风雨声中胡骑凭借威力侵犯边土。

战士在军阵前竭力拼斗生死未卜，美人在营帐中依旧是歌舞升平。

时值深秋边关大漠之上百草尽枯，一轮落日映孤城战士已寥寥无几。

身受皇恩战士不把敌寇放在眼里，在关山之下竭尽全力却尚未突围。

在边疆身着铁甲战士远戍长时间辛劳，在闺阁怀念远人的妻子涕泣如雨。

在城南的少妇孤身一人肝肠寸断，在蓟北的战士怀念旧乡徒然回首。

边塞尽是朔风飘摇怎可轻易奔赴，绝远之地苍茫万里更是一无所有。

早中晚三时阵前杀气腾腾似乌云，一夜寒风鼓动刁斗声音如泣如诉。

且看那纵横的刀剑扬起鲜血纷飞，壮士从来生死赴国哪里是求功勋！

你难道看不见千万战士舍命疆场的凄惨，至今令人思念有勇有谋的李将军。

二、知识朋友圈

1.《燕歌行》。

《燕歌行》为乐府《平调曲》曲目之一，古辞今已不存，今存最早的《燕歌行》是由曹丕改写的。燕是地名，即北京及河北北部和辽西一带，郭茂倩《乐府诗集》引《乐府广题》解之为“言良人从役于燕，而为此曲”。燕地在古代位于华夏边陲，常受北方民族侵扰。《乐府诗集》在《燕歌行》题下引《乐府解题》曰：“晋乐奏魏文帝‘秋风’‘别日’二曲，言时序迁换，行役不归，妇人怨旷无所诉也。”《燕歌行》最初以描写边地戍卒征夫的故事，以及闺中思妇的离恨和相思为主。其形制以七言为主，篇幅较长，辞情凄婉，缠绵悱恻。而随着时代的演进，《燕歌行》的题材内容悄然丰富，闺怨之哀戚渐去而眼界大开，到了盛唐诗人高適手中，《燕歌行》已经看不到当年曹丕笔下“短歌微吟不能长”[《燕歌行二首》（其一）] 的幽怨，而充满了边塞诗的悲壮和豪情，但其主旨仍扎根于古乐府《燕歌行》中伤感“良人从役于燕”的精神。

2. 语言积累。

（1）瀚海。古代对绵延天山东麓至兴安岭西麓的大沙漠的称呼。汉唐之间“瀚海”一般指欧亚大陆北部的一座内陆湖，或认为是呼伦湖、贝尔湖，或认为是贝加尔湖；唐代以降多泛指欧亚大陆北部的大沙漠。又岑仲勉考证，在汉代“瀚海”最初是杭爱山的音译，原本指的是山而非海，亦备一说。

（2）腓。枯萎。“腓”表病害或枯萎是一个古老的义项，如《诗经・小雅・四月》“秋日凄凄，百卉具腓”中的“腓”即此义。又隋代虞世基《出塞》“穷秋塞草腓”之句，是高適《燕歌行（并序）》此句所本。

（3）刁斗。军中用具，日间用作炊具，夜间用作打更。

三、诗心点点通

在唐诗中，闺怨与边愁近乎一体之两面，因此很多边塞诗也是闺怨诗。而就《燕歌行》这个题目本身而言，“言时序迁换，行役不归，妇人怨旷无所诉也”(《乐府解题》）是其传统主题。高適《燕歌行（并序）》对这一传统主题自然有比较充分的表现，但这只是这首诗的一部分而已。

本诗的独特之处恰在于能够将传统的女子思念征夫的主题在一个更大的历史与社会关怀的层面加以表现。我们看到，诗人在这首诗中非常细致地写了战争的过程，如何出师、如何行军、军情如何传递乃至战场的环境等。这场战争具体指的是什么历史事件？或云讽刺张守珪而作，或云讽刺安禄山而作，其实高適《燕歌行（并序）》未必仅仅针对一人一事，其所表现的大约是盛唐边塞战争的整体印象，针对的是当时战争背后普遍的社会问题，因此本诗的主题超越了对一人一事的讽刺，更超越了单薄的“行役不归，妇人怨旷无所诉”(《乐府解题》)，而具有了更深广的社会批评性。诗人大胆地写出了当时军中荒唐的生活场景——“战士军前半死生，美人帐下犹歌舞”——写出了军中的苦乐不均，大量的战士在前线朝不保夕，而军官能在营帐中享受歌舞之乐，这样颇具讽刺性的文字在任何时代都应该珍惜。而且本诗的批判性并不是基于战争带来痛苦这样简单的逻辑，我们看到这首《燕歌行（并序）》对于民众战争心理的刻画比较复杂，既有“男儿本自重横行，天子非常赐颜色”这样对沙场上追逐荣耀和功勋的向往，也有“死节从来岂顾勋”这样对节义和精神的追求，更有“少妇城南欲断肠，征人蓟北空回首”这样对战争带来的苦难的怨愤，这些对于战争相互矛盾的情感态度共同构成了作者批判战争的观念基础。由此可见，当诗人最后道出“君不见沙场征战苦，至今犹忆李将军”时，这个“苦”字背后有怎样的五味杂陈。

某种意义上，高適的《燕歌行（并序）》是一首真正思考战争的作品。战争是复杂的，它带来苦难，也带来荣耀，人性是好战的，同时是厌战的，而高適的《燕歌行（并序）》也是一首复杂的作品，它并没有像很多其他同类作品一样单纯地拒斥或歌颂战争，它呈现了战争在时人心中的多元的面向，然后带着悲悯去批判它。

四、思想会客厅

“为人生”与“为艺术”。

高適的《燕歌行（并序）》在这个题目的传统主题基础上为之赋予了更浓厚的社会批判的色彩，在某种意义上，这反而让这首《燕歌行（并序）》与汉乐府的精神更为接近了。正如班固《汉书·艺文志》最初将汉乐府诗的特征概括为“皆感于哀乐，缘事而发”，我们翻阅汉乐府，不难发现其中如《战城南》《蒿里行》《饮马长城窟行》等大量作品无不包含着社会关怀和社会批判的精神，这也就是白居易《新乐府序》中所说的“为君为臣为民为物为事而作，不为文而作也”。而这种精神最初的源头其实是《诗经》“刺时”的文学观念，即文学要有社会批判的关怀，这是中国古代一个根深蒂固的传统，所以即便如李白这样有着浪漫的艺术追求的诗人，面对“连篇累牍，不出月露之形，积案盈箱，惟是风云之状”(《隋书 · 李谔传》)的六朝文学，也会感叹于其中社会关怀精神的疲弱，而发出“大雅久不作，吾衰竟谁陈”[李白《古风五十九首》(其一)]的呐喊，乃至近现代五四以来郑振铎、茅盾等人成立文学研究会，高呼“文学为人生”的口号，重视文学对于启蒙和改造社会人生的价值，其实呼唤的同样是文学艺术的社会意义。

但是这个看似伟大而正确的价值追求并非没有反思的余地，批判性真的是文学的目的所在吗？社会意义难道不是一个外在于文学和艺术的要求吗？将社会意义视为文学的目的会不会导致对文学艺术本身的追求被置换乃至遗忘？归根结底，文学最本质的目的究竟是一个内在于文学的东西，还是一个外在于文学的东西？于是我们看到，和文学研究会几乎同时发起的创造社提出了与“文学为人生”大为不同的观点，郁达夫、郭沫若等创造社成员认为文学有它本身的使命，比起让文学成为服务社会的嫁衣，“为艺术而艺术”才是文学更值得追求的事业。文学是“为人生”还是“为艺术”，是“为社会”还是“为自身”？如何理解文学艺术的本质追求，如何安置社会功能在文学和艺术事业中的地位？对这些问题的思考对于今人理解文学，乃至理解整个文艺事业仍有重要的意义。

五、练习步步高

(一)知识识记

填空。

(1)＿＿＿＿＿＿＿＿，旌旆逶迤碣石间。[高適《燕歌行(并序)》]

(2)＿＿＿＿＿＿＿＿，单于猎火照狼山。[高適《燕歌行(并序)》]

(3)山川萧条极边土，＿＿＿＿＿＿＿＿。[高適《燕歌行(并序)》]

(4)＿＿＿＿＿＿＿＿，孤城落日斗兵稀。[高適《燕歌行(并序)》]

（二）诗心体悟

邢昉谓《燕歌行（并序）》：“金戈铁马之声，有玉磬鸣球之节，非一意抒写以为悲壮也。”（《唐风定》）请你结合这一观点，分析高適《燕歌行（并序）》军旅描写的艺术特色。

（三）思想碰撞

阅读材料，回答问题。

新乐府序（节选）

白居易

凡九千二百五十二言，断为五十篇。篇无定句，句无定字，系于意，不系于文。首句标其目，卒章显其志，《诗三百》之义也。其辞质而径，欲见之者易谕也；其言直而切，欲闻之者深诫也；其事核而实，使采之者传信也；其体顺而肆，可以播于乐章歌曲也。总而言之，为君为臣为民为物为事而作，不为文而作也。

请你简要概括白居易《新乐府序》的文学观念，并从任意角度谈谈你对其观点的看法。

李凭箜篌引

一、原典选读

原文

李凭箜篌引

李　贺

吴丝蜀桐张高秋，空山凝云颓不流。
江娥啼竹素女愁，李凭中国弹箜篌。
昆山玉碎凤凰叫，芙蓉泣露香兰笑。
十二门前融冷光，二十三丝动紫皇。
女娲炼石补天处，石破天惊逗秋雨。
梦入神山教神妪，老鱼跳波瘦蛟舞。
吴质不眠倚桂树，露脚斜飞湿寒兔。

今译

在深秋九月弹奏吴丝蜀桐制成的箜篌，乐声让空中的白云凝聚不再飘游。

娥皇、女英泪洒斑竹而九天素女动了哀愁，这都是由于李凭在京城弹奏箜篌。

乐声如昆仑山美玉碎裂凤凰鸣叫，又使芙蓉滴露又使香兰盛开。

乐声柔和了长安十二门前的月光，二十三根弦丝打动了天上的紫皇。

高亢乐声冲上了女娲补天的石隙，补天彩石被乐声击破落下了绵绵秋雨。

梦中李凭似乎进入神仙所居的山将其演奏箜篌的技艺传给神女，老鱼在水波中跳跃瘦蛟翩翩起舞。

月中吴刚彻夜不眠靠着桂树听乐，露滴斜着坠落，打湿了听乐入迷的玉兔。

二、知识朋友圈

1. 新题乐府。

写乐府诗有两种方式，其一为依据汉乐府旧题而新作，如《将进酒》《燕歌行》等即此类；其二为实无此题，根据现实主题模仿乐府诗的命名方式自拟一个题目

（也就是所谓的“即事名篇”），并模拟乐府诗的形式写作。这两种创作形式中，后者所作乐府诗题被称为新题乐府，而对应的前人有旧题的乐府诗题则称为古题乐府，古题乐府可能有相应的乐曲传承，而新题乐府被创作出来的时候只有诗文没有配曲。这类创作新题乐府的做法盛行于盛唐、中唐，至迟在杜甫笔下已经开始有这类创作了，如《兵车行》《丽人行》乃至“三吏三别”皆是。白居易推行的“新乐府诗”，其实就是这类新题乐府，这类乐府诗在元稹、白居易的努力下逐渐变成一种流行的乐府诗写作方式。

南朝相和歌辞中本有《箜篌引》，属于古老的《相和六引》之一，与《李凭箜篌引》形制迥异，李贺的《李凭箜篌引》属于“即事名篇”的新题乐府。

2.“引”。

“引”原为琴曲名词，是琴曲的一个类目，与“操”“弄”“畅”等同类，如《霹雳引》《思归引》《走马引》《华胥引》等。嵇康临刑前所奏之曲或曰《广陵散》，或曰《太平引》，这里的“散”和“引”都是琴曲类目。“引”有延长的意思，大概是取琴曲曼声舒缓的特点，也有观点认为由于“引”有序曲的意思，因此早期含“引”的曲子可能很多是自某个大曲开头的引子独立而成。“引”本指琴曲，而由此配乐的歌辞亦可称为“引”，《李凭箜篌引》即此类。

3. 语言积累。

（1）江娥、素女。“江娥”或作“湘娥”，指舜的妃子娥皇、女英，相传舜南巡，死于苍梧山，娥皇、女英得到消息，泪洒湘江之竹上而留下斑痕，是为“江娥啼竹”。“素女”是传说中的神女，善于弹瑟歌唱，著名的“二十五弦瑟”的典故即与之有关。《史记·封禅书》记载：“太帝使素女鼓五十弦瑟，悲，帝禁不止，故破其瑟为二十五弦。”

（2）中国。即国中，指在国都长安城里。

（3）十二门。指长安的十二个城门。当时长安城四面皆有门，每一面各有三门。

（4）紫皇。道教传说中地位最高的神仙。《太平御览》卷六五九引《秘要经》：“太清九宫，皆有僚属，其最高者，称太皇、紫皇、玉皇。”

三、诗心点点通

“诗鬼”李贺是唐皇室远支，没落的贵族，这一出身背景使其诗作常常带有一种浓艳华美却又迷离诡谲乃至阴暗颓废的风格，其名句“桃花乱落如红雨”（《将进酒》），恰可形容李贺的诗风。这首《李凭箜篌引》并不算李贺诗中最惊心动魄的一首，但由此也不难对其鬼才艳笔略窥一二。

音乐无形无相，最难描摹。如果让你描写一段音乐，你会如何落笔？有的人老老实实按照演奏的时间顺序，落座之后先写调弦定音，然后依次写音乐的开篇、发展、高潮、转变和终止，这是一种写法，但李贺显然不太喜欢这样的写作方式。《李凭箜篌引》写的是当时一位宫廷乐师李凭演奏箜篌，一上来却“或抚梧桐，或看秋色”（《红楼梦》），偏不直接入题。其实开头的门道颇多，“吴丝蜀桐张高秋”，作者写了箜篌制作材料之考究，“张高秋”三字很见苦吟的心力，字面意思似乎说在秋天给琴上弦演奏，但这样写来仿佛整个爽朗的秋天就在李凭的箜篌弦上展开了似的。作者要写音乐却不从音乐写起，也不从演奏者或乐器写起，而从制作乐器的丝、桐写起，这令人想到西汉辞赋家枚乘《七发》中写音乐而从“龙门之桐”起笔、嵇康《琴赋》从琴材梧桐生长的山峦的水文地势写起的笔法，要之，这一起笔取法于辞赋，而非诗之常格，可见李贺文章奇诡高古的一面。紧接的两句是无头句，“空山凝云颓不流”“江娥啼竹素女愁”，读来不知所云，随后不紧不慢地道出“李凭中国弹箜篌”，点题之句姗姗来迟，前面三句也就有了着落，原来写的是李凭弹箜篌。这样的笔法打乱了正常的叙述次序，反而达到惊奇的阅读效果，《旧唐书 · 李贺传》评价李贺“文思体势，如崇岩峭壁，万仞崛起”，大约指的就是这样险绝的地方。

随后诗人用种种浓烈的感官体验表现李凭的音乐，“昆山玉碎凤凰叫”是听觉，“芙蓉泣露香兰笑”是视觉，“女娲炼石补天处，石破天惊逗秋雨”“梦入神山教神妪，老鱼跳波瘦蛟舞”“吴质不眠倚桂树，露脚斜飞湿寒兔”是神思中的想象。笔下感官感受的强烈而富有张力是李贺诗的一大特点，作为音乐形象的喻体，昆仑山上的美玉碎裂了、凤凰是“叫”而非温文尔雅的“鸣”，“芙蓉”滴露“香兰”盛开，音乐笼罩下长安城的月光变得温和，作者一句接一句地将感受的浓烈冲突推向极致。叶庆炳评价李贺诗“惯用红、紫、青、黄、绿、白等字眼，以染成浓丽色彩；又常用鬼、死、梦、泪、哭、血等字眼，以制造奇诡阴暗气氛”（《中国文学史》），诚如是，李贺诗中描写感官体验的浓艳和凄厉常常令人想起马克 · 夏加尔的绘画，其画作浓艳华丽的色彩以及对紫色、深绿和鲜红的偏爱与李贺凄美华贵的诗篇颇有相似之处，而这种感官描写的浓墨重彩在《李凭箜篌引》中亦可略窥一斑。

四、思想会客厅

通感与自由。

《李凭箜篌引》用视觉、触觉等来表现声音，这就是常说的通感。人的各种感觉之间可以默契旁通，人类很早就意识到了这个神奇的现象。如《左传·襄公二十九年》记载季札听了《大雅》之乐而有“曲而有直体”的评论，这其实是用耳朵代替眼睛了；而亚里士多德《心灵论》中将声音分为“尖锐”和“钝重”，对于人体官能的相通已经有了不自觉的认识。这样的认识浇灌了文学创作。无论是东方文学中的“红杏枝头春意闹”（宋祁《玉楼春》），还是西方文学中的“月亮会用温柔的银辉发出微笑”（雪莱《两个精灵：一则寓言》），都表明人类的通感是一种多么富有诗意的品质。为什么文学中的通感让我们觉得美呢？

通感是对人类局限的一种超越。一切的认知即局限，这种局限性根植于感官中，而与人的本质相关。正如《庄子·天下》中所说：“天下多得一察焉以自好，譬如耳目鼻口，皆有所明，不能相通。”我们认识世界的感官构成了限制我们认知的牢笼，所以《庄子·人间世》提倡“循耳目内通而外于心知”的境界，要体会种种截然不同的单一感官体验背后的“道通为一”（《庄子·齐物论》），而不被种种耳目感官体验所束缚，此观点也许有《老子》（第十三章）“及吾无身，吾有何患”之影响。又《列子·黄帝》中提到列子修行的境界：“眼如耳，耳如鼻，鼻如口，无不同也。”这些其实都是在呼唤人超越片面的认知，而在一个更加通达的层面上把握世界。我们感知世界的官能同时构成了我们的局限，正如认识本身就是局限的别名，故认知的征途是一条永无止境的自我超越之路。因此，通感之美当然不是由于它以另一种感官体验“生动形象”地、准确地写出了某种感受，通感之美在于它让我们面对自身的有限达成一种超越，有限的感知中能观照到世界的无限与自由，这也是天地宇宙的本然面目。

五、练习步步高

（一）知识识记

填空。

（1）《李凭箜篌引》中同时运用听觉和视觉描写音乐的两句是：“________________，________________。”

（2）《李凭箜篌引》中运用了吴刚伐桂典故的两句是："________，________。"

（二）诗心体悟

阅读诗歌，回答问题。

感讽五首（其三）

李　贺

南山何其悲，鬼雨洒空草。
长安夜半秋，风前几人老！
低迷黄昏径，袅袅青栎道。
月午树无影，一山唯白晓。
漆炬迎新人，幽圹萤扰扰。

请你结合《感讽五首》（其三），分析李贺诗歌意境营造的特点。

____

____

____

____

（三）思想碰撞

你认为音乐应该如何用文字表达呢？请阅读李贺《李凭箜篌引》、韩愈《听颖师弹琴》、白居易《琵琶行》或其他描写音乐的名篇，并就自己印象深刻的音乐写一段描写性的文字。

____

____

____

____

（徐振宇　编）

第六单元

诗声词韵（二）

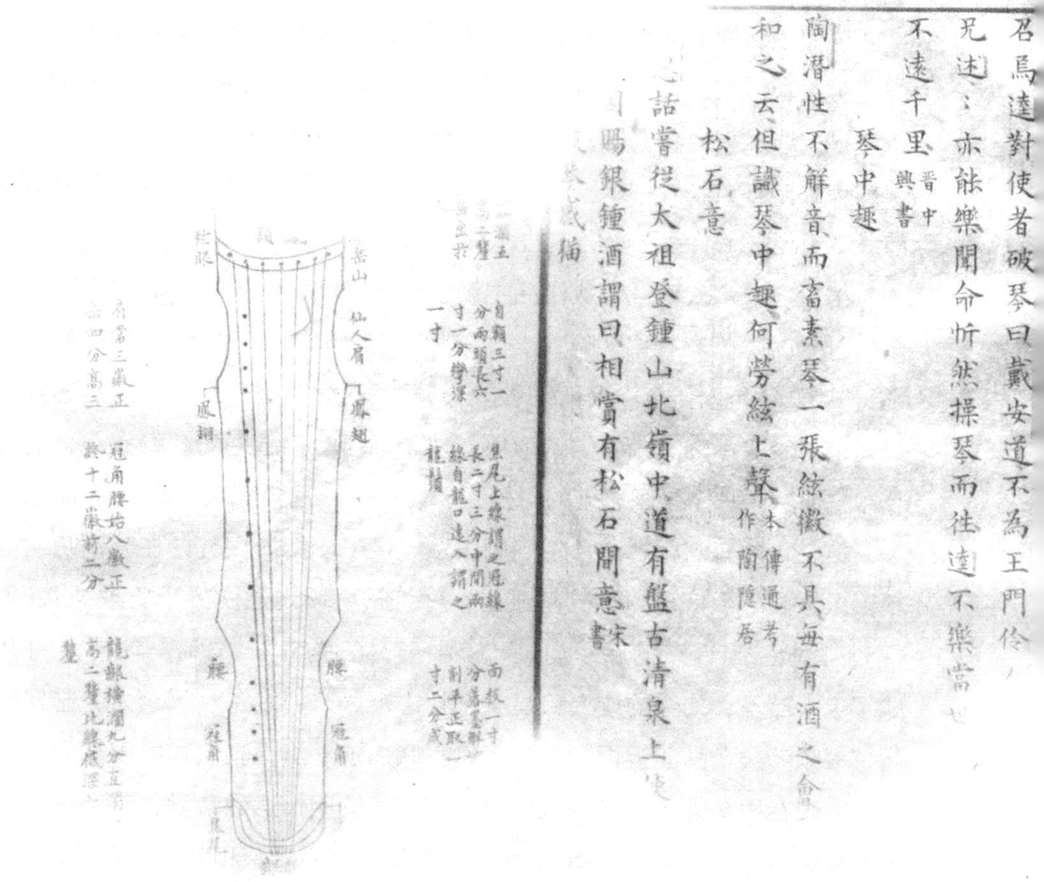

单元概说

这一单元的几首诗，都有一个共同点，即诗中都渗透着诗人极其强烈的个人情感和主观色彩，用王国维的话说，就是“有我之境”，即“以我观物，故物我皆着我之色彩”(《人间词话》)。“这一首”诗，只可能是“这一位”诗人的作品。而“这一位”诗人，又往往夹在理想与现实的缝隙之间，形成内部的矛盾与张力。因此，读懂这几首诗的一把钥匙，就是要学会通过阅读、鉴赏、探究，在你的心中建立起一个完整的诗人的自我形象。

那么，要如何才能品读出诗人完整的自我形象呢？这里我们以本单元陆游的两首诗为例：

第一，要紧贴文本，从诗中的每一个字词、每一个意象入手，从诗歌中提炼出诗人对自我形象的期许。用今天的话说，就是要分析诗人给自己定位的“人设”是什么样的。这里的形象，我们可以把它称作诗人的“理想形象”。例如，《书愤》中说“塞上长城空自许”，很明显，陆游是以南朝宋名将檀道济“乃复坏汝万里之长城”这一典故来自我期许，他希望能够成为南宋朝廷的“塞上长城”，来拱卫朝廷、守护边塞，甚至收复中原、开疆拓土。在这里，陆游对自我的期许应是一位在抗金前线奋勇退敌的将军形象，这也是陆游毕生的宏愿。

第二，要知人论世，从作品中读出诗人现实中的处境，提炼出诗人的“现实形象”。例如，《临安春雨初霁》与《书愤》作于同一年，《临安春雨初霁》的颈联却说：“矮纸斜行闲作草，晴窗细乳戏分茶”，这分明是一个富有闲情逸致、多才多艺又懂得享受生活的文人雅士的形象。宋孝宗显然只是把陆游看作一个文人墨客，那么《书愤》中那个爱国志士的形象上哪儿去了？这到底是怎么一回事呢？

第三，要有问题意识，从问题出发，进一步拓展探究，在分别归纳诗人的“理想形象”与“现实形象”的基础上，仔细辨析两者之间的矛盾或关联。《书愤》中“塞上长城空自许”的后一句是“镜中衰鬓已先斑”，与前一句诗人的勇猛雄姿形成了巨大落差，如今的诗人只是一个壮志难酬、白发苍苍的老人，这怎能不让人想起“廉颇老矣，尚能饭否”之叹？只有联系这一点，我们才能更加全面地看待和评价《临安春雨初霁》中的诗人形象：在表面的闲情逸致背后，其实蕴含的是六十二岁的陆游因年华老去、英雄无用武之地而产生的无奈和苦闷，甚至是对整个朝廷、整个时代的愤懑难平。我们要透过诗歌的表象，看到诗人更为本质的人生底色。这样，我们就把陆游在两首诗中的形象贯通了起来。

当然，如果大家继续查找资料，做进一步的探究，就会发现陆游的爱国志士与文人雅士这两个形象看似矛盾，实际上又是统一存在于陆游身上。他作为文人雅士的一面也有其不可替代的魅力，甚至在陆游其他的诗歌中，所展现出的形象还远远不止这两个。这是文学史上一个常见的现象，对于一位诗人的评价，我们往往会有一些标签。标签可以帮助我们迅速地把握这位诗人最重要的特点，但也限制了我们对这位诗人全方位的认识。一个人的性格是多元的，他的创作风格也是多元的。在接受标签的基础之上，我们要学会慢慢地破除标签、超越标签，只有这样，我们才能形成活泼生动的而非只是流于概念的独特的认知。对于这一单元中的其他诗人，希望大家能从教科书中选取的诗歌出发，联系诗人的其他作品，进一步查阅相关资料，在自己心中形成一个丰富、多元而立体的诗人形象。

锦瑟

一、原典选读

原文

锦　瑟

李商隐

锦瑟无端五十弦，一弦一柱思华年。
庄生晓梦迷蝴蝶，望帝春心托杜鹃。
沧海月明珠有泪，蓝田日暖玉生烟。
此情可待成追忆，只是当时已惘然。

今译

锦瑟没有缘由地有五十根弦，每根弦和系弦的木块都让我想起自己的青春时代。

拂晓时庄周梦醒，困惑于到底是自己变成了蝴蝶还是蝴蝶变成了自己，望帝把自己思恋爱慕的情怀寄托在杜鹃哀切的啼鸣之中。

沧海之上一轮明月，海中的鲛人，其泪化为珍珠；蓝田日光温暖，照着美玉生出袅袅青烟。

这一段情愫就要成为过去的回忆，只是当时怎样，已然模糊不清。

二、知识朋友圈

1. 庄周的困惑是什么？

为什么庄周梦蝶，醒来之后会觉得困惑不已？《庄子·齐物论》说：“昔者庄周梦为蝴蝶，栩栩然蝴蝶也。自喻适志与，不知周也。俄然觉，则蘧蘧然周也。不知周之梦为蝴蝶与，蝴蝶之梦为周与？周与蝴蝶，则必有分矣。此之谓物化。”庄子的困惑在于：到底是我变成了蝴蝶，还是蝴蝶变成了我？这个问题的本质就是，我们无法区分梦境与现实：你怎么知道你做的梦不是现实，而你所认为的现实又不是在做梦呢？这个困惑是迷离的、诗意的。但实际上，到最后，庄周还是认为我与蝴蝶是有分界的，只是在道的层面，万物都可以物化（即事物能够互相变化），由此消释了这个感性而美丽的困惑。

2. 望帝是谁？

传说中的古蜀国国王，名杜宇，号望帝。杜宇晚年退隐西山，传说死后其魂化作鹃鸟。每年春耕时节，鹃鸟鸣叫，蜀人闻之曰“我望帝魂也”，因呼鹃鸟为杜鹃。至于望帝为何化为杜鹃，哀声啼叫，又有很多不同的说法。一种说法是，杜宇被佞臣逼迫让出王位，含冤而死，又舍不得蜀国百姓，所以才化作杜鹃日夜哀鸣，直至口中出血。因此，这个典故后来就具有了哀怨与思念的情感意义。

3. 语言积累。

（1）什么是锦瑟？许慎《说文解字》云：“瑟，庖牺所作弦乐也。从珡，必声。”可见瑟是一种在伏羲氏的时代就已经诞生了的历史悠久的拨奏弦鸣乐器。“瑟”的古文写作，是一个象形字，中间的“大”象琴身形，两旁的横线象琴弦形。后来在字形下加上了声旁“必”，就成为小篆的写法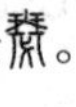。引申为“矜持端庄的样子”或“洁净鲜明的样子”。由“瑟”的音读又引申出“肃”的含义。

《史记·封禅书》记载：“太帝使素女鼓五十弦瑟，悲，帝禁不止，故破其瑟为二十五弦。”可知，古瑟是五十弦，而唐代的瑟则一般为二十五弦。锦瑟就是装饰华美的漆有织锦纹的瑟。

这首诗以开头二字为题，实际上是一首无题诗。

（2）“华年”是什么意思？

“华年”的含义是青春时代，为什么呢？关键在于这个“华”字。“华”是“花”的本字。许慎《说文解字》云：“华，荣也。从艸，从𠌶。”《尔雅·释草》说：“木谓之华，艸谓之荣。”“荣”“华”的含义都是花草树木，而欣欣向荣的花草树木正是充满生机的青春时代的美好象征。

三、诗心点点通

“一篇《锦瑟》解人难。”[王士禛《戏仿元遗山论诗绝句三十二首》(其十一)]《锦瑟》一诗，扑朔迷离，素称难解，聚讼纷纭。归纳起来，大概有以下几种说法：

（1）相传李商隐的恩师兼上司令狐楚家里有一个婢女，名叫锦瑟，李商隐曾和她有过一段恋情，这首诗是追忆之作；

（2）苏轼认为这是一首咏物诗，中间两联的四个典故分别切合锦瑟这种乐器“适、怨、清、和”的四个特点；

（3）这是一首悼亡诗，是李商隐为了悼念亡妻王氏而作。据说王氏去世时年二十五岁，如锦瑟二十五弦；

（4）这首诗是李商隐的自伤身世之作，李商隐一生身陷牛李党争，以致仕途失意，人生悲苦；

（5）李商隐以诗为序，这首诗是李商隐诗集的自序。

这里我们分别以上面的第四和第五种说法为依据，来解读李商隐的《锦瑟》。

如果认为这首诗是李商隐的自伤身世之作，一般认为这首诗是李商隐在他四十七岁也就是他去世的那一年写下的。因此首句“锦瑟无端五十弦”表面上是感叹锦瑟没有缘由地有五十根弦，实际上是在感慨自己怎么一下子就快五十岁了。这样就顺理成章地引出下一句“一弦一柱思华年”，这锦瑟的每一根弦都让诗人不断想起自己的青春时代。颔联“庄生晓梦迷蝴蝶”，诗人经历过的人生风雨，现在想来却如同一梦，醒来只有一片迷茫与困惑；“望帝春心托杜鹃”，是说自己一片赤心，却不为人所理解，只能像杜鹃啼血那样，以诗文抒发自己的苦闷。李商隐年轻时跟从牛党成员令狐楚，后来又做了李党成员王茂元的女婿，因此他既被牛党排斥，又被李党怀疑，深陷牛李党争的政治旋涡中，终生郁郁不得志。颔联可以看作这种心迹的书写。颈联“沧海月明珠有泪”，李商隐是在用鲛人泣珠的典故自比，他虽然被令狐楚和令狐绹父子误解，但他始终不忘旧恩，鲛人流泪化作珍珠献给了沧海明月，李商隐则是把自己珍珠一般纯洁的心意都寄托在了诗文中；“蓝田日暖玉生烟”，是说自己的心如同蓝田美玉，只不过日照生烟，一片烟雾迷蒙，让人看不真切。尾联“此情可待成追忆，只是当时已惘然”照应首联，“可待”的意思是就会、就要，诗人临近暮年，觉得这一段哀婉曲折的情愫就要成为年轻时的回忆了，只是当诗人在追思过去的时候，当时怎样，已然觉得模糊不清了。这或许是因为时过境迁，记忆本身已经不太清楚；也或许是因为诗人想到过去，即使是当初的自己也已经感到迷惘不解了。整首诗就这样在诗人自我感伤的迷离情调中落下了帷幕。

如果我们把这首诗看作李商隐诗集的自序，又应当如何解读呢？这种说法首见于清代，后来由著名学者钱锺书加以考证完善，显得颇有新意，也很有启发性。根据钱锺书的说法，这首诗的标题“锦瑟”是一个比喻，用来比喻诗人的诗歌作品。首联“锦瑟无端五十弦，一弦一柱思华年”是运用起兴，诗人见到眼前的锦瑟，不由得触景伤情，想到自己虽然年华老去，但是依然留下了不少诗篇，平生的喜、怒、哀、乐，都寄托在这些诗篇中，是自己心血的结晶。颔联“庄生晓梦迷蝴蝶，望帝春心托杜鹃”是在说作诗的方法。诗人写诗，需要通过意象来表情达意，如庄生通过蝴蝶、望帝化身杜鹃来表达自己的思想感情，并由此形成一种委婉、含蓄的效果。颈联“沧海月明珠有泪，蓝田日暖玉生烟”是形容诗的风格或境界。李商隐崇尚一种真情流露、生气蓬勃、珠圆玉润的艺术风格，反对过于雕琢，以致损伤气韵、以辞害意。尾联“此情可待成追忆，只是当时已惘然”呼应首联，诗人回首往事，惆怅不已，自己虽然一生郁郁不得志，但想到自己当初年少行乐的时候，就已经察觉到世事无常、盛极必衰的道理了。天下没有不散的筵席，诗人早就想到自己会有青春不再、年华老去的这一天。此时，或许唯有眼前的这些诗歌还能传之后世，能够让后人不断想起我、追忆我吧。

四、思想会客厅

元好问《论诗三十首》（其十二）云：“望帝春心托杜鹃，佳人锦瑟怨华年。诗家总爱西昆好，独恨无人作郑笺。”这首诗前两句正是从李商隐《锦瑟》脱化而来，后两句的意思是，诗人都喜欢西昆体的好，只可惜没有人能像郑玄给儒家经典作笺注那样给李商隐的诗歌作注解。这首诗点出李商隐诗歌朦胧深邈、晦涩难解的风格特点，也告诉我们李商隐在诗歌史上的重要地位，在他的影响下，宋初形成了“西昆体”这一诗歌流派。

结合《锦瑟》，我们可以一窥李商隐诗歌之所以能成为西昆体宗法对象的独到之处：

（1）语言华丽。李商隐诗中的意象，总是显得特别绮丽而华美，如“锦瑟”“华年”“晓梦”“春心”“珠有泪”“玉生烟”等，给人以如梦似幻之感。在用字上，李商隐多用“金”“玉”等字，如金羁、金盆、金茎、玉帐、白玉台、玉连环等。在用词上，李商隐用典丽的语言描摹物象，如把盘子称作水晶盘、屏风称作云屏、船称作画舸、首饰称作金蝉或钗茸翡翠、鱼称作锦鳞、鸟称作绣羽、酒称作云浆等。陆游说：“国初尚《文选》，当时文人专意此书，故草必称王孙，梅必称驿使，月必称望舒，山水必称清晖。”（《老学庵笔记》）可见西昆体正是有得于此，并把这种名物、丽词的运用发挥到极致。

（2）用典绵密。李商隐的诗歌多用典故，颇为密集，如《锦瑟》的中间两联句句用典。但整首诗读来不会使人感觉掉书袋或牵强附会，用典自然而妥帖。其中有些典故具有神话传说色彩，显得恍惚迷离，更能折射出诗人困惑、思恋、伤感等复杂的感情色彩。李商隐有的诗歌甚至句句用典，如《牡丹》：“锦帷初卷卫夫人，绣被犹堆越鄂君。垂手乱翻雕玉佩，招腰争舞郁金裙。石家蜡烛何曾剪，荀令香炉可待熏。我是梦中传彩笔，欲书花叶寄朝云。”虽然句句用典，但是通过不同的典故写出牡丹花的不同形态，显得并不堆砌，反而灵活摇曳，深化了诗歌的意蕴。

（3）格律严谨，对仗精工。《锦瑟》是一首七言律诗，不仅平仄上完全合律，而且中间两联对仗工整。不过值得指出的一点是，一般的格律诗应避免用字重复，可是《锦瑟》中的“弦”“生”两字分别出现了两次，也可看出李商隐作诗并非死守格律形式。李商隐虽然诗歌成就很全面，但他最脍炙人口的作品仍然是他的格律诗，除了《锦瑟》，还有著名的几首《无题》等。西昆体更是专学李商隐的律诗，《西昆酬唱集》中全为近体诗。

综合以上几点，我们大概了解了李商隐的诗歌在写作上的特点。他以精雕细琢的妍辞丽句、典故对仗形成朦胧深邈的意境，用具有隐喻性和象征性的意象与典故来暗示主题，委婉曲折地表达自己的思想感情。因此古人用“深情绵邈”“包蕴密致”“沉博绝丽”“寄托深而措辞婉”等词句来评价李商隐的诗歌风格。

五、练习步步高

（一）知识识记

填空。

（1）李商隐，字________，号________。

（2）__________，望帝春心托杜鹃。（李商隐《锦瑟》）

（3）此情可待成追忆，__________。（李商隐《锦瑟》）

（二）诗心体悟

请你分析《锦瑟》中运用庄生、望帝两个典故的用意。

____

____

____

____

（三）思想碰撞

阅读诗歌，回答问题。

安定城楼①

李商隐

迢递高城百尺楼，绿杨枝外尽汀洲。
贾生年少虚垂涕，王粲②春来更远游。
永忆江湖归白发，欲回天地入扁舟③。
不知腐鼠成滋味，猜意鹓雏竟未休④。

注释

①唐文宗开成三年（838 年），李商隐参加博学宏词科考试，因受到朋党势力的排斥不幸落选，客游泾州（即安定郡，今甘肃泾川县），寄居在他岳父泾原节度使王茂元的幕中。 ②王粲：东汉末年文学家，“建安七子”之一。年轻时曾流寓荆州，依附刘表，作《登楼赋》。 ③扁舟：春秋时期范蠡辅佐越王勾践灭吴后，乘扁舟归隐五湖。 ④不知腐鼠成滋味，猜意鹓雏竟未休：鹓雏是古代传说中一种像凤凰的鸟。《庄子·秋水》：“惠子相梁，庄子往见之。或谓惠子曰：‘庄子来，欲代子相。’于是惠子恐，搜于国中三日三夜。庄

子往见之，曰：‘南方有鸟，其名为鹓雏，子知之乎？夫鹓雏发于南海而飞于北海，非梧桐不止，非练实不食，非醴泉不饮。于是鸱得腐鼠，鹓雏过之，仰而视之曰：“吓！”今子欲以子之梁国而吓我邪？’”

1. 对这首诗分析不恰当的一项是（　　）

A. 首联写诗人登高望远，即景生情，全诗情感由此生发。

B. 第四句诗人以王粲自比，抒发了寄人篱下的漂泊之慨。

C. 第六句暗用范蠡的典故，表达了诗人归隐江湖的消极情绪。

D. 尾联运用《庄子·秋水》的典故，表达出诗人对朋党猜忌的嘲讽与怨愤。

2. 清代查慎行说：“王半山最赏此五六一联，细味之，大有杜意。”（《瀛奎律髓汇评》）请你查阅相关资料，谈谈这首诗的颈联是如何体现杜甫诗的意蕴的。

书愤

一、原典选读

原文

书　愤

陆　游

早岁那知世事艰，中原北望气如山。
楼船夜雪瓜洲渡，铁马秋风大散关。
塞上长城空自许，镜中衰鬓已先斑。
出师一表真名世，千载谁堪伯仲间！

今译

早年的时候，我哪里知道世事的艰难，我北望淮河以北的地区，豪气如山。

想当年，我们有楼的高大战船在夜晚的大雪中出没在瓜洲渡口，我跨着配有铁甲的战马在秋风萧瑟之时戍守着大散关。

把自己期许为塞上长城的壮志已经成空，镜中衰老的鬓发已经变得花白。

诸葛亮的《出师表》真正名显于世，千年来，又有谁能和他不相上下！

二、知识朋友圈

1. 关于陆游。

陆游（1125—1210 年），字务观，号放翁，越州山阴（今浙江绍兴）人。南宋文学家、史学家、爱国诗人。宋孝宗时，赐进士出身，历任镇江、隆兴、夔州通判，入王炎幕府，官至宝谟阁待制。他是宋朝最有成就的爱国诗人，存诗近万首，尤其擅长七言律诗。古诗气势磅礴，直追苏轼；律诗浑厚老成，对偶工整；绝句精警畅达，情景并茂。有《剑南诗稿》。

2.“世事艰”在何处?

陆游的一生起起伏伏，和其他许多主战派一样始终大志难伸，我们简略梳理一下他的早年经历：

靖康二年（1127 年），金兵南下，攻破汴京，北宋灭亡，这就是历史上著名的“靖康之祸”。这一年，陆游只有三岁，却已经遭遇了天翻地覆的变化，举家流亡中原。

绍兴十一年（1141 年），抗金主将张俊、韩世忠、岳飞被解除兵权，岳飞后被赐死。以淮水和大散关为界，南宋向金割地、纳贡、称臣，史称“绍兴和议”。许多抗金将领都被排挤和陷害，报国无门。

绍兴二十三年（1153 年），陆游二十九岁，应举锁厅试荐送第一，秦桧的孙子秦埙恰好排在陆游之后，秦桧很生气，甚至怪罪主考官。到第二年，陆游参加礼部考试，仍然名列前茅，秦桧却明令不得录取陆游。由此，陆游被秦桧嫉恨。

乾道二年（1166 年），陆游四十二岁，因为劝说张浚用兵，被主和派攻击排挤，陆游被直接罢官回家。

……

可以看到，朝廷畏葸懦弱，个人命途多舛，在陆游的一生中，国仇家恨与个人命运始终交织在一起。陆游晚年有诗云：“少年志欲扫胡尘，至老宁知不少伸！”（《书叹》）他年少时立下了扫清胡尘的宏图大志，却万万没想到，这一夙愿到老也没能实现。

3. 语言积累。

什么是“气”？

许慎《说文解字》云：“气，云气也。象形。凡气之属皆从气。”甲骨文写作三，小篆写作气，象形字，象流动的气体形。本义为云气。而繁体的“氣”和“气”本来是两个字，氣读作 xì，本义为把粮食馈赠给别人，又读作 qì，假借为云气。

后来，“气”成为一个重要的哲学概念，指人的主观精神、元气。孟子说：“气，体之充也。”（《孟子·公孙丑上》）又说，“我善养吾浩然之气。”（《孟子·公孙丑上》）所谓的“浩然之气”，正是人身上的浩大刚正的精神。

而陆游所说的“中原北望气如山”中的“气”，正是在作者心中郁结萦绕着的一种精神状态。诗人年轻时北望淮河以北沦陷的地区，觉得心中之气像山一样。问题在于，这究竟是一股怎样的气呢？这里可以有不同的理解：一种说法认为，这里的“气”是指悲愤之气，诗人北望淮河以北沦陷的地区，担心那里的百姓，英雄豪杰在朝廷又得不到重用，从而感到痛心疾首。另一种说法认为，这里的“气”是指豪壮之气，诗人早年眺望淮河以北沦陷的地区，不禁产生一种志在必得、气吞山河的雄心壮志。两种理解都说得通，不过从上下文来看，似乎第二种说法更通顺一些。

三、诗心点点通

我们现在一提到陆游，马上就会将他和另一个词——“爱国诗人”联系起来，这种爱国的情绪是激荡于陆游一生的主旋律。而这首《书愤》作于诗人六十二岁之时，顾名思义，正是要抒发诗人心中的愤懑不平之气。那么这种愤懑之情在诗中究竟是如何体现的呢？

首联“早岁那知世事艰，中原北望气如山”，诗人回忆往事，可以说是少不更事，也可以说是初生牛犊不怕虎，年轻的陆游还不知道世事艰难，他哪里会想到恢复中原竟然如此困难重重，又哪里会想到自己今后的命运竟如此悲凉而不得志呢？因此他在遥望中原的时候，不禁产生了像山一样的豪壮之气，他放眼北望，气吞山河，好像志在必得。这种气魄一气贯注而下，就引出了颔联“楼船夜雪瓜洲渡，铁马秋风大散关”这两句千古名句。这两句诗在艺术上的造诣可以参见“思想会客厅”部分，这里仅从思想内容上说，陆游通过将这些他在前线参军时亲眼所见的意象剪裁于一联中，渲染出苍凉遒劲的氛围，表达了自己跃马扬鞭的冲天豪情，铿锵有力。这也是陆游不同于其他诗人的地方，他不仅有恢复中原的强烈意志，而且有亲自上阵杀敌的英勇事迹。

在颔联，诗人的战斗精神已经昂扬到了顶点，但到了颈联，气势突然低落下来，形成鲜明的反差：“塞上长城空自许，镜中衰鬓已先斑。”陆游从来不认为自己只是一个文人，因此他以南朝宋名将檀道济自比，决心要成为国家的万里长城。然而如此的壮怀激烈，却被一个“空”字给完全消解了，诗人的壮志并没有实现，流露出的是深深的失望、无奈和悲愤。照着镜子，发现自己竟已头发斑白，自己的雄心壮志恐怕再也没有能够实现的一天了，自己的理想与生命就在岁月的流逝中被无情地消磨殆尽。

但是，诗歌的情绪并没有就此低沉下去，陆游在这时想起了诸葛亮：“出师一表真名世，千载谁堪伯仲间！”《出师表》里说：“当奖率三军，北定中原，庶竭驽钝，攘除奸凶，兴复汉室，还于旧都。”这不就是陆游的理想吗？《出师表》里还说：“亲贤臣，远小人，此先汉所以兴隆也；亲小人，远贤臣，此后汉所以倾颓也。”这不就是陆游的主张吗？而诸葛亮“鞠躬尽瘁，死而后已”的精神，不就是陆游的决心吗？因此，尾联不仅表达了诗人对诸葛亮的赞叹和钦佩，而且以此抨击朝中的主降派，并抒发陆游的怀抱：自己虽然壮志难伸，但在悲愤之中还寄托着一种力量和希望。他爱国热情终生不渝，渴望效法诸葛亮，施展自己的抱负。就算自己已经年迈，也期望朝廷中能出现诸葛亮这样的人物，完成恢复中原的大业。陆游的这种悲愤与豪壮交织的情绪，一直萦绕在他的心头，也一直伴随着他直到去世。

清代李慈铭《越缦堂诗话》评价这首诗：“全首浑成，风格高健，置之老杜集中，直无愧色。”从这首诗爱国的情感和沉郁顿挫的风格来说，确实堪与杜甫诗比肩。然而，陆游诗与杜甫诗相比，更有他的独特之处。陆游诗的独特之处是什么呢？让我们来读一读钱锺书在《宋诗选注》中的这段话：“这就是陆游的特点，他不但写爱国、忧国的情绪，并且声明救国、卫国的胆量和决心。……可是从没有人像陆游那样把它发挥得淋漓酣畅。这也正是杜甫缺少的境界……爱国情绪饱和在陆游的整个生命里，洋溢在他的全部作品里；他看到一幅画马，碰见几朵鲜花，听了一声雁唳，喝几杯酒，写几行草书，都会惹起报国仇、雪国耻的心事，血液沸腾起来，而且这股热潮冲出了他的白天清醒生活的边界，还泛滥到他的梦境里去。这也是在旁人的诗集里找不到的。”

四、思想会客厅

《书愤》一诗的颔联“楼船夜雪瓜洲渡，铁马秋风大散关”堪称中国诗歌史上的千古名句。这一联的写作手法非常奇特，你有没有看出这两句诗有什么特点？

仔细分析，不难发现，这两句诗全部由名词构成，一个动词或者虚词都没有，这种写作手法叫作名词叠加，或者用一个修辞学的专门术语来说，就叫作列锦（这一概念由陈望道在《修辞学发凡》中提出）。

为什么说这种写作手法非常奇特？名词叠加能够造成怎样奇妙的效果？我们对这两句诗进行逐字逐句分析就会发现，每个词似乎都不难读懂：楼船、铁马象征军事战争，点明事件；夜雪、秋风点明时间，渲染寒冷威严的杀伐之气；瓜洲渡、大散关则点明地点。然而，当我们试图将这两句诗改写为现代汉语的时候，就不得不添加一些其他的语法成分才能解释清楚了。诗人的大概意思是说：我们有楼的高大战船在夜晚的大雪中出没在瓜洲渡口，我跨着配有铁甲的战马在秋风萧瑟之时戍守着大散关。谁在什么时间、什么地点发生了什么事情，这样表达才符合现代汉语的语法和逻辑。但在古诗词中列锦手法的运用，使得这几个意象叠加在一起，呈现给读者一种完整而直观的印象，让读者直接进入诗歌所营造的意境中，感受边防重镇千军万马、军容严整、浩浩荡荡的整体氛围。

这种手法有点类似电影中的蒙太奇手法，通过名词的并置，将不同时空的画面剪接在一起。无独有偶，这种手法在古诗中颇为常见，如温庭筠《商山早行》：“鸡声茅店月，人迹板桥霜。”再如马致远《天净沙·秋思》：“枯藤老树昏鸦，小桥流水人家，古道西风瘦马。”在这些作品中，意象不是通过语法或逻辑联结起来的，而是直接一个接一个地呈现在读者眼前，似乎让我们直接进入了事物中。

我们可以进一步思考：诗的本质是什么呢？英国诗人 T.E. 休姆认为：“诗是与直观相联系的，它的目的就是在人们面前不断展现物质事物。它是通过直观的具体形象并以缓慢的节奏实现这个目的的。因为句法的作用恰恰相反，所以它是非诗性的。补救的办法是完全取消句法。”[1] 从这个意义上说，中国的古典诗歌堪称诗歌的

[1] [美] 高友工，梅祖麟：《唐诗三论：诗歌的结构主义批评》，北京：商务印书馆，2013 年，第 43 页。

翘楚。如果现在让你把陆游的这两句诗翻译成英语，你会怎么翻译呢？恐怕你只会陷入更加言不尽意的窘境吧。

和汉语不同，英语中的语法联系非常重要，所以意象无法独立出现。20 世纪初，西方有一个文学流派叫作意象派，他们曾经尝试模仿中国诗歌里意象叠加的效果。其中的代表作，就是埃兹拉·庞德的这首诗：

在一个地铁车站

埃兹拉·庞德

人群中这些幽灵般的面孔；
湿漉漉的黑色枝条上的许多花瓣。

诗歌原文为：

In a Station of the Metro

Ezra Pound

The apparition of these faces in the crowd;
Petals on a wet，black bough.

这首诗看上去似乎也是意象叠加，但我们会发现英语中总是要用到一些虚词，如 the，of，in，等等，不可能完完全全是名词，否则语法上不成立。而且，与其说这是句子，不如说更像是词组。因此汉语天生就有运用名词叠加的优势，感兴趣的可以做进一步探究。讲到这里，想必大家能够体会《书愤》颔联的"悠然心会，妙处难与君说"（张孝祥《念奴娇·过洞庭》）之处了吧。

五、练习步步高

（一）知识识记

填空。

（1）陆游，字________，号________，有诗集《____________》。

（2）____________，中原北望气如山。楼船夜雪瓜洲渡，____________。塞上长城空自许，____________。____________，千载谁堪伯仲间！（陆游《书愤》）

（二）诗心体悟

请你赏析《书愤》颔联的妙处。

（三）思想碰撞

阅读诗歌，回答问题。

登 楼

杜 甫

花近高楼伤客心，万方多难此登临。
锦江春色来天地①，玉垒浮云变古今②。
北极朝廷终不改，西山寇盗莫相侵③。
可怜后主还祠庙④，日暮聊为梁甫吟⑤。

注释 ①锦江：即濯锦江，流经成都的岷江支流。成都出锦，锦在江中漂洗，色泽更加鲜明，因此命名濯锦江。来天地：与天地俱来。 ②玉垒浮云变古今：多变的政局和多难的人生，捉摸不定，有如山上浮云，古往今来一向如此。玉垒：山名，在四川都江堰西、成都西北。变古今：与古今俱变。③北极朝廷终不改，西山寇盗莫相侵：唐代政权是稳固的，不容篡改，吐蕃还是不要枉费心机，前来侵略。 ④后主：刘备的儿子刘禅，三国时蜀之后主。曹魏灭蜀，他辞庙北上，成亡国之君。还祠庙：诗人感叹连刘禅这样的人竟然还有祠庙。 ⑤梁甫吟：诸葛亮遇到刘备以前喜欢诵读的乐府诗篇，用来比喻这首《登楼》。

《书愤》和《登楼》的尾联都用到了诸葛亮的典故。请你分析两首诗尾联运用典故目的的异同。

拟行路难（其四）

一、原典选读

原文

拟行路难（其四）

鲍　照

泻水置平地，各自东西南北流。
人生亦有命，安能行叹复坐愁！
酌酒以自宽，举杯断绝歌《路难》。
心非木石岂无感？吞声踯躅不敢言。

今译

把水倾倒在平地上，水就会向东西南北各个方向流淌。

人生也有命，怎么能成天哀愁叹气呢！

想用喝酒来自我宽慰，却因举杯喝酒中断了《行路难》的歌唱。

人心不是木头、石块做的，怎么会不为哀乐所动，没有感触？但我忍气吞声、犹豫徘徊而不敢明说。

二、知识朋友圈

1. 关于鲍照。

鲍照（约 414—466 年），字明远，东海（今山东郯城北）人，南朝宋文学家。元嘉十六年（439 年），鲍照献诗言志而被临川王刘义庆擢为国侍郎，之后又先后入刘义季和刘濬幕府，随后依随宋孝武帝刘骏。大明五年（461 年），鲍照出任临海王刘子顼前军参军，故称鲍参军。泰始二年（466 年），刘子顼因起兵反宋明帝刘彧失败被杀，鲍照于乱军中遇害，时年约五十一岁。鲍照家境贫困，年少时曾从事农耕；后来因自家房屋行将倒塌，且上漏下湿，鲍照以需要修葺为由向朝廷请假，自己动手修葺房屋。鲍照与谢灵运、颜延之并称“元嘉三大家”，与庾信合称“南照北信”。他的妹妹鲍令晖是著名女诗人。

2. 什么是“泻水置平地”？

首句中“泻”的意思是“倾”。把水倾倒在平地上，诗人以此起兴，并用来比喻自己的人生遭际。实际上这一句用了一个典故。《世说新语·文学》记载：“殷中军问：‘自然无心于禀受，何以正善人少，恶人多？’诸人莫有言者。刘尹答曰：‘譬如写水著地，正自纵横流漫，略无正方圆者。’一时绝叹，以为名通。”刘惔用“写水著地”的比喻来回答殷浩提出的为什么善人少而恶人多这一个问题，回答巧妙，为时人所叹服。然而这一比喻实际上并非刘惔的原创，在《孟子·告子上》中就记载了告子这样一段话：“性犹湍水也，决诸东方则东流，决诸西方则西流。人性之无分于善不善也，犹水之无分于东西也。”告子以此来论证他“无善无不善”的人性论观点。所谓“知者乐水，仁者乐山”(《论语·雍也》)，从自然现象中深切体悟人生哲理，正是古人的智慧。

3. 语言积累。

踯躅、踌蹰、踌躇有什么区别？

踯躅、踌蹰、踌躇三个词语在文言文和古诗词中经常出现，要学会仔细分辨。

“踯躅”本义为以足击地，顿足。因为这两个字的部首都是足字旁，含义都和足有关，由此引申为徘徊不进的样子。如《孔雀东南飞（并序）》里的“踯躅青骢马，流苏金镂鞍”。“踯躅”还有一个义项比较少见，是杜鹃花的别名，又名映山红。

“踌蹰”的意思是徘徊不前的样子，缓行的样子。这和“踯躅”的含义是相通的。“踌蹰”还有犹豫，迟疑的含义。这是形容人心情上的迟疑，和指向行动的“踯躅”有所不同。此外“踌蹰”还有逗留、歇息、须臾、瞬间的含义，不能和“踯躅”混为一谈。

而“踌躇”既可以指行动上的“踯躅”，也可以指心情上的“踌蹰”，和前两个词语可以通用。“踌躇”还有一个常用的义项是从容自得。成语“踌躇满志”就是这个含义。此外，“踌躇”还有研究、反复思量、忐忑不安、极度痛心的含义，这和前两个词语完全不同。

三、诗心点点通

鲍照的《拟行路难》共有十八首，并非一时所作，内容大多哀叹人生艰难、抒发自己的苦闷与怨愤。教科书中的这首是第四首。

“泻水置平地，各自东西南北流。”诗歌开篇描写了这样一种现象：把水倾倒在平地上，水就会向东西南北各个方向流淌。后一句“人生亦有命”，则提示我们开头两句运用了比兴的手法，以向各个方向流淌的水比喻不同的人完全不同的命运。仔细玩味这个比喻，我们可以解读出命运的多重特点：第一，水往哪个方向流是不一定的，就好像命运的走向是不可预知的；第二，把水倾倒在地上的那个人是谁，我们不得而知，就好像是谁在掌控我们的命运，也是不可知的；第三，水一旦被倾倒下去，就再也不可能往回流，所谓覆水难收，就好像人的命运已经注定了，是不可能挽回，也不可能重来的。正因为命运如此无常，完全无法由自己掌控，所以诗人发出感慨：“安能行叹复坐愁！”这里运用了互文的手法，意思是怎么能成天哀愁叹气呢！当然，作者越是这样宽慰自己，我们就越觉得他是在强颜欢笑、故作洒脱。他看似要摆脱命运的羁绊，实际上在这种苦闷中越陷越深。

“酌酒以自宽，举杯断绝歌《路难》。”诗人想到的自我解脱的方式，正是借酒消愁。但正如李白所说：“抽刀断水水更流，举杯消愁愁更愁。”（《宣州谢朓楼饯别校书叔云》）借酒消愁从来就不能真正地消除忧愁。原本诗人还想高歌一曲《行路难》来一吐胸中的抑郁不平之气，不料因举杯喝酒，又中断了放声歌唱。这样一来，歌没唱完，酒也喝不痛快，只剩一腔怨愤无处发泄。

“心非木石岂无感”，“心非木石”现在已经成为一个成语，意思是人心不是木头、石块做的，人是有感情的。这个成语最早的出处可以追溯到司马迁的《报任安书》：“身非木石，独与法吏为伍，深幽囹圄之中，谁可告诉者？”《世说新语·伤逝》中也记载了一段著名的话：“圣人忘情，最下不及情；情之所钟，正在我辈。”这些都说明，人是有感情的，因此诗歌的这一句实际上是对上文想要“忘情”的无奈否定：喝酒也好，唱歌也好，都只能是暂时的精神麻痹，若想要完全挣脱痛苦的情感，则根本不可能。到这里，诗歌的情感已经高扬到一个即将爆发的顶点，那么接下去诗人是不是就该直抒胸臆，一吐胸中不平之事了呢？不料，“吞声踯躅不敢言”又出现一个转折，明明已经话到嘴边，却又被咽了下去，诗人想说却又忍气吞声、犹豫徘徊而不敢明说，只给焦心的读者留下问号：鲍照究竟是为了什么事情，这么犹犹豫豫、反反复复，明明愤懑之情已经溢于言表，却又隐隐约约、闪烁其词呢？

原来，鲍照生活在魏晋南北朝时期，门阀制度森严，想要做官基本只看出身而不看才华，因此就形成了“上品无寒门，下品无势族”（《晋书·刘毅传》）的局面。而鲍照出身寒微，寒门子弟即使再有才华，能得到高官厚禄、一展宏图的机会也微乎其微。然而鲍照并不甘心于此，他从不掩饰自己积极进取的欲望与渴求，这样一来，他的理想与现实就发生了激烈的冲突，因此他在诗中始终只能闪烁其词了：毕竟在那个时代中，他是不能也不敢直接抨击门阀制度的，他对社会不公有再大的不满，也只能忍气吞声，变为一种强烈的却又欲说还休的怀才不遇的愤慨情绪。

明代王夫之评论此诗：“大纲言愁，不及所事，正自古今凄断。”（《古诗评选》）清代沈德潜评价此诗：“妙在不曾说破，读之自然生愁。”（《古诗源》）这样写，诗歌就给读者留下了耐人寻味、含蓄不尽的思考空间。

四、思想会客厅

前面我们说，魏晋南北朝是一个门阀制度森严、“上品无寒门，下品无势族”（《晋书·刘毅传》）的时代，这就必然导致许多出身寒门的读书人失去进身之阶，陷入怀才不遇的人生际遇。在这种时代背景下，许多读书人都发出了对门阀制度的强烈批判与声讨。其中，左思与鲍照是最有代表性的两位诗人。

左思是西晋人，但两人无论生平经历，还是在文学创作和思想倾向上，都有许多共同点，甚至两人都有一个富有才华的妹妹。鲍照曾说：“臣妹才自亚于左芬（左思的妹妹），臣才不及太冲（左思字太冲）耳。”（钟嵘《诗品》）当然，这与其说是一种自谦，毋宁说更像是一种自负。

从生平经历说，左思和鲍照都出身寒微。史书记载，左思相貌丑陋，不善言辞，不喜与人交游，甚至他父亲左雍对友人说：“思所晓解，不及我少时。”（《晋书·左思传》）意思是左思还不如我小时候知道得多。可以想象这种种因素给左思留下了多大的童年阴影。鲍照也屡次强调自己“北州衰沦，身地孤贱”（《拜侍郎上疏》）、“臣孤门贱生，操无炯迹”（《解褐谢侍郎表》）、“臣负锸下农，执羁末皂”（《谢秣陵令表》），这都快成为他的一块心病。

尽管如此，两人却从不掩饰自己对功名利禄的强烈渴望。可能因为受了刺激，左思从小就开始发愤苦读，有一个著名的成语叫“洛阳纸贵”，说的就是左思。相传左思写作《三都赋》，呕心沥血，花了整整十年写成，写完之后一开始并未受到推崇。于是左思请当时的社会名流为之作注、作序、点评，终于一鸣惊人，风靡京城，洛阳权贵之家争相传抄，最终造成了“洛阳纸贵”的局面。从中我们可以看到左思的才华，也可以看到他急于证明自己、想让自己名震天下的迫切心情。鲍照也有类似的想法和做法。史书记载，鲍照曾谒见临川王刘义庆毛遂自荐，但并未得到重视。他不顾劝阻，准备再次献诗言志。有人劝他说：“卿位尚卑，不可轻忤大王。”(《南史》)鲍照激动地说：“千载上有英才异士沉没而不闻者，安可数哉！大丈夫岂可遂蕴智能，使兰艾不辨，终日碌碌，与燕雀相随乎？”(《南史》)最终，鲍照通过献诗，获得了刘义庆的赏识，获帛二十匹，后来被提拔为国侍郎。

然而，社会背景的大环境注定了左思、鲍照这样的寒门读书人就算受到赏识，也不可能飞黄腾达，不可能满足自己对荣华富贵的向往和追求。而他们又自恃有才、自视甚高，因此对当时的门阀制度表达了强烈的不满。左思有一首著名的《咏史八首》(其二)：“郁郁涧底松，离离山上苗，以彼径寸茎，荫此百尺条。世胄蹑高位，英俊沉下僚。地势使之然，由来非一朝。金张藉旧业，七叶珥汉貂。冯公岂不伟，白首不见招。”茂盛的松树只能生长在山涧底，而山上的小树苗只因为它生长的地势高，就能凭它短小的茎干，遮盖松树百尺的枝条。这正是对“世胄蹑高位，英俊沉下僚”的写照，也是左思对这个不公平的社会制度发出的直接而强烈的控诉。鲍照的“泻水置平地，各自东西南北流”，与此有相同的切肤之痛，都堪称时代的强音。

而从左思和鲍照两人最终的结局看，两人又有所不同。个人长期的抑郁难伸以及时局的动乱或许导致了左思心态上的变化，左思晚年退居宜春里，专意典籍。齐王司马冏征召他担任记室督，他推托自己生病没有接受，最终因病去世。而鲍照始终谋求仕进，在入世与愤世间徘徊，即使在动乱的时局中，他也不断向权贵干谒，辗转依附于各路侯王，最终死于乱军之中，令人唏嘘。

五、练习步步高

(一)知识识记

填空。

(1)鲍照，字________，因曾出任临海王刘子顼前军参军，故称________。

(2)酌酒以自宽，____________。心非木石岂无感？____________。

［鲍照《拟行路难》（其四）］

（二）诗心体悟

在“泻水置平地，各自东西南北流”［鲍照《拟行路难》（其四）］这个比喻句中，你能读出诗人对命运怎样的感慨与思考？

（三）思想碰撞

阅读诗歌，回答问题。

拟行路难（其六）

鲍　照

对案不能食，拔剑击柱长叹息。
丈夫生世会几时？安能蹀躞①垂羽翼！
弃置罢官去，还家自休息。
朝出与亲辞，暮还在亲侧。
弄儿床前戏，看妇机中织。
自古圣贤尽贫贱，何况我辈孤且直！

注释　①蹀躞（dié xiè）：小步行走。

请你比较《拟行路难》（其四）和《拟行路难》（其六）在情感与手法上的异同。

客至

一、原典选读

原文

客　至

杜　甫

舍南舍北皆春水，但见群鸥日日来。
花径不曾缘客扫，蓬门今始为君开。
盘飧市远无兼味，樽酒家贫只旧醅。
肯与邻翁相对饮，隔篱呼取尽余杯。

今译

草堂南北都有春水环绕，只见一群群的鸥鸟每天飞来。

花间的小径不曾为来客清扫，蓬草编的大门今天才为您打开。

盘中菜肴很简单，因为家离集市太远；杯中只是旧酿之酒，因为家境贫寒。

您是否乐意和邻家老翁一起相对畅饮呢？如果您乐意的话，我就隔着篱笆把他叫来，咱们一起把剩下的酒喝干净。

二、知识朋友圈

1. 关于杜甫。

杜甫（712—770 年），字子美，自称少陵野老，唐代伟大的现实主义诗人，也称“诗圣”，与李白合称“李杜”。河南巩县（今河南巩义西南）人，杜审言之孙。举进士不第，献赋得微官。安史之乱中，奔凤翔投唐肃宗，为左拾遗。长安收复后，因事贬为华州司功参军。后去官入蜀凡六年，为检校工部员外郎。乱后拟北归，病死于湘江船中。家世“奉儒守官”（《进雕赋表》），以“致君尧舜上，再使风俗淳”（《奉赠韦左丞丈二十二韵》）为己任。诗歌风格沉郁顿挫，世称“诗史”。又因居地与历官，称杜少陵、杜工部等。有《杜工部集》。

2. 什么是流水对？

流水对，是指诗文中上下两句不仅对仗，而且意思相连贯，两句之间存在逻辑联系，不能拆开来单独解释，也不能调整前后顺序。本诗颔联“花径不曾缘客扫，蓬门今始为君开”正是流水对。“花径不曾缘客扫”不是说杜甫从来不为客人清扫花间的小径，而是因为贵客未至；只要贵客一至，杜甫自然觉得蓬荜生辉，打开家门表示欢迎了。我们所熟悉的古诗中的流水对还有“欲穷千里目，更上一层楼”（王之涣《登鹳雀楼》）、“即从巴峡穿巫峡，便下襄阳向洛阳”（杜甫《闻官军收河南河北》）、“野火烧不尽，春风吹又生”（白居易《赋得古原草送别》）等。

另外，本诗的颔联也可以看作互文手法，那么意思就变成“花径不曾缘客扫，蓬门不曾缘客开；花径今始为君扫，蓬门今始为君开”。

3. “群鸥”有什么象征意义？

“鸥鸟”在古诗文中本身就是一个典故。《列子・黄帝》曰：“海上之人有好鸥鸟者，每旦之海上，从鸥鸟游，鸥鸟之至者百住而不止。其父曰：‘吾闻鸥鸟皆从汝游，汝取来，吾玩之。’明日之海上，鸥鸟舞而不下也。”由此，“鸥鸟忘机”成为一个成语，“鸥鸟”也成为淡泊隐逸、忘却心机的象征。

4. 语言积累

（1）什么是“飧”？

许慎《说文解字》云：“飧，餔也。从夕、食。”本义为晚饭。柳宗元《种树郭橐驼传》“吾小人辍飧饔以劳吏者”中的“飧”就是此义，而“饔”是早饭的含义。后来“飧”引申为熟食，杜甫《客至》“盘飧市远无兼味”中的“飧”就是此义。“飧”还有另外一个含义，指用水泡饭。从这个字的义项中，我们可以看出孔子所谓的“食不厌精，脍不厌细”（《论语・乡党》）。

（2）“呼取”的“取”是什么意思？

“取”在这里并非动词，而是助词，用于动词后，表示动态，相当于“得”。“呼取”的含义就是“唤得”，即把邻家老翁叫来。文天祥“人生自古谁无死，留取丹心照汗青”（《过零丁洋》）、郑燮“写取一枝清瘦竹，秋风江上作钓竿”（《予告归里画竹别潍县绅士民》）中的“取”都是这个用法。

三、诗心点点通

《客至》一诗，一般认为是杜甫在成都浣花溪草堂时的作品。题后原有作者自

注：“喜崔明府相过。”“明府”，汉魏以来对地方官员的敬称，唐以后多用以专指县令。“过”，即拜访，告诉我们这位拜访杜甫的客人就是崔县令。这位崔县令究竟是何许人也，如今已不可考，但这并不妨碍我们从诗中读出宾主两人相聚甚欢的一片深情厚谊。

诗歌的主题是“客至”，然而杜甫偏偏不从“客至”写起，而是先细致描绘自己所居草堂的生活环境：“舍南舍北皆春水，但见群鸥日日来。”这就表明草堂周围都有春水环绕，暗示此时正是春天江水上涨的时节，一片春光明媚、春意盎然，这不正适合与客人相聚吗？朱瀚点评：“首句用‘在水一方’诗意，次句用海翁狎鸥故事。”（仇兆鳌《杜诗详注》引）所谓“在水一方”，是指《诗经 · 蒹葭》：“蒹葭苍苍，白露为霜。所谓伊人，在水一方。溯洄从之，道阻且长。溯游从之，宛在水中央。”表现出诗人对于“伊人”，也就是客人的期盼与寻求。然而，草堂已久无来客，每天只有一群群的鸥鸟来与诗人相伴。我们之前已经讲过“鸥鸟忘机”的典故，“鸥鸟”是淡泊隐逸、忘却心机的象征，这既写出了草堂地处偏僻、无人到访，也体现出了诗人自身的高洁品性。

只有明白了杜甫所处的环境和背景，我们才能读懂诗歌的第三句，即“花径不曾缘客扫”。这一句正是紧承上句而来，不曾为客人清扫花间的小径，并非因为杜甫有意怠慢或不拘小节，确实是因为这个地方人所罕至、佳客难来。到这里，诸多的描写可谓为后一句客人的出场做足了铺垫。“蓬门今始为君开”，期盼已久的客人今天终于来了，别提诗人有多高兴了，他顿时觉得草堂蓬荜生辉，马上打开家门迎客。这样我们就明白为什么能从诗歌的前半部分读出“空谷足音之喜”（仇兆鳌《杜诗详注》引黄生语）了：在一向偏僻寂寥的草堂突然听闻有客人来到的消息，不是更加突出了诗人喜出望外的情感吗？这正是这首诗在构思上的巧妙之处。

那么，客人到了之后，诗人是如何招待他的呢？颈联巧妙地把笔墨集中于对酒食的描写：“盘飧市远无兼味，樽酒家贫只旧醅。”这两句诗的语言颇有特色，都是倒装句，正确的语序应是：“市远盘飧无兼味，家贫樽酒只旧醅。”意思是因为家离集市太远，所以盘中菜肴只能简单准备没什么花样；因为家境贫寒，所以杯中只能是旧酿之酒。这样的倒装句有一种拗峭之感，突出了“盘飧”与“樽酒”，也强调了简单的酒菜背后蕴含的是诗人的淳朴情意。

原本到这里，诗人已经交代完了如何招待客人的场景，不料尾联又宕开一笔：

“肯与邻翁相对饮，隔篱呼取尽余杯。”“肯”的含义是“乐意”，实际上可以看作诗人对客人的发问之词。诗人问客人：您是否乐意和邻家老翁一起相对畅饮呢？如果您乐意的话，我就隔着篱笆把他叫来，咱们一起把剩下的酒喝干净。从这样饶有情味的对话中，我们可以看出诗人与客人豪饮的兴致已经达到了极点，一定要痛痛快快、尽醉方休。再联系首联中的“群鸥”意象，黄生点评：“一时宾主忘机，亦可见矣。”（仇兆鳌《杜诗详注》引）在一片热闹中，主人和客人都忘却世俗的机心，只留下朋友间和邻里间的真心、真情与真趣。

这首诗看似平白如话，描写的也是杜甫在草堂的日常生活，充满村野的生活气息，但整首诗的构思和语言经过了诗人的巧妙经营，充满了自然的意趣。

四、思想会客厅

《唐诗归折衷》中点评杜诗：“吴敬夫云：‘临文命意，如匠石呈材，《早朝》必取高华，《客至》不妨朴野。昔人评杜诗，谓如周公制作，巨细咸备，以此也。’”我们现在一提到杜甫，第一反应就是想起他“诗圣”的尊称，他是我国现实主义文学的代表诗人，通过诗歌反映社会的悲惨现实，由此寄托他忧国忧民的深切情怀。固然没错，这是杜甫最为人所熟知的一面，却不是他完整的立体面。就以《客至》为例，杜甫呈现出来的是一个质朴、率真、热情的村野老头儿形象。每个人都有多面性，杜甫也不例外。在他的诗歌中，杜甫并不永远都是艰难潦倒、苦大仇深的形象，他也有村野质朴、狂放不羁的一面，甚至与李白有颇多相似之处。那么，就让我们来探寻一下多面的杜甫吧。

杜甫《望岳》“会当凌绝顶，一览众山小”表现出的是青年杜甫睥睨寰宇的志气与豪情，这是一种盛唐气象。青年杜甫还写过一首《画鹰》，尾联云：“何当击凡鸟，毛血洒平芜。”诗人以画中的苍鹰自比，苍鹰要搏击凡鸟，使之血洒平原，就像杜甫立志要一飞冲天，一鸣惊人。杜甫五十岁的时候曾回忆他十五岁时的样子：“忆年十五心尚孩，健如黄犊走复来。庭前八月梨枣熟，一日上树能千回。”（《百忧集行》）杜甫十五岁时依然稚气未脱，玩心很重，而且身体强健得像一头牛犊，整天健步如飞地来回奔跑。等到八月梨枣成熟的时节，杜甫竟然一天要爬树千回去摘取果实，真是一个不知疲倦、朝气蓬勃的少年形象。杜甫晚年还写过一首《壮游》，写自己年轻时“性豪业嗜酒，嫉恶怀刚肠。脱略小时辈，结交皆老苍。饮酣视八极，俗物都茫茫。东下姑苏台，已具浮海航。……放荡齐赵间，裘马颇清狂。春歌从台上，冬猎青丘旁”。可见，青年杜甫裘马轻狂、志在四方，喜欢喝酒，喜欢打猎。而这种少年习气直到杜甫晚年，还会时不时地发作。有一次，杜甫与宾客对酒当歌，喝到酒酣耳热之际，瞬间化身十几岁的少年，他策马扬鞭、风驰电掣，不料从马上坠落下来。闻知此事的朋友专程带酒来看望杜甫，杜甫既感到羞愧，却又为自己辩白“何必走马来为问，君不见嵇康养生遭杀戮”(《醉为马坠诸公携酒相看》)。这种年少轻狂、意气风发的快意情感，始终激荡在杜甫的生命中，其豪迈的气概，完全不输李白。

《壮游》开头写道：“往昔十四五，出游翰墨场。斯文崔魏徒，以我似班扬。七龄思即壮，开口咏凤凰。九龄书大字，有作成一囊。”这是杜甫回忆自己从小就富有才华，受到时人的肯定。从这个意义上说，杜甫对自己的才华是绝对自信的。然而命运跟杜甫开了一个玩笑。天宝六年（747年），志在必得的杜甫参加了科举考试，主持考试的权相李林甫因为担心有士子会在对策时指摘自己的恶行，竟然没有录取一个人，并跟唐玄宗说“野无遗贤”。杜甫的科举入仕之路被堵塞了，只能和唐代其他许多文人一样，走上干谒之路，希望得到权贵的引荐。杜甫给当时的尚书省左丞韦济写了一首《奉赠韦左丞丈二十二韵》，其中有云：“甫昔少年日，早充观国宾。读书破万卷，下笔如有神。赋料扬雄敌，诗看子建亲。李邕求识面，王翰愿卜邻。自谓颇挺出，立登要路津。致君尧舜上，再使风俗淳。此意竟萧条，行歌非隐沦。骑驴十三载，旅食京华春。”这虽然是一首干谒诗，但杜甫毫无卑躬屈膝之态，反而流露出舍我其谁的狂气和傲气：我的赋可与扬雄匹敌，诗可与曹植亲近。李邕想要认识我，王翰也愿意做我的邻居。我们熟悉的名句“读书破万卷，下笔如有神”并不是杜甫泛泛议论，而是他在描述自己！这种干谒时既想得到举荐又不甘贬低自己的情绪，不禁让我们想起李白的《与韩荆州书》。而杜甫不同于李白的一点是，从他“致君尧舜上，再使风俗淳。此意竟萧条，行歌非隐沦”的怀抱中可以看出，他于困顿之中正在慢慢地向“诗圣”成长与蜕变。

这种对文学事业的自信与担当，贯穿了杜甫的一生。杜甫晚年在梓州（今四川三台），想起小儿子宗武的生日，写了一首诗：“小子何时见，高秋此日生。自从都邑语，已伴老夫名。诗是吾家事，人传世上情。……”(《宗武生日》)杜甫说，我想起宗武的生日正是在深秋九月的这一天。自从我写了怀念你的诗，你的名字就伴随着我的名字为人所知。诗是我家祖辈相传的事业，而人们却以为这只是世间的寻常感情。可见，杜甫不仅以自己的诗才为傲，而且勉励自己的孩子把杜家的文学事业永远传承下去。杜甫确实有这么说的自信和底气，他的祖先可以追溯到西晋镇南大将军杜预，他的祖父是唐代著名诗人杜审言。杜甫曾称赞说“吾祖诗冠古”(《赠蜀僧闾丘师兄》)，而杜审言本人也极为自负。相传杜审言病重，他的朋友去看望他，杜审言却说：“我快死了，你们应该感到高兴，因为我要是活着，总是压着你们一头。我只是遗憾现在看不到有谁能代替我的位置啊。”杜甫身上的这种傲气，可以说正与他的祖父一脉相承。

我们从以上杜甫的诗歌中，不仅能看到一位忧国忧民、老病孤舟的“诗圣”，而且能看到杜甫身上的狂气、傲气、书生气、少年气，而这些方面，共同构成了一个真实而立体的杜甫。如果大家有兴趣，可以课外再搜集阅读相关资料，尝试着为杜甫“画像”。

五、练习步步高

（一）知识识记

填空。

（1）杜甫，字________，自称________，唐代伟大的现实主义诗人，与李白合称“________”。

（2）____________，但见群鸥日日来。花径不曾缘客扫，蓬门今始为君开。____________，樽酒家贫只旧醅。肯与邻翁相对饮，____________。（杜甫《客至》）

（二）诗心体悟

有人认为，“花径不曾缘客扫，蓬门今始为君开”（杜甫《客至》）一联表明杜甫不拘小节、蔑视世俗礼法、不轻易待客等清高的品格。你是否同意这种说法？

____

____

____

____

（三）思想碰撞

阅读诗歌，回答问题。

宾 至

杜 甫

幽栖地僻经过少，老病人扶再拜难。
岂有文章惊海内，漫劳车马驻江干。
竟日淹留佳客坐，百年粗粝腐儒餐。
不嫌野外无供给，乘兴还来看药栏。

请你比较分析《宾至》与《客至》中“宾”“客”形象的异同。

登快阁

一、原典选读

原文

登快阁

黄庭坚

痴儿了却公家事，快阁东西倚晚晴。
落木千山天远大，澄江一道月分明。
朱弦已为佳人绝，青眼聊因美酒横。
万里归船弄长笛，此心吾与白鸥盟。

今译

我这个“痴儿”办完了公事，登上快阁，东走走西走走，倚靠栏杆欣赏夕阳。

无数的秋山，落叶纷纷，天空显得更加辽阔和远大；一道清澈的赣江在快阁下流过，映照在水中的月亮显得更加明净和皎洁。

我的琴弦早已为了知己断绝，只有美酒姑且能让我露出青眼。

在万里江面上我要吹着长笛乘船归去，我的这颗心要和白鸥订立共同归隐忘机的盟约。

二、知识朋友圈

1. 关于黄庭坚。

黄庭坚（1045—1105 年），字鲁直，号山谷道人、涪翁，洪州分宁（今江西修水）人。治平四年（1067 年）进士，官校书郎、著作佐郎。黄庭坚在诗、词、散文、书、画等方面都有很高的成就，与张耒、晁补之、秦观都出于苏轼门下，合称“苏门四学士”。黄庭坚在诗歌上开创了江西诗派，被苏轼称为“山谷体”，又与苏轼齐名，世称“苏黄”。黄庭坚的书法自成风格，与苏轼、米芾和蔡襄齐名，合称“宋四家”。有《山谷集》。

2. 关于快阁。

快阁的历史最早可以追溯到唐代乾符元年（874 年），它位于当年建造的慈恩寺内，初名“慈氏阁”，因初为奉祀西方慈氏（俗称观音大士）之所。宋初太常博士沈遵任太和（今江西泰和）县令期间，将其改名为“快阁”。而等到黄庭坚登阁赋诗，快阁才真正名闻天下。此后，快阁在历史上经历了多次损毁与重修。宋末元初的程钜夫在《太和州重修快阁记》中说：“州曰太和，至治之称也。阁曰快，自得之谓也。治欲其至，而民欲其自得，盖相须也。”如今，快阁位于江西省吉安市泰和县城区东侧的泰和中学校园内。

3.“痴儿”是什么意思？

“痴儿”义为庸夫俗子，不过它又是一个用典，其原意并不好理解。《晋书·傅咸传》记载，傅咸为人直言敢谏，他直接批评了当时企图把持朝政的权臣杨骏。而杨骏的弟弟杨济与傅咸关系不错，就对傅咸说了下面这段话：“江海之流混混，故能成其深广也。天下大器，非可稍了，而相观每事欲了。生子痴，了官事，官事未易了也。了事正作痴，复为快耳。”这段话的意思是：杨济劝傅咸，天下事务这么多又这么复杂，岂能件件都要自己操心？所以当官得有像江海那样的宽广胸怀，还得有些难得糊涂的痴呆本事，这也就是人生之“快”了。因此这里“痴儿”的含义，实与孔子所说的“邦有道，则知；邦无道，则愚”(《论语・公冶长》）有异曲同工之妙。

4.“长笛”有什么象征意义？

“万里归船弄长笛。”为什么诗人要吹奏长笛，而不是别的什么乐器？因为长笛在中华传统文化中有其特定的象征意义。应劭《风俗通义》云：“笛者，涤也，所以荡涤邪秽，纳之于雅正也。”马融《长笛赋》云：“可以……写神喻意……溉盥污秽，澡雪垢滓矣。”可见，长笛在古代，有着涤荡污秽、澡雪精神的作用，能使人心归于雅正，因此是高洁、典雅的象征。这样也就和末句“白鸥”的意象形成了呼应。

5. 语言积累。

什么是青眼？青眼的典故出自《晋书・阮籍传》。阮籍善为青白眼，见到世俗礼法之士，就以白眼对待；见到喜欢的人，就以青眼对待。青即黑，青眼指黑色的眼珠在眼眶中间，青眼看人表示对人的喜爱或重视、尊重；而白眼指眼珠朝上或朝两边看时露出的眼白，用白眼看人，表示厌恶或轻蔑。这个典故引申出了一系列的词语，除了“青白眼”“青眼”“白眼”，还有“青睐”“青目”“垂青”等。

三、诗心点点通

这首诗题为“登快阁”，“快”在何处？

首句“痴儿了却公家事”，在写登快阁的所见、所思之前，诗人先交代了登快阁的背景：诗人自称“痴儿”，是一个用典，这在“知识朋友圈”中我们已经讲过。那么黄庭坚用此典故，又想表达什么呢？朱自清《诗多义举例》分析得非常精辟：“鲁直用‘生子痴，了官事’一典，却有四个意思：一是自嘲，自己本不能了公事；二是自许，也想大量些，学那江海之流，成其深广，不愿黏滞在了公事上；三是自放，不愿了公事，想回家与‘白鸥’同处；四是自快，了公事而登快阁，更觉出‘阁’之为‘快’了。”为什么黄庭坚会有如此想法？联系诗人生平，黄庭坚时任太和县令，又适逢王安石变法，他眼见新法在推行过程中对百姓造成巨大伤害，既想坚持自己的原则，又深感自己无能为力，在痛苦与无奈中只好自称“痴儿”，因此这里既有自嘲，又有自许、自放、自快的含义。“痴儿”好不容易了却了一天的公务登上了快阁，那么他做了些什么呢？第二句“快阁东西倚晚晴”告诉了我们答案。这一句中有两个词用得特别生动。一个词是“东西”，在这里用作动词，可以解释为“东走走西走走”，刻画出诗人在快阁上来来回回漫步赏景的悠然形象；另一个词是“倚”。从字面上看，“倚”的对象是“晚晴”，也就是夕阳，可是“晚晴”如何能“倚”呢？这就是诗人用字的匠心所在了。缪钺说“倚晚晴”“含有倚阁赏晚晴两重意思，如果用‘赏’字，就显得呆板了”（《诗词散论》）。在这里，人、阁（人文景观）、晚晴（自然景观）三者达到了浑然一体的境界。

颔联“落木千山天远大，澄江一道月分明”，描写诗人登上快阁之后所看到的景象。远望无数的秋山，落叶纷纷，我们一般会感到秋风萧瑟、秋意悲凉，可黄庭坚却说，正因为树叶都落下了，天空才显得更加辽阔和远大。清澈的赣江在快阁下流过，正因为水的澄净，所以映照在水中的月亮才显得更加明净和皎洁。这两句诗虽是写景，每句中间却包含着因果联系。此外，提到水和月，你能想到什么？你是否想起了苏轼的“客亦知夫水与月乎”（《赤壁赋》）？水与月，在佛教中有其特定的含义。有人说，这一联不仅写景，而且写出了一种心无杂念、物我两忘的禅境。因此，看到这样的景象，诗人似乎突然产生一种豁然开朗、明心见性的畅快之感。

颔联写景，颈联则用典。“朱弦已为佳人绝”，借“伯牙绝弦”的典故慨叹世无知己。我们要注意这一句中的一个虚词“已为”。这表明诗人不是从来都没有过知己，而是因为知己已经不在了，诗人才会如伯牙一般再也不抚琴了，由此不仅表达了知己难觅的思想，而且表达了没有知己的孤苦。“青眼聊因美酒横”运用阮籍的典故，意思是只有美酒才能让我露出青眼，可见诗人万般无奈之下，姑且只能以美酒作为自己的知己。这里的“横”字极有表现力，“横”是“睨视、斜着眼看”的意思，即使是露出青眼，诗人也是斜着眼看，流露出的是一副清高兀傲、不拘世俗礼法的态度。

尾联“万里归船弄长笛，此心吾与白鸥盟”，“长笛”和“白鸥”两个意象的象征意义我们前面已经讲过了，通过对这些意象的描写，诗人最终表达了想要吹着长笛、乘着归船，与鸥鸟约定，共同归隐忘机的理想。诗歌的结尾与开头相呼应，“痴儿”在了却公事之后，在官场与现实诸多的不快之中，渴求洒脱与适性，他盼望着能够自放于江湖，来获得真正的心灵的解脱、精神的快慰。整首诗围绕“快”字，首联叙写登阁，颔联描写景色，颈联用典怀人，尾联直抒胸臆，可谓一气呵成、贯注而下。清代方东树《昭昧詹言》点评此诗：“起四句且叙且写，一往浩然。五六句对意流行，收尤豪放。此所谓寓单行之气于排偶之中者。”

四、思想会客厅

黄庭坚是宋诗的代表人物，那么宋诗的特点是什么？唐诗和宋诗具体有什么区别呢？

关于唐宋诗的定义，历来聚讼纷纭。直到钱锺书在《谈艺录》中才给出了一个较为公允的论断：“唐诗、宋诗，亦非仅朝代之别，乃体格性分之殊。天下有两种人，斯分两种诗。唐诗多以丰神情韵擅长，宋诗多以筋骨思理见胜。”钱锺书说得很清楚，唐音宋调之别，关键不在朝代，而在诗人的精神气质、诗歌的艺术风貌。因此，一个唐代人可以写宋诗，而一个宋代人也可以写唐诗。具体说来，唐诗和宋诗的区别表现在以下几个方面：

第一，诗歌题材的拓展。宋代的梅尧臣写过一首诗《师厚云虱古未有诗邀予赋之》：“贫衣弊易垢，易垢少虱难。群处裳带中，旅升裘领端。藏迹讵可索，食血以自安。人世犹俯仰，尔生何足观。”从标题可以看出这首诗是一首宋诗，为什么呢？因为虱子在古人尤其是气象磅礴的唐代人看来，都是恶心的、不起眼的东西，所以自古以来没有诗歌专门写虱子。但宋代人就不一样，除了唐诗的常见题材，宋代人还特别关注了生活中细微而日常的一面，展现出真实的生活样貌。如果说唐诗是生活的写意，那么宋诗就是生活的写实。从这一点来看，我们前面学过的杜甫的《客至》可以说是宋诗的先声。黄庭坚有一个著名的理论，叫作“以俗为雅”，其中一个方面是指诗歌题材的日常化、通俗化，而另一方面是指诗歌语言的通俗化，如《登快阁》中的“痴儿”就是以俗语入诗的典型例子。

第二，从写法上说，严羽《沧浪诗话》总结了宋诗三个方面的特点：“以文字为诗，以议论为诗，以才学为诗。”所谓“以文字为诗”，也叫“以文为诗”，就是用散文的笔法来写诗。如黄庭坚的《登快阁》，谋篇布局上几乎可以看作一篇游记的写法，先记叙，后描写，然后用典，最后言志抒情，文字十分流畅，这样我们就明白为什么古人会评价这首诗是“能移太白歌行于律诗”（方东树《续昭昧詹言》）了。再如韩愈，前人评价他的诗歌乃“押韵之文耳”[《冷斋夜话》卷二记沈存中（括）语]。大家有兴趣可以找韩愈的《山石》来读一读，该作品也完全是游记的写法。而“以文为诗”的另一个特点是多用虚词和一些独特的句法。如《登快阁》的颈联，就运用了“已为”“聊因”两个虚词，使情感的表达更加曲折有致。再如宋代理学家邵雍有诗云：“知时所得诚多矣，养志其谁曰不然。”[《和王中美大卿致政二首》（其一）］几乎纯用虚词。钱锺书评价邵雍“专用语助，自成路数，而当时无与于文流者”（《谈艺录》）。宋诗还喜欢用一些独特的句式，有一个著名的例子，王钦臣的诗句“日斜奏罢长杨赋”（《召试学士院试罢作》），王安石将其改为“日斜奏赋长杨罢”，“以为如是乃健”（袁枚《随园诗话》）。这里王安石采用了倒装句式，是一种使诗歌矫健的写法，形成一种拗峭顿挫的效果。

“以议论为诗”，就是直接在诗中说理。其实在诗中议论古已有之，只不过宋代的理性思辨精神特别发达。如同样写庐山，李白会描写“飞流直下三千尺，疑是银河落九天”（《望庐山瀑布》），而苏轼会思考“不识庐山真面目，只缘身在此山中”（《题西林壁》）；同样写琴瑟，李商隐的“锦瑟无端五十弦，一弦一柱思华年”，一片扑朔迷离，而苏轼《题沈君琴》“若言琴上有琴声，放在匣中何不鸣？若言声在指头上，何不于君指上听”纯以议论写出，充满理趣，与唐诗重兴会的风格截然不同。

“以才学为诗”，是说宋代人作诗时能大量地引经据典，或是翻用前人现成的句子。这就是黄庭坚著名的“点铁成金”“夺胎换骨”的诗学主张。《登快阁》正是这一主张的典型体现，这首诗几乎每一句都能找到相应的出处。除了教科书上以及我们前面已经讲过的事典，还包含了许多的语典。例如，“快阁东西倚晚晴”就化用了“注目寒江倚山阁”（杜甫《缚鸡行》）、“西楼倚暮霞”（李商隐《闲游》）、“人间重晚晴”（李商隐《晚晴》）等诗句；“落木千山天远大，澄江一道月分明”会让我们想起“无边落木萧萧下，不尽长江滚滚来”（杜甫《登高》）、“木落寒山静，江空秋月高”（柳宗元《游南亭夜还叙志七十韵》）、“余霞散成绮，澄江静如练”（谢朓《晚登三山还望京邑》）等诗句。这首诗几乎做到“无一字无来处”（黄庭坚《答洪驹父书》对杜甫诗、韩愈文的评价）的境界了。

当然，以上只是一些理论化的表述，真要判断一首诗是唐诗还是宋诗，还需要理论联系实际，多阅读，多体味，多揣摩，才能慢慢掌握其中的要领。

五、练习步步高

（一）知识识记

填空。

（1）黄庭坚，字________，号________，是________（填文学流派名）的开山

人物。

（2）落木千山天远大，____________。朱弦已为佳人绝，____________。（黄庭坚《登快阁》）

（二）诗心体悟

请你赏析“快阁东西倚晚晴”（黄庭坚《登快阁》）中“倚”字的妙处。

（三）思想碰撞

阅读诗歌，回答问题。

过快阁

曾　丰

一回舣舰一翛然，境界非凡人是仙。
山是平沉眠吐月，江如倒激仰吞天。
宜州乃事一朝去，快阁之诗千古传。
正恐痴儿小痴耳，大痴身自与名全。

请你从景物特点和思想感情两个角度，分析《登快阁》与《过快阁》之间有何异同。

临安春雨初霁

一、原典选读

原文

临安春雨初霁

陆 游

世味年来薄似纱，谁令骑马客京华。
小楼一夜听春雨，深巷明朝卖杏花。
矮纸斜行闲作草，晴窗细乳戏分茶。
素衣莫起风尘叹，犹及清明可到家。

今译

人世情味近年来薄得像一层纱，是谁让我骑着马客居京城呢？

我在小楼里听了一夜的春雨，到了第二天早晨，又在深巷里听见了叫卖杏花的声音。

我铺开短纸，闲适地在纸上练习斜行草书；又在晴朗的窗前，玩起了“分茶”的游戏。

不要有白衣被京城的风尘染黑之叹，等事情完毕后返回，还来得及在清明节到家。

二、知识朋友圈

1. 关于临安。

问大家一个问题：南宋的京都在哪里？或许不少人会脱口而出：临安（今杭州）。虽然《宋史》中有宋高宗“定都于杭”的记载，但实际上南宋时期临安一直被称作“行在”。所谓“行在”，是指帝王巡幸所居之地，并非正式的京都。那么南宋官方承认的京都在哪里呢？在汴京，即北宋的都城。但汴京在当时已经沦陷，南宋为什么还要这么做呢？这实际上是南宋统治者表示自己具有继承北宋的正统合法性（所谓北宋南宋只是后人的叫法，不管北宋人还是南宋人，都只承认自己的国号为“宋”），也是向天下百姓表明一种不忘收复故都的态度与决心。因此“临安”这个名字，也有临时安置的政治寓意。只可惜这一宏愿终南宋之世都没有实现，也只有从这个意义上我们才能真正读懂宋代林升那首著名的《题临安邸》：“山外青山楼外楼，西湖歌舞几时休？暖风熏得游人醉，直把杭州作汴州。”

2. 什么是“晴窗细乳戏分茶”？

首先，什么是“细乳”？课文中注释为：“茶中的精品。一说指烹茶时浮起的乳白色泡沫。”两种解释中，应以后一种解释为是。为什么呢？这涉及“分茶”的含义。课文中注释为：“宋元时煎茶之法。注汤后用箸搅茶乳，使汤水波纹幻变出种种形状。”不过，根据现代学者蒋礼鸿的考证，所谓“分茶”并不是一种“煎茶之法”，而是“一种泡茶的游艺”，即“用沸水（汤）冲（注）茶，使茶乳幻变成图形或字迹”(《蒋礼鸿文集》)。北宋陶谷《清异录》记载：“馔茶而幻出物象于汤面者，茶匠通神之艺也。沙门福全，生于金乡，长于茶海，能注汤幻茶成一句诗，并点四瓯，共一绝句，泛乎汤表。小小物类，唾手办耳。檀越日造门求观汤戏，全自咏曰：‘生成盏里水丹青，巧画工夫学不成。却笑当时陆鸿渐，煎茶赢得好名声。’”是不是很神奇？陶谷还说，当时“分茶”有一个名字叫作“茶百戏”。“茶至唐始盛。近世有下汤运匕，别施妙诀，使汤纹水脉成物象者，禽兽虫鱼花草之属，纤巧如画；但须臾即就散灭。此茶之变也。时人谓之‘茶百戏’。”(《清异录》）可见，陆游所说的“晴窗细乳戏分茶”，是古人一种高雅且高难度的泡茶技艺。

3. 语言积累。

“霁”是什么意思？我们都很熟悉“霁”的一个义项——“雨过天晴”，如《红楼梦》中晴雯的判词第一句就是“霁月难逢”，暗示晴雯的“晴”字。那么“霁”的本义是什么呢？许慎《说文解字》云：“霁，雨止也。从雨，齐声。子计切。”这是把这个字看作一个形声字。不过清代段玉裁《说文解字注》曰：“《释天》：‘雨济谓之霁。’济，古多训止者，如‘厉风济则众窍为虚’是也。许云‘雨止’者，以诂训字易其本字也。凡止曰济，雨止则有霁字。《洪范》曰：‘雨曰济。’今古文皆如是。是尚书用济为霁也。”这是把“霁”看作形声兼会意字。因为从“齐”的“济”本身有“止”的含义，所以从雨从齐的“霁”就有“雨或雪止”的含义了。由“雨或雪止”的本义，我们可以推出“雨过或雪后天晴”的含义，再进一步推出“怒气消散，脸色转和”的引申义，如“霁颜”“色霁”等词语，就是这层含义。

三、诗心点点通

这首诗的标题是“临安春雨初霁”，告诉了我们写作的地点和时间。据考证，这首诗作于宋孝宗淳熙十三年（1186 年）春，这一年，陆游六十二岁。我们前面学过的《书愤》，也恰好作于这一年。在宦海中几经沉浮却始终壮志难酬的陆游在这一年被征召到临安，授官朝请大夫，权知严州事。这似乎意味着陆游的仕途有了转机，受到了朝廷的器重。然而在陆游觐见皇帝时，宋孝宗说：“严陵，山水胜处，职事之暇，可以赋咏自适。”（《宋史·陆游传》）意思是说，严陵是个山水秀丽之地，你在公事之余，可以吟诗作赋，来求得快意。弦外之音就是你还是写写闲诗陶冶性情吧，至于抗金北伐之类的国家大计，你就不要过问了。可见皇帝始终只是把陆游看作一位诗人，而非陆游所欲自许的“塞上长城”。在这个背景下，陆游写下了这首看似“赋咏自适”的作品。

“世味年来薄似纱，谁令骑马客京华。”整首诗先以对人生的慨叹起笔，人世情味近年来薄得像一层纱，可见诗人已经看透了世态炎凉。联系尾联，可以知道这里主要是表达对京城和官场的失望与厌恶，并不是一种完全消极的厌世情绪。既然已经看破了世道人情，那又是谁让我骑马客居京城呢？这其实是个设问句，答案很显然：除了诗人自己，还能有谁呢？诗人以此含蓄地表达了一种自嘲、不满而又无奈的情绪。一个“客”字，既点出诗人当时的身份与处境，又暗示出诗人对京城、对官场的隔膜与疏离的态度。

“小楼一夜听春雨，深巷明朝卖杏花。”颔联是千古名句，传神地描写出诗人在临安的活动、江南的自然景色与风土人情：诗人在小楼里听了一夜的春雨，到了第二天的早晨，又在深巷里听见了叫卖杏花的声音。这两句运用视觉、听觉等多角度描写，选取了几个具有代表性的意象，为读者勾勒出一幅写意的江南春景图：早春时节，小雨淅淅沥沥，杏花在雨中盛开，像是汇聚了所有的春色，而这一片江南春色又好像随着叫卖杏花的声音飞进了千家万户……烟雨蒙蒙，春色迷离，极富神韵。据说这两句诗深为宋孝宗激赏。

然而，如果只看到这一层意思，就未免有些肤浅了。我们可以继续追问：诗人为什么会听了一夜的春雨呢？显然这说明六十二岁的陆游一夜未眠。为什么会一夜未眠呢？联系诗人生平，可以知道陆游此时郁郁不得志，因为心事重重才难以入眠。因此诗中“听雨”的活动并不是出于雅兴，而是因为辗转难眠、百无聊赖。而诗人所处的地点，又为什么是“小楼”“深巷”呢？虽然感受到了江南的盎然春意，但诗人似乎并无意于走进这一片大好春光之中，由此引出颈联：“矮纸斜行闲作草，晴窗细乳戏分茶。”如果说颔联写景，那么颈联就是在描写诗人在“小楼”中的活动：诗人闲得无聊，就铺开短纸，泼墨挥毫，练习斜行草书；又在晴朗的窗前，玩起了“分茶”的游戏。这两句看似在写陆游作为文人雅士的闲情逸趣，但细细品味便会发觉不止于此。钱锺书《宋诗选注》中说：“草书大家张芝‘下笔必为楷则，号匆匆不暇草书’。”北宋也流行两句谚语：“信速不及草书，家贫难办素食。”(《皇朝类苑》) 可见练草书实际上只会比写楷书更加费时费力。而什么是“分茶”？在“知识朋友圈”中已经介绍过，这是一种难度颇高的泡茶技艺。因此陆游练习草书也好，练习泡茶技艺也好，都是为了打发时间，排遣无聊的心绪，我们要在表面的闲情逸致背后看到他深层次的寂寞与孤苦：毕竟，一心想着收复失地的陆游，此时却只能在京城小楼中做着“赋咏自适”的游戏。

“素衣莫起风尘叹，犹及清明可到家。”尾联的这一感叹，也由此水到渠成。这里陆游用了陆机“京洛多风尘，素衣化为缁”(《为顾彦先赠妇》) 的典故，表达了自己不愿在肮脏的京城和官场上多待，意欲归家的急切心情，于是他迫不及待地盘算着回家的日期，如果现在回去，那么还来得及在清明节到家。这样，尾联就与前面三联形成呼应，此次来京，诗人无论是对国事还是对自己的前途都充满着失望、寂寞、愁苦、无聊的情绪，与其逗留于此，还不如早日回家。这既是一种不满，也是一种无奈的选择。

四、思想会客厅

谁是中国古代留下作品最多的诗人呢？陆游首屈一指。陆游说自己“六十年间万首诗”(《小饮梅花下作》)，现在流传下来的也有九千多首。据说陆游六十六岁时曾删定自己的诗稿，将四十二岁以前写的 18 000 多首诗只留下 94 首。前面学习《书愤》的时候我们已经提到，我们现在说起陆游，马上就会想起他“爱国诗人”的身份标签。这固然是陆游最壮烈的底色，但远远不能涵盖他诗歌与生命的所有。

陆游固然是一位出色的诗人，但他更想做的事无疑是投笔从戎，亲自上阵杀敌。陆游并不只是说说而已。陆游在四十七岁的时候入王炎幕府，这一时期，陆游不仅积极向王炎建言献策，而且亲自上前线参与作战。而尤为陆游所津津乐道的，是他的一次惊人的冒险：在一次打猎时，陆游和士兵居然遇到了一只猛虎！众人大惊失色，退无可退，而老虎已经像人一样站立起来，此时只见陆游挥舞长矛，奋力大呼，直刺猛虎。“耽耽北山虎，食人不知数。孤儿寡妇雠不报，日落风生行旅惧。我闻投袂起，大呼闻百步，奋戈直前虎人立，吼裂苍崖血如注。从骑三十皆秦人，面青气夺空相顾。”（《十月二十六日夜梦行南郑道中既觉恍然揽笔作此诗时且五鼓矣》）在陆游的奋战下，老虎瞬时血流如注，众人则脸色发青，面面相觑，被眼前的场景所震慑。

然而，心有猛虎，细嗅蔷薇，陆游不仅能打虎，而且喜欢养猫。陆游为什么要养猫呢？陆游有一组诗，标题为《赠猫》。其一云：“鼠穴功方列，鱼餐赏岂无。仍当立名字，唤作小於菟。”陆游希望这只猫能摧毁鼠穴、建功立业，到时候自然少不了给它鱼吃来作为奖赏。陆游还给自己的猫取了个名字叫“小於菟”，也就是“小老虎”的意思，仿佛在这只猫身上，也寄托着陆游自己的豪情壮志。其二云：“裹盐迎得小狸奴，尽护山房万卷书。”表明陆游花“重金”（裹盐）买来猫，是希望它能肩负起捕捉老鼠，从而保护好自己万卷藏书的重任。其三云：“执鼠无功元不劾，一箪鱼饭以时来。看君终日常安卧，何事纷纷去又回？”有的时候猫没抓到老鼠，陆游也不怪它，仍然按时给它喂饭，看到它乱跑，还会觉得纳闷，问：你到底是在干什么呢？这里用第二人称“君”来称呼猫，显得亲切、诙谐而有趣。我们可能很熟悉陆游的一首诗《十一月四日风雨大作》，殊不知这也是组诗，我们熟悉的是组诗的第二首（僵卧孤村不自哀），而其一云：“风卷江湖雨暗村，四山声作海涛翻。溪柴火软蛮毡暖，我与狸奴不出门。”在风雨如晦的时刻，猫成为陆游最大的慰藉。

陆游的诗还有很大一部分反映自己的日常生活，也为人所称道。钱锺书《宋诗选注》说：“他的作品主要有两方面：一方面是悲愤激昂，要为国家报仇雪耻，恢复丧失的疆土，解放沦陷的人民；一方面是闲适细腻，咀嚼出日常生活的深永的滋味，熨帖出当前景物的曲折的情状。……然而，除了在明代中叶他很受冷淡以外，陆游全靠那第二方面去打动后世好几百年的读者。”如《临安春雨初霁》，一直以来动人的原因恐怕是传神地点染出了江南的风物与文人的趣味，尽管这些并非陆游的本意。类似的作品还有在《红楼梦》中特别为香菱所喜爱的那一首：“美睡宜人胜按摩，江南十月气犹和。重帘不卷留香久，古砚微凹聚墨多。月上忽看梅影出，风高时送雁声过。一杯太淡君休笑，牛背吾方扣角歌。”[《书室明暖终日婆娑其间倦则扶杖至小园戏作长句》（其二）] 这些作品虽然境界不大，情感也不激烈，但是写出了古代文人墨客的生活细节与精致的审美趣味，真实、细腻而隽永，自有其动人之处。

他除了壮怀激烈的一面为人所熟知，陆游还有侠骨柔肠的一面，他的爱情故事被世人广为传颂。陆游在二十岁的时候和唐琬结婚，本来夫妻两人感情甚笃，不料陆游的母亲偏偏对唐琬不满，认为两人情意缠绵耽误了陆游的科举功名，同时以唐琬数年无子为由，逼迫陆游休妻。陆游不敢违抗母命，此后不久，陆游另娶王氏，唐琬改嫁赵士程。若干年后，陆游来到山阴沈园游览，竟恰好遇到了赵士程、唐琬夫妇。两人再次相见，身份却早已不同往日，纵有千言万语，匆匆一见，却只有无言的分离。于是陆游百感交集，在墙上写下了这首著名的《钗头凤》：“红酥手，黄縢酒。满城春色宫墙柳。东风恶，欢情薄。一怀愁绪，几年离索。错，错，错！春如旧，人空瘦。泪痕红浥鲛绡透。桃花落，闲池阁。山盟虽在，锦书难托。莫，莫，莫！”不久以后，唐琬郁郁而终，给陆游心里留下了温柔的旧梦与永远的伤痕。直到八十四岁的时候，在陆游去世的前一年，他再一次来到沈园，写下了这首《春游》：“沈家园里花如锦，半是当年识放翁。也信美人终作土，不堪幽梦太匆匆。”这场幽梦伴随着陆游的一生，也令后人不断唏嘘、叹惋。

能够留下这么多诗歌，是陆游之幸，亦是后人之幸。由此，我们得以全面地认识陆游，看到在诗歌中被不断塑造和定格的一个至情至性的放翁。

五、练习步步高

（一）知识识记

填空。

（1）诗歌当中的“京华”是指__________（填地名）。

（2）小楼一夜听春雨，______________________。矮纸斜行闲作草，______________________。（陆游《临安春雨初霁》）

（二）诗心体悟

请你赏析《临安春雨初霁》的颔联。

____

____

____

____

（三）思想碰撞

阅读诗歌，回答问题。

剑门道中遇微雨①

陆 游

衣上征尘杂酒痕，远游无处不消魂。
此身合是诗人未？细雨骑驴入剑门。

注释 ①此诗写于诗人由陕西汉中南郑前线被贬四川成都途经剑门关时。

请你分析《临安春雨初霁》与《剑门道中遇微雨》中诗人形象的异同。

（聂鑫 编）

下编··课外古诗文

第一单元

《老子》选读

单元概说

中国士大夫的思想来源无出儒、道、佛三家。

入世兼济天下者用儒学勇猛精进，知其不可为而为之。出世独善其身者用道、佛明哲保身，潇洒飘逸。

入世是求得，是欲望的本能。出世是放下，是理性的智慧。

年轻人“狂踩油门”，在“有为”中释放生命，获得快感。年长者则更懂得“适时刹车”，用“无为”控制欲望的狂飙，不让欲望急于自我表现而导致破坏和毁灭。放下的精神，是老辣的智慧，是人生的境界。

《老子》就是这样一部睿智深刻、意境深远、教人智慧的书。

《庄子 · 天运》记载：“孔子见老聃归，三日不谈。弟子问曰：‘夫子见老聃，亦将何规哉？’孔子曰：‘吾乃今于是乎见龙！龙，合而成体，散而成章，乘云气而养乎阴阳。予口张而不能嗋，予又何规老聃哉？’”

《庄子》行文固然有文学性的成分，真假难辨，但“龙”的比喻很传神地传递了老子神秘又高蹈的形象。《史记 · 老子韩非列传》写了三个老子，老聃、老莱子、周太史儋，加起来仅 435 字，和洋洋洒洒、具体清晰的《孔子世家》形成鲜明对比。其中写老聃的占 236 字。老聃姓李，名（小名、私名）耳，字（成年后的大号）聃，从名字推测，他可能耳朵很大。

老子任周朝守藏室的史官。在周朝久了，“见周之衰，乃遂去”。出函谷关时，关令尹喜曰：“子将隐矣，强为我著书。”于是老子才“著书上下篇，言道德之意五千余言而去，莫知其所终”《史记 · 老子韩非列传》。写了《老子》五千余字以后，没人知道他去哪里了。至于孔子死后一百二十九年，见秦献公的周太史儋是否就是老子，“世莫知其然”。

虽然事迹模糊，但可以确定的是，老子是个老寿星。《史记 · 老子韩非列传》记载，“盖百有六十岁，或言二百余岁”，“修道而养寿”，所以《老子》追求的是自适、自足、自然。其博大、宽容、像天一样看似无情却又目光深远，这些都体现了《老子》是老人的智慧，其所追求的“无为”“不争”“柔弱”“报怨以德”并非浅薄、懦弱，反而是很高的境界、很大的气象，是大国君主、智慧老人或有远见卓识的年轻人才会拥有的不事计较和高瞻远瞩。

《老子》又称《道德经》，分为《道经》和《德经》两部分。今本《道德经》共八十一章，一至三十七章是《道经》，三十八至八十一章是《德经》。《老子》统共五千余字，没有人物，没有故事，寂兮寥兮，空旷寂静，读其书，如入无人之境。

八十一章多为短章、押韵，如“道可道，非常道；名可名，非常名”[《老子》（第一章）]，“知不知，尚矣；不知知，病也。是以圣人之不病也，以其病病也，是以不病”[《老子》（第七十一章）]，好像顺口溜。《老子》因其深邃、高蹈、智慧、上口，深得时人和后人的喜爱，很早就被奉为经典。1973年湖南长沙马王堆三号墓出土的前200年左右的帛书有《老子》。1993年湖北荆门郭店一号楚墓出土的前300年左右的楚简中也有《老子》。在之后的乱世中，《老子》更是人们心灵的支撑，它使人从纷扰中超拔出来，在挫折中圆融自在，在面对物欲、名利和欲望的躁动时，获得心灵的安宁和解脱。因而，战国和汉代的人们还想将《老子》带去另一个世界。但人们对《老子》的喜爱也引发版本众多的问题，出土楚简、帛书作为古本自然不可略过，后来的各种传世本也是众说纷纭，改动甚多，其中最广泛流行的是曹魏时王弼的注本。

本单元将分可道非常道、反者道之动、无为无不为、柔弱胜刚强四个部分来介绍《老子》的思想。

可道非常道

一、原典选读

原文

老子（第一章）

道①可道②，非常道③；名可名，非常名。无名，天地之始；有名，万物之母。故常无欲，以观其妙；常有欲，以观其徼④。此两者，同出而异名，同谓之玄，玄之又玄，众妙之门。

注释

①道：宇宙、世界、社会、人生的总根源和总根据。②道：言说。③非常道：不是长久不变的道。常：在马王堆帛书本中为“恒”，后人为避汉文帝刘恒讳而改为常。④徼（jiǎo）：索求。引申为功用。

今译

道，可以言说，但不是长久不变的道；名，可以据实而定，但不是永恒不变的名。无名，是天地的初始；有名，是万物的开端。所以经常保持无欲的心境，才能体察其中的奥妙；经常保持欲望追求，才能看出道的功用。这两者，同一个出处而名称不同，都幽深莫测，幽深莫测而又幽深莫测啊，是解开所有奥妙的门径。

原文

老子（第二十五章）

有物混成，先天地生。寂兮寥兮，独立而不改①，周行而不殆，可以为天地母。吾不知其名，字之曰道，强②为之名曰大③。大曰逝④，逝曰远⑤，远曰反⑥。故道大，天大，地大，王⑦亦大。域⑧中有四大，而王居其一焉。人法地，地法天，天法道，道法自然。

注释

①独立而不改：形容道的绝对性和永存性。 ②强：勉强。 ③大：与“道”同义。 ④大曰逝：道无所不包又周流不息、时刻演进。逝：周流不息，时刻演进。 ⑤远：宇宙历史演进愈久，民智愈进，奸伪愈多，离真愈远。 ⑥反：同“返”。民离真愈远，圣人应当以“无为”教化，使民返回纯真的境地，可参见《老子》(第四十章)。 ⑦王：王乃人中之尊，故以“王”代表“人”，由后文“人法地”可知。 ⑧域：宇宙。

今译

有一个浑然的东西，在天地生成前就存在。没有声音没有形体，独立长存却从不改变，循环运行而不休止，可以说是万物的根源。我不知道它的名字，尊敬地称它为“道”，勉强称它为“大”。道无所不包又周流不息、时刻演进，周流不息、时刻演进而愈行愈远，愈行愈远而回到本原。所以说道大，天大，地大，王也大。宇宙中有四大，王是其中之一。人取法地，地取法天，天取法道，道取法自然。

原文

老子（第三十八章）

上德不德，是以有德；下德不失德①，是以无德。上德无为而无以为②，下德为之而有以为，上仁为之而无以为，上义为之而有以为，上礼为之而莫之应③，则攘臂而扔④之。故失道而后德，失德而后仁，失仁而后义，失义而后礼。夫礼者，忠信之薄而乱之首。前识者，道之华而愚之始。是以大丈夫处其厚，不居其薄，处其实，不居其华。故去彼取此。

注释

①不失德：因唯恐失德而导致从不失德。 ②无以为：不刻意，不人为，无目的。 ③莫之应：无人回应。 ④扔：牵引。

今译

上德之人不自恃有德，所以有德；下德之人唯恐失德，因而没有德。上德之人不人为地做、不刻意地做，下德之人有所作为并有意为之，上仁之人有所作为但不刻意，上义之人有所作为并有意为之，上礼之人有所作为却无人回应，便扬起胳膊，加以牵引，使人强从。所以丧失了道的人才讲德，丧失了德的人才讲仁，丧失了仁的人才讲义，丧失了义的人才讲礼。礼，标志着忠信的弱化，是祸乱的开端。预先设定的标准，是道德的表象，是愚蠢的开始。因此大丈夫立身于道之淳厚处，而远离道之薄弱处，处于道的核心，而不处于道的表象。所以舍弃下德而采取上德。

原文

老子（第四十二章节选）

道生一，一生二，二生三，三生万物。

今译

道生成一，一生成二，二生成三，三生成万物。

原文

老子（第七十七章节选）

天之道，损有余而补不足；人之道，则不然，损不足以奉①有余。孰能有余以②奉天下？唯有道者。是以圣人为而不恃③，功成而不处，其不欲见贤④。

注释

①奉：供奉。 ②以：表目的。 ③恃：依仗。 ④见贤：显现才能、道德。

今译

天道运行的法则，是减少有余来补充不足；人世的规则，却不是这样，是剥夺不足来供奉有余。谁能拿出有余的东西来供奉天下？只有有道的人。因此圣人有所作为但不依仗自己的才能，有所成就却不居功，他是不想显现自己的才能、道德。

二、知识朋友圈

1.“道可道，非常道”。

这部分的内容关心道，即宇宙、世界、社会、人生的总根源和总根据，其运行原则是什么？“道法自然”。“自然”以自发、和谐为最高原则，避免强力的介入和不和谐的冲突。道在人类认识它的过程中呈现怎样的特性？“道可道，非常道；名可名，非常名。”真正的道不可言说，超越人类有限的生命和感知能力。老子对道的认识是模糊的，正如我们现在对宇宙起源的认识也还是模糊的。这种创造论的模糊性，并非老子哲学的缺点和局限，而恰恰是其高妙过人之处。

2. 语言积累。

道。小篆写作。清代段玉裁《说文解字注》曰：“道，所行道也。《毛传》每云行道也。道者人所行，故亦谓之行。道之引申为道理，亦为引道。”

三、文心点点通

真正的道不可言说。“无名”即不可道、不可名，也就是超越人类有限的生命和感知能力。“有名”即可道、可名，也就是人类通过感性、知性或理性来认识与描述。万物起源既有“无名”而不可知的一面，又有可知而“有名”的一面，两者一体两面、相反而为一，因而“玄之又玄”。万物从无到有，从简单到复杂，从“无名”之始到“有名”之母，人类既知那里有一个共同根源，又不知其究竟，因而只能以比喻的方法称之为“众妙之门”。

可见，本节的中心是从认知的角度讨论宇宙总根源——道，以及“无名”“有名”的辩证关系，而非直接讨论道之本体论。不可道、不可名不仅是因为某人语言表达能力或词汇的运用能力不够，而且是指人类整体的基本认识能力的局限。因此“无名”“有名”并非指有没有一个名称，而是说，宇宙之根本及万物之演变，既有可以认识、描述的一面和阶段，又有超越常规认知能力，有不可认识、不可描述的一面和阶段。

对于道，只有保持无欲的心境，才能得其妙。无欲，即摆脱私欲，不再着眼于个体的一孔之见，以更开阔的视角、坦然的心境面对这个世界。在功利之外，达到一种境界，方能得观世界之妙。

四、思想会客厅

《老子》（第一章）的“道可道，非常道”和西方的不可知论，以及科学中的暗物质有相近之处。

不可知论，与可知论相对，是一种哲学的认识论，认为除了感觉或现象，世界本身无法认识。最初由英国博物学家托马斯·亨利·赫胥黎于 1869 年提出。不可知论断言人的认识能力不能超出感觉、经验或现象的范围，不能认识事物的本质及发展规律。

大卫·休谟是近代欧洲不可知论的主要代表人物之一。他指出，认识完全局限在经验的范围内，人不仅不能感知和证明物质实体的存在，而且不能感知和证明精神实体（包括宗教）的存在。

近代欧洲不可知论的另一个重要代表人物是康德。他对物自体的存在予以肯定，又指出，刺激人们的感官而引起感觉的物自体的本来面貌是不可认识的；作为一切精神现象最完整的统一体的灵魂、作为一切物理现象最完整的统一体的世界和作为最高统一体的宗教都不是认识的对象，而属于信仰的领域。

而科学中的暗物质是理论上提出的可能存在于宇宙中的一种不可见的物质，它可能是宇宙物质的主要组成部分，但又不属于构成可见天体的任何一种已知的物质。大量天文学观测中发现的疑似违反牛顿万有引力的现象可以在假设暗物质存在的前提下得到很好的解释。

现代天文学通过天体的运动、牛顿万有引力的现象、引力透镜效应、宇宙的大尺度结构的形成、微波背景辐射等观测结果表明暗物质可能大量存在于星系、星团和宇宙中，其质量远大于宇宙中全部可见天体的质量总和。结合宇宙中微波背景辐射各向异性观测和标准宇宙学模型，可确定宇宙中暗物质占全部物质总质量的 85%，占宇宙总质能的 26.8%。

《老子》讲“道”，讲求科学、规律，也讲“非常道”，即在讲求科学的同时要保持敬畏心。这和不可知论的实事求是精神相似，和暗物质源自科学理论也异曲同工。

五、练习步步高

（一）知识识记

1. 填空。

（1）名可名，______________。[《老子》（第一章）]

（2）玄之又玄，________。[《老子》（第一章）]

（3）故道大，________，地大，王亦大。[《老子》（第二十五章）]

（4）人法地，地法天，天法道，________。[《老子》（第二十五章）]

（5）上德不德，________。[《老子》（第三十八章）]

2. 解释下列加点的字词。

（1）上德无为而无以为（　　　　）

（2）则攘臂而扔之（　　　　）

（3）是以圣人为而不恃（　　　　）

（4）其不欲见贤（　　　　）

3. 将下列句子翻译成现代汉语。

（1）道可道，非常道。

____

（2）人之道，则不然，损不足以奉有余。

____

（二）文心体悟

《老子》（第七十七章）中说：“天之道，损有余而补不足。”请谈谈你的理解。

____

____

____

____

（三）思想碰撞

阅读下列材料，利用工具书疏通文意，再查阅相关资料，回答问题。

材料一：

老子（第一章节选）

道可道，非常道；名可名，非常名。无名，天地之始；有名，万物之母。

材料二：

老子（第四十二章节选）

道生一，一生二，二生三，三生万物。

材料三：

科学实验之道（节选）[1]

沈　颖

暗物质存在这一理论已逐渐被天文学和宇宙学界广泛认可。根据已有的观测数据综合分析，暗物质的主要成分不应该是目前已知的任何微观基本粒子。当今的粒子物理学正在通过各种手段努力寻找暗物质，探索暗物质粒子属性。

材料四："在列宁看来，既承认我们的感觉有一个物质的来源，但又把它们能否给予我们关于物质世界的正确信息看作一个悬而未决的问题，这只是玩弄字眼而已。"[2]

问题：列宁认为"不可道"只是"玩弄字眼而已"，你认同这个看法吗？

[1] 沈颖：《科学实验之道》，杭州：浙江教育出版社，2019 年，第 117 页。

[2] [英] 汤姆·博托莫尔：《马克思主义思想辞典》，陈叔平等译，郑州：河南人民出版社，1994 年，第 11 页。

反者道之动

一、原典选读

老子（第二章）

原文

天下皆知美之为美，斯①恶已；皆知善之为善，斯不善已。故有无相生②，难易相成，长短相形，高下相倾③，音声④相和，前后相随。是以圣人处无为之事，行不言之教，万物作⑤焉而不辞，生而不有，为而不恃⑥，功成而弗居。夫唯弗居，是以不去。

注释

①斯：这，指代天下皆知美之为美。 ②有：存在。无：不存在。有无相生：存在会变成不存在，不存在会变成存在，看似对立的东西往往彼此转化、互相依赖。 ③倾：汉简和帛书本都作“盈”，后可能因避汉惠帝刘盈讳而改作“倾”。“盈”本义为如山谷般对立存在，山越高，谷越显得深。 ④音：乐器的声音。声：人声。 ⑤作：发展生长。 ⑥恃：依仗。

今译

天下都知道美的事物称为美，这就产生了恶；都知道善的事物称为善，这就产生了不善。所以有和无互相生成，难和易互相转化，长和短的概念是在互相比较中产生，高与低对立存在，乐声和人声互相应和，前与后互相追随。因此圣人做不作为的事，施行不言说的教化，万物发展生长圣人却不作居功之辞，万物生长圣人却不占为己有，有所作为却不自恃己能，功成名就圣人却不以功臣自居。正因为圣人不居功自傲，因此他的功绩不会消失。

老子（第四十章）

原文

反者道之动，弱者道之用①。天下万物生于有，有生于无。

注释

①用：许慎《说文解字》注为“可施行也”。

今译

道的运动是反复的，道的作用是柔弱的。天下万物生于有，有生于无。

老子（第四十一章）

原文

上士闻道，勤而行之；中士闻道，若存若亡；下士闻道，大笑之。不笑不足以为道。故建言①有之：明道若昧②，进道若退，夷道若颣③，上德若谷④，大白若辱⑤，广德⑥若不足，建德若偷⑦，质真若渝⑧，大方无隅⑨，大器晚成，大音希声，大象无形。道隐无名。夫唯道，善贷且成⑩。

注释

①建言：成语或书名。　②昧：暗。　③夷：平坦。颣（lèi）：不平坦。　④谷：空虚。　⑤辱：黑垢。　⑥广德：双关，广得，犹言广德，类似“玄德”“孔德”“建德”。　⑦建：同“健”，指勤奋有为。偷：怠惰。　⑧质真：本质纯真。渝：改变。　⑨大方无隅：方形有四个角，大方却没有这些角。　⑩善贷且成：此句帛书本作“善始者善成”。贷：施与。

今译

上士听了道，努力去施行；中士听了道，感觉若有若无；下士听了道，大加嘲笑。如果下士不嘲笑，也就不足以称作道。所以成语说：光明的道路好像黑暗，前进的道路仿佛后退，平坦的道路看似崎岖，真正的德虚怀若谷，清白的好像有污点，广大的德仿佛不足，勤奋好像怠惰，本质纯真却仿佛受污染变化，最大的方形好像没有棱角，最大的器物很晚成型，最大的乐声好似没有声音，最大的形象却不见行迹。道幽隐没有名称。只有道，善于辅助万物并使之完成。

二、知识朋友圈

1.“反者道之动”。

“反”是老子辩证思想的核心，相反的事物彼此对立，又相互依存、相互运动。以“难易”为例，难会因方法得当而变易，易会因心情紧张而变难，不同人对“难易”程度的理解不同，所以两个对立概念往往相依、相生、互转，体现了事物向自己对立面发展、转化的辩证规律。另外，包含了反面因素的事物常常呈现更圆满的、更正面的状态，如“大成若缺”[《老子》（第四十五章）]。这种较完满的状态可防止事物激烈的突发的变化，维持了社会的长期稳定。“反”并非要否定世俗所肯定的，肯定世俗所否定的，而是要纠正常识的偏见，去除认识的盲点，使大家的思考更深刻、更全面。

2. 语言积累。

（1）弱。小篆写作弱，从二弓、二彡，弓形弯曲，彡为须毛，表示柔软。本义为柔软而容易弯曲。引申为力量小、势力差、不足、年幼。许慎《说文解字》云：“弱，桡也。上象桡曲，彡象毛牦桡弱也。弱物并，故从二弓。”清代段玉裁《说文解字注》曰：“直者多强，曲者多弱。”但在老子看来，“弱”意味着依顺、扶持、配合，有大的功效。

（2）用。小篆写作用。许慎《说文解字》云：“用，可施行也。”上古先民往往占卜后决定事情是否可行，故本义为可以施行。引申为使用、功能、功效、费用、需要。通过解字，我们了解到道在操作层面上绝非强悍有力、高高在上，反而是以“弱”的形态，以柔顺、辅助的面貌呈现。这才是道的精髓，本质高深莫测，呈现却深入浅出。

三、文心点点通

“反者道之动”中的“反”不是反抗、反对的“反”，而是相反的“反”。“反”是老子辩证思想的核心，相反的事物彼此对立，又相互依存、相互运动。以“有无相生”来说，从无到有，是走向反面，从有到无也是走向反面。“反者道之动”，是说正反相依、正反相生、正反互转，体现了事物向自己对立面发展、转化的辩证规律。

“天下皆知美之为美，斯恶已；皆知善之为善，斯不善已。”这句话的含义非常丰富。

第一层关于概念。天下人都知道美的事物称为美，丑恶的意识就诞生了；天下人都知道善的事物称为善，不善的概念就出现了。美与恶、善与不善的概念都是成对出现的，也是相对存在的，没有美的概念就没有恶的概念，没有善的概念就没有不善的概念。概念本身是共生互存的。

第二层关于行为。天下人都知道善的事物称为善，但在追求的过程中，也许产生了恶。助人固然是善，但助人为恶、助人求名不能说是善。良好的目的不能保证良好的结果。

第三层关于风气。天下人都以为一种形式的美是美，这种情况本身就是丑恶的；大家都以为一种形式的善是善，这种风气恰恰是不善的。刘笑敢以为：“大家趋之若鹜的盲从是对美的毁灭，是伪善和假善而售奸的开始。如露脐的短上衣是一种时装之美，但是如果人人都穿，则一定破坏了大家的美感，引起了丑的感觉。又如自发自顾地从事慈善事业是一种善，如果仅仅将慈善行为作为报考名牌大学的资本，则是不善。老子敏锐地对盲目追求世俗价值的倾向进行了批评。……老子表达了自己的追求，即希望达到，虽美而不自以为美，实善而不自我标榜之善。这样的美和善是自然的美、自然的善。自然的美和自然的善必然是活泼的、多样的、多元的，不会成为千篇一律的美和刻板僵化的善。这也流露了老子崇尚自然的价值取向。”[1]

“天下皆知美之为美，斯恶已；皆知善之为善，斯不善已”也传递了美与恶、善与不善互相转化、相生相成的观念，为后文“有无”“难易”“长短”“高下”的辩证统一做了铺垫。以“难易”为例，一件困难的事，如果方法得当又积极努力，就可以变得比较容易；反之，如果方法不当或态度消极，那么本来不难的事也变得困难和复杂。同时，对甲是困难，对乙是容易。难与易本来没有确定的标准，完全视具体情况，所以可以说“难易”相反相成。

下士闻道，大加嘲笑，这说明道有不易理解、实践的一面。

老子追求的人生是自然、自适、自足，向往的是有序、和谐的状态。对很多人来说，这是不可能实现的目标，因为人们普遍相信，没有强权就没有秩序，没有拼搏就没有自足。《老子》（第七十章）中说：“吾言甚易知，甚易行；天下莫能知，莫能行。”这说明，老子的道既有其普通、易行的一面，也有其非常难以落实的一面。其实老子之道，只要承认自然的和谐高于强制的秩序，认为自然的人生高于拼斗的人生，就有办法从现实的争斗、困境中逐步脱身。这不仅有利于自己摆脱是非利害的束缚，也有利于减轻、缓和社会上的怨戾不安之气。但要做到这样非常难，难以实行的原因是，人们习惯于通常的或世俗的价值观念，在世俗的攀比争胜的价值体系中不能超越，不能自拔，不能退身自适。

“明道若昧，进道若退，夷道若颣。”刘笑敢以为：“这些正反相若并存的情况正是历史与现实中的真实。那些明而无昧，进而无退，平而又平的通天之途大多是

[1] 刘笑敢：《老子古今：五种对勘与析评引论》（上卷），北京：中国社会科学出版社，2006年，第112—113页。

幼稚的幻想之物，或者是别有用心的欺骗诱惑。”[1]

“上德若谷，大白若辱……大器晚成，大音希声，大象无形。道隐无名。夫唯道，善贷且成。”其中正面的形态容纳或表现了某种相反的因素。品德高尚，反而能虚怀若谷；真正的清白无须自我洗刷表白，反而好像在含垢忍辱。这些都是正而若反的现象，但正而若反并不是真的反，也不是正反不辨，反而是更高的正。伟大之事都有它们的反面的表现，而不是直接的伟大或纯粹的伟大，最伟大的道反而是无名之物，虽然无名，却能善始善终。

四、思想会客厅

《老子》的“反者道之动”和西方的辩证法颇有相近之处。

苏格拉底把辩证法看作通过对立意见的争论而发现真理的艺术。

柏拉图把辩证法看作通过揭露对方论断中的矛盾并加以克服的方法，还把辩证法看作认识“理念”过程中由个别到一般，又由一般到个别的方法。他认为，借助辩证法可以由个别理念上升到普遍理念，又从普遍理念回到个别理念，因此他把辩证法作为“理想国”中教育的最高阶段的内容。他认为，对立的东西并不是绝对分裂的，而是互相联系、互相结合的，对立的东西是同一的，根本相反的东西可以处于同一关系之中。

亚里士多德探讨了辩证思维的最主要形式。亚里士多德研究了一和多、整体和部分、个别和一般、质料和形式、潜能和现实等范畴之间的关系，其中包含对立面相互联系和转化的思想。

近代，德国古典哲学家黑格尔第一次把世界描写为一个过程，认为“一切事物本身都是矛盾的”(《逻辑学》)，无论是自然的、历史的还是精神的世界，都是充满矛盾的过程，并且正是矛盾引起了运动、变化和发展。他说，我们“可以在一切种类的对象中，在一切的表象、概念和理念中发现矛盾。认识矛盾并且认识对象的这种矛盾特性就是哲学思考的本质”(《小逻辑》)。他还说，矛盾是一切运动和生命力的根源；事物只因为自身具有矛盾，它才会运动，才具有生命力。

---

[1] 刘笑敢:《老子古今：五种对勘与析评引论》(上卷)，北京：中国社会科学出版社，2006年，第434页。

19 世纪中叶，马克思和恩格斯总结了唯物辩证法的三个基本规律，分别是对立统一规律、质量互变规律、否定之否定规律，使辩证法在历史发展中第一次取得了真正科学的形态。

这三者和《老子》的“反者道之动”异曲同工。质量互变规律揭示了一切事物运动、变化、发展的两种基本状态，即量变和质变以及它们之间的内在联系和规律性；否定之否定规律揭示了事物由矛盾引起的发展，即由肯定到否定再到否定之否定的螺旋式的前进运动。

五、练习步步高

（一）知识识记

1. 填空。

（1）天下皆知美之为美，______________。[《老子》（第二章）]

（2）______________，斯不善已。[《老子》（第二章）]

（3）故有无相生，难易相成，______________，______________。[《老子》（第二章）]

（4）是以圣人处无为之事，行不言之教，______________。[《老子》（第二章）]

（5）______________，______________，功成而弗居。夫唯弗居，是以不去。[《老子》（第二章）]

（6）天下万物生于有，______________。[《老子》（第四十章）]

2. 解释下列加点的字。

（1）明道若昧，进道若退（　　　　　　　）

（2）上德若谷，大白若辱（　　　　　　　）

（3）建德若偷，质真若渝（　　　　　　　）

（4）大方无隅，大器晚成（　　　　　　　）

（5）夫唯道，善贷且成（　　　　　　　）

3. 将下列句子翻译成现代汉语。

（1）反者道之动，弱者道之用。

（2）上士闻道，勤而行之；中士闻道，若存若亡；下士闻道，大笑之。不笑不足以为道。

（二）文心体悟

《老子》（第四十五章）中说：“大成若缺，其用不弊。大盈若冲，其用不穷。大直若屈，大巧若拙，大辩若讷。躁胜寒，静胜热。清静为天下正。”请根据“反者道之动”谈谈你的理解。

（三）思想碰撞

阅读下列材料，利用工具书疏通文意，再查阅相关资料，回答问题。

材料一：《老子》（第二十八章）中说：“知其雄，守其雌……知其白，守其黑……知其荣，守其辱……”

材料二：列宁说，辩证法“就是承认（发现）自然界的（也包括精神的和社会的）一切现象和过程具有矛盾着的、相互排斥的、对立的倾向”[《列宁选集》（第二卷）]。

材料三：毛泽东指出，唯物辩证法“主张从事物的内部、从一事物对他事物的关系去研究事物的发展，即把事物的发展看作是事物内部的必然的自己运动，而每一事物的运动都和它的周围其他事物互相联系着和互相影响着。事物发展的根本原因，不是在事物的外部而是在事物的内部，在于事物内部的矛盾性”[《毛泽东选集》（第一卷）]。

材料四：列宁说：“发展似乎是重复以往的阶段，但那是另一种重复，是在更高基础上的重复（否定的否定），发展是按所谓螺旋式而不是按直线式进行的；发展是飞跃式的、剧变的、革命的；渐进过程的中断；量到质的转化；对某一物体或在某一现象范围内或在某个社会内部发生作用的各种力量和趋势的矛盾或冲突造成发展的内因；每种现象的一切方面……都是互相依存的，彼此有极其密切而不可分割的联系，形成统一的、有规律的世界运动过程。这就是辩证法这一内容更丰富的（比通常的）发展学说的几个特点。”[《列宁选集》（第二卷）]

问题：老子的辩证法和后世的辩证法有相似之处吗？

无为无不为

一、原典选读

老子（第三十七章）

原文

道常无为，而无不为。侯王若能守之，万物将自化①。化而欲作，吾将镇②之以无名之朴。无名之朴，夫亦将无欲。不欲以静，天下将自定。

注释

①自化：自我化育，自生自长。 ②镇：安。本义并非约束性的压制。

今译

道通常不作为，但没什么事情做不成。侯王如果能持守它，万物就会自生自长。自生自长而至于贪欲萌生时，我就用道的真朴来安定它。道的真朴，使它知足无贪欲。知足无贪欲就趋于宁静，天下便自然复归于安定。

老子（第四十八章）

原文

为学①日益，为道②日损。损之又损，以至于无为。无为而无不

为。取天下常以无事③，及其有事，不足以取天下。

注释

①为学：求对于外物的知识。 ②为道：求对于道的体会。 ③取天下常以无事：自然而然地获得天下，是没有激烈战斗和重大牺牲，顺势而为地获得天下，是贯彻“无为”的原则而取得的结果，是“无为而无不为”的体现。老子的“自然无为”是要以更高明的原则和方法达到超常的理想和目标，而绝不是放弃在现实生活中的理想和追求。因此，把老子思想看作无所事事、无所追求显然是不对的。取：在《左传》中义为“言易也”“凡克邑不用师徒曰取”，即没有大的困难、大的阻力的意思。

今译

求学一天比一天增加知识，求道一天比一天减少知识。减少又减少，一直到“无为”的境地。顺应自然清静无为就没有什么事情做不成。得到天下常常要靠顺应自然清静无为，至于繁政扰民，就不足以得到天下。

原文

老子（第六十三章）

为无为①，事无事②，味无味③。大小多少④，报怨以德。图难于其易⑤，为大于其细⑥。天下难事，必作于易；天下大事，必作于细。是以圣人终不为大⑦，故能成其大。夫轻诺⑧必寡信，多易⑨必多难。是以圣人犹难之⑩，故终无难矣。

注释

①为：做。无为：无为的事。 ②事：劳民做。无事：不劳民伤财的事。 ③味：品尝。无味：没有味道的食物。 ④大小多少：解释有争议。一说：无论对方的怨是大是小，是多是少，都要以德报怨；另一说：把小的当作大的，把少的当作多的，即下文“为大于其细”。 ⑤图难于其易：谋难事要从容易的事入手。 ⑥为大于其细：做大事要从细小的事入手。 ⑦终不为大：始终不自以为大。 ⑧轻诺：轻易允诺。 ⑨易：看轻。 ⑩是以圣人犹难之：所以圣人尚且把事看得很难。

今译

自己做，做无为的事；劳民做，做不劳民伤财的事；品尝，吃没有味道的食物。无论怨恨大小多少，都用德去回报。谋难事要从容易的事入手，做大事要从细小的事入手。天下的难事，必定从容易的事做起；天下的大事，必定从细小的事做起。所以圣人始终不自以为大，因此能够成就大事。轻易允诺一定会失信，把事情看得太容易一定会遭遇更多的困难。所以圣人尚且把事看得很难，便最终没有什么困难了。

二、知识朋友圈

1.“无为而无不为”。

“无为”之所以能够无不为，从根本上说，是因为万物能够自然而为。水自然而流，草自然而长，农人自然去种地，工匠自然去做工……结果就是无所不为。“无为”之所以能够不败事，是因为万物自己在发展，社会的管理者没有任何负面的干涉性活动，自然不会有失败的结果。“无为”的根本意义就在于维护了万物的自然发展。圣人“无为”的根本目的、根本表现、根本意义是能“辅万物之自然”[《老子》(第六十四章)]。

2. 语言积累。

取。小篆写作。许慎《说文解字》云：“取，捕取也。从又，从耳。《周礼》：‘获者取左耳。’《司马法》曰：‘载献聝。’聝者耳也。”本义为俘虏或杀死敌人后割下他的耳朵以报战功。引申为强力占有、拿到手中、得到。在《左传》中义为“言易也”“凡克邑不用师徒曰取”，即没有大的困难、大的阻力的意思。“取天下常以无事”是说，自然而然地获得天下，是没有激烈战斗和重大牺牲，顺势而为地获得天下，是贯彻“无为”的原则而取得的结果，是“无为而无不为”的体现。老子的“自然无为”是要以更高明的原则和方法达到超常的理想和目标，而绝不是放弃在现实生活中的理想和追求。因此，把老子思想看作无所事事、无所追求显然是不对的。

三、文心点点通

“无为”不是无所事事，不是不负责任，不是畏缩不前，而是有着高于常人之为的抱负和理想，也就是维系和保护万物自然生长、黎民百工自然生产的秩序，也就是维护社会自然和谐的理想状态。当然，这种自然不是没有人类文明的野蛮状态，而是没有外力压迫、没有冲突斗争的状态。

“无为”否定的重点是社会治理者的直接控制和干涉性行为，同时在某种程度上否定一般的世俗的价值和方法，但绝不是否定一切行为。所以《老子》(第五十七章)中说：“以正治国，以奇用兵，以无事取天下。吾何以知其然哉？天下多忌讳，而民弥叛；民多利器，国家滋昏；人多知，而奇物滋起；法令滋章，盗贼多有。是以圣人之言曰：‘我无为，而民自化；我好静，而民自正；我无事，而民自富；我无欲，而民自朴。’”

“无为”不同于“有为”之处就在于它是对人类社会行为的一种取消、限制或修正，而不是一般性地、笼统地鼓励。

“无为”的这种含义在现在仍然有相当大的价值。或者说，它更容易引入现代社会，因为人类是无法避免犯错误的。对人类的某些社会行为的取消和限制有利于减少人为的灾难。一般来说，人类的错误可以分为两大类，一类是不够努力引起的，一类是过分的行为造成的。不够努力造成的后果可能是严重的，但毕竟保存了人力、物力、精力，留下的空白处还比较容易“画最新、最美的图画”。而过分的行为所造成的危害不仅可能严重，而且难以补救和恢复。因为不仅要拆除和清理原有努力所造成的障碍和废墟，而且要承受人类精力、财力和生命的无偿而有害的巨大支出所带来的长期后果。

所以“无为”的概念有助于防止过分的社会支出，它相当于人类社会“思想上的刹车机制”。任何有动力的车辆都必须有刹车机制，有动力而没有刹车机制的车辆无异于自我毁灭的工具，没有制动机制的社会行为也就是自我毁灭的过程。道家的“无为”概念作为约束人类社会行为的“思想上的刹车机制”，在现在仍有积极的意义。

四、思想会客厅

《老子》（第四十八章）的“无为而无不为”和西方的自由主义有一点接近之处，都是通过信任百姓，从而获得较好的统治状态。

作为一种意识形态，自由主义最早可以追溯至文艺复兴时期人文主义对于国教权威的对抗。英国“光荣革命”中的辉格党人声称人们拥有选择君主的权力，可以视为宣扬人民主权的先驱。

而自由主义开始产生明确的定义，是约翰·洛克（1632—1704年）在他的《政府契约论》中提出的关于自由的两个基本概念：经济自由，意味着拥有和运用财产的权利，以及知识自由，包括道德观的自由。约翰·洛克助长了早期自然权利的观念，将其定义为“生命、自由和财产”。

卢梭则主张一种在自由主义思潮的历史上不断出现的观念，那就是统治者和被统治者之间的社会契约。他将此基于个人的自然状态之上，并声称每个人都知道要如何采取对他们最有利的言行。

卢梭声称每个人生下来都是自由的，但教育能充分地将他限制在那个社会的规范里，这个说法动摇了当时的君主社会。他宣称国民有着根本意志的民意，主张应该让人民自决，这也违反了当时的政治传统。他的观念成为法国大革命中国民大会宣言的重要成分，也影响了美国的思想家如本杰明·富兰克林和托马斯·杰弗逊。他的观点认为国家的统一是经由人们同意的协定行为产生的，或者是经由“国民的意志”产生的。这样的统一行为能让国家在不受既有社会秩序（如贵族政治）的捆绑下存在。

霍布豪斯在《自由主义》中认为，公民自由毫无疑问是实现自由的第一条件，所以公民自由必须得到首要保障。通常，作为公民，我们会渴望绝对意义上的自由，即存在最少的管制。事实上，这种自由不会存在，而且就算存在，其所产生的结果也会和公民的初衷背道而驰。霍布豪斯认为，必须有一个政府存在，而且这个政府必须制定一种公正的法律，政府和公民都要遵守。如此，自由和法律之间便不存在根本的对立；相反，法律对于自由是必不可少的，法律使个人解除了对侵犯或压迫的恐惧，而这确实是整个社会能够获得自由的唯一正确方法和唯一意义。这也是霍布豪斯关于自由主义的核心观点。

五、练习步步高

（一）知识识记

1. 填空。

（1）不欲以静，__________。[《老子》（第三十七章）]

（2）损之又损，__________。[《老子》（第四十八章）]

（3）__________，报怨以德。[《老子》（第六十三章）]

（4）图难于其易，__________。[《老子》（第六十三章）]

（5）天下难事，必作于易；__________，__________。[《老子》（第六十三章）]

2. 解释下列加点的字词。

（1）万物将自化（　　　　）

（2）事无事（　　　　）

（3）是以圣人犹难之（　　　　）

3. 将句子翻译成现代汉语。

为学日益，为道日损。

（二）文心体悟

《老子》（第六十四章）中说“以辅万物之自然而不敢为”。请根据“无为而无不为”[《老子》（第四十八章）]谈谈你的理解。

（三）思想碰撞

阅读下列材料，利用工具书疏通文意，再查阅相关资料，回答问题。

材料一：《老子》（第六十三章）中说：“为无为，事无事，味无味。”

材料二：伏尔泰主张法国应该采纳君主立宪制，并废止第二阶级。卢梭主张人类拥有自然权利。两人都以不同的形式，主张社会有可能抑制一个人的自然权利，但不能抹灭他的自然状态。

材料三：亚当·斯密在《国富论》中，主张市场在一些状况下，将能自然调节自身的问题，并且能产生比当时饱受管制的市场更为有效的状态。他分配给政府的角色是一些无法交由利益动机托管的工作，例如能使个人免受暴力和诈骗行为终止竞争、贸易和生产的保护。他对于税赋的观点是，政府只能征收不会伤害到经济的税赋数量，而“每个人缴纳给国家的税赋比率，应该根据他在国家的保护下所赚取的收入多寡而定”。他同意大卫·休谟的看法，“资本”才是国家的财富来源，而不是黄金。

问题：请分析《老子》的政治观和自由主义的相似之处。

柔弱胜刚强

一、原典选读

老子（第八章）

原文

上善①若水，水善利万物而不争。处众人之所恶，故几于道。居善地②，心善渊③，与善仁④，言善信⑤，正善治⑥，事善能⑦，动善时⑧。夫唯不争，故无尤⑨。

注释

①上善：最高尚的品行。 ②居善地：意为水总居于最下，即“处众人之所恶”之意，表示其所处卑下。地：《荀子·儒效》云：“至下谓之地。” ③心善渊：心胸像深渊一样深藏若虚。 ④与善仁：帛书本为“予善天”，表示水施与万物而功遂身退好如天。 ⑤言善信：言必守信。第八十一章云“信言不美，美言不信”。老子主张言不求美而好真诚。 ⑥正善治：以无为的方式处理政事，以达到“无为自化，清静自正”。正：通“政”。 ⑦事善能：做最有效的事，目标是“事无事”。能：任。 ⑧动善时：行为动作善于把握有利的时机。 ⑨尤：怨咎。

今译

最高尚的品行像水一样，水能够滋润万物但不与万物相争。处于大家所厌恶的地方，所以最接近于道。水居于最下，心胸像深渊一样深藏若虚，像天一样施与万物却功遂身退，表达时真诚不伪有信用，为政精简趋于无为，做最有效的事，在合适的时机行动。就因为不争，所以没有怨咎。

老子（第四十三章）

原文

天下之至柔，驰骋①天下之至坚。无有入无间②，吾是以知无为之有益。不言之教，无为之益，天下希及之③。

注释

①驰骋：形容马奔走。 ②无有：虚，指至柔。无间：实，指至刚。 ③希：少。及：达到。

今译

天下最柔软的东西，能够穿透天下最坚硬的东西。最虚的东西可以进入最密实的东西，我由此了解无为是有益的。不言的教导，无为的益处，天下人很少能够达到。

原文

老子（第六十六章）

江海所以能为百谷王者①，以其善下②之，故能为百谷王。是以圣人欲上民③，必以言下之④；欲先民⑤，必以身后之⑥。是以圣人处上而民不重⑦，处前而民不害。是以天下乐推而不厌。以其不争，故天下莫能与之争。

注释

①百谷：百川。王：许慎《说文解字》云：“王，天下所归往也。” ②下：作动词，居于卑下之地。 ③上民：在民之上。 ④下之：谦卑在下。 ⑤先民：在民之先。 ⑥以身后之：把自己的利益放到后面。圣人谦下尚可言尊，居后方可率先。 ⑦重：以为重、累。不重：不以为累。

今译

江海之所以能成为百川归往的地方，是因为它善于居于卑下之地，所以能成为百川归往的地方。所以圣人想要比一般人尊贵，就要以言辞对人谦虚；想要做一般人的表率，就要把自己的利益放到后面。因此圣人居于上位，而一般人不觉得负累，居于前面，而一般人不觉得受损害。所以天下人乐于推戴他而不厌弃他。因为圣人不跟人争，所以天下没有人能跟他争。

原文

老子（第七十六章）

人之生也柔弱，其死也坚强；万物草木之生也柔脆，其死也枯槁。故坚强者死之徒，柔弱者生之徒。是以兵强则不胜，木强则兵①。强大处下，柔弱处上。

注释

①兵：此字在各版本中均不相同，帛书本有“恒”“竞”，无论理解为“僵”（李零）还是“烘”（高明），全文的大义都是，木强反而导致失去生命，乃至焚毁。

今译

人活着的时候身体是柔软的，人死了身体才会僵硬；万物草木活着的时候是柔软的，死了就变得干枯。所以坚强的东西属于死的一类，柔弱的东西属于活的一类。所以军队强大会导致失败，树木强大会导致被砍伐或焚毁。强大的处于劣势，柔弱的处于优势。

原文

老子（第七十八章）

天下莫柔弱于水，而攻坚强者莫之能胜，以其无以易①之。弱之胜强，柔之胜刚，天下莫不知，莫能行。是以圣人云：“受国之垢②，是

谓社稷主；受国不祥③，是为天下王。”正言若反。

注释　①易：替代。　②受国之垢：为国家包辱忍耻。　③受国不祥：为国家承受不祥。

今译　天下没有什么比水更柔弱，可是攻克坚硬的东西没有什么能胜过水，因为水无法替代。弱能胜强，柔能克刚，这道理天下无人不知，却没人能这么做。因此圣人说：“为国家包辱忍耻，这就是国家的君主；为国家承受不祥，这就是国家的君主。”正话听起来像反话。

二、知识朋友圈

1. 柔弱胜刚强。

西汉刘向的《说苑·敬慎》记载，常摐病重，老子前去探望，并讨遗教。常摐“张其口而示老子曰：‘吾舌存乎？’老子曰：‘然。’‘吾齿存乎？’老子曰：‘亡。’常摐曰：‘子知之乎？’老子曰：‘夫舌之存也，岂非以其柔耶？齿之亡也，岂非以其刚耶？’常摐曰：‘嘻，是已。天下之事已尽矣，无以复语子哉！’”故事虽未可信，但其寓意与“天下莫柔弱于水，而攻坚强者莫之能胜”一致。老子赞美“柔弱”“不争”“雌牝”“赤子”，其实不是赞美懦弱，而是带着更大的责任感，超越世俗的价值对立，达到和谐，这需要常人难及的能力、自信和定力。

2. 语言积累。

（1）柔。小篆写作。许慎《说文解字》云：“柔，木曲直也。从木，矛声。”清代段玉裁《说文解字注》云：“凡木曲者可直、直者可曲曰柔。”本义为木质软和，可曲可直。引申为柔和、温顺、使变柔、安抚。因此“柔”意味着弹性、可变动性和非固执。本节选文中提出草木和人都是生时柔弱，死后枯槁、坚强，可见老子推崇柔弱，贬低刚强的哲学立场。

本着“道法自然”的原则，《老子》更重视长效的结果和大局，而非一时一地的奏效。从长远来看，滋润、影响的力量远胜于干预、作为、介入。刚强往往易折，不如柔弱更有韧性，更有长久的力量。

在《老子》的哲学体系中，自然而然的力量高于人为的力量、自发高于介入、多元胜于单一、可变胜于不变。而自然、自发、多元和可变是富有生命力的标志，生命看似柔弱，但自然、自发、多元和可变正是其力量所在；人为、介入、单一、不变看似有力，却往往接近毁灭。由此，老子赞美柔弱。

（2）雌。小篆写作。许慎《说文解字》云：“雌，鸟母也。从隹，此声。”“隹”，指鸟，所以“雌”本义为母鸟。引申为母的。和“柔”一样，《老子》赞美女性和孩童，是为了引入与长远、大局相关的雌、柔的思维方式，并将之作为崇尚强权的男性价值体系的补充，希望用雌、柔的观念帮助人们反思强权价值体系所带来的一些思维弊端，以成就长远的和谐局面。

在传统的男性社会中，追逐权力、扩大疆域、炫耀权势这些霸王式的行为常常被当作英雄的特质而被广泛称颂。而雌、柔的思维方式是要制约和纠正传统社会鼓吹的男性英雄主义中的侵略性、扩张性的因素，但这不是软弱或无条件的退让，而是带着和平、和谐的美好愿望，以充分的自信、决断和恢宏的气度来包容强硬，而非以刚克刚。

三、文心点点通

柔弱之水可以穿石破岩，劈山开谷。从积极方面说，柔弱之力往往可以达到刚强勇猛之威所达不到的效果；从消极方面说，柔弱之力可以减少正面冲突，减少无谓的伤害。

这个道理似乎人人皆知，但能够实行的人很少。“弱之胜强，柔之胜刚，天下莫不知，莫能行。”因为老子的价值观往往更看重结果而非过程，更看重长效而非眼下之快。水对石的冲击，让追求短期效果和美妙过程的人都失望不已，但长远的结果令人瞠目结舌，一如“无为”。道家式的处世方式不仅需要否定习惯性管理观念的巨大勇气，而且需要高瞻远瞩、敢于承担的胸襟气魄。这是一般人难以达到的。

《老子》（第四十三章）与《老子》（第七十八章）“天下莫柔弱于水，而攻坚强者莫之能胜”遥相呼应，通过“至柔”可以驰骋天下之“至坚”来说明“无为”的意义。“至柔”以水为例，“至坚”以石为例。水滴石穿、大浪淘岩为沙，大自然的常见现象证明了“至柔”的力量。“无有”如空气，“无间”如钢铁，钢铁之密却难逃空气的锈蚀，钢铁却无法改变空气的存在。从中，我们可以看到“润物细无声”的力量远大于一时一刻的强力，一如“不言之教”的“无为”胜于人为的推行。

事实上，儒家式的过强的责任感可能造成上对下的控制、操纵或者庇护、骄纵，有如父母对子女的过分溺爱或过多管束；而下对上的过多责任感可能造成愚忠和死谏。这些因为强力的推行反而错过了最好的分寸感，而结果常常适得其反。

如果说复杂的社会矛盾是“至坚”“无间”之事，那么自然的价值原则和“无为”的行事方法就是“至柔”“无有”之道。只有本着自然和谐、息事宁人的原则，用尽量减少介入（即“无为”）的方法才可以从根本上化解纠纷。反之，积极有为的压制、作为，虽可奏一时之效，但无法取得长治久安的效果。

正如《老子》（第十七章）所言：“太上，下知有之；其次，亲而誉之；其次，畏之；其次，侮之。信不足焉，有不信焉。悠兮其贵言，功成事遂，百姓皆谓我自然。”

四、思想会客厅

《老子》的“柔弱”“雌”“婴儿”和艾·弗罗姆《爱的艺术》中的“爱”，以及阿尔弗雷德·阿德勒所说的亲子关系异曲同工。

著名心理学家艾·弗罗姆在《爱的艺术》中认为，爱不是控制，不是要求，因此是柔的，不是刚强的。他说：“如果爱情没有第三个要素：尊重，那责任心就很容易变成控制别人和奴役别人。尊重对方不是惧怕对方。尊重这个词的出处就是有能力实事求是地正视对方和认识他独有的个性。尊重就是要努力地使对方能成长和发展自己，因此尊重绝无剥削之意。我希望一个被我爱的人应该以他自己的方式和为了自己去成长、发展，而不是服务于我。如果我爱他人，我应该感到和他一致，而且接受他本来的面目，而不是要求他成为我希望的样子，以便使我能把他当作使用的对象。只有当我自己达到独立，在没有外援的情况下独立地走自己的路，即不想去控制和利用别人，只有在这种情况下，尊重对方才成为可能。只有在自由的基础上才会有爱情，正像在一首古老的法国歌曲中唱的那样‘爱情是自由之子，永远不会是控制的产物。’”[1]

个体心理学创始人阿尔弗雷德·阿德勒认为，人类所有行为的首要目标都是在一定的社会环境中追求归属感和价值感，孩子尤其如此。如果你能够牢记，在不良行为的背后，是一个仅仅想要有归属感，并且不知道该怎样以一种有效的方式来达到这一目标的孩子，你对待孩子的不良行为就会有不同的心态。其次，当孩子的行

[1]［美］艾·弗罗姆：《爱的艺术》，李健鸣译，北京：商务印书馆，1987 年，第 21—22 页。

为伤害到我们家长的感受或周围的人或环境时，我们需要如实地告诉孩子我们的感受，并坚定地告诉孩子这样做不可以，并进行正确引导。坚定，体现的是对家长和客观环境的尊重。

正面管教奉行和善与坚定并行。尊重是和善与坚定并行的核心理念，是养育孩子过程中的基石，也是对待周围的人和事物的基石。“孩子在感觉更好时，才能做得更好。”（简·尼尔森等《单亲家庭的正面管教》）这是正面管教中核心的正向理念。

总之，认识对方、理解对方，不要求、不蛮干，依照规律，柔弱的方式自然也就胜刚强了。

五、练习步步高

（一）知识识记

1. 填空。

（1）天下之至柔，________________。[《老子》（第四十三章）]

（2）人之生也柔弱，________________。[《老子》（第七十六章）]

（3）是以兵强则不胜，________________。[《老子》（第七十六章）]

（4）强大处下，________________。[《老子》（第七十六章）]

2. 解释下列加点的字词。

（1）上善若水（　　　　　　　　　）

（2）夫唯不争，故无尤（　　　　　　　　　）

（3）天下希及之（　　　　　　　　　）

（4）欲先民，必以身后之（　　　　　　　　　）

3. 将下列句子翻译成现代汉语。

（1）上善若水，水善利万物而不争。处众人之所恶，故几于道。

____

（2）江海所以能为百谷王者，以其善下之，故能为百谷王。

____

（二）文心体悟

《老子》（第八章）曰："夫唯不争，故无尤。"请根据"柔弱胜刚强"[《老子》（第三十八章）] 谈谈你的理解。

（三）思想碰撞

阅读下列材料，利用工具书疏通文意，再查阅相关资料，回答问题。

材料一：

老子（第七十八章节选）

是以圣人云："受国之垢，是谓社稷主；受国不祥，是谓天下王。"

材料二：

爱的艺术（节选）

艾·弗罗姆

有创造性的人对"给"的理解完全不同。他们认为"给"是力量的最高表现，恰恰是通过"给"，我才能体验我的力量，我的"富裕"，我的"活力"。体验到生命力的升华使我充满了欢乐。我感觉到自己生气勃勃，因而欣喜万分。"给"比"得"带来更多的愉快，这不是因为"给"是一种牺牲，而是因为通过"给"表现了我的生命力。

……

但给的最重要范畴还不是物质范畴，而是人所具有的特殊范畴。一个人究竟能给予别人什么呢？他可以把他拥有的最宝贵的东西，他的生命给予别人。但这并不一定意味着他一定要为别人献出自己的生命，而是他应该把他内心有生命力的东西给予别人。他应该同别人分享他的欢乐、兴趣、理解力、知识、幽默和悲伤——简而言之，一切在他身上有生命力的东西。通过他的"给"，他丰富了他人，在他提高自己生命感的同时，他提高了对方的生命感。他的"给"并不是为了“得”，但是通过他的“给”，不可避免地会在对方身上唤起某种有生命力的东西，这反过来又会影响他自己；正因为他“给”了，他就不得不接受还给他的东西。因此他的“给”同时包括了使接受者成为一个“给”的人，而双方都会因为唤醒了内心的某种生命力而充满欢乐。在“给”的行为中诞生了新的东西，“给”和“得”的人都会感谢这新生的力量。这一点表现在爱情上就是：没有生命力就是没有创造爱情的能力。马克思极其优美地表达了上述思想。他说：“如果你以人就是人以及人同世界的关系是一种充满人性的关系为先决条件，那么你只能用爱去换取爱，用信任换取信任。如果你想欣赏艺术，你必须是一个有艺术修养的人；如果你想对他人施加影响，你必须是一个能促进和鼓舞他人的人。你同人及自然的每一种关系必须是你真正的个人生活的一种特定的、符合你的意志对象的表现。”[1]

请你分析《老子》中的圣人和《爱的艺术》中爱的给予者有哪些相似之处。

（王琳妮　编）

[1]［美］艾·弗罗姆：《爱的艺术》，李健鸣译，北京：商务印书馆，1987年，第18—19页。

第二单元

《庄子》选读

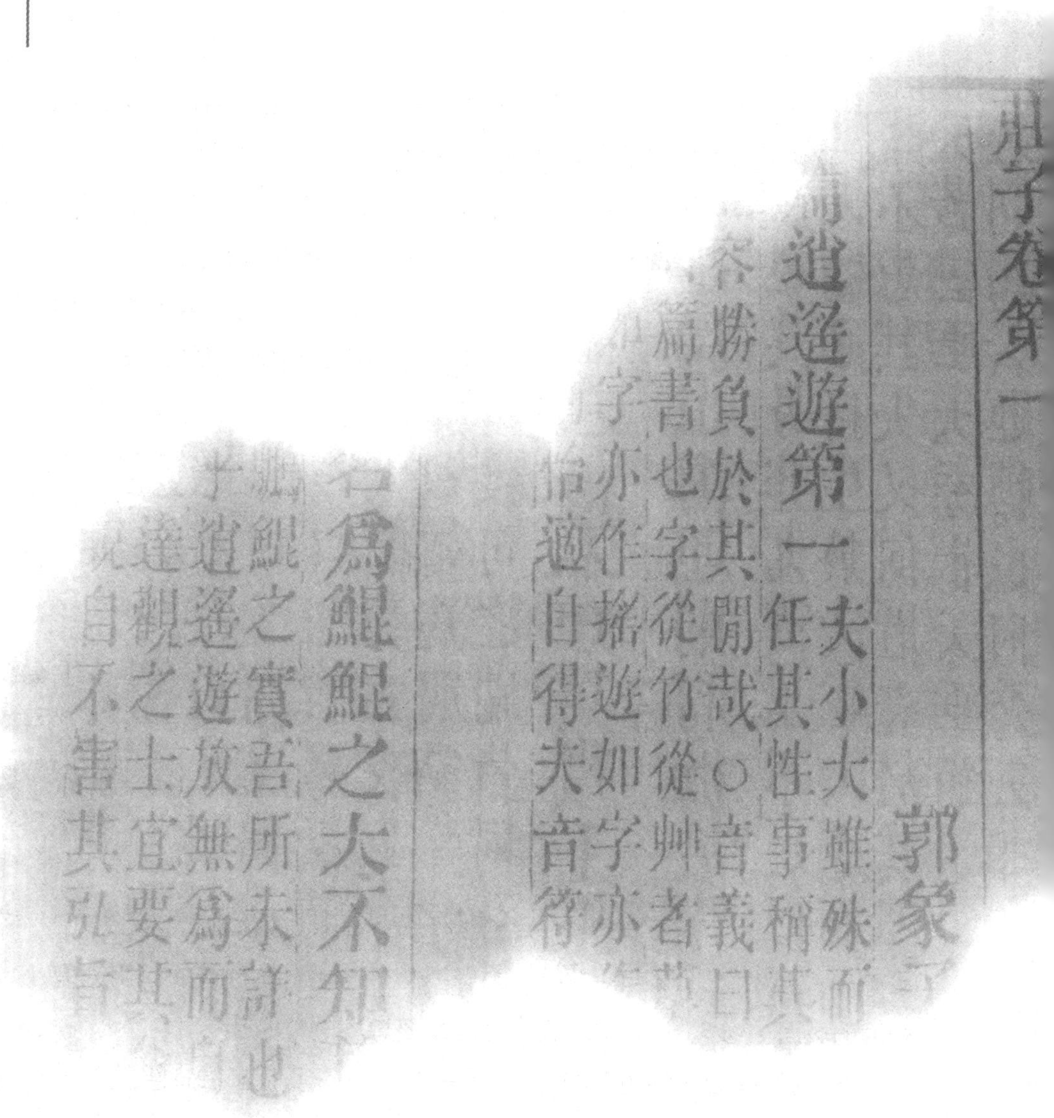

单元概说

庄子，名周，战国时期宋国蒙（今河南商丘东北）人。他的生平不可确考，仅能从《史记》和《庄子》中得到一个大致的轮廓。但可以确定，他是和梁惠王、齐宣王、楚威王同时代的人。据《史记》记载，他曾经做过漆园吏，但漆园到底是什么地方，是不是种植漆树的园子，也没有最终结论。庄子学识渊博，思想上承老子，著书十余万言。从《外物》中“往贷粟于监河侯”等故事来看，他生活贫寒，却不愿做官，曾经拒绝做楚威王的相。他有妻子，有弟子，有朋友，并不是后世道教传说中的绝情弃智的南华真人。

现存《庄子》一书，共三十三篇。其中包括内篇七篇，即《逍遥游》《齐物论》《养生主》《人间世》《德充符》《大宗师》《应帝王》；外篇十五篇，即《骈拇》《马蹄》《胠箧》《在宥》《天地》《天道》《天运》《刻意》《缮性》《秋水》《至乐》《达生》《山木》《田子方》《知北游》；杂篇十一篇，即《庚桑楚》《徐无鬼》《则阳》《外物》《寓言》《让王》《盗跖》《说剑》《渔父》《列御寇》《天下》。这个本子的面貌是由西晋郭象《庄子注》确定的。内篇的思想、文风比较统一，研究者多认为是庄子所作，外篇、杂篇则被认为多有庄子弟子后学所写篇目。

庄子比较重要的思想有“逍遥”“齐物”“无用”“无为”“养生”等。先秦诸子中，庄子最为强调个体自由。《庄子》首篇即为《逍遥游》，由鲲、鹏写起，最后写到鄙弃富贵，看破生死，淡漠情感，回归自然，在“无何有之乡”做精神的逍遥游。这可以启发我们思考有关终极自由的命题。

齐物论是《庄子》最重要的哲学思想之一，也是庄子哲学中最为抽象难懂的理论。除《齐物论》《秋水》中的相关论述，书中还有一些形象化的故事，如庄周梦蝶、骊姬悔泣、髑髅之乐等都可以帮助我们理解这一思想。学习这一思想，我们可以进一步思考是非、贵贱、美丑、大小的齐一是否有现实依据，这一理论是否忽视了事物之间的差异性，等等问题。

“无用之用”是《庄子》中经常提到的。与世人普遍看重“有用”不同，庄子更看重“无用”。他的基本看法是：有些“有用”是有害的，用处有小、大之分，在道的层面上考虑，“无用之用”才是最高境界的“有用”。

“无为”是老子的重要概念，《庄子》中也一直提到。但是，比起老子侧重治国之术，庄子侧重万物本性的自然。与“无为”对立的概念是“有为”，破坏自然本性的“有为”是有害的。为此，庄子激烈地反对儒家的仁义道德，他还提出了自己理想中的“至德之世”(《马蹄》)。

“养生”这个词在《庄子》中也有别样的内涵。不同于我们一般人认为的为延年益寿而进行的养生，庄子说的养生既包括“养形”，又包括“养神”，他的养生是指向“道”“德”的。《养生主》开篇说：“吾生也有涯，而知也无涯。以有涯随无涯，殆已！已而为知者，殆而已矣！为善无近名，为恶无近刑；缘督以为经，可以保身，可以全生，可以养亲，可以尽年。”养生不做无益的追求，例如追求无尽的知识；养生既不追求善，也不追求恶；养生要“缘督以为经”，就是不违背自然，按照天性来活着。他要达到的是“德全而神不亏”(《刻意》)，这才是养生的最高境界。

高中《语文》教科书必修下册中有《养生主》的主体部分《庖丁解牛》，所以这部分内容本单元就略过不提，仅仅选择逍遥之游、齐物之论、无用之用、无为之为四个专题，打乱《庄子》原书的次序，选取部分篇目，以更好地梳理其基本思想。每段文字都附有注释和今译，用“文心点点通”来做总结。另有“知识朋友圈”“思想会客厅”等内容，进行补充与拓展。

需要指出的是，这几个方面的拆分只是姑且为之，一则无法涵盖《庄子》全部思想，二则其实它们之间关联紧密，难以分割。如“无用”与“逍遥”，前者从功利意义上可以看作实现后者的一种处世方式；从无用之大用的道的境界看，前者又与后者的最高境界相通。

想要全面了解《庄子》的思想，仅仅看一些选段是不够的，建议结合经典注释本（如陈鼓应《庄子今注今译》等）读原著。此外，《庄子》思想深闳奇诡，文风汪洋恣肆，章法变幻莫测，句意相对艰深，阅读难度较大。如果有深入研究的兴趣，还可以阅读历代注疏，首选郭庆藩《庄子集释》。

逍遥之游

一、原典选读

原文

逍遥游（节选一）

北冥[1]有鱼，其名为鲲[2]。鲲之大[3]，不知其几[4]千里也。化而为鸟[5]，其名为鹏[6]。鹏之背[7]，不知其几千里也。怒[8]而飞，其翼若垂天[9]之云。是鸟[10]也，海运则将徙于南冥[11]。南冥者，天池[12]也。

注释

① 北冥：北海。 ② 鲲（kūn）：大鱼名。 ③ 大：指体积巨大。 ④ 几：指不定的数目。 ⑤ 化：变化。为：成为。 ⑥ 鹏：大鸟名。 ⑦ 背：脊背。 ⑧ 怒：奋发的样子。 ⑨ 垂：通“陲”，边际。垂天：天边。 ⑩ 是鸟：这只鸟。 ⑪ 海运：海动。海边歌谣有“六月海动”的说法。海动时一定会有大风，大鹏借大风飞向南海。南冥：南海。 ⑫ 天池：天然形成的大池。

今译

北海有一条鱼，它的名字叫作鲲。鲲的体积巨大，不知道有几千里。鲲变成鸟，它的名字叫作鹏。鹏的脊背，不知道有几千里。鹏奋发而飞，它的翅膀就像天边的云。这只鸟，海动风起的时候就要迁移到南海。南海，是天然形成的大池。

原文

逍遥游（节选二）

《齐谐》[1]者，志怪[2]者也。《谐》之言曰：“鹏之徙于南冥也，水击[3]三千里，抟扶摇[4]而上者九万里，去以六月息者也[5]。”野马[6]也，尘埃[7]也，生物之以息相吹也[8]。天之苍苍[9]，其[10]正色邪，其远而无所至极[11]邪？其视下[12]也，亦若是则已矣[13]。

注释

①《齐谐》：齐国记载诙谐怪异之事的书。 ② 志：记，记述，记载。怪：怪异的事情。 ③ 水击：水花激起。击：通“激”。 ④ 抟（tuán）：盘旋，环绕。扶摇：自下而上的暴风。 ⑤ 去以六月息者也：乘着六月的大风飞去。息：风。 ⑥ 野马：游气浮动于天地之间，样子像野马奔驰。 ⑦ 尘埃：飞扬在空中的带有尘土颗粒的空气。尘：指尘土。埃：指尘土中的细小颗粒。 ⑧ 生物：活动的

生物。息：气息。以息相吹：生物的气息吹动野马似的游气和尘埃。⑨苍苍：深蓝色。⑩其：抑或，还是。⑪极：尽。⑫视下：看，指鹏向下看。⑬亦若是则已矣：鹏看大地，也像人看天空那样分辨不清颜色远近。若是：像这样。则已：相当于“而已”。

今译

《齐谐》这本书，是记载怪异事情的书。《齐谐》记载：“当鹏迁往南海时，水花激起达三千里，借盘旋而上的暴风飞到九万里的高空，乘着六月的大风飞去。”像野马一样的游气，飞扬的尘埃，都被生物的气息吹拂着而游荡。天空的深蓝色，究竟是它的本色，还是由于天空高远得没有尽头呢？鹏向下看，也不过是这样子罢了。

原文

逍遥游（节选三）

且夫水之积也不厚①，则其负②大舟也无力；覆杯水于坳堂之上③，则芥④为之舟；置杯焉则胶⑤，水浅而舟大也。风之积也不厚，则其负大翼⑥也无力。故九万里则风斯⑦在下矣，而后乃今培风⑧；背负青天而莫之夭阏⑨者，而后乃今将图南⑩。

注释

①且夫：表示要进一步论述，提起下文。厚：深。②负：载。③覆：倒。坳（ào）：洼坑。坳堂：堂中地上的洼坑。④芥：小草。⑤置：放置。胶：粘住，浮不起来。⑥大翼：指大鹏。⑦斯：乃，就。⑧而后乃今：“乃今而后”的倒装，这时然后才。培：通“凭”，凭借。培风：凭风，乘风。⑨夭阏（è）：阻止，阻拦。⑩图南：图谋飞向南海。

今译

水如果积得不深，那么它就没有负载起大船的力量；倒一杯水在堂中地上的洼坑处，一根小草就可以作为船；放一个杯子就会粘住浮不起来，这是因为水浅而船大。风的强度如果不够大，那么它就没有负荷大鹏的力量。所以大鹏飞上九万里高空是因为有大风在它翅膀下面，这样之后才能凭借风力；大鹏背负着青天而没有阻碍，这样之后才能图谋飞向南海。

原文

逍遥游（节选四）

蜩与学鸠①笑之曰：“我决②起而飞，抢榆枋③，时则不至④，而控⑤于地而已矣，奚以之九万里而南为⑥？”适莽苍者⑦，三飡而反⑧，腹犹果然⑨；适百里者，宿舂粮⑩；适千里者，三月聚粮⑪。之二虫⑫，又何知！

注释

①蜩（tiáo）：蝉。学鸠：小斑鸠。②决（xuè）：迅速地。③抢：冲上。枋（fāng）：檀树。④时则不至：有时候飞不上去。⑤控：投，落地，落下来。⑥奚：何，为什么。之：去，到。⑦适：往，到。莽苍：近郊的莽莽草色，引申为郊野。⑧飡（cān）：同"餐"。反：通"返"。⑨犹：还。果然：饱的样子。⑩宿：过夜，指一夜。舂：在臼里面捣谷物去皮。⑪三月聚粮：用三个月的时间积蓄粮食。⑫之：这。二虫：指蝉和小斑鸠。

今译

蝉和小斑鸠讥笑大鹏说："我迅速地从地上飞起，冲到榆树和檀树上，有时候飞不到，那就落在地上罢了，为什么要飞去九万里的高空又飞往南海呢？"到郊野去，带三餐粮食而当天回来，肚子还是饱饱的；到百里远的地方去，要用一夜的时间舂米准备粮食；到千里远的地方去，就要用三个月准备粮食。蝉和小斑鸠，又知道什么呢！

原文

逍遥游（节选五）

小知不及大知①，小年②不及大年。奚以知其然也③？朝菌不知晦朔④，蟪蛄不知春秋⑤，此小年也。楚之南有冥灵⑥者，以五百岁为春，五百岁为秋；上古有大椿⑦者，以八千岁为春，八千岁为秋，此大年也⑧。而彭祖乃今以久特闻⑨，众人匹⑩之，不亦悲⑪乎？

注释

①知（zhì）：通"智"。不及：比不上。②小年：短寿。年：寿命。③奚：何，怎么。然：这样。④朝菌：一种朝生暮死的菌类植物。晦朔：农历每月的第一天叫作朔，最后一天叫作晦。这里借指昼夜更替。⑤蟪蛄（huì gū）：寒蝉，春生夏死，夏生秋死，不会经历一整年。春秋：指一年。⑥冥灵：树名。⑦椿：树名。⑧此大年也：此四字原缺，根据刘文典《庄子补正》补入。大年：长寿。⑨彭祖：传说中的人物，据说活了八百岁。特：独。闻：闻名。⑩匹：比。⑪悲：悲哀。

今译

小的才智比不上大的才智，寿命短的比不上寿命长的。怎么知道是这样呢？朝生暮死的菌类植物不可能知道昼夜更替，生命只有一个夏季或一个秋季的寒蝉不会知道一年的情况，这些是短寿。楚国南方有一棵冥灵树，以五百年为一个春季，五百年为一个秋季；远古时期有一棵大椿树，以八千年为一个春季，八千年为一个秋季，这些是长寿。彭祖至今还以长寿闻名于世，众人和他相比，不是很可悲吗？

原文

逍遥游（节选六）

汤之问棘也是已①：“穷发②之北，有冥海者，天池也。有鱼焉，其广③数千里，未有知其修④者，其名为鲲。有鸟焉，其名为鹏，背若太山⑤，翼若垂天之云，抟扶摇羊角⑥而上者九万里，绝⑦云气，负青天，然后图南，且⑧适南冥也。斥鴳⑨笑之曰：‘彼且奚适也？我腾跃而上，不过数仞⑩而下，翱翔蓬蒿之间⑪，此亦飞之至⑫也，而彼且奚适也？’”此小大之辩⑬也。

注释

①汤：商朝第一个君主，一般称商汤。棘：人名，即夏革（jí），商汤时贤大夫。是已：是这样，表示肯定。 ②穷发：连草都不长的地方。 ③广：宽。 ④修：长。 ⑤太山：即泰山，在今山东。 ⑥羊角：旋风。风旋转像羊角一样，所以叫作羊角。 ⑦绝：超过。 ⑧且：将。 ⑨斥：小泽。鴳（yàn）：雀。 ⑩仞：周代以八尺为一仞。汉代以七尺为一仞。 ⑪翱翔：展翅飞翔。蓬蒿：野草。 ⑫飞之至：最高的飞行水准。至：最。 ⑬辩：通“辨”，区别。

今译

商汤问夏革的话是这样的：“不毛之地的北方，有一个大海，是天然形成的大池。那里有一条鱼，它的宽度几千里，没有人知道它有多长，它的名字叫作鲲。那里有一只鸟，它的名字叫作鹏，脊背像泰山，翅膀像天边的云，凭借旋风向上飞到九万里高空，穿过云层，背负青天，然后图谋向南飞翔，将要到南海去。小泽里的雀讥笑鹏说：‘它将飞往什么地方呢？我跳跃起来向上飞，飞不过几丈便落下来，在野草之间飞来飞去，这样的飞翔是我的最高水准了，而它究竟要飞往什么地方呢？’”这就是小和大的区别。

原文

逍遥游（节选七）

故夫知效①一官，行比一乡②，德合一君③而征一国者④，其自视也⑤，亦若此矣。而宋荣子犹然笑之⑥。且举世而誉之而不加劝⑦，举世而非之而不加沮⑧，定乎内外之分⑨，辩乎荣辱之境⑩，斯已矣⑪。彼其于世，未数数然也⑫。虽然⑬，犹有未树也⑭。夫列子⑮御风而行，泠然⑯善也，旬有五日而后反⑰；彼于致福⑱者，未数数然也。此虽免乎行⑲，犹有所待⑳者也。若夫乘天地之正㉑，而御六气之辩㉒，以游无穷㉓者，彼且恶㉔乎待哉？故曰：至人㉕无己，神人无功㉖，圣人无名㉗。

注释

①知：通“智”。效：功效，指做官有功效，引申为胜任。 ②行：行为，作为。比：亲近，迎合。 ③德：品德，道德。合：符合。 ④而（néng）：古时候通“能”，才能，能力。征：取信。 ⑤其：指上述四种人。自视：自己看自己，自己对待自己。 ⑥宋荣子：指《天下》中的宋钘，齐国稷下学宫的学者，与尹文同属一派。犹然：讥笑的样子。 ⑦举世：整个社会。誉：赞誉。劝：勉，努力。 ⑧非：责难。沮：沮丧。 ⑨内外之分：自我和外物，主观和客观的区别。《天下》中说宋钘“不累于俗，不饰于物，不苟于人，不伎于众”。 ⑩辩乎荣辱之境：不把世俗的是非赞毁看作光荣和耻辱，而自己内心有光荣和耻辱的分界线。辩：通“辨”，辨别。境：分界线。 ⑪斯：这。已：停止。 ⑫世：世俗的东西。数（shuò）数：犹汲汲，着急的样子。 ⑬虽然：即使如此。 ⑭犹：还。树：建立，建树。 ⑮列子：列御寇，郑国人，春秋时期的思想家。 ⑯泠（líng）然：轻快的样子。 ⑰旬：十天。有：通“又”。反：通“返”。 ⑱致福：追求幸福。 ⑲行：步行。 ⑳待：凭借，依赖。 ㉑乘：顺着。正：本性。 ㉒御：驾驭。六气：指阴、阳、风、雨、晦、明。辩：通“变”，指变化。 ㉓无穷：无穷尽的境界，绝对自由的境界。 ㉔恶（wū）：何，什么。 ㉕至人：指思想道德达到最高境界的人。 ㉖神人：庄子理想中得道而神妙莫测的人。无功：不追求有功。 ㉗圣人：道德极高尚的人。无名：不追求名声。

今译

所以那些才智能胜任一官职守的，行为能迎合一乡人心的，品德能投合一国君主而能够取得一国人的信任的，他们看自己，也就像这种小雀一样。而宋荣子却讥笑这种人。宋荣子能做到当整个社会都赞美他时，他也不因此而更加努力；当整个社会都责难他时，他也不因此而更加沮丧。他能确定自我与外物的区别，分清光荣和耻辱的分界线，就这样而已。他对世俗的声誉，并不汲汲去追求。即使这样，他仍有尚未树立的东西。列御寇能够驾着风行走，轻巧极了，走了十五天之后回来；他对于幸福，也不汲汲去追求。这样他虽然可以不用步行，但他还是有所依赖啊。如果能顺着自然的本性，顺着阴、阳、风、雨、晦、明的变化，遨游在无穷尽的绝对自由境界，他还有什么要依赖的呢？所以说，至人能够忘掉自己，神人不追求建立功业，圣人不追求名声。

原文

逍遥游（节选八）

尧让天下于许由①，曰：“日月出矣，而爝火②不息，其于光也③，不亦难④乎？时雨⑤降矣，而犹浸灌⑥，其于泽⑦也，不亦劳⑧乎？夫子立而天下治⑨，而我犹尸之⑩，吾自视缺然⑪。请致⑫天下。”

许由曰："子治天下，天下既已治也，而我犹代子⑬，吾将为名乎？名者，实之宾⑭也。吾将为宾乎？鹪鹩⑮巢于深林，不过一枝；偃鼠⑯饮河，不过满腹⑰。归休乎⑱君！予无所用天下为⑲。庖人⑳虽不治庖，尸祝不越樽俎而代之矣㉑。"

注释

①尧：传说中的上古君主。许由：传说是尧时的隐士，姓许，名由，字仲武，颍川阳城人。根据《高士传》记载，尧说要把君位让给许由，许由逃到箕山，农耕而食。尧又请许由做九州长官，他认为这话玷污了自己的耳朵，便到河里洗耳朵。②爝（jué）火：炬火，小火把。③于：对于。光：显示光亮。④难：困难。⑤时雨：应时令节气降下的雨，俗称及时雨。⑥浸灌：人工灌溉。⑦泽：滋润土地及庄稼。⑧劳：费力，劳苦。⑨夫子：先生，指许由。立：立为君主。治：得到治理，有秩序。⑩犹：还。尸：主持。⑪自视：自己看自己。缺然：缺乏能力不够资格的样子。⑫致：送给，交给。⑬犹：还要。代子：代替你。⑭宾：从属，派生的东西。⑮鹪鹩（jiāo liáo）：小鸟名，善于筑巢，俗称巧妇鸟。⑯偃（yǎn）鼠：一种田野中的老鼠，一名隐鼠。⑰满腹：喝饱一肚子。⑱归休乎：回去吧。⑲为：表感叹的句末语气词。⑳庖人：厨师。㉑尸祝：古代祠庙中主持祭礼的司仪。越：指超越自己的职责。樽：酒器。俎（zǔ）：祭祀用的盛肉的器皿。

今译

尧要把天下让给许由，说："太阳和月亮出来了，但小火把还不熄灭，它要和日月比光，不是很难吗？及时雨降落了，却还要进行人工灌溉，这对于滋润土地和庄稼，不是很辛劳又没有效果吗？你如果被立为君主，天下一定会得到大治，然而我还作为君主主持政务，我自己觉得不够资格，请允许我把天下交给你。"

许由说："你治理天下，天下已经安定了，而我还来代替你，难道我是为了获得名声吗？名是实的从属物。难道我还要去求取从属的东西吗？巧妇鸟在深林中筑巢，不过占一根树枝；偃鼠到河里喝水，只不过喝满一肚子。请你回去吧！天下对我来说完全没有用处。厨师即使不下厨房，主持祭祀的人也不会逾越职责而去代替厨师烹调。"

原文

逍遥游（节选九）

肩吾问于连叔曰①："吾闻言于接舆②，大而无当③，往而不返④。吾惊怖⑤其言，犹河汉而无极也⑥；大有径庭⑦，不近人情⑧焉。"

连叔曰："其言谓何哉⑨？"曰："'藐姑射⑩之山有神人居焉⑪，肌肤若冰雪⑫，绰约若处子⑬；不食五谷，吸风饮露；乘云气，御⑭飞龙，而游乎四海⑮之外；其神凝⑯，使物不疵疠⑰而年谷熟。'吾以是狂⑱而不信也。"

连叔曰："然。瞽⑲者无以与乎文章之观⑳，聋者无以与乎钟鼓㉑之声。岂唯㉒形骸有聋盲哉？夫知㉓亦有之。是其言也㉔，犹时女也㉕。之人也，之德也，将旁礴万物以为一㉖，世蕲乎乱㉗，孰弊弊㉘焉以天下为事！之人也，物莫之伤㉙，大浸稽天而不溺㉚，大旱金石流㉛、土山焦㉜而不热。是其尘垢秕糠㉝，将犹陶铸㉞尧舜者也，孰肯以物㉟为事！"

注释

①肩吾、连叔：都是假设的人名。 ②接舆：楚国的隐士，与孔子同时，《论语》中说他是楚狂人。 ③无当：不着边际，不切实际。当：适当。 ④往而不返：到哪里就是哪里，收不回来。往：到，此处指说到。不返：不回来。 ⑤惊怖：惊恐害怕。 ⑥河汉：天河。无极：无边无际。 ⑦径：门外的道路。庭：院内堂前的地面。径庭：比喻接舆说的话和常人一般的认识差别很大。 ⑧人情：人之常情。 ⑨谓何：说什么。 ⑩藐姑射（yè）：山名。 ⑪神人：指得道而神妙莫测的人。 ⑫若：像。 ⑬绰（chuò）约：姿态柔美的样子。处子：处女。 ⑭御：驾驭。 ⑮四海：古代以为中国四周环海而称为四海，四海即天下或全国各地。 ⑯凝：凝聚，专一。 ⑰疵疠（cī lì）：灾害，疾病。 ⑱以：认为。是：指接舆的话。狂：通"诳"，诳语，假话。 ⑲瞽（gǔ）：眼睛看不见。 ⑳文章：文采，指华美的色彩和花纹。观：景象。 ㉑钟鼓：乐器。 ㉒岂唯：难道只有。 ㉓知：通"智"，指认识上。 ㉔是：此。其言：指上述关于瞽、聋的一段议论。 ㉕时：是。女：通"汝"，你。 ㉖旁礴：混同。旁礴万物：指与万物混同。以为一：将万物融合为一体。 ㉗世：世人。蕲（qí）：希望，企求。乱：治，治理。 ㉘孰：谁。弊弊：忙碌辛苦的样子。 ㉙莫之伤：没有能伤害他的。 ㉚大浸：大水。稽：至。大浸稽天：大水滔天。溺（nì）：淹没在水里。 ㉛流：熔化。 ㉜焦：烧焦。 ㉝秕糠：不饱满的谷和米糠，比喻糟粕。 ㉞陶：烧制瓦器。铸：熔铸金属器物。陶铸：制作，造就。 ㉟物：事，指治理天下的世俗事务。

今译

肩吾问连叔说："我在接舆那里听到的话，宏大不着边际，说到哪里是哪里而收不回来。我惊异、害怕他的言论，就像天河一样漫无边际；和常理差别太大，不合人情。"

连叔说："他的话讲的是什么呢？"肩吾说："他说：'在藐姑射山上住着一位神人，肌肤像冰雪一样洁白，姿态像处女一样柔美；不吃五谷，吸清风喝露水；乘着云气，驾着飞龙，遨游到四海外面的地方；这位神人的精神专一，能使万物不遭受病害而谷物丰收。’我认为这都是一些假话而不值得相信。”

连叔说：“是这样。视力有障碍的人无法给他看华美的色彩和花纹，听力有障碍的人无法给他听钟鼓的乐声。难道只是在形体上有听力有障碍的人和视力有障碍的人吗？认识上也有听力有障碍的人和视力有障碍的人。上述这些话，指的就是你啊。那位神人，他的德行，将把万物混同融合为一体，世人希望他能治理好天下，他哪里肯劳累忙碌地做治理天下的俗事呢！这样的人，外物没有能伤害他的，大水滔天也淹不着，大旱热到金石熔化、土地和大山被烧焦，他也不会感到热。他身上的尘垢糟粕，也可以造成尧舜，他怎么肯把治理天下的世俗事务当作自己的事情呢！”

原文

秋水（节选）

庄子钓于濮水①，楚王使大夫二人往先焉②，曰：“愿以境内累③矣！”庄子持竿不顾，曰：“吾闻楚有神龟，死已三千岁矣，王巾笥④而藏之庙堂之上。此龟者，宁其死为留骨而贵乎，宁其生而曳尾于涂中⑤乎？”二大夫曰：“宁生而曳尾涂中。”庄子曰：“往矣！吾将曳尾于涂中。”

惠子⑥相梁，庄子往见之。或⑦谓惠子曰：“庄子来，欲代子相。”于是惠子恐，搜于国中三日三夜。

庄子往见之，曰：“南方有鸟，其名为鹓鶵⑧，子知之乎？夫鹓鶵发于南海而飞于北海，非梧桐⑨不止，非练实⑩不食，非醴泉⑪不饮。于是鸱⑫得腐鼠，鹓鶵过之，仰而视之曰：‘吓⑬！’今子欲以子之梁国而吓我邪？”

庄子与惠子游于濠梁⑭之上。庄子曰：“儵鱼⑮出游从容，是鱼之乐也。”惠子曰：“子非鱼，安知鱼之乐？”庄子曰：“子非我，安知我不知鱼之乐？”惠子曰：“我非子，固不知子矣；子固非鱼也，子之不知鱼之乐，全矣⑯。”庄子曰：“请循其本⑰。子曰‘汝安知鱼乐’云者，既已知吾知之而问我，我知之濠上⑱也。”

注释

①濮水：河名，在今河南范县。　②楚王：指楚威王。往先：先去传达楚王的用意。　③愿以境内累：希望拿国家的事情麻烦您，这是想让庄子做官的委婉说法。愿：希望。累：麻烦，拖累。　④巾笥：把龟骨放在巾布包的竹箱子里面。笥（sì）：竹箱子。　⑤曳尾于涂中：拖着尾巴在泥中爬。　⑥惠子：即惠施。　⑦或：有人。　⑧鹓鶵（yuān chú）：凤凰之类的鸟。　⑨梧

桐：一种落叶乔木。传说凤凰只在梧桐树上栖息。 ⑩练实：竹子结的果实。 ⑪醴泉：像甜酒一样的泉水。 ⑫鸱：猫头鹰。 ⑬吓：吓唬人的声音。 ⑭濠梁：濠水的桥上。濠水，河名，在今安徽凤阳县。 ⑮儵（tiáo）鱼：一种淡水小型鱼，银白色，身体细长。 ⑯全矣：完全肯定。 ⑰循其本：循着争论的根源来讨论。 ⑱知之濠上：在濠水桥上知道。

今译

庄子在濮水边垂钓，楚威王派了两位大夫先去传达自己的用意，说：“希望拿国家的事情麻烦您啊！”庄子拿着钓竿头都不回，说：“我听说楚国有只神龟，已经死了三千年了，楚王把龟骨放在巾布包的竹箱子里面，藏在庙堂中。这只神龟，是宁可自己死了留下龟骨富贵，还是宁可自己活着拖着尾巴在泥中爬呢？”两位大夫说：“宁可自己活着拖着尾巴在泥中爬。”庄子说：“你们走吧！我就是要拖着尾巴在泥中爬。”

惠施做了梁惠王的相国，庄子去看望他。有人对惠施说：“庄子这次来，是想要取代你做相国。”于是惠施害怕了，派人在都城内搜捕庄子三天三夜。

庄子主动去见惠施，说：“南方有一种鸟，它的名字叫作鹓鸰，你知道这种鸟吗？鹓鸰从南海出发飞到北海，不是梧桐树不停在上面栖息，不是竹子结的果实不吃，不是像甜酒一样的泉水不喝。这时候有一只猫头鹰得到了腐烂的老鼠，鹓鸰从它上面飞过，猫头鹰就仰头看着发出吓唬的声音：‘吓！’现在你想拿你的梁国来吓我吗？”

庄子和惠施在濠水的桥上游玩。庄子说：“儵鱼游得悠闲自在，这是鱼的快乐啊。”惠施说：“你不是鱼，怎么会知道鱼的快乐？”庄子说：“你不是我，怎么会知道我不知道鱼的快乐？”惠施说：“我不是你，确实不知道你的心思；你确实不是鱼，你不知道鱼的快乐，这是完全可以肯定的。”庄子说：“请让我们循着争论的根源来讨论。你说‘你怎么会知道鱼的快乐’的时候，是已经知道我知道鱼的快乐之后才来问我的，我是在这个濠水桥上知道的。”

原文

达生（节选）

祝宗人玄端以临牢筴①，说彘②曰：“汝奚恶死？吾将三月豢③汝，十日戒，三日齐④，藉白茅⑤，加汝肩尻乎雕俎之上⑥，则汝为之乎？”为彘谋，曰不如食以糠糟而错⑦之牢筴之中；自为谋，则苟生有轩冕之尊，死得于豚楯之上、聚偻之中则为之⑧。为彘谋则去之，自为谋则取之，所异彘⑨者何也？

注释

①祝宗人：祝人，宗人，都是掌管祭祀的官员。玄端：祭祀时穿的黑色服装，式样端正。牢筴：猪栏。　②彘（zhì）：猪。　③豢（huàn）：用谷物喂养。　④齐：通“斋”。戒和斋都是祭祀前的仪式，斋戒期间一般戒喝酒吃肉等。　⑤藉白茅：用白茅做垫子，铺在神座和祭物下面，以表示洁净。　⑥加：放置。尻（kāo）：臀部。雕俎（zǔ）：雕刻有花纹的盛肉的祭器。　⑦错：放置。　⑧腞楯（zhuàn shǔn）：饰有花纹的送灵柩的车子。聚偻：装饰繁多的棺椁。　⑨异彘：异于彘，和猪不一样。

今译

掌管祭祀的官员穿着黑色礼服来到猪栏，劝说猪：“你为什么害怕死？我要喂你三个月谷物，为你戒十天，斋三天，用白茅做垫子，把你的前腿根部和臀部放在雕刻有花纹的盛肉的祭器上，那么你愿意这样做吗？”为猪考虑，就会说还不如用糟糠喂它，把它放在猪栏里；为自己考虑，假如能活着享受卿大夫的尊贵车服，死了躺在饰有花纹的送灵柩的车上、装饰华美的棺椁中，就会选择这么干。为猪谋划就抛弃白茅和雕刻有花纹的盛肉的祭器，为自己谋划就选择轩冕、柩车和棺椁，这不同于猪的做法有什么道理呢？

二、知识朋友圈

1. 惠施与庄子。

在《庄子》中，惠施是一个独特的人物，他常常与庄子辩论，几乎每次都失败，而当惠施死去后，庄子经过他的坟墓时，讲了一个“运斤成风”（《徐无鬼》）的故事来表达自己的心情：匠石可以用斧头削掉别人鼻尖上的苍蝇翅大小的石灰而不伤到鼻子，但当配合他表演的楚国人死掉后，这个技艺就没有办法表演了。对庄子来说，惠施就好比配合他表演的人，庄子的思想通过与惠施的争论来呈现。惠施死了，庄子不仅失去了一个辩友，而且失去了一个知己。

惠施做过魏国的相，政治上主张“合纵”。他又是战国时期名家的代表人物，主张“合同异”。《天下》中说“惠施多方，其书五车”，又记载惠施的十则辩题，称为“历物十事”。

惠施没有著作流传，他的思想通过别的典籍记载而为人所知。除了《庄子》，在《荀子》《韩非子》《吕氏春秋》等书中，也有一些相关文字片段。假如惠施有一本《惠子》传世，里面也记载与庄子的种种论辩，相信结果会和《庄子》中所记大不相同吧。

2. 语言积累。

鲲，鹏。

《逍遥游》从大到“不知其几千里”的大鱼“鲲”写起。《列子·汤问》记载：“有鱼焉，其广数千里，其长称焉，其名为鲲。”然而《尔雅·释鱼》说：“鲲，鱼子。”许慎《说文解字》中无“鲲”字，其“鳙”字下，清代段玉裁注：“鱼子未生者曰鲲，鲲即卵字”，“凡未出者为卵，已出者为子，鲲即鱼卵”。“鲲”原本是极小的鱼卵，庄子却用来指极大的鱼，所以郭庆藩《庄子集释》说：“庄子谓绝大之鱼为鲲，此则‘齐物’之寓言，所谓汪洋自恣以适己者也。”也就是说，庄子故意这么做，有把小和大齐同的意图。

“鲲”化作脊背同样“不知其几千里”的“鹏”，“抟扶摇而上者九万里”，乘着旋风直上九万里的高空，再飞向南海。于是后世有了许多相关的词，如比喻奋发向上的“鹏举”，比喻飞黄腾达的“鹏路”，比喻志向远大的“鹏图”，比喻前程远大的“鹏程万里”，等等。

三、文心点点通

《逍遥游》是《庄子》的首篇，本节选文是《逍遥游》的前半部分。“逍遥”是悠闲自得、无拘无束的自由状态。什么是真正的逍遥呢？文章先写鲲化为鹏，展翅九万里而图南；次写蝉和小斑鸠飞得低，飞得近，引出“小大之辩”；又写寿命、人生境界上的“小”与“大”。但是不是大的就一定逍遥呢？并非如此。鲲鹏、宋荣子、列子虽然相对高明，但都还是“有所待者”，就是说有所依赖，所以还是不自由的。如鹏要依赖旋风才能飞上云霄，旋风就是它图南的条件。接下来，文章指出真正的逍遥者是“乘天地之正，而御六气之辩，以游无穷”的至人、神人、圣人，他们超越了一切的束缚，达到了真正的自由。又用尧让天下于许由的故事和藐姑射之山的神人来说明“至人无己，神人无功，圣人无名”。这样就指出了获得真正逍遥的方法，那就是顺乎自然，归本天道，摆脱与外物之间的依赖关系。

《逍遥游》是文学史上的名篇。《天下》中说庄子“以谬悠之说，荒唐之言，无端崖之辞，时恣纵而不傥”，意思是以悠远不可捉摸的论说，以广大不可测度的言论，以没有边际的言辞，时常恣意发挥而不拘于一端之见，来“与天地精神往来”。这种汪洋恣肆的风格在本节的选文中展现得淋漓尽致，读的时候宜细心揣摩。

本节《秋水》选文的几个故事中，庄子把做官比作神龟死后只留下龟骨被供在庙堂上，可见他认为失去自由简直就相当于失去生命本身。庄子又把做官比作腐烂的老鼠，只有猫头鹰才会喜欢，自己这样高贵的鹓鸰对此不屑一顾，可见他认为追求富贵是可鄙的。最后一个是著名的“鱼乐之辩”。庄子在与惠施的论辩中，把“安知”从“怎么”故意曲解为“在什么地方”，看上去是一种诡辩。实际上，他和惠施争论的焦点在于对物我关系的理解。在惠施看来，人和鱼无法沟通，所以他不承认人可以知道鱼的乐趣。而庄子认为自然之道是万物都必须遵循的，既然如此，物我可以合一，人和鱼就能产生共感。而这里的“出游从容”，也就是按其自然本性而动的状态，庄子认为这是“鱼之乐”，这和他所追求的逍遥自由之乐是共通的。联系选文中惠施看重梁相的官位，生怕庄子取代自己的行为，可知惠施是因为被富贵蒙蔽，所以无法体会鱼的自由感觉，也就无法体会这种乐趣。

最后一段选文出自《达生》。如果对猪说“你为什么害怕死？你死后将可以荣耀地作为祭品被供在祭台上”，这显然很荒谬。而如果对一个人说“你不要怕失去自由，你只要做官，就可以乘大车戴礼帽，死了有装饰华美的柩车、棺椁用”，这对普通人来说就充满了诱惑。在庄子看来，这两种情形差不多：作为猪，宁肯生而食糟糠，不肯死而为祭品；作为人，宁肯贫贱而享受自由，不肯富贵而受到束缚。如果一个人被爵禄富贵迷住心窍，他就失去精神自由，虽生犹死。猪若有灵，恐怕也会明白不能因虚无的荣耀失去宝贵生命的道理；人却不明白不能因虚无的爵禄失去自由的道理。

四、思想会客厅

庄子的自由观及有关论争。

庄子在先秦诸子中最关注人的生存与自由。他的自由观有着多层面的内涵。庄子从天人关系入手，将自由与天性相结合，他认为万物都有其“天机”。如龟的天机是“曳尾于涂中”，鱼的天机是“出游从容”，生之乐趣是按其“天机”活着。正是基于这种哲学，庄子才能感受到“鱼之乐”。

但是人又处于社会之中，不能不受到其他人的影响。鱼在江湖，游泳自在，互相之间没有拘牵是最好的境界，连相濡以沫的亲爱都是不自由的。所以庄子在妻子死后鼓盆而歌，他赞赏秦失为老聃吊丧只哭三声。这并不是说庄子反对人有感情，而是反对过分纠缠于哀乐，失去内心的自在。

人类社会中最具威力的束缚来自群体构筑的秩序，其中又以政治秩序为最。对庄子来说，世人趋之若鹜的功名富贵是扭曲人的天性、限制人的自由的枷锁。做官，如同让神龟死后留龟骨而贵，如同让猪乖乖就死去做祭品。《列御寇》中甚至以“吮痈舐痔”来嘲讽谄媚巴结权贵的行为。

自由的最高境界是与道相合，达到“至人无己，神人无功，圣人无名”。《逍遥游》中所写的鲲、鹏、蝉、小斑鸠等，各有各的天机，各有各的逍遥。而许由等人则摆脱了权位的束缚。藐姑射之山的神人是集大成者，可谓达到了《齐物论》中“天地与我并生，而万物与我为一”的境界。

庄子的自由观对后世产生了非常大的影响。这种影响直接体现在隐士文化上。“隐士”一词，最早见于《缮性》。《庄子》中出现了许多隐士，庄子本人也可以称得上是一个隐士。历代有许多“天子不能臣”“诸侯不能友”的隐士，以超然物外的独立姿态维护自己的自由。《庄子》的自由观，为隐士文化的蓬勃发展提供了理论基础。

19 世纪，西方的政治社会理论传入中国后，有些学者开始利用新理论给庄子贴上各种标签。像严复就认为“其论道终极，皆为我而任物，此在今世政治哲学，谓之个人主义”(《严复集》)。新儒家的代表人物徐复观则称庄子为“伟大的自由主义者”(《中国人性论史》)。郭沫若看到了以庄子为代表的道家“特别尊重个性，强调个人的自由到了狂放的地步”，却又认为庄子的哲学是厌世的，是对现实的一切不合作，甚至说：“两千多年来的滑头主义哲学，封建地主阶级的无上法宝，事实上却是庄老夫子这一派所培植出来的。”(《十批判书》)

五、练习步步高

(一)知识识记

1. 填空。

(1)鹏之徙于南冥也，水击三千里，____________，____________。(《逍遥游》)

(2)且举世而誉之而不加劝，____________，定乎内外之分，____________，斯已矣。(《逍遥游》)

(3)藐姑射之山有神人居焉，____________，绰约若处子；不食五谷，____________。(《逍遥游》)

（4）惠子曰：“子非鱼，安知鱼之乐？”庄子曰：“子非我，________？”（《秋水》）

2. 解释下列加点的字词。

（1）怒而飞，其翼若垂天之云（　　　　　　）

（2）背负青天而莫之夭阏者（　　　　　　）

（3）而我犹尸之（　　　　　　）

（4）愿以境内累矣（　　　　　　）

（5）加汝肩尻乎雕俎之上（　　　　　　）

3. 将下列句子翻译成现代汉语。

（1）庖人虽不治庖，尸祝不越樽俎而代之矣。

____

（2）此龟者，宁其死为留骨而贵乎，宁其生而曳尾于涂中乎？

____

（二）文心体悟

《论语》以“学而时习之”开篇，《老子》以“道可道，非常道”开篇，《庄子》以“北冥有鱼，其名为鲲”开篇。对此，你有何看法？

____

____

____

____

（三）思想碰撞

请你查阅资料，分析《大宗师》中“泉涸，鱼相与处于陆，相呴以湿，相濡以沫，不如相忘于江湖”与萨特“他人即地狱”两种说法的异同。

____

____

____

____

齐物之论

一、原典选读

齐物论（节选一）

原文

啮缺问乎王倪①曰：“子知物之所同是②乎？”曰：“吾恶乎知之③！”“子知子之所不知邪？”曰：“吾恶乎知之！”“然则物无知④邪？”曰：“吾恶乎知之！虽然⑤，尝试言之。庸讵⑥知吾所谓知之非不知邪？庸讵知吾所谓不知之非知⑦邪？且吾尝试问乎女：民湿寝则腰疾偏死⑧，鳅然乎哉⑨？木处则惴栗恂惧⑩，猨⑪猴然乎哉？三者孰知正处⑫？民食刍豢⑬，麋鹿食荐⑭，蝍蛆甘带⑮，鸱鸦耆鼠⑯，四者孰知正味⑰？猨猵狙以为雌⑱，麋与鹿交⑲，鳅与鱼游⑳。毛嫱丽姬㉑，人之所美㉒也；鱼见之深入，鸟见之高飞，麋鹿见之决骤㉓。四者孰知天下之正色㉔哉？自我观之㉕，仁义之端㉖，是非之涂㉗，樊然淆乱㉘，吾恶能知其辩㉙！”

注释

①啮（niè）缺问乎王倪：啮缺、王倪，传说是尧帝时的贤人。 ②所同是：被人们共同肯定的。 ③恶乎知之：怎么知道。 ④无知：无法认知。 ⑤虽然：虽然这样。 ⑥庸讵：何以，凭什么。 ⑦吾所谓不知之非知：我所说的“不知”就不是“知”。 ⑧民：人。湿寝：在潮湿处睡觉。偏死：半身瘫痪。 ⑨鳅（qiū）然乎哉：泥鳅会是这样吗？ ⑩木处：在树上住。惴栗：害怕发抖的样子。恂（xún）惧：害怕。 ⑪猨：同“猿”。 ⑫正处：真正好的住处。 ⑬刍豢（chú huàn）：牛、羊、猪、狗之类动物。吃草的叫作刍，吃谷物的叫作豢。 ⑭荐：草。 ⑮蝍蛆（jí jū）：蜈蚣。甘：吃起来可口。带：小蛇。 ⑯鸱（chī）：猫头鹰。耆：通“嗜”，爱吃。 ⑰正味：真正好吃的味道。 ⑱猵（biān）狙：猕猴的一种。以为雌：猿猴和猵狙雌雄相配。 ⑲交：交配。 ⑳游：泥鳅和鱼相追尾。 ㉑毛嫱丽姬：都是古代美人。 ㉒人之所美：人们认为美丽。 ㉓决（xuè）骤：快速奔跑。 ㉔正色：真正美丽的容貌。 ㉕自我观之：依我看来。 ㉖端：端倪，头绪。 ㉗涂：通“途”，途径。 ㉘樊然：杂乱的样子。淆乱：混杂错乱。 ㉙辩：通“辨”，区别。

今译

啮缺问王倪：“你知道被人们共同肯定的东西吗？”王倪说：“我怎么知道！”啮缺说：“你知道你所不知道的根由吗？”王倪说：“我怎么知道！”啮缺

说：“这样说来，事物无法认知吗？”王倪说：“我怎么知道！虽然这样，我试着说一说。凭什么知道我所说的‘知’就不是‘不知’呢？凭什么知道我所说的‘不知’就不是‘知’呢？况且我尝试问你：人在潮湿处睡觉就会半身瘫痪，泥鳅会这样吗？人在树上住就会害怕得发抖，猿猴会这样吗？人、泥鳅、猿猴这三者谁知道哪里是真正好的住处呢？人吃牛、羊、猪、狗之类的动物，麋鹿吃草，蜈蚣吃小蛇觉得可口，猫头鹰爱吃老鼠，这四者谁知道什么是真正可口的味道呢？猿猴和猵狙雌雄相配，麋和鹿交配，泥鳅和鱼相追尾。毛嫱骊姬，是人们认为美丽的女子；鱼见了就深潜，雁见了就高飞，麋鹿见了就快速奔跑。这四者谁知道天下真正美丽的容貌呢？依我看来，仁义的端倪，是非的途径，都混杂错乱，我怎么能知道它们之间的区别！”

齐物论（节选二）

原文

既使我与若辩矣①，若胜我，我不若胜②，若果是③也，我果非也邪？我胜若，若不吾胜，我果是也，而④果非也邪？其或是⑤也，其或非也邪？其俱是⑥也，其俱非也邪？我与若不能相知也，则人固受其黮闇⑦，吾谁使正⑧之？使同乎若者正之，既与若同矣，恶能正之？使同乎我者正之，既同乎我矣，恶能正之？使异乎我与若者正之，既异乎我与若矣，恶能正之？使同乎我与若者正之，既同乎我与若矣，恶能正之？然则我与若与人俱不能相知也，而待彼⑨也邪？

注释

①若：你。辩：辩论。　②我不若胜：我没有胜过你。　③果是：一定是对的。　④而：你。　⑤或是：一方对。　⑥俱是：双方都对。　⑦黮闇（dǎn àn）：不明白的样子。　⑧正：评判。　⑨彼：指根本不会去理睬是非的圣人。

今译

假使我与你辩论，你胜了我，我没有胜过你，你一定是对的，我一定是错的吗？我胜了你，你没有胜过我，我一定是对的，你一定是错的吗？是我们两个人有一方是对的，有一方是错的吗？是我们双方都对，双方都错吗？我与你都不知道，别人必然被搞糊涂了，我们请谁来评判是非呢？假使请观点和你相同的人来评判，他既然和你的观点相同，又怎么能进行评判呢？假使请观点和我相同的人来评判，他既然和我的观点相同，又怎么能进行评判呢？假使请观点和你我观点都不同的人来评判，他既然和你我的观点都不同，又怎么能进行评判呢？假使请观点和你我都相同的人来评判，他既然和你我的观点都相同，又怎么能进行评判呢？这样说来，那么，你我和别人都不能分清谁对谁错，还有必要等待不可能去分辨是非的圣人来评判吗？

原文

齐物论（节选三）

何谓和之以天倪①？曰：是不是②，然不然③。是若果是④也，则是之异乎不是也，亦无辩⑤；然若果然也，则然之异乎不然也，亦无辩。化声之相待⑥，若其不相待，和之以天倪，因之以曼衍⑦，所以穷年也。忘年忘义⑧，振于无竟⑨，故寓⑩诸无竟。

注释

①和之以天倪：顺应事物的自然，不拿主观意志去分辨。天倪：自然。 ②是不是：以不是为是，把不对的看作对的。 ③然不然：把不是这样的看作是这样的。 ④是若果是：对的如果真是对的。 ⑤辩：通“辨”，分辨，辨别。 ⑥化声：大道变成言论。相待：相对立。 ⑦因：任。曼衍：变化。 ⑧忘年：不计岁月。忘义：不讲仁义。 ⑨振：畅。竟：通“境”。 ⑩寓：寄托。

今译

什么是以顺应自然来调和是非呢？即：把不对的看作对的，把不是这样的看作是这样的。对的如果真是对的，那么，是不同于不是，也就不用分辨了；“这样”如果真的是“这样”，那么“这样”和“不这样”之间的区别，也就不用分辨了。那些大道变成言论是相互对立的，但它们又像是没有对立一样，混同于事物的自然，顺应着无穷的变化，从而过完自己的一生。忘掉岁月，忘掉是非仁义，就能畅游在无穷的境域，这样也就能寄身在无穷尽的境域了。

原文

齐物论（节选四）

罔两问景①曰：“曩②子行，今子止；曩子坐，今子起；何其无特操③与？”

景曰：“吾有待④而然者邪？吾所待又有待⑤而然者邪？吾待蛇蚹蜩翼邪⑥？恶识所以然？恶识所以不然？”

注释

①罔两：影子的影子。景：古“影”字。 ②曩（nǎng）：从前。 ③无特操：没有独特的操守，影子随着物体动而动，没有独立性。 ④有待：有条件，有依赖。 ⑤所待又有待：指影子依赖的东西又有所依赖。 ⑥蛇蚹（fù）：蛇腹下的鳞。蜩翼：蝉的翅膀。

今译

影子的影子问影子："从前你行走，现在又停下；从前你坐着，现在又站起来；你怎么这么没有独特的操守呢？"

影子说："我因为有所依赖才这样的吧？我所依赖的东西又有所依赖才这样的吧？我依赖别的东西，就像蛇依赖腹下的鳞、蝉依赖翅膀一样吗？我怎么知道为什么会这样呢？我怎么知道为什么不是这样呢？"

原文

齐物论（节选五）

昔者庄周梦为蝴蝶，栩栩然①蝴蝶也。自喻适志与②，不知周也③。俄④然觉，则蘧蘧然⑤周也。不知周之梦为蝴蝶与，蝴蝶之梦为周与？周与蝴蝶，则必有分矣。此之谓物化⑥。

注释

①栩（xǔ）栩然：蝴蝶飞舞自得的样子。 ②喻：觉得。适志：快意，合乎心意。 ③不知周也：忘记自己是庄周了。 ④俄：顷刻。 ⑤蘧（qú）蘧然：惊醒的样子。 ⑥物化：化为物，物和我的界限消解，万物融合为一。

今译

过去庄周梦见自己变成蝴蝶，自在地飞舞着。自己觉得很快意，忘掉自己是庄周了。顷刻间醒了，却突然发现自己是庄周。不知道是庄周在梦中变成了蝴蝶，还是蝴蝶在梦中变成了庄周呢？庄周和蝴蝶，必定是有区别的。这种转变叫作物化。

二、知识朋友圈

1.“齐物”论还是齐“物论”？

“齐物论”到底是什么意思，自古以来就有分歧。

一说是齐物之论，也就是论证“齐物”这一道理的理论。《秋水》中说“万物一齐，孰短孰长”，《天下》中说“齐万物以为首”，说的都是“齐物”。

还有一种说法是，因为“物论”纷纭不齐，所以应该齐同。如宋代王应麟说：“《齐物论》非欲齐物也，盖谓物论之难齐也。是非毁誉，一付于物，而我无与焉，则物论齐矣。”（《困学纪闻》）

章太炎晚年讲演国学时，则调和两种读法：“‘齐物论’三字，或谓‘齐物之论’，或谓‘齐观物论’。二义俱通。”（《国学讲义》）

2. 语言积累。

沉鱼落雁，闭月羞花。

沉鱼落雁出自《齐物论》，原来是说毛嫱和骊姬是人人都觉得美丽的女子，可是鱼见了就深潜，雁见了就高飞。后来词义在运用中发生了转变，变成形容女子的容貌美丽。

这个词经常和闭月羞花一起用，如明代汤显祖《牡丹亭》：“不提防沉鱼落雁鸟惊喧，则怕的羞花闭月花愁颤。”闭月羞花是说女子的美丽让月亮和花朵自惭形秽，“闭”和“羞”是使动用法，意思是让月亮躲起来，让花朵害羞。这样不免就有人望文生义，误以为“沉鱼落雁”也是使鱼和雁因为自惭形秽或者看呆了而沉、而落，甚至还有人比附到“四大美女”身上：沉鱼关联西施浣纱，落雁关联昭君出塞，闭月关联貂蝉拜月，羞花关联杨贵妃赏花。

三、文心点点通

本节选文包括《齐物论》中齧缺与王倪、瞿鹊子与长梧子、罔两与景的三组问答，以及庄周梦蝶的故事。

对于“世间万物有没有统一的准则”这个问题，王倪的回答是不知道，而且说自己甚至不知道自己不知道。“知道”和“不知道”是相对存在的。有“知道”，就有“不知道”，所以“不知道自己不知道”，是取消两者的对立，也就是“齐物”。王倪又用实际的事例具体解释，指出不同的事物有自己不同的立场，共同认可的标准并不存在。既然人、泥鳅、猿猴各自有合适的生存环境，人、麋鹿、蜈蚣、猫头鹰各自有喜欢的食物，猿猴、麋鹿、鱼类各自有理想的配偶，人类的美女在其他生物眼中并没有吸引力，那就意味着无法找出判断“正处”“正味”“正色”的统一标准。如果放弃自己的“此”的立场看问题，那么就无所谓彼此，也就能够以更广阔的视角接受各种差异。

是非真的能够确定吗？长梧子的回答是，原本是非就只是相对的概念。辩论的双方，一般会有胜负。但是胜的未必是，败的未必非。到底是一方是一方非，还是双方都是或者双方都非，也难以确定。何况，评判者各有立场，带着立场进行的评判原本难以做到客观。所以应该“和之以天倪”，以顺应自然来调和是非。

罔两与景的对话说明，万事万物都有自己所依赖的东西。影子依赖形体而动，影子的影子依赖影子而动，就像蛇依赖腹下的鳞爬行，蝉依赖翅膀飞行一样。这种依赖其实是“天机自而”，用不着说出理由。天机由造化赋予，是无条件的，可以说是“无待”。所以成玄英评说此节意旨为“待与不待，然与不然，天机自张，莫知其宰”（王先谦《庄子集解》）。也就是说，待与不待，然与不然，可以齐同，归于天机自然。

对于一般世俗的认识而言，梦和醒有着清晰的界限。一个人在梦中变成蝴蝶，醒来发现只是个梦，这是常有的经验。庄子的高明之处在于多问了一句：“是庄周在梦中变成了蝴蝶，还是蝴蝶在梦中变成了庄周？”如果站在现实世界的立场，自然庄周是真，蝴蝶是假。但是如果站在梦幻世界的立场，那么蝴蝶是真，庄周是假。于是蝴蝶与庄周可以互相转化，梦境与现实也可以互相转化。

这些问答以及梦蝶的故事，讲的就是万物齐一的道理。很多相对的说法看上去虽然各不相同甚至截然相反，但实际上是有一个共同的本体的，可以互相转化，难以分辨彼此。是非都是站在各自的立场判断，所以难以分辨清楚；人生也许是一场大梦，梦境也许才是真正的人生。其他所谓好与坏、美与丑、知与不知、待与无待，莫不如此。解决的方法就是超出物的层面，站在道的层面，顺应自然，不去刻意分辨什么，“是不是，然不然”，取消对立，消解外物和自我的界限。庄子式的达观，理论基础便是这种“齐物”的思想。

四、思想会客厅

齐物论是不是相对主义？

近代以来，用西方哲学理论来诠释庄子成为风潮，于是有的研究者称庄子的理论陷入了绝对的相对主义。这种说法是否成立呢？

要回答这个问题，首先要弄清楚什么是相对主义。金炳华等编写的《哲学大辞典》中这样定义相对主义：“片面夸大事物和认识的相对性，否认事物和认识的绝对性，最终否定事物客观存在和可知性的学说。与‘绝对主义’相对。”这里否认了事物和认识存在绝对性，一切都是相对的。因为没有绝对性，所以事物失去了客观存在；因为没有绝对性，所以事物不可把握，不可知。所谓绝对的相对主义，不过是用“绝对”来强调这种“相对主义”的彻底性。

对此，一方面要认识到，东西方哲学的对象都是客观世界以及主观思维，其概念和理论确实有不少可以融通之处；但另一方面，毕竟两者文化背景不同，思维方式不同，用西方哲学概念来评判中国哲学理论，难免会窒碍不通。

退一步讲，即使以西方哲学概念来衡量，庄子的理论也不符合相对主义的特征。相对主义从根本上说是要割裂事物之间相对与绝对的辩证关系。但庄子的学说，在指出相对性的同时，确立了绝对性的道的存在。《齐物论》中说：“物固有所然，物固有所可。无物不然，无物不可。故为是举莛与楹，厉与西施，恢诡谲怪，道通为一。”在道的层面上，万物都是齐同的。这就是说，相对不仅仅是相对，相对中蕴含着绝对。这和相对主义“相对中并无任何绝对的东西”(《哲学大辞典》)的论断并不一致。

《秋水》中提出：“以道观之，物无贵贱；以物观之，自贵而相贱。”也就是说，在不同的层面上，贵贱不同。庄子承认在物的层面上，各种差别客观存在。《逍遥游》中明确说：“小知不及大知，小年不及大年。”既然如此，也就谈不上是什么绝对的相对。

在认识论上，《养生主》中虽然有“吾生也有涯，而知也无涯。以有涯随无涯，殆已”的表述，但是这并不意味否认认识客观世界的可能性。一则，既然承认物的差异，那就意味着差异可知。《达生》中讲到痀偻者承蜩的故事，提出学习技艺应该“用志凝神”。如果世界不可知，那何谈学习技艺呢？二则，庄子主张“与道合一”。如果世界不可知，那又何谈求道呢？

五、练习步步高

(一)知识识记

1. 填空。

(1)毛嫱丽姬，人之所美也；________________，鸟见之高飞，________________。________________？(《齐物论》)

(2)和之以天倪，________________，所以穷年也。(《齐物论》)

(3)不知周之梦为蝴蝶与，________________？(《齐物论》)

2. 解释下列加点的字词。

(1)庸讵知吾所谓知之非不知邪(　　　　　　　　)

(2)吾谁使正之(　　　　　　　　)

(3)曩子坐，今子起(　　　　　　　　)

（4）俄然觉，则蘧蘧然周也（　　　　　　　　　　　）

3. 将下列句子翻译成现代汉语。

（1）既使我与若辩矣，若胜我，我不若胜，若果是也，我果非也邪？

（2）昔者庄周梦为蝴蝶，栩栩然蝴蝶也。自喻适志与，不知周也。

（二）文心体悟

阅读材料，回答问题。

齐物论（节选）

《庄子》

丽之姬，艾封人之子也。晋国之始得之也，涕泣沾襟；及其至于王所，与王同筐床，食刍豢，而后悔其泣也。予恶乎知夫死者不悔其始之蕲生乎！

请你说说这段选文的寓意。

（三）思想碰撞

阅读材料，回答问题。

可楼记（节选）

高攀龙

且天下之佳山水多矣，吾不能日涉也，取其可以寄吾之意而止。凡为山水者一致也，则吾之于兹楼也，可矣。虽然，有所可，则有所不可，是犹与物为耦也。吾将由兹忘乎可，忘乎不可，则斯楼又其赘矣。

这段选文是明代高攀龙《可楼记》的结尾部分，请你结合庄子的“齐物”思想加以解释。

无用之用

一、原典选读

原文

山木（节选）

庄子行于山中，见大木①，枝叶盛茂，伐木者止其旁而不取也。问其故，曰：“无所可用。”庄子曰：“此木以不材得终其天年②。”

夫子③出于山，舍于故人之家。故人喜，命竖子杀雁而烹之④。竖子请曰：“其一能鸣，其一不能鸣，请奚杀？”主人曰：“杀不能鸣者。”

明日，弟子问于庄子曰：“昨日山中之木，以不材得终其天年；今主人之雁，以不材死。先生将何处⑤？”庄子笑曰：“周将处乎材与不材之间。材与不材之间，似之而非也，故未免乎累⑥。若夫乘道德而浮游则不然⑦。无誉无訾⑧，一龙一蛇⑨，与时俱化，而无肯专为⑩；一上一下，以和为量⑪，浮游乎万物之祖⑫，物物而不物于物⑬，则胡可得而累邪！此神农、黄帝之法则也。若夫万物之情，人伦之传⑭，则不然。合则离，成则毁⑮，廉⑯则挫，尊则议⑰，有为则亏，贤则谋⑱，不肖则欺⑲，胡可得而必⑳乎哉！悲夫！弟子志㉑之，其唯道德之乡乎㉒！”

注释

①大木：大树。 ②不材：不具备良材的质地。天年：自然应有的寿命。 ③夫子：指庄子。 ④竖子：童仆。雁：这里指鹅。烹（xiǎng）：古

书“享”写作“烹”，“享”通“飨”，招待，款待。⑤何处：如何自处。意思是在材与不材之间应该怎样选择。⑥未免乎累：不能免于受牵累。⑦乘道德：顺应自然。浮游：漫游。⑧訾（zǐ）：毁谤，非议。⑨一龙一蛇：时而像龙一样显现，时而像蛇一样潜藏。⑩无肯：不肯。专为：固守一端。⑪和：中和，与外物相和谐。量：度，引申为法则。⑫万物之祖：没有万物之时的虚无境界。⑬物物：主宰外物。不物于物：不被外物役使。⑭人伦之传：世俗间的事情变化。⑮成则毁：有成就有毁，成必转为毁。⑯廉：品行端正。⑰尊：尊贵。议：非议。⑱谋：算计，暗算。⑲欺：欺侮。⑳必：偏执一方。㉑志：记住。㉒乡：同“向”，趋向，归向。

今译

庄子在山中行走，见到一棵大树，枝叶茂盛。伐木的人停在它旁边却不去砍伐。问他原因，回答说：“没有什么地方能用到它。”庄子说：“这棵树因为不具备良材的质地得以过完它自然应有的寿命。”

庄子从山中出来，住在朋友家。朋友很高兴，让童仆杀鹅招待庄子。童仆请示：“有一只鹅会鸣叫，另一只鹅不会鸣叫，请问杀哪一只？”主人说：“杀那只不会鸣叫的。”

第二天，弟子问庄子：“昨天山中的大树，因为不具备良材的质地得以过完它自然应有的寿命；现在主人家的鹅，因为不能鸣叫而被杀。先生要在这两者之间怎么自处？”庄子笑着说：“我庄周将处在成材与不成材之间。成材与不成材之间，似乎接近天道，实际上不然，所以不能免于受牵累。如果顺应自然漫游于世间就不是这样。既没有赞誉也没有毁谤，时而像龙一样显现，时而像蛇一样潜藏，随着时序一起变化，而不肯固守一端；有时上有时下，以与万物和谐为法则，漫游在没有万物之时的虚无境界中；主宰外物，而不被外物役使，这样哪里能受到牵累呢！这就是神农、黄帝的法则啊。至于万物的情状，世俗间的事情变化，却不是这样。有聚合就有分离，有成功就有毁损，品行端正就会受挫折，尊贵就会遭人非议，有作为就会蒙受损失，贤能就会遭暗算，愚笨就会遭欺侮，怎么能偏执一方呢！可悲啊！你们记住，只有归向于天道自然才能免于受牵累！”

原文

逍遥游（节选）

惠子谓庄子曰：“吾有大树，人谓之樗①。其大本拥肿而不中绳墨②，其小枝卷曲而不中规矩③，立之涂④，匠者不顾。今子之言，大而无用[5]，众所同去[6]也。”庄子曰：“子独不见狸狌乎[7]？卑身而伏，以候敖者[8]；东西跳梁[9]，不辟[10]高下，中于机辟[11]，死于罔罟[12]。今夫斄牛[13]，其大若垂天[14]之云。此能为大矣，而不能执[15]鼠。今子有大树，患其无用，何不树之于无何有之乡[16]，广莫[17]之野，彷徨乎无为其侧[18]，逍遥[19]乎寝卧其下；不夭斤斧[20]，物无害者，无所可用，安所困苦哉！”

注释

①樗（chū）：臭椿，木质很差。 ②本：指树干。擁肿：树干疙瘩盘结的样子。擁：通“臃”。中（zhòng）：合。绳墨：木工用的墨线。 ③规矩：分别为木工画圆和画方的工具。 ④立之涂：立在路上。涂：通“途”，路。 ⑤大而无用：指庄子的话宏大却不实用。 ⑥去：抛弃。 ⑦独：偏偏。见：看到。狸：野猫。狌：黄鼠狼。 ⑧敖：通“遨”，遨游。敖者：指来往的小动物，如鸡、鼠之类，都是狸狌的猎物。 ⑨梁：通“踉（liáng）”，跳跃。 ⑩辟：同“避”，避开。 ⑪中（zhòng）：触到。机辟：捕兽的器具。 ⑫罔罟（gǔ）：网类的东西。 ⑬斄（lí）：牦牛。 ⑭垂天：天边。垂：通“陲”，边。 ⑮执：捉拿。 ⑯无何有：虚无。乡：地方。 ⑰广莫：辽阔无人。 ⑱彷徨：放任不拘的样子。无为：无所事事。 ⑲逍遥：悠游自在。 ⑳夭：夭折。斤：大斧头。

今译

惠施对庄子说：“我有一棵大树，人们叫它樗。它的树干疙瘩盘结而不符合墨线的要求，它的小枝弯弯曲曲而不符合木工的圆规和矩器，长在路旁，木工看都不看。现在你说的话，宏大却不实用，大家都抛弃不肯听。”庄子说：“你难道没有看到那野猫和黄鼠狼吗？低下身子伏在地上，等着那些来往的小动物；时东时西地跳跃，不管高低，触到捕兽器的机关，死在网罗中。现今那牦牛，它的身体大得像天边的云。它的本领很大了，然而不会捉老鼠。现在你有这样一棵大树，却忧虑它没有用，为什么不把它种在虚无的地方，辽阔无人的旷野，放任不拘、无所事事地徘徊在树边，悠游自在地躺在树下；它不会在斧头下夭折，没有什么东西来伤害它，它没有什么用处，哪里会有困苦呢？”

二、知识朋友圈

1. 庄子提出“无用”的时代背景。

《人间世》中，孔子到楚国去，楚国的狂士接舆来到他门前唱了一首歌：“凤兮凤兮，何如德之衰也！来世不可待，往世不可追也。天下有道，圣人成焉；天下无道，圣人生焉；方今之时，仅免刑焉。福轻乎羽，莫之知载；祸重乎地，莫之知避。已乎已乎，临人以德！殆乎殆乎，画地而趋！迷阳迷阳，无伤吾行！吾行郤曲，无伤吾足！”

这首歌是唱给孔子听的，他把孔子比作凤，劝他不要追求积极用世。天下有道时，圣人能够成就事业；天下无道时，圣人只能保全性命。在那个时代，“仅免刑焉”，能够免于刑戮保全性命就不错了。庄子处在礼坏乐崩的乱世，战争频仍，生灵涂炭。此时“有用”反而会使人处于危险的境地。《人间世》中写到一个人物支离疏，这个人“颐隐于脐，肩高于顶，会撮指天，五管在上，两髀为胁”，脸藏在肚脐下，肩膀高过头顶，发髻朝天，五脏血管外露，大腿和肋骨并在一处，让人实在想象不出这是怎样夸张的畸形。然而支离疏因为残疾无法去服兵役，反而保全了性命，“养其身，终其天年”（《人间世》）。“无用”才能避祸，这是基于对当时现实的观察得出的经验。

所以庄子总结说：“山木自寇也，膏火自煎也。桂可食，故伐之；漆可用，故割之。人皆知有用之用，而莫知无用之用也。”（《人间世》）山木、膏火、桂、漆，都因其“有用”而遭刑戮，“无用”可以说是“天下无道”时的一种无奈选择。

2. 语言积累。

雁与鹅。

《山木》中庄子的朋友用来招待庄子的“雁”是什么呢？

雁，小篆写作。许慎《说文解字》云：“雁，鸟也。从隹，从人。”“隹”是鸟。为什么要“从人”呢？徐铉等注：“雁，知时鸟。大夫以为挚，婚礼用之，故从人。”大雁是候鸟，顺乎阴阳的变化，秋天南飞，春天返回北方。男女结婚，和阴阳相配有关，所以古人婚礼用雁作为礼品配合纳采、问名、纳吉、请期、亲迎这些环节。

那么这和鹅有什么关系呢？原来是人们把“雁”和“鴈”搞混了。“鴈”，小篆写作，和“雁”的区别是一个从鸟从人，一个从隹从人。野外的叫作“鴈”，驯化家养的叫作“鵝”（小篆写作），简化为“鹅”字。所以庄子朋友杀掉的雁，不是大雁，而是家中养的鹅。

三、文心点点通

本节《山木》的这段选文中，庄子遇到了一个难以回答的问题：大树“无用”

得以保全，鹅“无用”被杀掉，到底“有用”好还是“无用”好呢？这个难题寓意人生有很多艰难祸患，免祸存身是困难的。庄子给出的答案是在“有用”和“无用”的夹缝中求生存。不过，这还只是低层次的处理方法。最好的境界是不要纠缠于世俗的利害得失，以精神上跳出凡尘、回归虚无的自然大道来对抗人世的苦难。

事物的用处依赖于使用者的角度。从一个角度看“无用”，换个角度看说不定有大用。大有大的用处，小有小的用处。关键是找到合适的视角，才能做到物尽其用。高中《语文》教科书选择性必修上册中选自《逍遥游》的课文《五石之瓠》，讲的就是这个道理。大瓠可以盛水，不龟手之药可以护手，方便漂洗丝絮；但是大瓠也可以做成腰舟浮于江湖，不龟手之药也可以用来帮助冬天作战博取封侯的奖赏。这是使用角度的不同。

庄子还区分了世俗与精神两个层面的“有用”。在本节《逍遥游》的这段选文中，世俗之用与精神之用，其间的层次高下判然分明。树可以被木工做成各种器具，这种对“用”的判断基于以人类为中心的认知。站在功利角度，事物有“有用”与“无用”之分，有用处大小之分。而如果跳出自我的狭隘知见，依循万物本性，便能达到精神逍遥的“无用”之大用。这一段是《逍遥游》的结尾部分，由此可知，“无用之用”与精神的逍遥原本是一致的。

四、思想会客厅

庄子的“无用之用”是消极的混世哲学吗？

早在魏晋时期，西晋的裴頠就写过一篇《崇有论》，批判当时的人“薄综世之务，贱功烈之用，高浮游之业”，整天谈论“无用”“无为”。他认为“生以有为已分”，“养既化之有，非无用之所能全”。这些议论针对王弼的“贵无论”和郭象的《庄子注》而发，批判了“无用”对社会风气的破坏。而近代以来的研究者，也有不少人认为庄子的哲学是混世哲学，无助于社会。

其实，《庄子》的“用”以及相对的概念“无用”有不同的层面，不能简单化，不能抓住一点就贴标签。

从世俗的层面讲，“用”就是实用，这个层面的“用”，《庄子》中有时称为“材”，如《山木》中“昨日山中之木，以不材得终其天年；今主人之雁，以不材死”。再如《逍遥游》中“宋人资章甫而适诸越，越人断发文身，无所用之”，这里的“用”，就是日常生活中一般意义上的“用”。

这个层面上的“无用”，并非真正的“无用”，而是有另一种“用”。礼帽对越国人“无用”，不意味着对别的地方的人“无用”。大树不具备良材的质地，这是“无用”，但是对保全性命来说是“有用”。鹅不会鸣叫这是“无用”，但是能做成食物，这是“有用”。庄子在这个层面上提倡“无用”，其实都是为“保全自我”这个用处服务。“处乎材与不材之间”固然可以负面批判为“滑头”“混世”，但同样可以正面肯定为“乱世中的生存智慧”。

还有一个层面的“无用”，就是辅助“有用”而成就“有用”。《老子》(第十一章)曰：“三十辐共一毂，当其无，有车之用。埏埴以为器，当其无，有器之用。凿户牖以为室，当其无，有室之用。故有之以为利，无之以为用。”这里“无之以为用”容易引起误解，其实不是只有“无”才“有用”，而是“有”“无”配合才“有用”。庄子把这个道理说清楚了，就是《外物》中的“知无用而始可与言用”。正如明代吕坤《呻吟语》所说：“无用者，有用之资；有用者，无用之施。”

还有一个“无用”是在道的层面上讨论的。此时的“无用”有使人摆脱世俗役使、回归自我本真、获得精神逍遥的意义。这就是《逍遥游》结尾所描述的“彷徨乎无为其侧，逍遥乎寝卧其下”。当代哲学多关注科技发展之下人的工具化现象，指出现代人有失去自我的主体性，异化为“非人”的倾向。这与庄子在精神层面的“无用”理论有异曲同工之妙。

综上所述，庄子所说的“无用之用”在各个层面上都不乏积极之处，不能简单目之为消极的混世哲学。

五、练习步步高

（一）知识识记

1. 填空。

（1）________________。材与不材之间，____________，故未免乎累。(《山木》)

（2）今子有大树，患其无用，____________________，广莫之野，彷徨乎无为其侧，____________。(《逍遥游》)

2. 解释下列加点的字词。

（1）此木以不材得终其天年（　　　　　　　　）

（2）无誉无訾（　　　　　　　　）

（3）其唯道德之乡乎（　　　　　　　　）

（4）其大本擁肿而不中绳墨（　　　　　　　　）

3. 将下列句子翻译成现代汉语。

（1）物物而不物于物，则胡可得而累邪！

（2）不夭斤斧，物无害者，无所可用，安所困苦哉！

（二）文心体悟

阅读材料，回答问题。

外物（节选）

《庄子》

惠子谓庄子曰：“子言无用。”庄子曰：“知无用而始可与言用矣。天地非不广且大也，人之所用容足耳。然则厕足而堑之，致黄泉，人尚有用乎？”惠子曰：“无用。”庄子曰：“然则无用之为用也亦明矣。”

请你说说庄子是怎样阐释“无用之用”的。

（三）思想碰撞

阅读德国哲学家海德格尔的有关论述，试着与庄子“无用之用”的理论进行比较。

“它提供了这样的洞见：人对于无用者无须担忧。凭借其无用性，它具有了不可触犯性和坚固性。因此以有用性的标准来衡量无用者是错误的。此无用者正是通过让无物从自身制作而出，而拥有它本己的伟大和规定的力量。以此方式，无用乃是物的意义。”（《传统的语言和技术的语言》）

无为之为

一、原典选读

原文

应帝王（节选）

南海之帝为倏①，北海之帝为忽，中央之帝为浑沌。倏与忽时相与遇于浑沌之地，浑沌待之甚善②。倏与忽谋报浑沌之德③，曰：“人皆有七窍以视听食息④，此独无有，尝试凿之。”日凿一窍，七日而浑沌死。

注释

①倏（shū）：与忽、浑沌，都是寓言中虚构的帝王的名字。　②待：款待。之：他们，指倏、忽。甚善：特别好。　③谋报：商量报答。德：恩德，即前文说的“待之甚善”。　④七窍：七个孔，指两眼、两个鼻孔、两耳、一张嘴。息：呼吸。

今译

南海的帝王名叫倏，北海的帝王名叫忽，中央的帝王名叫浑沌。倏和忽时常在浑沌的领地会面，浑沌待他们特别好。倏和忽商量报答浑沌的恩德，说：“人们都有七个孔用来看、听、吃喝、呼吸，唯独浑沌没有，我们试着给他凿开。”他们一天凿一个孔，凿到第七天浑沌就死了。

马蹄（节选）

原文

马，蹄可以践霜雪，毛可以御风寒，龁①草饮水，翘足而陆②，此马之真性也。虽有义台、路寝③，无所用之。及至伯乐④，曰：“我善治⑤马。”烧⑥之，剔⑦之，刻⑧之，雒⑨之。连之以羁馽⑩，编之以皂栈⑪，马之死者十二三矣；饥之，渴之，驰之，骤之⑫，整之⑬，齐之⑭，前有橛饰之患⑮，而后有鞭筴⑯之威，而马之死者已过半矣。陶者曰：“我善治埴⑰，圆者中规⑱，方者中矩⑲。”匠人曰：“我善治木，曲者中钩⑳，直者应绳㉑。”夫埴木之性，岂欲中规矩钩绳哉？然且世世称之曰：“伯乐善治马，而陶匠善治埴木。”此亦治天下者之过㉒也。

注释

①龁（hé）：啃，咬。 ②翘（qiáo）足：举起腿。陆：跳跃。 ③义台：仪台，是天子、诸侯举行仪式的高台，用土筑成台子，上面架屋，当中设门。路寝：正寝，是古代君主接见臣子、处理政事的宫室。君主有六处宫室，一处为正寝，其余五处为燕寝，为休息宴乐之处。 ④伯乐：姓孙名阳，字伯乐。春秋中期秦穆公的臣子，以善于相马闻名于世。 ⑤治：训练，驾驭。 ⑥烧：用烧红的烙铁在马身上烙印记。 ⑦剔：修剪马鬃。 ⑧刻：修削马蹄，为钉马掌做准备。 ⑨雒：通“络”，给马戴笼头。 ⑩连：绑上。羁馽（jī zhí）：羁为带嚼子的马络头，馽为绊住马前腿的绳子。 ⑪皂：马槽。栈：马棚。 ⑫骤之：驱马快跑。 ⑬整之：对马进行装饰。 ⑭齐之：使马步伐整齐。 ⑮橛（jué）：马嚼子，马口中衔的横木，用以配合缰绳控制马的行动。饰：马缨，系在马络头上的装饰物。患：上述这些东西都是对马的束缚，所以称为“患”。 ⑯鞭筴：打马的工具。带皮条的称为鞭；无皮条的称为筴，一端装有铁刺，用来刺马。 ⑰埴（zhí）：黄而细密的黏土。 ⑱中规：符合圆规的标准。规：圆规，测圆的工具。 ⑲矩：测方形的工具。 ⑳钩：测曲度的工具。 ㉑应：符合。绳：拉直的墨线。 ㉒过：过失。

今译

马，蹄子可以践踏霜雪，毛可以抵御风寒，吃草喝水，举起腿蹦蹦跳跳，这就是马的天性啊。即使有举行仪式的高台、富丽堂皇的宫室，对马也没有用处。等到伯乐出现，他说：“我擅长训练马。”用烧红的烙铁给马烙上印记，修剪马鬃，修削马蹄，戴上马络头。再用缰绳拴住，按编排的次序拴到槽头，关进马棚，马便死掉十分之二三了；又让马忍饥，受渴，驱赶马快速奔跑，对马进行装饰，使马的步伐整齐，让马前面有马嚼子、马缨的束缚，后面有马鞭、马刺的威胁，这样，马就死掉大半了。陶工说：“我善于处理黄而细密的黏土，可使圆形的与圆规相符合，方形的与矩器相符合。”木工说：“我善于处理木料，可使曲的与曲尺相符合，直的与墨线相符合。”黏土与木料的本性，难道就是想要合于圆规、矩器、曲尺、墨线的标准吗？但是人们世世代代都称赞说：“伯乐善于训练马，而陶工、木工善于处理黏土和木料。”这也是治理天下的人的过错啊。

原文

知北游（节选）

天地有大美而不言①，四时有明法②而不议，万物有成理而不说③。圣人者，原天地之美而达万物之理④。是故至人无为，大圣不作，观于天地之谓也。

今彼神明至精⑤，与彼百化⑥，物已死生方圆⑦，莫知其根也，扁然而万物自古以固存⑧。六合为巨⑨，未离其内⑩；秋豪为小，待之成体。天下莫不沉浮⑪，终身不故⑫；阴阳四时运行，各得其序。惛然若亡而存⑬，油然不形而神⑭，万物畜⑮而不知。此之谓本根，可以观于天⑯矣。

注释

①大美：指天地覆载万物，生养万物，具有最大美德。不言：不说，指不居功。 ②明法：明确的规律。 ③成理：万物生长的规律。说：解说。 ④原：推究。达：通达。 ⑤彼：指天地。神明至精：天地蕴含的创造力无形但无所不在，极其精微。 ⑥与彼百化：天地参与万物的种种变化。彼：指万物。 ⑦死生方圆：万物或死或生，或变成方或变成圆，产生了种种变化。 ⑧扁：通“翩”，轻快的样子。以：通“已”，已经。 ⑨六合：天地四方的无限空间。巨：广大。 ⑩离：超出。其：天道。 ⑪沉浮：升降。表示万物相互作用，无穷变化。 ⑫不故：新陈代谢，日新月异。故：陈旧。 ⑬惛然若亡而存：天道暗淡不分明，说它存在又无法捉摸，说它不存在，它又在天地万物中起着作用。惛然：暗淡不分明的样子。 ⑭油然不形而神：天道没有形迹，但又有神妙的作用。油然：不见迹象的样子。 ⑮畜：养。这里指被养育。 ⑯观于天：观察并效法天道。

今译

天地有最大的美德而不言语，春、夏、秋、冬四季有明确的规律而不议论，万物有生长的规律而不解说。所谓圣人，就是推究天地的美德而通达万物生长的规律。所以至人自然无为，圣人不妄自造作，这说的是观察天地之道加以效法。

天地蕴含的创造力无形但无所不在，极其精微，参与万物的种种变化，万物已经发生或死或生或方或圆的变化，没有办法知道它的根源，万物自古以来原本就已经这样忽然间存在。天地四方虽然广大，却没有超出天道的范围；秋天的兽毫虽然微小，却要依赖天道来生成形体。天下万物无不随天道升降变化，它们始终都不会陈旧；阴阳和春、夏、秋、冬四季的运行，各自有自己的秩序。天道暗淡不分明好像不存在，其实存在，不见形迹但有神妙的作用，万物被其养育着自己却不知道。这就叫作本根，可以由此观察天道。

二、知识朋友圈

1. 庄子的“无为”。

一般认为，庄子的“无为”思想由老子而来。但是，庄子更加强调顺应自然天性的一方面。在庄子看来，“无为”是天地万物生成和运作的方式。而人作为万物之一，也应该顺从这种自然天性，因此要做到“无以人灭天”(《秋水》)。基于此，在社会政治措施方面，庄子发扬了老子“大道废，有仁义”[《老子》(第十八章)]的思想，激烈地批判儒家的仁义，认为提倡仁义会戕害人的自然天性。

2. 语言积累。

浑沌与儵、忽。

“浑沌”同“混沌”，是传说中没有开天辟地的时候，元气未分，模糊一团的状态。汉代班固《白虎通·天地》曰：“混沌相连，视之不见，听之不闻，然后剖判。”唐代欧阳询《艺文类聚》卷一引三国吴徐整《三五历记》：“天地混沌如鸡子，盘古生其中。”

浑沌还是传说中的一种恶兽。西汉东方朔《神异经·西荒经》曰：“昆仑西有兽焉，其状如犬，长毛四足，似罴而无爪，有目而不见，行不开。有两耳而不闻，有人知往，有腹无五脏，有肠直而不旋，食物径过。人有德行而往抵触之，有凶德则往依凭之。天使其然，名为浑沌。”

《神异经·西荒经》中的这种恶兽和《应帝王》中所写的“中央之帝”有点像。只是《应帝王》中的浑沌模糊得更加彻底，连七窍都没有。

“儵”同“倏”。“倏”，小篆写作，从犬，攸声，本义为快跑。(一说为狗快跑的样子。)引申为迅疾、忽然。“忽”，小篆写作，从心，勿声，本义为不经心、不重视。引申为急速、轻易。“倏忽”，一般形容迅疾的样子。

根据前人的注释，《应帝王》中的“儵”代表有形，“忽”代表无形，“浑沌”则代表非有非无。还有一种说法，“儵忽”是神速，“浑沌”是和合，神速比喻“有为”，和合比喻“无为”。

三、文心点点通

《应帝王》中“浑沌”之死是“有为”造成的恶果。“儵”“忽”象征“有为”；“浑沌”象征纯朴自然。违背自然之道，强行给浑沌开七窍，这样的“有为”是一种妄为。治国之道也是这样，违背百姓的自然天性，强行用各种不适当的道德伦理、法律规定来扰乱百姓，每天为百姓凿一窍，同样会使天下丧失生机。

马的本性是扬起蹄子践踏霜雪，身上的毛抵御风寒，自由自在地吃草喝水，在山坡上蹦跳，在野地里驰骋。也许人类会希望住在义台、路寝这种地方，但马必定没有这样的愿望。至于络头、嚼子、缰绳、马鞭，对马来说是让它们饱受束缚及被奴役的工具。陶工制陶的圆规、矩器，木工做木器用的曲尺、墨线，对黏土、木料来说，也是束缚和戕害它们的工具。站在这种立场上，伯乐、陶工、木工非但不应该受到赞美，反而应该受到控诉和谴责。治理天下也是一样，仁义道德、刑罚规矩，这些相当于络头、嚼子、缰绳、马鞭，也相当于陶工的圆规、矩器，木工的曲尺、墨线，只会戕害人的天性。依庄子看来，天下本无事，百姓只要按自己的天性自由自在地生活就好，这就是“无为”而治的思想。

这种理论起于对天道的观察。“天地有大美而不言，四时有明法而不议，万物有成理而不说”，天地自然，本来就蕴含“无为”之道。“至人无为，大圣不作”，正是效法天地的做法。注意这里讲的圣人不是儒家的圣贤，而是道家的“至人”。治理天下，要学习天地的“不言”“不议”“不说”，“无为”虚静，使百姓像天地那样蓬蓬勃勃、自然生长。

四、思想会客厅

《庄子》中的“至德之世”与深层生态学。

庄子提倡按天性逍遥自在地活着，这是对万物而言，而非仅对人类而言。《马蹄》中就描述了一个万物和谐相处的理想世界：“彼民有常性，织而衣，耕而食，是谓同德；一而不党，命曰天放。故至德之世，其行填填，其视颠颠。当是时也，山无蹊隧，泽无舟梁；万物群生，连属其乡；禽兽成群，草木遂长。是故禽兽可系羁而游，鸟鹊之巢可攀援而窥。夫至德之世，同与禽兽居，族与万物并，恶乎知君子小人哉！同乎无知，其德不离；同乎无欲，是谓素朴；素朴而民性得矣。”

在这个理想世界中，首先是万物都能按其自然天性自由自在地生活。人的追求不过是吃饭穿衣，没有多余的欲望，走路悠闲稳重，看东西朴拙无心。禽兽成群结队，草木滋长，全都活得蓬蓬勃勃。其次是万物之间共生。人类和禽兽都居处相连不分彼此，人类可以带着禽兽漫游，可以爬上树看鸟巢。这是因为人类不会奴役禽兽，禽兽也不会伤害人类。人类不建造舟船和桥梁，甚至连隧道也不开凿，完全没有改造环境，更谈不上破坏。最后，这还是一个人人平等的世界，人类内部没有君子、小人之分，人类与万物之间也不是奴役与被奴役的关系。

庄子的这一理想世界，在人与环境的关系上，体现了典型的天人合一的思想。不同于中国，西方传统上倾向于人与自然二元对立的环境观，特别是工业时代以后，人类对自然的改造和利用一方面取得了重大成果，但另一方面造成了严重的生态破坏。因此，当代西方思想界一直在进行反思。其中，挪威当代哲学家阿伦·奈斯的深层生态学理论是影响较大的一种。所谓深层，是针对仅仅致力于解决污染和资源耗尽等环境问题的浅层生态学理论而言。深层生态学理论认为，任何物种都有生存和繁荣发展的固有价值，不管这一物种对人类是否有用；人类同别的物种一样，都只是整个地球生态网络中的一个节点，因而人类没有权利奴役其他物种，更没有权利灭绝其他物种；人类与其他物种应该建立一种共存和合作的关系。

可以看出，《庄子》中的“至德之世”几乎完美诠释了阿伦·奈斯的深层生态学理论。用现在的眼光看，战国时期的《庄子》甚至已经有了“去人类中心主义”的倾向。我们当然不能由此得出结论，认为阿伦·奈斯是受到庄子的启发，但至少我们可以说，庄子的理论对我们现在重建人与自然的和谐关系仍然有着可贵的参考意义。

五、练习步步高

（一）知识识记

1. 填空。

（1）日凿一窍，____________。（《应帝王》）

（2）____________，四时有明法而不议，____________。（《知北游》）

2. 解释下列加点的字。

（1）儵与忽谋报浑沌之德（　　　　　　　　　）

（2）驰之，骤之，整之，齐之（　　　　　　　　）

（3）原天地之美而达万物之理（　　　　　　　　）

（4）万物畜而不知（　　　　　　　　）

3. 将下列句子翻译成现代汉语。

（1）陶者曰："我善治埴，圆者中规，方者中矩。"

（2）六合为巨，未离其内；秋豪为小，待之成体。

（二）文心体悟

请你结合本节选文浑沌之死的故事，说说"无为"与"无用"、"养生"和"逍遥"之间的关联。

（三）思想碰撞

孔子主张"杀身以成仁"(《论语·卫灵公》)。孟子主张"舍生而取义"(《孟子·告子上》)。庄子却说："意仁义其非人情乎，彼仁人何其多忧也？"(《骈拇》)蔡元培在《中国伦理学史》中说："盖儒家之仁义，本所以止乱。而自庄子观之，则因仁义而更以致乱，以其不顺乎人性也。"对庄子与孔子、孟子这一分歧，你怎么看？

（王希明　编）

第三单元

《墨子》选读

单元概说

春秋战国时期，社会影响最大、势力最强、门徒最多的首推儒、墨两家。有关儒家及其创始人孔子的记载已经非常详细；而关于墨子的记载极其简略，有关的遗迹也难以寻觅。《史记》中没有墨子的专传，只在《史记·孟子荀卿列传》的最后附记了寥寥 24 个字：“盖墨翟，宋之大夫，善守御，为节用。或曰并孔子时，或曰在其后。”这 24 个字，并没有准确交代墨子的身世背景；至于墨子是否做过宋国大夫，后人也有颇多争议；只有“善守御，为节用”6 个字确凿无误，反映了墨子擅长防守之术、力行节俭之道的特点。

墨学从最初能与儒学旗鼓相当的先秦显学到逐渐衰微，直至被推向历史的边缘，这一条路虽然越走越冷清，但丝毫不影响其开辟者墨子的伟大。

墨子是中国的平民圣人。他出身于木工世家，一生都是劳动者（也有人认为他曾经在宋国做过一小段时间的大夫）。墨子也从不否认自己为下层劳动者的身份，骄傲地以“北方之鄙人”(《吕氏春秋·爱类》) 自称，即使后来他成为墨家的创始人，也一直念念不忘“农与工肆之人”和“农与工肆之事”。他的一切言行，代表着劳动者的利益。这一平民代言人的身份在由他开创并身体力行的墨家“十论”中体现得淋漓尽致。这“十论”，即“尚贤”“尚同”“兼爱”“非攻”“节用”“节葬”“天志”“明鬼”“非乐”“非命”。

“尚贤”“尚同”讲的是用人制度——唯贤是举、“统一于上”。这颠覆了贵族血统论，给予百姓以改变命运、翻身做“主”的机会。

“兼爱”是墨子整个思想体系的核心，是墨学的根本观念。因为提倡爱无界、爱无私、爱无别、爱无偏，才会反对战争，反对以大欺小、以强凌弱，“非攻”的理论由此衍生。

“节用”“节葬”主要是针对统治阶层的奢侈享乐，从文化娱乐与消费用度两方面倡导节约。作为劳动者，墨子深深知道稼穑之艰难、生产之不易，他不仅大力提倡戒奢以俭，反对铺张浪费，而且自己终生过着艰苦朴素、勤俭节约的生活，实践着节用富民的主张。

“天志”“明鬼”反映的是墨子的宗教思想：以天的意志为最高准则，监督与衡量天子的一言一行；以鬼神的无处不在、明察秋毫来约束与规范人的行为；以反对命定论来激发人们自强不息、积极进取的斗志。

“非乐”“非命”有与儒家针锋相对的意味。墨子反对纵情音乐，也鲜明地批驳了“死生有命，富贵在天”(《论语·颜渊》) 的命定论。

本单元将上述“十论”两两组合，分为五个部分，依次为贤能治国、泛爱反战、尚俭合礼、顺天尊鬼、止乐非命，并选取了相应的篇章段落。

墨家“十论”牢牢扎根于底层，以爱的光辉温暖了饱受战乱之痛、压迫之苦的民心。因为墨子的爱以平民为出发点，墨学注定不会受到统治者的推崇与力捧。这恐怕也是墨学在与儒学的分庭抗礼中逐渐衰微的原因之一吧。

贤能治国

一、原典选读

原文

尚贤下（节选）

曰：今也天下之士君子，皆欲富贵而恶贫贱。曰：然女①何为而得富贵而辟②贫贱？莫若③为贤。为贤之道将奈何？曰：有力者疾④以助人，有财者勉⑤以分人，有道者劝⑥以教人。若此则饥者得食，寒者得衣，乱者得治。若饥则得食，寒则得衣，乱则得治，此安生生⑦。

今王公大人其所富、其所贵，皆王公大人骨肉之亲，无故⑧富贵、面目美好者也。今王公大人骨肉之亲，无故富贵、面目美好者，焉故⑨必知⑩哉？若不知，使治其国家，则其国家之乱可得而知也。

注释

①女：通“汝”，你。 ②辟：同“避”。 ③莫若：不如。 ④疾：急速。 ⑤勉：尽力，努力。 ⑥劝：勉力，尽力。 ⑦安生生：使众生安居。生生：指众生并立。 ⑧无故：无缘无故，没有道理。 ⑨焉故：何故。 ⑩知：通“智”。

今译

说：现在天下的士人君子，都想要富贵而厌恶贫穷。说：那么你做什么才能获得富贵而避免贫穷呢？不如成为贤能的人。成为贤能的人的方法是怎样的呢？说：有力量的人赶紧帮助别人，有财富的人尽力分给别人，有知识的人勉力教育别人。像这样那么饥饿的人就能得到食物，寒冷的人就能得到衣物，混乱的社会就能得到治理。如果饥饿的人得到食物，寒冷的人得到衣物，混乱的社会得到治理，这就使众生安居了。

现在的王公大人，他们所使之富裕和尊贵的，都是王公大人的骨肉亲戚，无缘无故富贵以及容貌美丽的人。现在这些王公大人的骨肉亲戚，无缘无故富贵以及容貌美丽的人，怎能（断定他们）一定有智慧呢？如果没有智慧，（却）让他们治理国家，那么国家的混乱就可想而知了。

原文

尚同中（节选）

故古者圣王唯而①审以尚同，以为正长，是故上下情请②为通。上有隐事遗利，下得而利之；下有蓄怨积害，上得而除之。是以数千万里之外，有为善者，其室人未遍知，乡里未遍闻，天子得而赏之；数千万里之外，有为不善者，其室人未遍知，乡里未遍闻，天子得而罚之。是以举③天下之人皆恐惧振动惕慄，不敢为淫暴，曰：“天子之视听也神！”先王之言曰：“非神也。夫唯能使人之耳目助己视听，使人之吻④助己言谈，使人之心助己思虑，使人之股肱⑤助己动作。”助之视听者众，则其所闻见者远矣；助之言谈者众，则其德音⑥之所抚循⑦者博矣；助之思虑者众，则其谈谋度⑧速得矣；助之动作者众，即其举⑨事速成矣。故古者圣人之所以济⑩事成功，垂名于后世者，无他故异物焉，曰：唯能以尚同为政者也。

注释

①而：当为“能”。 ②请：通“诚”。 ③举：全。 ④吻：嘴唇，引申为口边。 ⑤股肱（gōng）：四肢。股：大腿。肱：胳膊。 ⑥德音：善言，也可指天子的诏令。 ⑦抚循：安抚，抚慰。 ⑧谈：疑为衍字。谋度（duó）：谋划衡量。 ⑨举：做。 ⑩济：完成。

今译

所以古代圣明的君主正是能审慎地统一思想，设立各级行政长官，那么上下的情意就确实能相通了。上级有隐瞒的事或遗忘的利益，下级能够及时提醒让他得到利益；下级有积蓄的怨恨和祸害，上级能够及时铲除。因此在数千万里之外，有行善的人，他的家人不完全知道，乡里人不完全知道，天子就已经获悉并奖赏他了；在数千万里之外，有行恶的人，他的家人不完全知道，乡里人不完全知道，天子就已经获悉并惩罚他了。因此全天下的人都恐惧震动、警惕战栗，不敢做淫乱残暴的事，说：“天子的视力与听力，可真是神奇啊！”先王说：“不是神奇。只是能用别人的眼睛和耳朵来帮助自己去看和听，用别人的嘴巴来帮助自己说话，用别人的心来帮助自己思考，用别人的四肢来帮助自己行动。”帮助自己去看、去听的人多了，那么他能看到的、听到的就远；帮助自己说话的人多了，那么天子的诏令能够安抚的人就多了；帮助自己思考的人多了，那么谋划衡量（计策）就能更快施行；帮助自己行动的人多了，那么他做的事就能很快成功。所以古代圣明的君主能够把事情成功完成，留名于后世，没有其他什么特别的原因，说：只是能够将统一思想作为治理政治的基本政策。

二、知识朋友圈

语言积累。

（1）贤。小篆写作，从貝，臤声。本义为财物多。再引申之，“凡多皆曰贤”（段玉裁《说文解字注》）。于是，才能多、德行多，逐步成为“贤”通用的含义。现代汉语中衍生出了“贤达”“贤德”“贤惠”“贤良”“贤明”“贤能”“贤人”“贤士”“贤哲”等词。所谓“尚贤”，就是让财多、才多、德多的人成为社会的统治阶层，形成“能者上，庸者下”的用人机制。

（2）同。甲骨文写作。金文写作。小篆写作。甲骨文、金文从口，由一种四人抬东西的用具的象形和“口”组成，表示用口令来协调行动。本义为共同做事。引申为相同、一样。又由此引申为一起、共同。墨子的“尚同”有两层含义：一为重视、强调“同”；一为“同于上”，用现在的话说就是“统一于上”。

三、文心点点通

1. 怎样的人才称得上是贤者？

《尚贤》上、中、下三篇集中反映了墨子的政治人才观，阐明了“尚贤”乃“为政之本”的主张。《尚贤下》文辞中错乱难通之处较前两篇多。节选部分因其首先表明了墨家的“为贤之道”，亦即墨家所谓贤者的道德标准而特别收录进来。“有力者疾以助人，有财者勉以分人，有道者劝以教人”——在这“为贤之道”的背后，透露着墨子“爱人”“利人”的最高指示。只有这样的“兼爱”之人，才能够拯救乱世，安抚离散的民心。所以，必须崇尚这样的贤者。

“尚贤”与“尚亲”，是两个完全不同和互不相容的任人原则。力主“尚贤”的墨子紧承其上，揭露并力辩“尚亲”原则的弊端。贵族血亲关系与知（智）——知识、才能没有任何必然联系，并且“此非可学能者也”。而“为政于国家”，所需要的是真正的智慧、才能、品德、修养，因此为政“尚亲”毫无道理。这与儒家基于血缘关系的“亲亲”用人原则相对立，在当时是非常大胆的、创新的观点。到现在，墨子的“尚贤”论仍具有进步意义。

2.“尚同”塑造的是怎样一个社会政治体系？

《尚同中》节选部分主要强调上下情通、政令畅达的重要性。平民百姓和下级官员，见到利人利家利国的好人好事和害人害家害国的坏人坏事必须逐级上报。见善而上报者有赏，隐恶而不报者受罚，是以赏罚分明，善恶必报，国家必治。在墨子的议论中，我们看到他关于“信息”社会的理想。而传达这些信息的媒介就是所有贤而为官者。他们好比圣王的耳目，能让圣王“不就而听”“不往而视”，且一听而通闻，一视而通见。他们也好比圣王的口舌、股肱和心思，将圣王所言所行所想传达至千万里之外。是以上下一心，天子行王道，长官施善政，“安生生”，政通人和，从而天下大治。

墨子的“尚同”，从横的方面讲，是建立中心信仰，共同趋赴，以免分歧；从纵的方面讲，是主张上下情通，消除隔阂，反对勾结。由此可知，“尚同”不是独断专制，而是含有民主集中的意味。墨子“尚同”论针对的是当时四分五裂、纷争不断的社会乱象，他渴望以自上而下统一管理为纽带，建立起有序和谐的社会秩序。

四、思想会客厅

1. 儒家也讲究任人唯贤，这与墨子的“尚贤”论有什么不同？

尊重贤才对于治理国家至关重要。国家的兴亡成败关键在于用人。一个国家贤良之士的众寡以及是否能做到尚贤使能，关系着国家的强盛或衰弱、社会的稳定或混乱。因此，虽然儒、墨两家在诸多问题上各有主张，甚至针锋相对，但对于人才重要性的深刻认识高度一致。《礼记・礼运》记载孔子论“大同”之世，“大道之行也，天下为公，选贤与能”。

但儒家的“尚贤”观念以道德为最高境界，以礼为准则，“尚贤”主要看重执政者的品行，把政治希望寄托于圣贤。同时，儒家主张“亲亲有术，尊贤有等”“贵者守其业”等，这就给“尚亲”留下了很大的空间。

而墨子的“尚贤”论是真正把目光放到底层百姓身上。所谓任人唯贤，是彻底做到“举义不辟贫贱”“举义不辟亲疏”“举义不辟远近”。“尚贤”的具体措施是“高予之爵，重予之禄，任之以事，断予之令”，也就是要在政治、经济、职权等方面提高贤士的地位。只要是德行忠厚、道术渊博之人，就要“富之、贵之、敬之、誉之”，不牵扯门第，无关乎血统，不讲究亲疏。应该说，墨子的“尚贤”是彻底的，他完全打破了古代社会的等级观念。当然，这势必会危及统治者的地位，这可能是墨学失宠于专制王朝的一个因素吧。

2. 如何看待诸子的社会秩序观与墨子的“尚同”论？

有人说，诸子百家虽然哲学体系差异极大，但有一条共同的底线，即建立统一秩序。儒家强调“定于一”（《孟子·梁惠王上》）的礼乐道德秩序，法家强调“车同轨，书同文字”（《史记·秦始皇本纪》）的权力法律秩序，墨家强调“尚同”与“执一”的社会行动秩序。即便强调极端自由的道家，对统一秩序也是认同的。老子的“小国寡民”[《老子》（第八十章）]，经常被说成主张分治，但实际上，“小国”只是政治过渡的单元，“邦国”之后还有“天下”这一最终秩序——“以邦观邦，以天下观天下”[《老子》（第五十四章）]，老子还反复探讨“取天下”[《老子》（第二十九章）] 和“天下王”[《老子》（第七十八章）] 的奥秘。各家对于统一秩序的追求，归根结底，都是试图建立一个让社会得以平稳运行、让执政者可以“递三世可至万世而为君”（杜牧《阿房宫赋》）的万全范式。倘使一个社会没有共同服从的法规、共同遵守的公理，以及为公众利益而自我牺牲的美德，那么这个社会终将解体。

因此，墨子的“尚同”论是希望自上而下设立一个宝塔尖似的社会结构：天—天子—三公—诸侯—卿之宰—乡长—家君—庶民。从下层庶民上至天子，下级服从上级；从上层天子下至庶民，保持思想一致，政令统一，以实现社会的和谐。

当然，下对上的绝对服从必须满足的一个前提条件是：上贤于下。人们都能和贤于自己的上级、天子同心同德，而不是在下面拉帮结派，结党营私；人们都能同善于纳谏改过的值得信赖的上级、天子保持一致，而不是阳奉阴违，欺上瞒下。这样，便能收“上之所赏，而下之所誉”（《尚同上》）之效。反之则不然。可见，在墨子看来，要“尚同”，必须以各级政权由贤人掌管为前提，以言路开放为先决条件。

墨子的意图可谓良好！但在当时，统治者对墨子关于“尚同”的论述，所可能接受的，只能是“统一于上”，至于墨子所反复论列的“统一于上”的条件和根据，统治者便另有选择了。

五、练习步步高

（一）知识识记

1. 填空。

故古者圣王唯而审以尚同，以为正长，____________。(《尚同中》)

2. 解释下列加点的字词。

（1）然女何为而得富贵而辟贫贱（　　　　　　）

（2）此安生生（　　　　　　）

（3）焉故必知哉（　　　　　　）（　　　　　　）

（4）是以举天下之人（　　　　　　）

（5）使人之吻助己言谈（　　　　　　）

（6）使人之股肱助己动作（　　　　　　）

（7）则其德音之所抚循者博矣（　　　　　　）（　　　　　　）

（8）即其举事速成矣（　　　　　　）

3. 将下列句子翻译成现代汉语。

（1）有力者疾以助人，有财者勉以分人，有道者劝以教人。

（2）故古者圣人之所以济事成功，垂名于后世者，无他故异物焉，曰：唯能以尚同为政者也。

（二）文心体悟

“尚贤”，崇尚的是“能者为上”；“尚同”，强调的是“统一于上”。两者的关系是如何在“贤能治国论”的理想中体现的？

（三）思想碰撞

阅读材料，回答问题。

《老子》（第三章）

不尚贤，使民不争；不贵难得之货，使民不为盗；不见可欲，使民心不乱。是以圣人之治，虚其心，实其腹，弱其志，强其骨。常使民无知无欲。使夫知者不敢为也。为无为，则无不治。

请你思考老子所说的“不尚贤”与墨子的“尚贤”论是否冲突。

泛爱反战

一、原典选读

原文

兼爱下（节选）

《周诗》曰：“王道荡荡①，不偏不党②；王道平平③，不党不偏。其直若矢④，其易⑤若底⑥。君子之所履⑦，小人⑧之所视⑨。”若吾言非语道之谓也⑩，古者文武为正⑪，均分，赏贤，罚暴，勿有亲戚弟兄之所阿⑫。即此文武兼也。虽子墨子之所谓兼者，于文武取法焉。不识天下之人，所以皆闻兼而非⑬之者，其故何也？

……

故兼者圣王之道也，王公大人之所以⑭安也，万民衣食之所以足也。故君子莫若⑮审兼而务⑯行之，为人君必惠⑰，为人臣必忠，为人父必慈，为人子必孝，为人兄必友，为人弟必悌⑱。故君子莫若欲为惠君、忠臣、慈父、孝子、友兄、悌弟，当若兼之不可不行也。此圣王之道而万民之大利也。

注释

①荡荡：平坦而宽大的样子。 ②党：偏私，偏袒。 ③平平：公正均衡。 ④矢：箭。 ⑤易：平。 ⑥底：通“砥”，磨刀石。 ⑦履：实行。 ⑧小人：平民百姓。 ⑨视：仰望。 ⑩若吾言非语道之谓也：疑当作“故若言，语兼之谓也”。这里所说的话就是兼爱的道理。 ⑪正：通“政”。 ⑫阿（ē）：私，偏袒，迎合。 ⑬非：非议，反对。 ⑭所以：表原因。 ⑮莫若：不如。 ⑯务：致力，从事。 ⑰惠：仁惠。 ⑱悌（tì）：敬爱兄长。

今译

《周诗》说：“治国之道坦荡宽广，不偏私不结党；治国之道公正均衡，不结党不偏私。它正直如箭，平坦如石。这是君子所实践的，是百姓所仰望的。”这里所说的话就是兼爱的道理，古时周文王、周武王治理政事，分配平均，奖赏贤者，惩罚恶人，没有偏袒父母兄弟亲戚（的现象）。这就是周文王、周武王的兼爱。即使墨子所说的兼爱，也是从周文王、周武王那里取法的。不知道天下的人，为什么一听到兼爱就反对，这是什么缘故呢？

……

所以说兼爱是圣明君主的治国之道，王公大人因此得以安稳，广大百姓的衣服食物因此得以足用。所以君子不如审察兼爱的道理而努力实行它，（这样）做君主的一定要仁惠，做人臣的一定要忠诚，做人父的一定要慈爱，做人子的一定要孝顺，做人兄的一定要友爱弟弟，做人弟的一定要敬爱兄长。所以君子不如做仁惠之君、忠诚之臣、慈爱之父、孝顺之子、友爱之兄、敬爱之弟，（那么）对于兼爱就不能不去实行。这是圣王的治国之道，是广大百姓的大利益。

原文

非攻上

今有一人，入人园圃①，窃其桃李，众闻则非②之，上为政者得③则罚之。此何也？以④亏人自利也。至攘⑤人犬豕鸡豚⑥者，其不义又甚入人园圃窃桃李。是何故也？以亏人愈多，其不仁兹⑦甚，罪益厚⑧。至入人栏厩⑨，取人马牛者，其不仁义又甚攘人犬豕鸡豚。此何故也？以其亏人愈多。苟亏人愈多，其不仁兹甚，罪益厚。至杀不辜人也，扡⑩其衣裘，取戈剑者，其不义又甚入人栏厩取人马牛。此何故也？以其亏人愈多。苟亏人愈多，其不仁兹甚矣，罪益厚。当此，天下之君子皆知而非之，谓之不义。今至大为不义攻国，则弗知非，从而誉⑪之，谓之义。此可谓知义与不义之别乎？

杀一人谓之不义，必有⑫一死罪矣。若以此说往⑬，杀十人十重⑭不义，必有十死罪矣；杀百人百重不义，必有百死罪矣。当此，天下之君子皆知而非之，谓之不义。今至大为不义攻国，则弗知非，从而誉之，谓之义，情⑮不知其不义也，故书其言以遗⑯后世。若知其不义也，夫奚说⑰书其不义以遗后世哉？

今有人于此，少见黑曰黑，多见黑曰白，则必以此人不知白黑之辩⑱矣；少尝苦曰苦，多尝苦曰甘，则必以此人为不知甘苦之辩矣。今小为非⑲，则知而非之；大为非攻国，则不知非，从而誉之，谓之义。此可谓知义与不义之辩乎？是以知天下之君子也，辩⑳义与不义之乱也！

注释

①园圃：种树为园，种菜为圃。泛指果园。　②非：非难，责备。　③得：得到，这里指捕获。　④以：因为。　⑤攘（rǎng）：夺取。　⑥犬豕（shǐ）鸡豚（tún）：狗、鸡、猪。豕：猪，豚：小猪。　⑦兹（zī）：更加。　⑧益：增加。厚：重。　⑨栏厩：指牲口棚。　⑩扡：同“拖”，拉下，剥下。　⑪誉：赞誉。　⑫有：构成。　⑬以此说往：按照这种说法进一步推论。　⑭十重：十倍。　⑮情：通“诚”，实在。　⑯遗：遗留，留传。　⑰奚说：怎么说，什么理由。　⑱辩：通“辨”，区别。　⑲为非：做错事。　⑳辩：通“辨”，辨别。

今译

假如现在有一个人，进入别人的果园，偷窃那里的桃、李，众人听说后就指责他，上边执政的人捕获这个窃贼后就处罚他。这是为什么呢？因为他损人利己。至于偷盗别人的鸡、狗、猪的人，他的不义又超过进入别人的果园去偷桃、李的。这是为什么呢？因为他损人更大，他的不仁也更严重，罪过也更深重。至于进入别人的牛栏马厩内，偷取别人的牛、马的人，他的不仁不义又超过偷盗别人鸡、狗、猪的。这是为什么呢？因为他损人更大。如果损人更大，他的不仁也更严重，罪过也更深重。至于妄杀无辜的人，剥下别人的衣服皮裘，夺取别人的戈剑佩带，他的不义又超过进入别人的牛栏马厩偷取别人牛、马的。这是为什么呢？因为他损人更大。如果损人更大，那么他的不仁也更严重，罪过也更深重。对这些事，天下的君子都知道指责其错误，称它为不义。当今最大的不义就是攻打别人的国家，人们却不知道指责其错误，反而跟着去赞誉这种行为，称它为义。这可以说是知道了义与不义的区别吗？

杀掉一个人叫作不义，必定构成一项死罪。假如按照这种说法进一步推论，杀掉十个人就有十倍不义，必定构成十项死罪；杀掉一百个人就有一百倍不义，必定构成一百项死罪。对这种（罪行），天下的君子都知道指责其错误，称它为不义。当今最大的不义就是攻打别人的国家，人们却不知道指责其错误，反而跟着称赞这种行为，称它为义，这确实是不知道那是不义的，所以记载那些（称赞攻打别人国家的）言论遗留给后世。如果他们知道攻打别人的国家是不义的，又以什么理由来记载这些不义之事用来遗留给后世呢？

假如现在这里有一个人，看见少许黑色就说是黑的，看见很多黑色却说是白的，那么（人们）就会认为这个人不懂得白和黑的区别；少尝一点苦味就说是苦的，多尝些苦味却说是甜的，那么（人们）就会认为这个人不懂得苦和甜的区别。现在小范围内犯错，人们知道指责其错误；大范围内犯错去攻打别人的国家，人们却不知道指责其错误，反而跟着称赞这种行为，称它为义。这可以说是知道了义与不义的区别吗？（我）由此知道天下的君子，辨别义与不义的观念是多么混乱了！

二、知识朋友圈

1.《周诗》是指什么？

从广义角度而言，周代的诗歌统称为《周诗》。一般而言，由于《诗经》的三百多首诗歌，绝大部分来自《周诗》，因此说起《周诗》，我们往往指的是《诗经》。但本节《兼爱下》节选文段开篇墨子所引的《周诗》诗句，并不见于今本《诗经》，恐怕是周代的逸诗。

先秦文献中常常引用“诗”句，其中有一些是今本《诗经》305 篇以外的，前人称之为逸诗，见于先秦经传诸子中的约有数十处，多为零篇残句。

2.《兼爱》一共有几篇？互相之间有怎样的关联？

《兼爱》有上、中、下三篇。统编版高中《语文》教科书里选的是上篇。《兼爱上》与《兼爱中》《兼爱下》相比，篇幅是最短的，但已将爱无等差，爱人若己的观念表露无遗。《兼爱下》是《兼爱》三篇中篇幅最长、论述最详尽的一篇，主旨与前两篇大致相同。本节《兼爱下》节选部分的第一段内容为前两篇所无。

"兼爱"是墨家最重要也是最早提出的主张，但"兼爱"作为一个独立的词语，直到《兼爱下》才出现。《兼爱上》把"爱人"的劝告解释为"相爱"或"兼相爱"。《兼爱中》则将其发展为"兼相爱，交相利"。直到《兼爱下》，在征引《泰誓》中的一句以说明周文王的态度时，"兼爱"出现了，并且全篇只出现了一次。有学者认为，"兼爱"这一概念的成熟并不在《兼爱》三篇中，而在《天志》三篇中。爱在墨家"十论"诸篇里，历经了一个概念演进的过程：从"自爱"发展为"相爱"，再进一步演变为"兼相爱"，最后到无条件的"兼爱"。在这一演进过程中，被改变的并不是爱本身的内容或性质，而是爱的范围。

三、文心点点通

1.《兼爱下》节选的这两段内容，分别是从什么角度来谈"兼爱"的？

《兼爱下》节选部分的第一段内容先援引《周诗》，明确指出无论是君子还是小人（平民百姓），都渴望治国之道公正公平，暗合"兼爱"的要义；再述周文王、周武王为政之道——均分、赏贤、罚暴、不偏私，兼行其道，紧扣"兼爱"的内涵。墨子强调自己是法先王者，其"兼相爱，交相利"思想的形成与汲取古代圣王治理国家的成功经验分不开。此段是以圣王的言行来驳斥非兼者的诘难。

节选的第二段是墨子反复描绘的"兼爱"的美好图景。墨子将社会上人与人之间的关系归纳为国与国、家与家、君与臣、父与子、兄与弟之间的关系。"惠君、忠臣、慈父、孝子、友兄、悌弟"既是"兼爱"的条件，也是"兼爱"的目的，还是"兼爱"的结果。"兼相爱，交相利"既是立圣王之治，也是求万民之利。应该说，墨子以难得的"兼爱"万民的人道主义情怀，秉持着一种以"追求最广大百姓的利益"为宗旨和目标的政治哲学。

2.《非攻上》作为一篇完整的论说文，是如何体现其结构严谨、说理严密的？

《非攻上》从人们熟知的现象谈起，即从窃人桃李者、攘人犬豕鸡豚者、取人马牛者到妄杀无辜者谈起，其“亏人愈多”“不仁兹甚”“罪益厚”，“不义”的程度可谓步步升级，受到责备自然是理所应当的。但是，对于攻人之国者，天下君子不但认识不到霸权侵略为最大的“不义”，而且盲从其后，反以为“义”。这就像看见一点黑说是黑，看见许多黑却说是白；尝到一点苦说是苦，尝到许多苦却说是甜一样，是自相矛盾的，是荒谬的。这些主战的君子之流混淆黑白，颠倒是非，是多么可笑，又多么可怕！墨子以民众普遍认同的社会公德为依据，层层推进，从具体事例推出抽象结论，证明了攻打别人的国家的“不义”，也揭开了强权者打着正义的旗号四处掠夺的真面目。

全篇围绕“非攻”的观点，反复取譬设喻，层层论述，步步紧逼，最后一句“是以知天下之君子也，辩义与不义之乱也”劲如豹尾，义正词严。

3.“兼爱”和“非攻”是怎样的关系？

什么叫“兼爱”？“兼”，小篆写作，从又，象一只手握着二禾之形。本义为同时具有。引申为同时顾及事物的几个方面，而不是只考虑和认识事物的一个方面；要全面，不要片面。片面，则是“别”，墨子要“兼以易别”(《兼爱下》)。因此所谓“兼爱”，就是“爱无差等”(《孟子·滕文公上》)，人与人之间不分血缘关系的亲疏和身份等级的贵贱，普遍地、平等地互相爱。这是墨子学说的脊梁，也是墨子道德理想的核心。

“非攻”，即反对战争，是“兼爱”这一根本命题的应有之义。战争是对敌国最大的不爱，如果爱人之国若己国，那就自然不会发生国与国之间的战争了。可以说，“兼爱”和“非攻”是一个问题的两个方面。“兼爱”是正面，相攻是反面。“兼爱”就必然“非攻”，“非攻”才体现“兼爱”。墨子反对战争，是源于“兼爱”思想的一项政治主张，也可以视为人类厌恶战争的本性在思想家墨子那里的理性表达。

四、思想会客厅

1. 墨子的“兼爱”与西方社会提倡的博爱是一样的吗？

两者不一样，爱的来源不同。西方社会提倡的博爱基于宗教，不是一般意义上的人情之爱，而是神的爱。神是爱的源头，人对神的关系和态度是相信爱，盼望爱，获得从神而来的爱，继而去爱自己、爱别人。而墨家的“兼爱”，是基于人的爱，期望人与人之间无差别相爱，其理论根据是天对人的爱是无私无偏、无所不包的，其实践依据是“交相利”的功利原则。从当时战乱频仍的社会现状来看，墨子所坚持的“兼爱”思想，道出了人与人关系中所普遍存在的流弊，也表达了他用爱来化解各种社会矛盾、安定社会民生、实现社会和谐的美好愿望。当然，企图以“兼爱”这种人类情感上和伦理观念上的普遍而无差别的爱来消弭一切祸乱，匡时济世，这充其量只是一贴抚慰民心、体谅民生的膏药。

2. 儒、墨、道三家都反对战争，有什么不同吗？

先秦诸子除法家外，大多反对战争，特别是反对不义之战。墨子之所以主张“非攻”，主要是从维护平民百姓的生产、生活与经济利益考虑。其目的是要改变天下之人“别相恶，交相贼”(《天志上》)以致陷于争战贫乱的悲境，走上和平、互爱、共利的正途。

儒家在反对战争的立场上，提出了“仁战”，也就是以仁义为标准来划分战争，支持以“王师”来除暴安良，讨伐民贼，实现行仁政、得民心、治天下的政治理想。

儒、墨两家对战争的态度都建立在功利之上，因而有“义”“不义”之别。道家不同，道家反对战争是基于战争是“为”，违背了“无为之道”。并且，道家有强烈的生命意识，对个体生命需求的关注为儒、墨两家所无。因而，道家更多是从生存哲学与人生境界的高度去说服诸侯，使他们树立尊重生命的观念，从根本上厌恶战争。

值得一提的是，墨家对战争利害得失的分析之细，是先秦诸子无法相比的，其“非攻”学说不仅是整个墨学的一个有力的支柱，而且是一个鲜明的亮点。

五、练习步步高

（一）知识识记

1. 填空。

（1）为人君必惠，为人臣必忠，__________，为人子必孝，为人兄必友，__________。(《兼爱下》)

（2）若知其不义也，__________？(《非攻上》)

2. 解释下列加点的字。

（1）君子之所履，小人之所视（　　　　）（　　　　）

（2）勿有亲戚弟兄之所阿（　　　　）

（3）众闻则非之（　　　　　　　）

（4）以亏人自利也（　　　　　　　）

（5）情不知其不义也（　　　　　　　）

3. 将下列句子翻译成现代汉语。

（1）故兼者圣王之道也，王公大人之所以安也，万民衣食之所以足也。故君子莫若审兼而务行之。

（2）今小为非，则知而非之；大为非攻国，则不知非，从而誉之，谓之义。此可谓知义与不义之辩乎？

（二）文心体悟

《非攻上》的说理层层铺垫，对比鲜明，请你结合文章具体分析。

（三）思想碰撞

《吕氏春秋 · 不二》中提出：“孔子贵仁，墨翟贵廉（兼）。”请你分析一下儒、墨两家“爱人之道”的不同之处。

尚俭合礼

一、原典选读

原文

节用中

子墨子言曰：古者明王圣人，所以王①天下、正诸侯②者，彼其爱民谨③忠，利民谨厚，忠信相连，又示之以利④，是以终身不餍⑤，殁世而不卷⑥。古者明王圣人，其所以王天下、正诸侯者，此也。

是故古者圣王制为节用之法，曰："凡天下群百工，轮、车、鞼匏、陶、冶、梓匠⑦，使各从事其所能。"曰："凡足以奉给⑧民用，则止。"诸加费不加于民利者，圣王弗为。

古者圣王制为饮食之法，曰："足以充虚继⑨气，强股肱，耳目聪明，则止。不极五味之调⑩、芬香之和，不致远国珍怪异物⑪。"何以知其然？古者尧治天下，南抚交阯⑫，北降幽都⑬，东西至日所出入⑭，莫不宾服⑮。逮至其厚爱⑯，黍稷⑰不二，羹胾⑱不重，饭于土塯⑲，啜于土形⑳，斗以酌㉑。俯仰周旋威仪㉒之礼，圣王弗为。

古者圣王制为衣服之法，曰："冬服绀緅㉓之衣，轻且暖；夏服絺绤㉔之衣，轻且清，则止。"诸加费不加于民利者，圣王弗为。

古者圣人为㉕猛禽狡㉖兽暴人害民㉗，于是教民以兵㉘行，日带剑。为刺则入，击则断，旁㉙击而不折，此剑之利㉚也。甲为衣则轻且利，动则兵且从，此甲之利也。车为服重㉛致远，乘之则安，引㉜之则利，安以不伤人，利以速至，此车之利也。古者圣王为大川广谷之不可济㉝，于是利㉞为舟楫，足以将㉟之则止。虽㊱上者三公诸侯至，舟楫不易，津人㊲不饰，此舟之利也。

古者圣王制为节葬之法，曰："衣三领㊳，足以朽㊴肉；棺三寸㊵，足以朽骸㊶；堀穴㊷深不通于泉，流㊸不发泄㊹则止。死者既葬，生者毋久丧用哀。"

古者人之始生，未有宫室之时，因㊺陵丘堀穴而处焉。圣王虑之，以为堀穴，曰冬可以辟风寒；逮夏，下润湿，上熏烝㊻，恐伤民之气，于是作为宫室而利。然则为宫室之法将奈何哉？子墨子言曰：其旁可以圉㊼风寒，上可以圉雪霜雨露，其中蠲㊽洁，可以祭祀，宫墙足以为

男女之别㊾，则止。诸加费不加民利者，圣王弗为。

注释

①王（wàng）：统治。 ②正诸侯：做诸侯之长。正：长。 ③谨：谨慎，引申为尽心尽力。 ④示之以利：让百姓看到利益。示：给……看。 ⑤餍（yàn）：满足，终止。 ⑥殁（mò）世而不卷：（对君主）至死都不厌弃。殁世：即“没世”，指终身。卷：通“倦”，厌倦。 ⑦轮、车：指木工。鞼（guì）匏（páo）：指皮革工匠。陶：制陶工人。冶：冶炼金属的工匠。梓（zǐ）匠：木工。 ⑧奉给（jǐ）：供给。 ⑨继：补充。 ⑩极：极力追求。调：调和。 ⑪珍怪异物：珍奇异品。 ⑫交阯：也作“交趾”，古地区名，即今越南。 ⑬降：降服。一说为接续。幽都：即幽州。根据《周礼·职方》记载：“东北曰幽州。”其范围大致包括今河北北部及辽宁一带。 ⑭日所出入：指太阳升起和落下的地方。 ⑮宾服：服从归顺。 ⑯厚爱：最喜爱的。一说指其身所受。 ⑰黍：黄米。稷：稻谷。 ⑱羹胾（zì）：肉汤和大块肉。 ⑲土增（liù）：古代盛饭的瓦器。 ⑳啜（chuò）于土形：用瓦盘盛水喝。啜：饮。形：当作“铏”，羹器。土形：用土烧制而成的瓦器。 ㉑斗以酌：用木勺舀酒喝。斗：木勺。酌：舀取。 ㉒俯仰：指低头行礼和抬头受礼。周旋：指古代行礼时进退揖让的动作。威仪：指古代典礼中的容貌举止和仪式。 ㉓绀（gàn）：深青带红的颜色。緅（zōu）：红青色。 ㉔絺（chī）绤（xì）：细葛布和粗葛布。 ㉕为：因为。 ㉖狡：健。 ㉗暴人害民：残害民众。“暴”是动词。 ㉘兵：兵器。 ㉙旁：别的。 ㉚利：益处，好处。 ㉛服重：载重。 ㉜引：牵引，拉。 ㉝济：渡。 ㉞利：当为“制”。 ㉟将：行。 ㊱虽：即使。 ㊲津人：摆渡人。 ㊳领：衣领，这里引申为衣服的件数。 ㊴朽：烂。 ㊵棺三寸：指棺木厚三寸。 ㊶骸（hái）：尸骨。 ㊷堀穴：同“窟穴”，这里指埋棺材的坑穴。 ㊸流：疑作“气”，即臭气。 ㊹发泄：流出，散发。 ㊺因：依，靠。 ㊻熏（xūn）烝（zhēng）：指气、味升腾或散发。熏：暖，热。烝：指热气盛。 ㊼圉（yǔ）：防御。 ㊽蠲（juān）：通“涓”，清洁，干净。 ㊾别：区别。

今译

墨子说：古代圣明的君主，之所以能够统治天下、做诸侯之长，是因为他们尽心尽力地爱护百姓，为百姓谋丰厚的利，对百姓忠实与信任相结合，又让百姓看到利益，因此百姓对君主终身都不厌弃，至死都不厌倦。古代圣明的君主，之所以能够统治天下、做诸侯之长，正是由于这个原因。

因此古代圣明的君主制定了制造日用器物的法则，说：“凡是天下的百工，造轮的、造车的、制皮革的、制陶的、铸金属的、做木器的等，都让他们各自从事自己所擅长的行业。”说：“凡是足以供给百姓使用了，就停止。”各种增加费用而不增加百姓利益的事情，圣明的君主是不会做的。

古代圣明的君主制定有关饮食的法则，说：“能够充实肠胃增补血气，强健四肢，让耳朵眼睛听力和视力良好，就停止。不极力追求五味调和、芳香融合，不追求遥远国家的珍奇异品。”凭什么知道是这样的呢？古代尧治理天下，向南安抚交趾，向北降服幽都，向东和向西都扩张到了太阳升起和落下的地方，这些地方的人没有不臣服的。就算是他最喜爱的（食物），黍和稷只吃其中一种，肉汤和肉块只吃其中一种，用瓦器盛饭，用瓦盘盛汤，用木勺舀酒。那些行礼受礼进退揖让的繁复礼节，圣明的君主是不做的。

古代圣明的君主制定做衣服的法则，说：“冬天穿深青色中带红色的衣服，既轻便又暖和；夏天穿细葛布或粗葛布的衣服，既轻盈又凉爽，这就可以了。”各种增加费用而不增加百姓利益的事情，圣明的君主是不做的。

古代圣明的君主由于看到凶禽猛兽残害民众，因此教导百姓使用兵器，每天带着剑行走。用剑刺就能刺入，用剑砍就能砍断，（即使）砍到别的东西也不会折断，这就是剑的好处。穿着铠甲轻巧又便利，行动时兵器随身又方便，这是铠甲的好处。车可以装载着重物到达远方，乘坐就很安稳，牵引就很便利，安稳就不会伤害人，便利就可以迅速到达，这是车辆的好处。古代圣明的君主因为大河宽广不能渡过，所以制造了船和桨，能够渡河就可以了。即使有权有势的人如三公、诸侯来了，船和桨也不刻意更换，摆渡人也不刻意装饰，这是船的好处。

古代圣明的君主制定丧葬的法则，说：“三件衣服，能够穿到死者的肉身腐烂在里面；厚三寸的棺木，就能够用到死者的尸骨腐烂在里面；墓穴的深度不与地泉相通，腐烂的气味不散发到地面上来就可以了。死去的人既然已下葬，活着的人就不要长久地服丧哀悼。”

古代人类刚刚产生，还没有居室的时候，就靠近山丘挖洞穴来居住。圣明的君主考虑这件事，挖了洞穴，说冬天可以躲避风寒；等到夏天，下面潮湿，上面热气蒸腾，恐怕会伤害百姓的气血，所以建造房屋来给百姓（安居）。既然如此，那么建造居室的法则是怎样的呢？墨子说：房屋的四壁可以抵御风寒，房顶可以抵御雪霜雨露，屋里干净清洁，可以用来做祭祀的地方，房屋的墙壁可以分隔男女，就可以了。各种增加费用而不增加百姓利益的事情，圣明的君主是不做的。

节葬下（节选）

原文

处丧[1]之法将奈何哉？曰：哭泣不秩[2]，声翁[3]，缞绖[4]垂涕，处倚庐[5]，寝苫枕块[6]，又相率[7]强不食而为饥，薄衣而为寒，使面目陷陬[8]，颜色黧[9]黑，耳目不聪明，手足不劲强，不可用也。又曰：上士之操[10]丧也，必扶而能起，杖而能行，以此共三年。若法若言[11]，行若道，使王公大人行此，则必不能蚤[12]朝；五官六府[13]，辟[14]草木，实仓廪[15]；使农夫行此，则必不能蚤出夜入，耕稼树艺；使百工行此，则必不能修舟车为器皿矣；使妇人行此，则必不能夙兴夜寐[16]，纺绩织纴[17]。细计[18]厚葬，为多埋赋[19]之财者也。计久丧，为久禁从事者也。财以成者，扶而埋之[20]，后得生者，而久禁之，以此求富，此譬犹禁耕而求获也，富之说无可得焉。

注释

①处丧：在家守丧。②不秩：不时。这里指哭泣不分昼夜。③声翁：指收敛哭声不敢放纵。翁：即“翕”，收敛。④缞绖（cuī dié）：丧服。披在胸前的为“缞”，戴在头上或绑在腰间的为“绖”。⑤倚庐：古人为父母守丧时居住的简陋棚屋。⑥寝苫（shān）枕块：睡在草垫上，枕着土块。苫：古代居丧时睡的草垫。⑦相率：争先恐后。⑧陷陬（zōu）：目陷而干瘦。陬：瘦骨嶙峋的样子。⑨黧（lí）：黑里带黄的颜色。⑩操：守持。⑪若法若言：假如效法这种言论。前一个“若”字是“假如”的含义，后一个“若”字是“这（个）”的含义。⑫蚤：通“早”。⑬五官六府：可能有遗漏处，应为“使士大夫行此，则必不能治五官六府”。⑭辟：开辟，开垦。⑮仓廪：储藏米谷的场所。⑯夙兴夜寐（sù xīng yè mèi）：起得早而睡得晚，形容勤奋劳作。夙：早。兴：起。⑰纺绩织纴：纺纱绩麻织布。绩：把麻捻成线。⑱细计：仔细考虑。⑲赋：应为“贼”，即藏。⑳扶而埋之：当是“挟而埋之”，掩在棺材里埋掉了。

今译

在家守丧的方法是怎么样的呢？说：要不分昼夜地哭泣，（还）收敛哭声不敢放纵，穿着孝衣，垂下眼泪，住在（守丧期所住的）茅草屋中，睡在草垫上，枕着土块，又竞相强忍着不吃东西而使自己饥饿，衣服穿得单薄而使自己寒冷，致使自己目陷干瘦，面色黑黄，耳朵、眼睛不灵敏，手脚没力气，（因而）不能使用。又说：上层士人守丧，一定（要达到）搀扶着才能站起来，拄着拐杖才能行走（的程度），像这样（生活）一共三年。如果效法这种言论，实行这种主张，让王公大人按照这样来做，那么一定不能上早朝；让士大夫按照这样来做，那么一定不能治理好五官六府，开辟草木荒地，使仓库粮食充实；让农民按照这样来做，那么一定不能早出晚归，耕作栽种；让百工按照这样来做，那么一定不能修造船、车，制作器皿；让妇女按照这样来做，那么一定不能早起晚睡，纺纱绩麻织布。仔细考虑厚葬之事，实在是埋藏了大量财富。考虑长久服丧之事，实在是长久禁止人们去做事啊。已取得的财富，被掩在棺材里埋掉了，久丧之后赖以生存的生产劳动，又被长时间禁止了，用这种做法去追求财富，就好比是禁止耕田却想寻求收获一样，使人富裕的说法是不可能实现的了。

二、知识朋友圈

1.“处丧之法”有哪些具体表现？

中国古代的丧葬制度包括埋葬制度和居丧制度，居丧制度还可分为丧礼制度和丧服制度。无论是埋葬制度还是丧礼制度、丧服制度，都具有等级分明、形式繁缛这两个显著的特点。如在整个丧葬仪制中，孝子需要穿“五服”，即“斩衰、齐衰、大功、小功、缌麻”。在初丧、治丧、出丧、终丧的每个阶段，孝子不仅要身穿不同的素服，而且要遵守不同的哭丧礼。卒哭礼之后，孝子还需要守孝，也叫居丧，在此期间需要按期进行祭礼。小祥是在父母过世一周年时举行的祭礼；大祥是在父母过世二周年时举行的祭礼。古人对丧服和居丧十分重视。丧服直接体现不同的人与亡者的关系，至亲至孝的人，所穿孝服最重，守孝时间最长。丧葬礼制的规模、场面，孝子进行的每一项祭礼是否符合仪制，还被用来衡量是否尽孝。在完备而有秩的丧葬流程中，处于哀伤情绪中的生者需按照习俗严格要求自己的衣、食、行、语，同时还要不断接待往来告慰的人。无论从精神上还是身体上，都要经受高强度的考验。

2. 语言积累。

威仪。“威仪”一词在《诗经》《左传》等文献中多有出现，是周代礼乐文化的重要概念。它首先指的是礼容，也就是在礼仪场合的周旋揖让、进退徐疾等仪容表现。而怎样才是合于礼的表现，都有明确规定，表现是否娴熟，也十分重要，直接关系到人的道德品行。

春秋时期卫国北宫文子说：“故君子在位可畏，施舍可爱，进退可度，周旋可则，容止可观，作事可法，德行可象，声气可乐；动作有文，言语有章，以临其下，谓之有威仪也。”(《左传·襄公三十一年》) 依北宫文子所说，威仪存在于贵族生活的方方面面，对于贵族非常重要。其实，不但春秋时期人重威仪，西周时期人即已对威仪有所阐发。在周人的观念中，祖先是有德之人，也是有威仪之人，子孙不但需要“帅型祖考之德”（效法祖先的德行），而且必须“帅型祖考威仪”（学习祖先的威仪）。威仪如同德行一般，对于周人有举足轻重的作用。

从言行举止到道德品行，再有所谓“礼仪三百，威仪三千”[《中庸》（第二十七章）] 之说，威仪成为礼乐制度本身，是礼的制度体现。墨子在《节用中》所说的“威仪之礼，圣王弗为”，主要针对的是礼制。因为在繁复的礼数背后所规训的尊卑上下之别，与墨子的“兼爱”背道而驰。

三、文心点点通

1.《节用中》为什么在大部分段落的开头提及“古者圣王制”？

《节用中》假托“古者圣王制”，确立了普遍的消费标准：一、供给民用充足；二、在饮食上能充饥补气、强健体魄；三、穿着上须冬暖夏凉，肌肤舒适；四、武器轻便锋利；五、舟车要安全便捷；六、人死后应薄葬短丧；七、在住房上满足挡风遮雨、男女有别的需要。凡是超过实用标准的消费，圣王一律弗为；凡是以节用治国的圣王，民众将终身追随。

墨子制定的“节用之法”涉及衣、食、住、行、用诸方面的消费，基本上涵盖了日常生活。墨子站在百姓的立场上，确立的“节用”原则有两个：首先是“民用”，即百姓的生活需要，而不是王公贵族的生活需要；其次是“足以”，即对百姓的生活需要一定要真正满足。墨子把是否有利于百姓作为衡量国家开支是节俭还是浪费的标准。要求一切国家开支都应对百姓的生活有好处，国家增加了开支而不能给百姓增加利益的事情，绝对不提倡。

当时的统治者生活奢靡，礼节繁缛，不仅滥用民力，妨害生产，而且挥霍大量财富，使下层百姓衣食无着。一向为百姓尤其是贫弱者代言的墨子在文中反复提及“古者圣王制”，目的就是要求统治者以圣王为典范，从一切有利于民生出发，节约用度，做到“用财不费，民德不劳”（《节用上》），保证下层百姓的基本生活条件。

2. 从《节葬下》节选的内容看，墨子为什么反对厚葬久丧？

《节葬》原分为上、中、下三篇，现仅存下篇。所谓“节葬”，就是办理丧事从简。这是墨子“节用”思想的重要组成部分，所以关于“节葬”的基本观点在《节用》等篇中皆有表述。

这篇节选的内容，集中表达了墨子对厚葬久丧的强烈反对。他描述了守丧的种种表现，如以“不食”“薄衣”来自我摧残，必须形容枯槁，居处不安，中断正常生活长达数年。然后直言其导致的重重危害：浪费大量财富，占用大量劳作时间，让管理者无法勤政，让劳动者疲惫虚弱，根本不能使贫变富，少变多，危变安，乱变治。

对百姓来说，在岌岌可危的境遇下，获得生存所需的资料才是第一位的。在墨子看来，厚葬久丧只会劳民伤财、阻碍发展。这篇节选的内容从反面申述了薄葬短丧的必要性。其实，墨子的“节葬”观不仅是“节用”思想的引申，而且是“兼爱”思想在死亡观上的体现，即无关身份地位、贫富差距，在死亡问题上力求人人平等。

四、思想会客厅

1. 老子、孔子与墨子都崇尚节俭，三者有何区别？

从功利的角度看，先秦思想家提倡节俭的目的主要是维护统治、稳定社会，同时节俭的思想体现了“仁爱”与“兼爱”。“我无为，而民自化；我好静，而民自正；我无事，而民自富；我无欲，而民自朴。”[《老子》(第五十七章)] 老子的“宝俭”是让统治者通过“无为”“无事”“无欲”来减轻百姓的经济压力，让百姓从“有欲”走向“寡欲”，甚至“无欲”，其不是为了发展生产，积累财富，而是通过对财富消费的限制来实现一种“小国寡民”的社会理想。孔子把节俭作为一种美德来赞扬：“道千乘之国，敬事而信，节用而爱人，使民以时。”(《论语·学而》)“奢则不孙，俭则固。与其不孙也，宁固。”(《论语·述而》) 但儒家主张的节俭思想是有等级标准的。“君子小人，物有服章，贵有常尊，贱有等威，礼不逆矣。”(《左传·宣公十二年》) 儒家把礼作为国家的纲纪，生活行为要按照礼的等级标准进行，节俭也有不同等级的礼仪规范和身份限制。《论语·先进》中记载，颜回之死让孔子悲恸不已，但孔子因为不合于礼的原因拒绝了颜回父亲“请子之车以为之椁”的请求。

墨子认为节俭应体现以“兼爱”为核心的道德观念，主张社会上上下下都要共同节俭。他的节俭思想并不只是针对上层统治者和士大夫，或者只是偏向下层百姓，而是要求全社会的人共同地、无任何差别地遵守节俭的道德要求。这无疑彰显了墨子彻底的平等主义思想，缩小了社会阶级差别，与其以“兼爱”为核心的道德观念相一致。

如果说道家的尚俭主要是出于对一种原始质朴生活的向往，儒家的尚俭有一个不能违礼的原则，那么墨家尚俭的矛头直接指向统治者，心里始终放着百姓。难怪有学者说，墨子是中国古代最早系统地提出反对统治者奢侈性消费的思想家。

2. 厚葬久丧和薄葬短丧，哪一种才是真正符合仁义之道的丧葬方法呢？

儒家主张厚葬久丧，是为了培养民众的仁孝之心。孔子的弟子宰我曾提出疑问：服丧三年，时间太长了，耽误太多事，有一年的时间就可以了吧？孔子批评他：“予之不仁也！子生三年，然后免于父母之怀。夫三年之丧，天下之通丧也。予也有三年之爱于其父母乎？”(《论语・阳货》)

墨家主张薄葬短丧，是为了节省国家和民众的财富。厚葬，上至天子王公，下至平民百姓，都毫不吝惜地倾其所有，尤其在上层社会，陪葬品的奢靡豪华到了无以复加的程度，更有甚者，杀人殉葬。仁义从何体现？厚葬耗费之大，使百姓倾家荡产，使国家库存的财物耗费一空。墨子的核心主张是要“兴天下之利，除天下之害”(《非乐上》)，所以提出“节葬”说。

儒家从礼法秩序出发，采取厚葬久丧，是希望通过培养仁孝之心这个支点，达到调节社会秩序、强化人伦的治理目的。墨家从民众利益出发，采取薄葬短丧，是希望通过阻止财富的大量浪费，达到消除社会弊病、减轻民众负担的治理目的。

所谓“慎终追远，民德归厚矣”(《论语・学而》)，丧葬的形式不是最重要的，关键是人内心的真诚。如果走形式主义，“伪哀以谩亲”(《非儒下》)，仁义之道将无从体现。

五、练习步步高

（一）知识识记

1. 填空。

古者明王圣人，所以王天下、正诸侯者，____________，____________，____________，又示之以利，____________，____________。(《节用中》)

2. 解释下列加点的字词。

（1）强股肱（　　　　　　　　）

（2）暴人害民（　　　　　　　　）

（3）流不发泄（　　　　　　　　）

（4）其旁可以圉风寒（　　　　　　　　）

（5）其中蠲洁（　　　　　　　　）

（6）哭泣不秩（　　　　　　　　）

（7）寝苫枕块（　　　　　　　　）

（8）辟草木（　　　　　　　　）

3. 将下列句子翻译成现代汉语。

（1）逮至其厚爱，黍稷不二，羹胾不重，饭于土塯，啜于土形，斗以酌。

（2）古者圣王为大川广谷之不可济，于是利为舟楫，足以将之则止。

（二）文心体悟

阅读材料，回答问题。

节用上（节选）

（《墨子》）

圣人为政一国，一国可倍也；大之为政天下，天下可倍也。其倍之非外取地也，因其国家，去其无用之费，足以倍之。圣王为政，其发令兴事，使民用财也，无不加用而为者，是故用财不费，民德不劳，其兴利多矣。

请你分析这一节选的文段与《节用中》的论述角度有什么异同。

（三）思想碰撞

我国素有倡导节俭的传统。老子将俭视为处世“三宝”[《老子》(第六十七章)]之一。孔子把俭和温、良、恭、让同列为重要的德行。《左传·庄公二十四年》中说：“俭，德之共也；侈，恶之大也。”墨子更是直言不讳地提出“俭节则昌，淫佚则亡”(《辞过》)的论断。这些节俭观给予我们怎样的现代启示？

顺天尊鬼

一、原典选读

天志上（节选）

原文

故天子者，天下之穷①贵也，天下之穷富也。故于②富且贵者，当③天意而不可不顺。顺天意者，兼④相爱，交相⑤利，必得赏；反天意者，别相恶⑥，交相贼⑦，必得罚。然则是谁顺天意而得赏者？谁反天意而得罚者？子墨子言曰：昔三代圣王禹汤文武，此顺天意而得赏也；昔三代之暴王桀纣幽厉，此反天意而得罚者也。然则禹汤文武其得赏何以也？子墨子言曰：其事⑧上尊天，中事鬼神，下爱人。故天意曰：“此之⑨我所爱，兼而爱之；我所利，兼而利之。爱人者此为博焉，利人者此为厚焉。”故使贵为天子，富有天下，业⑩万世子孙，传称其善，方施⑪天下，至今称之，谓之圣王。然则桀纣幽厉得其罚何以也？子墨子言曰：其事上诟⑫天，中诟鬼，下贼人。故天意曰：“此之我所爱，别而恶之；我所利，交而贼之。恶人者，此为之博也；贱⑬

人者，此为之厚也。”故使不得终其寿，不殁其世⑭，至今毁之，谓之暴王。

注释

①穷：（达到）极致。②于：旧本作“欲”。③当：面对。④兼：不相区别。⑤交相：互相。⑥别相恶：与“兼相爱”相反。别：分别。相恶：互相厌恶。⑦贼：残害。⑧其事：他们（所做）的事。⑨此之：即“此之于”，这（是）对于。⑩业：传承。⑪方：通“旁”，广泛地。方施：遍施。⑫诟：辱骂。⑬贱：疑为“贼”之误字。⑭不殁其世：基业不待终其身而亡。殁：终。

今译

所以天子，是天下极尊贵的人，天下极富有的人。因此想要变得尊贵而且富有的人，面对天意就不可不顺从。顺从天意的人，无差别地爱人，相互地给予利益，必定会得到赏赐；违背天意的人，互相厌恶，互相残害，必定会得到惩罚。既然这样，那么是谁顺从天意而得到赏赐呢？是谁违背天意而得到惩罚呢？墨子说：从前三代圣明的君主，禹、汤、文王和武王，这些就是顺从天意而得到赏赐的人；从前三代残暴的君主，桀、纣、幽王和厉王，这些就是违背天意而得到惩罚的人。既然这样，那么禹、汤、文王和武王为什么得到赏赐呢？墨子说：他们所做的事，对上尊崇天，于中敬奉鬼神，对下爱护人。所以天意说：“这是对于我所爱的，他们同样全部都爱；对于我所要给予利益的，他们同样全部都给予利益。爱人的事，这是最广泛的了；给人利益的事，这是最厚重的了。”所以使他们贵为天子，富有天下，子孙基业传万世，传颂称赞他们的善行，（教化）遍施于天下，人们到现在仍然称赞他们，称他们为圣明的君主。既然这样，那么桀、纣、幽王和厉王为什么得到惩罚呢？墨子说：他们所做的事，对上辱骂天，于中辱骂鬼神，对下残害人。所以天意说：“这是对于我所爱的，他们区别对待并厌恶；对于我所要给予利益的，他们交相残害。厌恶人的事，这是最广泛的了；残害人的事，这是最严重的了。”所以使他们不得寿长而善终，基业不待终其身而亡，人们至今还在唾骂他们，称他们为残暴的君主。

原文

明鬼下（节选）

是故子墨子曰：尝若①鬼神之能赏贤如罚暴也。盖②本施之国家，施之万民，实所以治国家、利万民之道也。若以为不然，是以吏治官府

之不洁廉，男女之为无别者，鬼神见之；民之为淫暴寇乱盗贼，以兵刃毒药水火退无罪人乎道路，夺人车马衣裘以自利者，有鬼神见之。是以吏治官府不敢不洁廉，见善不敢不赏，见暴不敢不罪。民之为淫暴寇乱盗贼，以兵刃毒药水火退无罪人乎道路，夺车马衣裘以自利者，由此止。是以莫放幽间，拟乎鬼神之明显，明有一人畏上诛罚，是以天下治。

故鬼神之明③，不可为④幽间⑤、广泽、山林、深谷，鬼神之明必知之；鬼神之罚，不可为富贵众强、勇力强武、坚甲利兵，鬼神之罚必胜之。若以为不然，昔者夏王桀，贵为天子，富有天下，上诟天侮鬼，下殃傲⑥天下之万民，祥上帝伐元山帝行⑦，故于此乎，天乃使汤至⑧明罚焉。汤以车九两⑨，鸟陈雁行⑩，汤乘大赞⑪，犯遂下众⑫，人之螭遂⑬，王乎禽⑭推哆、大戏⑮。故昔夏王桀，贵为天子，富有天下，有勇力之人推哆、大戏，生列兕虎⑯，指画⑰杀人，人民之众兆亿，侯盈厥泽陵⑱，然不能以此圉⑲鬼神之诛。此吾所谓鬼神之罚，不可为富贵众强、勇力强武、坚甲利兵者，此也。

注释

①尝若：当若，应当如此。②盖：语首词，表原因。③明：明察。④不可为：无论，不管。⑤间：通“涧”，深沟。⑥殃傲：祸害残杀。⑦祥上帝伐元山帝行：残害天之功，抗拒天之行。祥：假借为“戕”，残害。伐：功劳。元：疑为“亢”，通“抗”。山：疑为“上”。⑧至：通“致”，给予。⑨九两：孙诒让认为当是“九十辆”之误。两：通“辆”，古代兵车一辆有兵卒二十五人。⑩鸟陈雁行：古代军队作战的阵形。陈：通“阵”。⑪乘：登上。大赞：据说是一个地名，地势较高。⑫遂下众：追逐夏朝的军队。遂：当为“逐”之误。⑬人：当为“入”之误。螭遂：郊野。⑭乎禽：应为“手擒”，亲手抓住。⑮推哆、大戏：人名，夏桀所宠信的两个大力士。⑯生列兕（sì）虎：活生生地撕裂犀牛、老虎。列：通“裂”。兕：雌犀牛。⑰指画：手指戳划。形容不用武器就可以轻而易举地杀死人。⑱侯盈厥泽陵：（民众）布满山林水泽。侯：通“惟”，发语词。盈：充满。厥：其。⑲圉（yǔ）：阻止。

今译

所以墨子说：应当相信鬼神能够赏贤和罚暴。因为这原本就可以施用于国家，施用于万民，确实是可以用来治理国家、谋利百姓的方略。如果认为不是这样，那么官吏治理官府不廉洁，男女之间没分别（的现象），鬼神都看得见；人们做了淫暴、寇乱、偷盗之事，还用刀剑、毒药、水火在道路上阻遏无辜的人，抢夺别人的车、马、衣服来为自己谋利，鬼神都看得见。因此官吏治理官府之事不敢不廉洁，看见好的行为不敢不赏赐，看见暴虐的行为不敢不惩罚。而人们所做的淫暴、寇乱、偷盗之事，用刀剑、毒药、水火在道路上阻遏无辜的人，抢夺别人的车、马、衣服为自己谋利的事，从此就会停止。所以鬼神明察秋毫，不会因为处于山林深谷而被遮蔽，鬼神的明察让人们害怕天的惩罚，于是天下就得到治理了。

因此鬼神的明察，无论是被深沟、广泽、山林、深谷所遮蔽，鬼神的明察一定能洞知；鬼神的惩罚，无论是富贵、人多势大、勇猛顽强、铠甲坚固武器尖利（而抵抗），鬼神的惩罚一定能战胜。如果认为不是这样，（那么）从前的夏桀，贵为天子，富有天下，对上辱骂天、侮辱鬼神，对下祸害残杀天下的百姓，残害天之功，抗拒天之行，所以在此时，天就使商汤给予他惩罚。商汤用九十辆战车，布下鸟阵雁行的阵势，商汤登上大赞（地名），追逐夏朝的军队，攻入夏朝的都城近郊，商汤亲手擒获夏臣推哆和大戏。从前的夏桀，贵为天子，富有天下，拥有勇猛大力之臣推哆和大戏，（他们）能活生生地撕裂犀牛和老虎，指点之间就能杀死人，民众多得成兆成亿，布满山林水泽，然而不能以此抵御鬼神的惩罚。这就是我所说的鬼神的惩罚，无论是富贵、人多势大、勇猛顽强、铠甲坚固武器尖利（而抵抗），就是这样（的道理）。

二、知识朋友圈

1.《墨子》中圣王的形象是怎样的?

《墨子》中塑造了一系列圣王形象，大多以尧、舜、禹、汤、文王、武王作为圣王群体形象出现。圣王形象的设置具有两种特定的意义。一是墨子巧借圣王形象来论证自己的思想。这些圣王都具有完美的人格，他们主张尚贤、尚同、兼爱、天志、尊天事鬼，在行动上要求自己做到修身、节用、节葬、非攻，圣王的理念与墨家思想不谋而合，由此凸显墨家思想的正确性。二是墨子借助圣王事迹宣扬墨家思想。墨子把圣王作为君主与百姓的典范，人们所推崇的三代圣王的行事准则遵循的就是墨家的主张。同时，为了突出圣王的某种特质，墨子将圣王与以“桀纣幽厉”为代表的暴王做对比，以他们的不得善终反衬出圣王的治世之道。

2. 语言积累。

“尝若”与“当若”。

《汉语大词典》收“当若”一词，释为“倘若”，举《墨子》1 例。“当若”见于《墨子》，共有 11 例。另有 1 例“尝若”，其中“尝”通“当”，本节节选的

《明鬼下》第一句就出现了“尝若”两字。孙诒让注：“‘尝若’当作‘当若’，此书文例多如是。”所谓“此书文例多如是”，指的是《墨子》中“当”与“若”多连用。“尝”与“当”均从“尚”得声，两字上古音同，在古书中多有通借，《墨子》中“当”有借作“试”义、“曾经”义的“尝”，也有借作“当”的“尝”。谭家健、孙中原将“尝若”解释为“当若，如果”，并将这句译为：“如果鬼神是能够赏贤而罚恶的，用这种观念去治理国家，治理万民，实在是治理国家造福于万民的正道。”

也有学者姜宝昌认为，这里的“若”并非“如果”义。“尝若”为“当若”，义为当此，对此。“尝”，读作“当”。“若”，犹此。将此句译为：“对此鬼神能赏贤而罚暴之事，本来应实施于国家，实施于万民，实乃用以治理国家、惠利万民之道。”这里的“若”被解释为代词“此”，也是符合句法的。“尝（当）若”引出对象“鬼神之能赏贤如罚暴”，后续用“盖本施之国家，施之万民，实所以治国家、利万民之道也”这一推论来肯定“鬼神之能赏贤如罚暴”这种观念的重要性。其中的“若”作为特指代词，加强针对性。[1]

三、文心点点通

1. 墨子的天是什么？

天志，顾名思义是天的意志。墨子认为，天子虽然是天下极尊贵、极富有的人，但毕竟“在天之下”，天才是真正的权威、一切的主宰。因而普天之下的人（当然也包括天子）必须遵循天的意志来行事。顺从天意，便可得到天的赏赐；违背天意，就会遭受天的惩罚。

那么，天意的具体内容是什么呢？一言以蔽之：“兼相爱，交相利。”天兼爱天下，给利天下，当然希望身为天之子的君主能够兼爱百姓，给利百姓，爱天之所爱，利天之所利，这样才能获得天的荫庇，从而像圣明的君主那样，基业稳固，受百姓赞誉和爱戴。反之，如果逆天行事——“别相恶，交相贼”，那么就会像残暴君主的下场那样受到惩罚，身死国灭，万人唾弃。

---

[1]《词汇学理论与应用》编委会：《词汇学理论与应用》（十），北京：商务印书馆，2020年，第82—85页。

墨子提出一个存在于天子之上的天，正是为了以天的意志来表明自己“兼爱”的主张。因而墨子的天与传统宗教中的天有着本质的差别。传统宗教中的天是贵族及等级制度的保护神，而墨子的天为平民说话。天意反映民意，代表民意，天子所为归根结底是要“爱民”“利民”。这就是天的旨意。

2. 墨子为什么相信鬼神的存在？

《明鬼下》旨在论述鬼神确实存在并且能够帮助天一起赏贤罚暴。墨子认为，由于人们对鬼神的存在有疑惑，对鬼神能替天赏善罚恶还不信服，从而肆意妄为，造成天下混乱的局面。如果人们都能确信鬼神的存在，并且坚信鬼神能明察秋毫，无所不在，那么就能谨慎对待自己的行为，天下混乱的局面也就不会出现。

本节《明鬼下》的节选文段以夏桀、商纣王为例，进一步指出，即使贵为天子，如果侮辱天和鬼神，残害百姓，也会受到惩罚，而且惩罚来得极为迅速，无处逃遁。商汤和周武王就是天派遣来诛灭夏桀和商纣王的。因而尊鬼、事鬼是圣王之道。

墨子的“明鬼”论虽有唯心的成分，但其良苦用心值得肯定。鬼神在特定的社会背景下有其特定的意义。在墨子的思想中，鬼神的存在是扬善惩恶，保持社会稳定、和谐，有着对人（尤其是君主）的行为起约束与监督作用的强大力量。人不能为所欲为、违背天理，否则要遭受惩罚。应该说，借用鬼神的无形力量，对人类的行为可以起一定的警示作用。

四、思想会客厅

1. 儒、墨两家对天的认识有怎样的不同？

在孔子的表述中，天的指向具有自然性、主宰性和命运性等不同含义。“子曰：‘天何言哉？四时行焉，百物生焉，天何言哉？’”（《论语·阳货》）孔子认为天是四时、万物生生不息的本体，四时、万物的运行是天的自然之行，没有人格属性的天自然不会言语。这是肯定了天的自然性。《论语·子罕》中说：“天之将丧斯文也，后死者不得与于斯文也；天之未丧斯文也，匡人其如予何？”孔子一生志在恢复周礼，在被匡人拘禁时，他毫不畏惧，镇定自若。他有自己的逻辑：天不灭周文化，所以周文化传递到了自己身上。既然如此，匡人是不可能对自己怎么样的。这是一种文化自觉，是一种文化自信，也是一种“知天命”“畏天命”“敬天命”。“子曰：‘不怨天，不尤人，下学而上达。知我者其天乎！’”(《论语·宪问》) 孔子在此引天为知己者。孔子的这些表述，显然都是视天为有意志的主宰者。

在墨子的心中，天建立了日、月、星、辰运行的秩序，制定了春、夏、秋、冬四季运行的规律。人为天所有，天养活了所有人。不论自然界的天时地利，不论人类世界的政治制度还是行政措施，一切都是天为爱天下人所做的妥善安排。天对人是全爱、全利的。因此，人应该以感激、报恩的心来面对天、敬天、奉天，并且遵循天的意志行事，为“兼爱”之道，相爱、相利。可见，天是墨家表述“兼爱”思想的理论工具。

春秋时期的普遍观念是：天子为天的代理人，具有最高权威。及至孟子所处的战国时期，儒家仍强调天子“受命于天”，汤、武攻伐的合法性乃是建立在“替天行道”的基础之上。儒家以天子为天的“儿子”，墨家则以天子为天的“臣仆”。天的地位高于天子的地位，人间权力的最高代表——天子的合法性也来自天的授予，“天之重且贵于天子”，“使之处上位，立为天子以法也”(《天志下》)。

2. 儒、墨两家对鬼神的认识有怎样的不同？

《论语·述而》中说：“子不语怪、力、乱、神。”这里的“神”自然是指鬼神之事。何晏《论语集解》认为孔子之所以不语鬼神之事，是因为“或无益于教化，或所不忍言”。朱熹《论语集注》中也说：“鬼神造化之迹，虽非不正，然非穷理之至，有未易明者，故亦不轻以语人也。”因此，当樊迟问知时，孔子说：“务民之义，敬鬼神而远之，可谓知矣。”(《论语·雍也》) 孔子虽然承认鬼神的存在，并且秉持一种“敬”的态度，但“敬鬼神而远之”，而专心于“务民之义”，体现的是一种重人事的思想。孔子在政治思想上倡导的仁学、礼学，即关于如何做人与整肃社会的学问。他主张通过仁爱和礼义，建立起一个和谐的社会。

在《墨子》的天、鬼、人三重评判体系中，天、鬼可以看作一体，鬼执行着天的意志，对人间进行执法，通过福祸予以赏惩。因此，天、鬼、人可简化为天人或天民，鬼归为天。《墨子》的“三表”检验标准，实际上是看是否利天、利民，利天即符合天意，利民即合乎民意。天、鬼，在《墨子》看来是人格神，有情感、意志，是至善的化身，这也是《墨子》一个非常突出的特点。如果说天、鬼是《墨子》的至上神，那么民就是《墨子》的落脚点，而“兼爱”是贯穿其中的一个根本原则。

五、练习步步高

（一）知识识记

1. 填空。

（1）顺天意者，__________，__________，必得赏；反天意者，__________，__________，必得罚。（《天志上》）

（2）__________________。盖本施之国家，施之万民，__________________。（《明鬼下》）

2. 解释下列加点的字词。

（1）天下之穷贵也（　　　　）

（2）业万世子孙（　　　　）

（3）方施天下（　　　　）

（4）不可为幽间、广泽（　　　　）

（5）下殃傲天下之万民（　　　　）

（6）祥上帝伐元山帝行（　　　　）（　　　　）

（7）汤乘大赞（　　　　）

（8）指画杀人（　　　　）

3. 将下列句子翻译成现代汉语。

（1）故使不得终其寿，不殁其世，至今毁之，谓之暴王。

____

（2）此吾所谓鬼神之罚，不可为富贵众强、勇力强武、坚甲利兵者，此也。

____

（二）文心体悟

阅读材料，回答问题。

鲁问（节选）

（《墨子》）

子墨子出曹公子而于宋，三年而反，睹子墨子曰："始吾游于子之门，短褐之衣，藜藿之羹，朝得之则夕弗得，祭祀鬼神。今而以夫子之教，家厚于始也。有家厚，谨祭祀鬼神。然而人徒多死，六畜不蕃，身湛于病，吾未知夫子之道之可用也。”子墨子曰：“不然！夫鬼神之所欲于人者多，欲人之处高爵禄则以让贤也，多财则以分贫也。夫鬼神岂唯擢季拑肺之为欲哉？今子处高爵禄而不以让贤，一不祥也；多财而不以分贫，二不祥也。今子事鬼神唯祭而已矣，而曰：‘病何自至哉？’是犹百门而闭一门焉，曰：‘盗何从入？’若是而求福于有怪之鬼，岂可哉？”

问题：对于曹公子敬鬼神却门衰祚薄的不解，墨子是如何回应的？

（三）思想碰撞

阅读下列材料，回答问题。

材料一：

老子（第二十五章节选）

人法地，地法天，天法道，道法自然。

材料二：

庄子 · 齐物论（节选）

天地与我并生，而万物与我为一。

请你分析老子、庄子眼里的天与墨子眼里的天有何不同。

止乐非命

一、原典选读

原文

非乐上（节选）

民有三患：饥者不得食，寒者不得衣，劳者不得息，三者民之巨患也。然即①当②为之撞巨钟、击鸣鼓、弹琴瑟、吹竽笙而扬干戚③，民衣食之财将安可得乎？即我以为未必然也。意④舍此。今有大国即攻小国，有大家即伐⑤小家，强劫弱，众暴寡，诈欺愚，贵傲贱，寇乱盗贼并兴，不可禁止也。然即当为之撞巨钟、击鸣鼓、弹琴瑟、吹竽笙而扬干戚，天下之乱也，将安可得而治与⑥？即我未必然也。是故子墨子曰：姑尝厚措敛乎万民，以为大钟、鸣鼓、琴瑟、竽笙之声，以求兴天下之利，除天下之害，而无补⑦也。是故子墨子曰：为乐非也。

注释

①然即：然而。　②当：通“尝”，试。　③扬干戚：舞动盾牌和斧钺。扬：举。干：盾。戚：斧钺，古代的一种兵器。　④意：通“抑”。“抑舍此”者，且不谈这一点。　⑤伐：攻打。　⑥与：通“欤”，“……吗”的含义。　⑦补：补益。

今译

民众有三种担忧：饥饿的人得不到食物，寒冷的人得不到衣服，劳动的人得不到休息，这三者是百姓巨大的担忧。然而试着为他们撞击巨钟、敲打大鼓、弹琴瑟、吹竽笙，舞动盾牌和斧钺，百姓的衣服食物的财用就可以得到保障吗？我认为这样不可能得到保障。暂且不谈这一点。现在有大国想要攻打小国，有大家族想要攻打小家族，强壮的掠夺弱小的，人多的残害人少的，奸诈的欺骗愚笨的，高贵的鄙视低贱的，外寇内乱盗贼土匪共同兴起，不能禁止。然而试着为他们撞击巨钟、敲打大鼓、弹琴瑟、吹竽笙，舞动盾牌和斧钺，天下的纷乱就可以得到治理吗？我认为这样不可能得到治理。所以墨子说：如果向百姓征收很重的赋税，用来制作大钟、鸣鼓、琴、瑟、竽、笙等乐器，来谋求振兴天下的利益，除去天下的祸害，（这）是没有什么益处的。所以墨子说：从事音乐活动是错误的。

原文

非命上（节选）

子墨子言曰：古者王公大人为政国家者，皆欲国家之富，人民之众，刑政①之治。然而不得富而得贫，不得众而得寡，不得治而得乱，则是本②失其所欲，得其所恶，是故何也③？子墨子言曰：执有命者以杂于民间者众④。执有命者之言曰：“命富则富，命贫则贫；命众则众，命寡则寡；命治则治，命乱则乱；命寿则寿，命夭⑤则夭。命⑥虽强劲，何益哉？”上以说⑦王公大人，下以驵⑧百姓之从事，故执有命者不仁。故当⑨执有命者之言，不可不明辨。

然则明辨此之说将奈何⑩哉？子墨子言曰：必立仪⑪。言而毋⑫仪，譬犹运钧⑬之上而立朝夕者⑭也，是非利害之辨，不可得而明知也。故言必有三表⑮。何谓三表？子墨子言曰：有本⑯之者，有原⑰之者，有用⑱之者。于何本之？上本之于古者圣王之事。于何原之？下原察百姓耳目之实。于何用之？废⑲以为刑政，观其中⑳国家百姓人民之利。此所谓言有三表也。

然而今天下之士君子，或以㉑命为有。盖尝尚观于圣王之事㉒：古者桀之所乱，汤受㉓而治之；纣之所乱，武王受而治之。此世未易㉔，民未渝㉕，在于桀纣则天下乱，在于汤武则天下治。岂可谓有命哉！

注释

①刑政：刑法政治。 ②本：从根本上。 ③是故何也：此句犹“是何故也”，“这是什么原因呢”。 ④执有命者以杂于民间者众：“以”当在“执有命者”之前。以：因为。 ⑤夭（yāo）：短命，早死。 ⑥命：疑当为“力”。 ⑦说（shuì）：游说。 ⑧驵：通“阻”，阻碍。 ⑨当：对于。 ⑩奈何：怎么。 ⑪仪：标准，准则。 ⑫毋：通“无”。 ⑬运钧：转动的陶轮。运：转动。钧：制陶器用的转轮。 ⑭朝夕者：测量时间的仪器。 ⑮表：仪，准则，法度。 ⑯本：考察本源。 ⑰原：推断，考察。 ⑱用：实践。 ⑲废：通“发”，显现。 ⑳中：符合。 ㉑或以：有人认为。 ㉒盖：通“盍”，何不。尝：试试。尚：同“上”。 ㉓受：接受。 ㉔易：改变。 ㉕渝：改变。

今译

墨子说：古时候治理国家的王公大人，都想要国家富裕，人口众多，刑法政治得到治理。然而国家不能够富裕反而贫穷，人口没有增加反而减少，刑法政治不能得到治理反而混乱，这是从根本上失去了他所希望的，得到了他所厌恶的，这是什么原因呢？墨子说：因为主张有天命的人杂处于民间太多了。主张有天命的人说：“命里富裕就富裕，命里贫困就贫困；命里人口众多就人口众多，命里人口稀少就人口稀少；命里治理得好就治理得好，命里混乱就混乱；命里长寿就长寿，命里短命就短命。即使力量强劲，又有什么用呢？”（用这话）对上游说王公大人，对下阻碍百姓从事生产，所以主张有天命的人是不仁义的。所以对主张有天命的人所说的话，不能不明确辨析。

既然这样，那么要明确辨析这些话将通过怎样的方法呢？墨子说：必定先订立准则。说话没有准则，好比在转动的陶轮上放置测量时间的仪器，（对于）是非利害的区别，是不可能明确了解的。所以言论必定有三条标准。三条标准是什么呢？墨子说：有察本的，有推究的，有实践的。如何考察本源？要向上考察古时圣明君主的事迹。如何推究呢？要向下考察百姓所见所闻的实情。如何实践呢？把言论显现于刑法政令，观察言论是否符合国家百姓的利益。这就是所说的言论有三条标准。

然而现在天下的士人君子，有的认为有天命。那么为什么不尝试向上考察圣明君主的事迹：古时候夏桀乱国，商汤接过国家并治理它；商纣乱国，周武王接过国家并治理它。社会没有改变，百姓没有变化，在桀纣时天下就混乱，在汤武时天下就得到治理。这难道能说是有天命的吗？

二、知识朋友圈

1. 怎么理解墨子的“三表法”？

墨子的“三表法”，可称为“三表”或者“三法”，“表”或“法”在这里是原则、标准之义，联系起来就是三个判断的原则或标准。

要证明自己的主张正确并让别人相信其正确，言“必立仪”，即要确定一个共同的标准，这就是“有本之者，有原之者，有用之者”的“三表”。第一表，即第一项原则——“言必有据”。这个“有据”就是古代圣明君主的事迹——“上本之于古者圣王之事”。第二表，即第二项原则——“言必据实”。这个“据实”就是百姓的实际情况——“下原察百姓耳目之实”。第三表，即第三项原则——“言必有利”。这个原则接近我们现在所提倡的“实践是检验真理的唯一标准”——“废以为刑政，观其中国家百姓人民之利”。

墨子在《非命上》中提出了用以证明“有命”说之是非信否的“三表法”，并且用这些原则普遍地解析事理，如“兼爱”“非攻”“明鬼”“非乐”。“三表法”应该充分肯定，因为它重视历史经验，重视社会实际，更重视实践效用，把是否符合百姓的利益作为考察的标准，强调“事”“实”“利”对检验认识的决定作用，这是一种朴素唯物主义经验论的真理观。

2. 语言积累。

乐。甲骨文写作。金文写作。甲骨文、金文象附两糸于木上之形，两糸指琴弦，木指琴声。本义为琴瑟之类的弦乐器。引申为音乐。“乐”最早可以追溯到远古时期的巫术仪式。远古时期的巫术仪式集歌、乐、舞于一体，有其独特的意味，被认为是与超自然的事物进行交流的途径。巫术仪式作为远古时期人类认识外部世界的方式，不仅凝聚着远古时期人类的精神、情感和理想，甚至影响着部落氏族的命运。求雨、狩猎、耕种、战争，部落氏族的发展中处处有巫术仪式的影子，所以在远古时期集歌、乐、舞于一体的巫术仪式与政治兴衰有着密切的关系。

到了西周，青铜器铸造技术的发展提高了社会生产力，积累了财富，社会阶层逐渐分化，巫术礼仪的宗教功能逐渐弱化，而其政治功能经过周公制礼作乐，在新形势下有了新的发展。《礼记 · 明堂位》曰：“朝诸侯于明堂，制礼作乐，颁度量，而天下大服。”《礼记 · 乐记》曰：“礼义立则贵贱等矣，乐文同则上下和矣。”可见，礼和乐逐渐从原始巫术仪式中脱离出来，政治功能成为当时礼、乐的最大价值。礼形成了贵贱等级的阶层，乐则让各阶层间和谐共处。

三、文心点点通

1. 为什么“为乐非也”?

《非乐上》中，墨子反对从事音乐活动，但并不否定音乐所具有的美感作用。“大钟、鸣鼓、琴瑟、竽笙之声”，都能给人愉悦的感受，正像吃美味佳肴使人感到甘美一样；墨子之所以“非乐”，是认为进行音乐演奏与欣赏活动，必将“亏夺民衣食之财”；制造乐器时“必厚措敛乎万民”，加重百姓负担；演奏音乐时，必占用强壮劳动力，扰乱百姓正常的生产活动；欣赏音乐时，必与人同听，影响君子“听治”和百姓从事生产。这样从事音乐活动，对百姓有害而无利，墨子当然会持反对意见。“兴天下之利，除天下之害”“利人乎，即为；不利人乎，即止”是墨子考虑一切问题的大前提，也是他的总原则和出发点。

墨子还从百姓的“三患”出发，提出他“非乐”的第二个理由。所谓“三患”，即“饥者不得食，寒者不得衣，劳者不得息”。这“三患”是百姓的切肤之痛，如果不解决，百姓连生存都无法保障。王公大人又有什么闲情逸致“为乐”呢？更何况“为乐”，必兴师动众，劳民伤财，这对百姓而言岂不是雪上加霜。

墨子的“非乐”论是在生产力极不发达的特定历史条件下提出的，而且矛头指向王公大人，有特定的针对性。在生存和温饱都得不到保障的时代，墨子反对王公大人从事音乐活动，可谓针砭时弊。当然，墨子的“非乐”论有其局限性，他把物质生产与精神活动对立起来，只看到音乐妨碍生产、劳民伤财的一面，没看到音乐的教化与调和人心的价值。因而，在墨子的“十论”中“非乐”论遭受的质疑声最多。

2. 墨子是从什么角度来批驳命定论的？

墨子认为国家治理不好一个极大的原因，就是持命定论者不在少数。这些人把所有一切都归结于命，并以此迷惑众人。王公大人听信于此，便会疏于朝政；百姓听信于此，便会懒于劳作，祸害由此产生。因而持命定论者是不仁不义之人，对社会发展起消极作用，世人应当明加辨析。

《非命上》进一步从三个方面论述天命是不存在的。本节节选的部分是第一方面的内容，即“三表法”的第一项原则——考察本源。墨子指出，古代的社会和百姓都未曾改变，但在不同人的治理之下就有天壤之别。夏桀、商纣时期天下大乱，商汤、周武王时期天下大治。这说明事在人为，而非命中注定。

墨子坚决否定命的存在，目的就是要号召每一个人发挥自己的力量，改变社会现状，达到国富民强的目的。

四、思想会客厅

1. 墨子的“非乐”论为什么受到非议？

墨子对音乐持反对态度，这一主张有与儒家针锋相对的意味，因为儒家最讲究礼、乐。孔子很重视乐教。《论语・泰伯》中说：“兴于《诗》，立于礼，成于乐。”儒家弟子所学的六艺科目中，乐排在第二位，仅次于礼。荀子对墨子“非乐”思想的抨击相当直接。“我以墨子之非乐也，则使天下乱。”（《荀子・富国》）

墨子毫不含糊地给予反击——“儒之道足以丧天下者，四政焉”（《公孟》），其中一政为“弦歌鼓舞，习为声乐”(《公孟》)。墨子反对君主纵情音乐，也反对君主纵情美色、甘味、安居等享乐之事。但墨子可能忽略了音乐是人内心情感的寄托，是无法割舍的本能需要。寻常百姓没有艺术活动，没有精神营养，没有情感的宣泄和交流，生活谈何快乐呢？繁重的生产又有何意义呢？道家认为“五音令人耳聋”[《老子》(第十二章)]。法家说“‘祸莫大于可欲。’是以圣人不引五色，不淫于声乐”(《韩非子 · 解老》)。这些说法都把艺术与纵欲联系在一起。墨子并没有如此绝对，但陷入了另一种功利主义的极端。因为，说到底，“非乐”是从“节用”演绎出来的。

2. 如何看待“我命由我不由天”？

墨子虽然持有神论，但旗帜鲜明地批驳了命定论，反对“死生有命，富贵在天”(《论语 · 颜渊》)的天命观。儒家相信天命的决定性权威。孔子认为：“君子有三畏：畏天命，畏大人，畏圣人之言。小人不知天命而不畏也，狎大人，侮圣人之言。”(《论语 · 季氏》)孔子还认为：“不知命，无以为君子也。”(《论语 · 尧曰》)儒家虽然罕言命，却承认命，敬畏命；命虽然难测，但似乎确实存在，它提供机缘，影响人的荣辱成败。

但墨子不以为然，他崇尚务实，对命的存在形式予以否认，渴望打破旧有的贫富秩序。墨家认为，命数是人们不思进取、安于现状的重要原因，真正影响人生得失的只有自身的素质和个性。墨子强调力行——国家的兴亡，个人的安危以及富贵贫贱，主要在于人的主观努力，而且完全可以通过“强”“力”来加以变更。可见，“非命”有一种“知其不可而为之”(《论语 · 宪问》)的精神。

墨子作为下层平民利益的代表，其思想的根本出发点建立在平民阶层的基础上，反映的是下层平民的呼声。墨子的“非命”论意在突出强调人的主体性力量，主张用个人的力量去改变自身命运，这是“非命”论最可贵的地方，具有超前的进步意义。

五、练习步步高

(一)知识识记

1. 填空。

(1) 民有三患：________，________，________。

(《非乐上》)

（2）何谓三表？子墨子言曰：______，______，______。(《非命上》)

2. 解释下列加点的字词。

（1）吹竽笙而扬干戚（　　　）（　　　）

（2）则是本失其所欲（　　　）

（3）故当执有命者之言（　　　）

（4）必立仪（　　　）

（5）譬犹运钧之上（　　　）

（6）观其中国家百姓人民之利（　　　）

（7）盖尝尚观于圣王之事（　　　）

（8）民未渝（　　　）

3. 将下列句子翻译成现代汉语。

（1）姑尝厚措敛乎万民，以为大钟、鸣鼓、琴瑟、竽笙之声，以求兴天下之利，除天下之害，而无补也。

______

______

（2）上以说王公大人，下以驵百姓之从事，故执有命者不仁。

______

（二）文心体悟

在《非命上》中，墨子说："故言必有三表。"请你具体阐释一下"三表"的内涵。

______

______

______

______

（三）思想碰撞

阅读材料，回答问题。

荀子 · 乐论（节选）

墨子曰：“乐者，圣王之所非也，而儒者为之，过也。”君子以为不然。乐者，圣人之所乐也，而可以善民心。其感人深，其移风易俗。故先王导之以礼乐而民和睦。

你怎么理解墨子与荀子关于音乐的对立观点？

（丁鸣　编）

第四单元

《大学》《中庸》选读

正義曰案鄭目錄云名曰中庸者以其記中和
也庸用也孔子之孫子思伋作之以昭明聖祖之
於別錄
通論
謂性率性之謂道修道之謂教
人者也是謂性命木神則仁金神則義
土神則知孝經說曰性者生之質命
行之之謂道
是曰教
道也者不
道也
道猶道路也出入動作
由之離之惡乎從也
其所不睹恐懼乎其所
無所不至也君子則不然雖視之
戒慎恐懼自修正是其不須臾離
乎微故君子慎其獨
人於隱者動作言語自以
若有覘聽之者是

单元概说

《大学》《中庸》原本是《礼记》中的篇章。《礼记》的成书时间比《论语》《孟子》要晚，是汉代的学者恢复、整理先秦典籍的成果。现有两个版本：《大戴礼记》和《小戴礼记》。大戴即戴德，是西汉的博士。小戴即戴圣，是戴德的侄子。《大学》《中庸》这两篇原本在汉代未受到重视，经唐代韩愈、李翱的提倡，宋代“二程”（程颢、程颐）和朱熹的推崇，《大学》《中庸》这两篇文章在宋代升格为两本重要的书，与《论语》《孟子》合称“四书”。

韩愈面对儒家衰微、佛道思想横行的现状，高举重振儒家道统的大旗，并梳理了儒家的道统传承——尧、舜、禹、商汤、周文王、周武王、周公旦、孔子、孟子。其后，“朱子融会理学与经学，又确定伊洛为上承孔孟之道统，厥功之伟，端在其定为‘四子书’，而又为之作《集注》与《章句》。……于中国学术史上有旋乾转坤之大力。”（钱穆《朱子新学案》）朱熹更是倾尽心血为“四书”作注，直到临死前一天，还在修改《大学》“诚意”章的注释。1313—1905 年，《大学》和《中庸》成为科举考试的必考内容，“四书”取代“五经”成为儒学传承的主要经典，这是儒学发展的一次大变革，对中国文化影响深远。

《大学》的作者，古籍中未见记载。朱熹认为，《大学》分为经和传，经的部分是曾子记述孔子的话，传的部分是曾子的弟子记述曾子的意思。而《中庸》的作者，《史记·孔子世家》曰：“子思作《中庸》。”子思，是孔子之孙，受教于孔子的弟子曾子。《圣门十六子书》记载：“子思从曾子学业，诚明道德，有心传焉，乃述其师之意，穷性命之原，极天人之奥，作《中庸》书，以昭来世。”关于《中庸》作者和创作年代，学界有一些不同意见，我们这里仍取《史记》之说。

朱熹改定了《大学》的结构和文字，与《礼记》中的《大学》原貌（也称《大学》古本）有差异，并补写《格物、致知》一章的传。宋代以后人们读《四书》一般都依据朱熹所定的《大学章句》，我们也依据这个本子（也称《大学》今本）。如何理解《大学》之名？郑玄认为，大学即先王政教之学，指从“修身”“齐家”，逐渐扩大到“治国”“平天下”的道理，有着鲜明的贵族特点；朱熹则认为是“大人之学”，指道德上崇高的人，强调一个人生命境界的提升。《大学》的内容主要是阐释古代大学教育的宗旨、途径，敦厚朴直的曾子提出非常笃实的后天实践的修行阶梯，如“三纲”“八目”，展现“初学入德之门”，“可见古人为学首末次第”（《四书章句集注》）。

《中庸》则论述中庸之道。原文不分章节，朱熹《四书章句集注·中庸章句》将它分成三十三章。开篇就劈头而来“天命之谓性，率性之谓道，修道之谓教”，展现了子思的高明与冷峻，他站在一个极大的天人格局上叩问人的本质与存在的依据。何谓“中庸”？篇首朱熹释：“中者，不偏不倚，无过不及之名。庸，平常也。”又引程颐语：“不偏之谓中，不易之谓庸。中者，天下之正道；庸者，天下之定理。”全篇从中庸之道的特点、表现、实际运用出发，提出以“诚”为中心的修养之道，具体到“博学之，审问之，慎思之，明辨之，笃行之”的诚之之道，成就“尊德性而道问学，致广大而尽精微，极高明而道中庸”的人道之要。末章回到君子“修身”，臻于“圣人配天”、参赞天地之境。基于《大学》《中庸》的重点内容，本单元分大学之道、中庸之难、诚之之法、圣人配天四个主题，选取了章节供大家学习。统编版高中《语文》教科书中已出现的部分，这里不再选入。

大学之道

一、原典选读

大学（节选一）

原文

《康诰》①曰：“克②明德。”《大甲》③曰：“顾禔④天之明命。”《帝典》⑤曰：“克明峻德⑥。”皆自明也。

注释

①《康诰》：《尚书·周书》中的一篇。　②克：能够。　③《大甲》：即《太甲》，《尚书·商书》中的一篇。　④顾：思念。禔：此。　⑤《帝典》：即《尧典》，《尚书·虞书》中的一篇。　⑥克明峻德：《尧典》原句为“克明俊德”。俊：即“峻”，高大。

今译

《尚书·康诰》说：“能够彰明光明的德性。”《尚书·太甲》说：“念念不忘天赋予的光明的禀性。”《尚书·尧典》说：“能够彰明崇高的德性。”都是说要自觉地彰明光明的德性。

原文

大学（节选二）

汤之《盘铭》① 曰：“苟 ② 日新，日日新，又日新。”《康诰》曰：“作 ③ 新民。”《诗》④ 曰：“周虽旧邦，其命维新。”是故，君子无所不用其极。

注释

①《盘铭》：刻在浴盆上用来警诫自己的箴言。盘：上古时期用青铜制成的沐浴器具。 ②苟：如果。朱熹认为是诚。 ③作：振作，激励。 ④《诗》：即《诗经》。这里指《诗经 · 大雅 · 文王》。

今译

商汤的浴盆上刻了箴言：“如果一天能除去旧染的污垢，有新的面貌，那就要每天除去污垢而自新，日复一日地自新。”《尚书 · 康诰》说：“要鼓舞民众革新。”《诗经 · 大雅 · 文王》说：“周朝虽是一个古老的诸侯国，却因为能自觉革新而秉承天命。”所以，有德的君子总是尽一切努力去追求引导民众自我革新，以达到“至善”的最高境界。

原文

大学（节选三）

《诗》① 云：“邦畿千里，惟民所止 ②。”《诗》③ 云：“缗蛮 ④ 黄鸟，止 ⑤ 于丘隅。”子曰：“于止，知其所止，可以人而不如鸟乎？”

《诗》⑥ 云：“穆穆 ⑦ 文王，於缉熙敬止 ⑧。”为人君，止于仁；为人臣，止于敬；为人子，止于孝；为人父，止于慈；与国人交，止于信。

……

……君子贤其贤而亲其亲，小人乐其乐而利其利，此以没世不忘也。

注释

①《诗》：这里指《诗经 · 商颂 · 玄鸟》。 ②止：停留，居住。 ③《诗》：这里指《诗经 · 小雅 · 绵蛮》。 ④缗蛮：即绵蛮，黄鸟的叫声。 ⑤止：栖息。 ⑥《诗》：这里指《诗经 · 大雅 · 文王》。 ⑦穆穆：庄重深远的样子。 ⑧於：叹词。缉：继续。熙：光明。止：语气助词，无意义。

今译

《诗经 · 商颂 · 玄鸟》说：“天子的都城周围方圆千里，是百姓所向往居住的地方。（只要君主贤德，就会有百姓来依附他。）”《诗经 · 小雅 · 绵蛮》说：“鸣叫的黄鸟，栖息在山丘的一角。（也懂得要寻找一个安全的地方栖息。）”孔子说：“对于居住，黄鸟知道自己应该居住的地方，难道我们人的见识连小鸟还不如吗？”

《诗经·大雅·文王》说：“庄重、德行深远的周文王啊！继续发扬他的光明德性，随时能恭敬地安居于‘至善’的最高境界。”做君主时，做到仁爱；做臣子时，做到恭敬；做子女时，做到孝顺；做父母时，做到慈爱；与国人结交来往，做到诚实。

……

……后世的君子敬重贤者，亲爱亲人；后世的百姓享受到他们所希望得到的快乐和应该得到的利益，这就是因为永远不忘圣王的恩德呀。

原文

大学（节选四）

子曰：“听讼①，吾犹人也，必也使无讼乎！”无情者，不得尽其辞，大畏民志②，此谓知本。

注释

①听讼：听取诉讼，即审理案件。　②民志：民心，人心。

今译

孔子说：“审理案件，我和别人没有什么区别，一定要使百姓无诉讼才好！”使隐瞒实情的人，不敢随意胡说，使百姓的心志为君子的明德所感召而大大畏服，这才叫作知道根本。

原文

大学（节选五）

所谓致知在格物者，言欲致吾之知，在即①物而穷②其理也。盖人心之灵，莫不有知，而天下之物，莫不有理。惟于理有未穷，故其知有不尽也。是以《大学》始教，必使学者即凡天下之物，莫不因其已知之理而益③穷之，以求至乎其极。至于用力之久，而一旦豁然贯通焉，则众物之表、里、精、粗无不到，而吾心之全体大用无不明矣。此谓物格，此谓知之至也。④

注释

①即：接近，接触。　②穷：穷究，彻底研究。　③益：更加。　④“格物致知”部分文字为朱熹补作，一般称为“朱熹格物补传”。

今译

之所以说达到明确认识在于探究物理，是指想要获得知识，就必须接触事物而穷尽它的本质和规律。一般来说，人的心灵都具有认识能力，而天下万事万物都有一定的本质和规律。只是因为对这些本质和规律还没有充分认识，所以使人的认知有局限。因此，《大学》教育的开始，一定要求学生接触天下万事万物，用自己已有的知识去深入探究，以求达到认识的极限。经过长期用功，总有一天会豁然贯通，就能对万事万物的现象和本质、微观和宏观，一切方面全都认识清楚，将自己内心的认识能力都发挥得淋漓尽致，再也没有闭塞。这叫作“物格”，这叫作“知之至”。

原文

大学（节选六）

所谓诚其意者，毋自欺也。如恶恶臭①，如好好色②，此之谓自谦③，故君子必慎其独也！小人闲居为不善，无所不至，见君子而后厌然④，掩其不善，而著⑤其善。人之视己，如见其肺肝然，则何益矣？此谓诚于中，形于外，故君子必慎其独也。曾子曰：“十目所视，十手所指，其严乎！”富润屋⑥，德润身，心广体胖⑦，故君子必诚其意。

注释

①臭（xiù）：气味。②好色：美丽的容貌。③谦：通“慊”，满足。④厌然：躲藏掩饰的样子。⑤著：显示。⑥润屋：装饰房屋。⑦心广体胖（pán）：心胸宽广，身体舒泰安康。

今译

之所以说使自己的意念真诚，就是不要自己欺骗自己。就如厌恶难闻的气味，喜好美丽的容貌一样，这叫作自我满足，所以君子即使独自一人时也一定谨慎不苟！小人平日里做坏事，无所不为，见到君子就躲闪，掩盖自己的坏行为，作出好的行为给人看。其实，人看自己，就像能看见肝、肺一样清楚，掩饰和伪装有什么用呢？这是说，真诚存于内心，表现于外部言行上，所以君子一定谨慎对待独自一人时的情况。曾子说：“许多双眼睛看着你，许多双手指着你，多么严厉呀！”财富可以装饰房屋，品德可以修养身心，使心胸宽广而身体舒泰安康，所以君子一定要使自己的意念真诚。

原文

大学（节选七）

所谓修身在正其心者，身①有所忿懥②，则不得其正；有所恐惧，则不得其正；有所好乐，则不得其正；有所忧患，则不得其正。

心不在焉，视而不见，听而不闻，食而不知其味。此谓修身在正其心。

注释

①身：这里指心。　②忿懥（zhì）：愤怒。

今译

之所以说修养自身品德在于端正自己的心态，是因为：内心有愤怒，心态就不能够端正；内心有恐惧，心态就不能够端正；内心有喜好，心态就不能够端正；内心有忧虑，心态就不能够端正。

心思不能集中在正在做的事情上，看见却像没有看见，听见却像没有听见，吃着食物却不知道是什么滋味。所以要修养自身的品德就必须端正自己的心态。

原文

大学（节选八）

所谓齐其家在修其身者，人，之其所亲爱而辟焉[①]，之其所贱恶而辟焉，之其所畏敬而辟焉，之其所哀矜[②]而辟焉，之其所敖惰[③]而辟焉。故好而知其恶，恶而知其美者，天下鲜矣！

故谚有之曰："人莫知其子之恶，莫知其苗之硕。"此谓身不修，不可以齐其家。

注释

①之：对于。辟：偏颇，偏向。　②哀矜：同情，怜悯。　③敖惰：骄傲怠慢。

今译

之所以说管理好自己的家族和家庭，在于修养好自身的品德，是因为人，对自己亲爱的人会有偏爱，对自己厌恶的人会有偏恨，对自己敬畏的人会有偏向，对自己同情的人会有偏心，对自己轻视的人会有偏见。因此喜爱某人又能看到那个人的缺点，厌恶某人又能看到那个人的优点，这样的人真是很少啊！

所以有谚语说："人都看不到自己孩子的缺点，人都不认为自家禾苗长得茁壮。"这就是说自身的品德没有修养好，就不能管理好家族和家庭。

原文

大学（节选九）

所谓治国必先齐其家者，其家不可教，而能教人者，无之。故君子不出家而成教于国。孝者，所以事君也；弟者，所以事长也；慈者，所以使众也。

《康诰》曰："如保赤子[①]。"心诚求之，虽不中[②]，不远矣。未有学养子而后嫁者也。

一家仁，一国兴仁；一家让，一国兴让；一人贪戾，一国作乱。其机③如此。此谓一言偾④事，一人定国。

尧、舜帅天下以仁，而民从之；桀、纣帅⑤天下以暴，而民从之；其所令，反其所好，而民不从。是故君子有诸己而后求诸人，无诸己而后非诸人。所藏乎身不恕，而能喻⑥诸人者，未之有也。故治国在齐其家。

注释

①如保赤子：《尚书·康诰》作“若保赤子”。这是周武王告诫康叔的话，意思是保护平民像母亲养护婴儿一样。②中：达到目标。③机：关键。④偾（fèn）：败坏。⑤帅：同“率”，率领。⑥喻：明白。

今译

之所以说治理好国家必须首先管理好自己的家族和家庭，是因为不能管教好家人，而能教育好他人，这是没有的事。所以君子（把品德修养好了，家族和家庭管理好了）不出家门就完成了对国人的教化。对父母的孝顺，可以用于侍奉君主；对兄长的恭敬，可以用于侍奉尊长；对子女的慈爱，可以用于役使民众。

《尚书·康诰》说：“保护平民像母亲养护婴儿一样。”内心真诚地去追求，即使达不到目标，也不会相差太远。没有先学会了养护孩子再去出嫁的人。

（作为君主，是一国的榜样）他在自己一家中推行仁爱，一国的臣民也会兴起仁爱之风；他在自己一家中推行礼让，一国的臣民也会兴起礼让之风；他一个人贪婪暴戾，一国的臣民就会犯上作乱。事物的关键就是这样。这就叫作（君主的）一句话就会败坏事情，一个人向善就能安定国家。

尧和舜用仁爱统治天下，百姓就跟着仁爱；桀和纣用凶暴统治天下，百姓就跟着凶暴；君主的命令与自己的实际做法相反，百姓是不会服从的。所以君子总是自己先做到然后才要求别人做到，自己没有这样的毛病然后才责备别人的毛病。自己隐藏着不符合恕道的念头，而想让别人懂得恕道，这是从来没有的事情。所以要治理好国家必须首先管理好自己的家族和家庭。

原文

大学（节选十）

所谓平天下在治其国者，上老老①，而民兴孝；上长长②，而民兴弟；上恤③孤，而民不倍④。是以君子有絜⑤矩之道也。

所恶于上，毋以使下；所恶于下，毋以事上；所恶于前，毋以先后；所恶于后，毋以从前；所恶于右，毋以交于左；所恶于左，毋以交于右。此之谓絜矩之道。

《诗》⑥云："乐只君子，民之父母。"民之所好，好之；民之所恶，恶之。此之谓民之父母。

注释

①老老：尊敬老人。②长长：尊重长辈。③恤：体恤，周济。④倍：通"背"，背弃。⑤絜（xié）：用绳度量粗细。⑥《诗》：这里指《诗经·小雅·南山有台》。

今译

之所以说要使天下太平在于治理好自己的国家，是因为：君主尊敬老人，百姓就会兴起孝敬之风；君主尊重长辈，百姓就会兴起敬长之风；君主体恤孤儿，百姓就不会背弃这一公德。所以君子要实行推己及人以协调人际关系的"絜矩之道"。

如果厌恶上级对自己的某种言行，就不要用来对待下级；如果厌恶下级对自己的某种言行，就不要用来对待上级；如果厌恶前辈对自己的某种言行，就不要用来对待后辈；如果厌恶后辈对自己的某种言行，就不要用来对待前辈；如果厌恶右边的人对自己的某种言行，就不要用来对待左边的人；如果厌恶左边的人对自己的某种言行，就不要用来对待右边的人。这就叫作道德上推己及人以达到人与人之间协调平衡的"絜矩之道"。

《诗经·小雅·南山有台》说："和善快乐的君主啊，是百姓的父母。"百姓爱好的，他就爱好；百姓厌恶的，他就厌恶。这就叫作百姓的父母。

二、知识朋友圈

1. 关于"格物致知"的几种重要理解。

"格物致知"真正的意蕴，已是儒学思想史上的千古之谜。从最早为《大学》作注的东汉郑玄，一直到现代的儒学学者，已经争论了一千多年，至今仍无定论。"格物致知"是中国古代训诂史、经学史、儒学史和思想史上的经典公案。作为"三纲"和"八目"的起点，古本原文并没有太多训释，而郑玄等先儒对此的阐释又有明显的义理不足，便给后人留下了丰富的阐释空间。

（1）郑玄："格，来也；物，犹事也。其知于善深，则来善物；其知于恶深，则来恶物；言事缘人所好来也，此致或为至。"（《礼记正义》）郑玄将"格"解释为"来"，并指出"格物致知"中"物"指的是"事"。

（2）张载：“格，去也，格去物则心始虚明；见物可尽，然后极天下之虑而能思，善也。”（《礼记说》）张载认为，彻底地致知，要先去除内心的虚明。怎么去除虚明呢？先格去物欲。

（3）“二程”：“格，至也，如祖考来格之格。凡一物上有一理，须是穷致其理。”（《二程遗书》）格物穷理，需要不断积累，知识修养不断加深，生命体验不断投入，而达到成圣境界。

（4）朱熹：“格，至也。物，犹事也。穷至事物之理，欲其极处无不到也。”（《四书章句集注·大学章句》）在“二程”基础上，朱熹强调对事物认知的彻底性，通过不断积累进入“理”的大厦。

（5）王阳明：“格，正也。正其不正以归于正之谓也。”“物者，事也。凡意之所发必有其事。”（《大学问》）事是心在具体存在上的投射，致知是致良知。“格物致知”即以良知正事。

2. 语言积累。

格。金文写作。小篆写作。许慎《说文解字》云：“格，木长儿。从木，各声。”徐锴《说文解字系传》曰：“亦谓树高长枝为格。”右边的“各”，从口、夂。许慎《说文解字》云：“有行而止之，不相听也。”对“格”的不同理解，是“格物致知”聚讼纷纭的一个重要原因。

三、文心点点通

大学之道可以理解为郑玄所说的“大学之学”，也可以理解为朱熹推崇的“大人之学”。作为“大学之学”，指的是自周代以来的贵族教育传统，具有鲜明的贵族特点，即培养的是“治国”“平天下”的君主，同时充满着六艺、六经的传统。后来平民教育兴起，这里的大学之道同样适用于每一个人，培养的是一种通达广阔、坚定自主的人格精神，鼓励通过广博学习、深入思考，充分树立起人的主体意识，坚定自己的方向和追求。在《大学》这里，“明德”的主体开始下移，天子、庶人、君子、臣民，皆可自我实现，道德得以普遍化和内在化。正如朱熹在《四书或问》中所说：“明德者，又人人之所同得，而非有我之得私也。”

本节所选内容，为对“三纲”“八目”加以解释的传的部分。如何理解“三纲”“八目”的关系？朱熹注：“明德为本，新民为末。知止为始，能得为终。”“物格知至，则知所止矣。意诚以下，则皆得所止之序也。”（《四书章句集注·大学章句》）可见，一切应以“修身”为本，“齐家”“治国”“平天下”是末。曾子首先引用《尚书》三处解释“明明德”，突出了修身崇德“为己”“由己”的特点；并引用《盘铭》等解释“亲民”，指出要坚持日新并追求极致；接着引用《诗经》中的多段话，解释“止于至善”，强调“为人君，止于仁；为人臣，止于敬；为人子，止于孝；为人父，止于慈；与国人交，止于信”，能够明确地“知其所止”，才能确定自己的理想信念。

所谓“格物致知”，从“朱熹格物补传”来看，应当与外界事物接触，根据已有知识深入探究，穷尽其本质和规律，然后才能“豁然贯通”。值得注意的是，万物有着共同的普遍规律，穷理非穷天下之理，也非穷一理而放弃，应从切近处做起，深究下去。曾子解释“诚意”非常朴实，即“毋自欺”，最具体的表现即“慎独”。在个人独处时，保持内心真诚无欺、表里如一、时刻警惕、毫不懈怠，这是“修身”的重要方法。因为“诚意”才得以“心正”，使心中的“喜、怒、哀、乐”等情绪可以“发而皆中节”，发后无所挂碍。

接下来开始从具体的应事接物上讲“修身”“齐家”之道，并提出以孝事君、以悌奉长、以慈使民，将家庭伦理扩展为治国之道。而“治国”“平天下”的根本是上行下效的“絜矩之道”，这是孔子“己所不欲，勿施于人”（《论语·卫灵公》）的忠恕之道的具体表述，落实在上下、前后、左右等具体关系中。只有将百姓的好恶、忧乐放在心上，才能成为“民之父母”。

四、思想会客厅

什么是轴心时代的君主教育？

“古者年八岁而出就外舍，学小艺焉，履小节焉；束发而就大学，学大艺焉，履大节焉。”（《大戴礼记·保傅》）所谓小学则是学习书、数等小艺与洒扫、应对之小节。贵族子弟十五岁（平民二十岁）行束发冠礼后，可以学习射、御等保家卫国之大艺与庙堂之礼的大节，从个人走向家族与国家，承担起治理天下的责任。

从《大学》来看，儒家的古大学之道有两个特点：一是王者的教育，有鲜明的贵族特点，培养的不是做一个学者、单纯的求知者，而是去做一个担当天下大任的人、承担政治使命的人，最终的指向是治国，这当然也是贵族教育的必然。二是儒家对古大学的阐发中所凸显出的普遍品质。这种普遍品质在于大学之路是一条精神自觉之路。“大人之学”是一个不断拓宽现有的知识格局、拓宽现有的人生格局的过程，具有不断拓展的特点，不仅自我的明德得以彰显，人生的境界得以提升，而且能由己及外，推己及人，担当起化民易俗的社会责任。从这个层面看，当然不是只有君主才能做到，应当是每一个人的自觉追求。

将眼光放到古希腊，柏拉图在《理想国》中描述了一种培养“哲学王”的教育，目标是培养正义的人，建构一个正义的国家。“理想国”如何才能实现？他借苏格拉底之口提出“除非哲学家成为我们这些国家的国王，或者我们目前称之为国王和统治者的那些人物，能严肃认真地追求智慧，使政治权力与聪明才智合而为一”（《理想国》）；否则，“理想国”只是空中楼阁。

柏拉图非常重视教育，认为受教育的人是走出洞穴看到真实世界的人，是幸福的；而没受过教育的人只能看到影像，永远看不到美的东西和真的东西，是不幸的。他还认为教育是使灵魂转向的技巧，应启发学生追求善的理念。“理想国”中有“哲学王”、军人和生产者，柏拉图所谈的教育主要培养统治者。首先，应当挑选具有天赋的儿童接受“哲学王”教育，天赋不高的儿童则没有资格。然后，对这些天才儿童进行严格而系统的后天教育，使得他们能够充分发展。在十岁之前要在城里接受普通的音乐教育和体操教育，十岁之后被送到乡下接受算学、平面几何学、天文学、立体几何学、谐音学等知识的教育。二十岁时进行第一次挑选，以是否有辩证法天赋为标准。胜出者继续学习，对以前的课程进行综合学习。三十岁进行第二次挑选，胜出者接受五年的辩证法学习，然后再经受十五年的实践考验。五十岁时完成最后的考验，胜出者为“哲学王”。

柏拉图还强调“哲学王”的教育是终身的，在治理国家的同时，“哲学王”必须坚持进行哲学学习和研究，以其成果指导治国实践。可见，儒家古大学教育思想和柏拉图的教育理念都把道德教育放在首要和核心位置，也都强调教育对治国之君的培养，强调君主的德才兼备。

五、练习步步高

（一）知识识记

1. 填空。

（1）苟日新，________________，________________。（《大学》）

（2）所谓诚其意者，________________。（《大学》）

（3）此谓诚于中，形于外，________________。（《大学》）

（4）所谓修身在正其心者，________________，则不得其正；________________，则不得其正；________________，则不得其正；________________，则不得其正。（《大学》）

（5）所谓治国必先齐其家者，________________，________________，无之。（《大学》）

2. 解释下列加点的字词。

（1）克明德（　　　　　　　）

（2）听讼，吾犹人也（　　　　　　　）

（3）惟于理有未穷（　　　　　　　）

（4）如恶恶臭（　　　　　　　）

（5）此之谓自谦（　　　　　　　）

（6）富润屋（　　　　　　　）

（7）身有所忿懥（　　　　　　　）（　　　　　　　）

（8）人，之其所亲爱而辟焉（　　　　　　　）

（9）之其所哀矜而辟焉（　　　　　　　）

（10）此谓一言偾事（　　　　　　　）

（11）桀、纣帅天下以暴（　　　　　　　）

（12）此之谓絜矩之道（　　　　　　　）

3. 将下列句子翻译成现代汉语。

（1）《大甲》曰："顾諟天之明命。"《帝典》曰："克明峻德。"皆自明也。

____

（2）为人君，止于仁；为人臣，止于敬；为人子，止于孝；为人父，止于慈；与国人交，止于信。

____

____

（3）富润屋，德润身，心广体胖，故君子必诚其意。

____

（4）故谚有之曰：“人莫知其子之恶，莫知其苗之硕。”

（5）所谓平天下在治其国者，上老老，而民兴孝；上长长，而民兴弟；上恤孤，而民不倍。是以君子有絜矩之道也。

（二）文心体悟

“明明德”，就是彰明自己天赋的德性。德性的内容是什么？《大学》并未详述，请你从《论语》《孟子》中找到一些具体内容。

（三）思想碰撞

苏联教育家苏霍姆林斯基在《给教师的建议》中说：“我深信，只有能够激发学生进行自我教育的教育，才是真正的教育。”请结合《大学》的教育理念，谈谈你的理解。

中庸之难

一、原典选读

原文

中庸（第一章）

天命①之谓性，率性②之谓道，修道之谓教。

道也者，不可须臾离也，可离非道也。是故君子戒慎乎其所不睹，恐惧乎其所不闻。莫③见④乎隐，莫显乎微。故君子慎其独也。

喜、怒、哀、乐之未发，谓之中；发而皆中⑤节⑥，谓之和。中也者，天下之大本也；和也者，天下之达道也。致⑦中和，天地位焉，万物育焉。

注释

①天命：自然赋予的。②率性：遵循人的自然禀赋。③莫：没有。④见：同“现”，显现。⑤中：符合。⑥节：节度。⑦致：达到。

今译

天所赋予人的禀赋叫作性，遵循天性以做人做事叫作道，将道修明并推广于民众叫作教。

道，是片刻也不可以离开的，可以离开的就不是道了。所以君子在没人看见的地方小心谨慎，在没人听见的地方担心害怕。没有比在隐蔽的地方更能表现的了，没有比在细节上更能显现的了。所以君子谨慎对待自己独处的状态。

欢喜、愤怒、悲哀、快乐的情感还没有表现出来，就叫作中；表现出来而都能合乎规范，就叫作和。中，是天下的根本；和，是天下普遍的规律。达到了中和，天地就各在其位，万物就繁育生长。

原文

中庸（第二章）

仲尼曰：“君子中庸，小人反中庸。君子之中庸也，君子而时①中；小人之中庸也②，小人而无忌惮③也。”

注释

①时：时时刻刻。②小人之中庸也：应为“小人之反中庸也”。③忌惮：顾忌和畏惧。

今译

孔子说：“有道德修养的君子践行中庸之道，无道德修养的小人违背中庸之道。君子践行中庸，在于君子的言行时刻符合中庸之道；小人违背中庸，在于小人的言行肆无忌惮。”

原文

中庸（第三章）

子曰：“中庸其至矣乎！民鲜[1]能久矣。”

注释

①鲜：很少。

今译

孔子说：“中庸大概是最高的德行了吧！百姓很少能够做到，已经很久了。”

原文

中庸（第四章）

子曰：“道之不行也，我知之矣：知[1]者过之，愚者不及也；道之不明也，我知之矣：贤者过之，不肖者[2]不及也。人莫不饮食也，鲜能知味也。”

注释

①知：通“智”，智慧，聪明。 ②不肖者：与贤者相对，指不贤的人。

今译

孔子说：“中庸之道之所以不能通行，我知道了：是因为聪明的人做事过了头，愚笨的人做事达不到；中庸之道之所以不能彰明，我知道了：是因为贤德的人认识过了头，不贤的人认识达不到。（就像）人没有不吃不喝的，但很少有人真正品尝出食物的滋味。”

原文

中庸（第五章）

子曰：“道其不行矣夫！”

今译

孔子说：“中庸之道大概得不到推行了吧！”

原文

中庸（第六章）

子曰：“舜其大知也与！舜好问而好察迩言[1]，隐恶而扬善，执其两端，用其中于民，其斯以为舜乎！”

注释

①迩言：浅近的话。

今译

孔子说："舜真是有大智慧的人啊！他喜欢向人请教，又喜欢体察浅近的话，隐藏其中不善的，宣扬其中善的，把握事物的两端，而采取不偏不倚的中道治理百姓。这就是舜之所以能成为舜的原因吧！"

原文

中庸（第八章）

子曰："回之为人也，择乎中庸，得一善，则拳拳服膺①，而弗失之矣。"

注释

①拳拳服膺：奉持在胸口坚守不失。服：放置。膺：胸口。

今译

孔子说："颜回的做人方式，选择了中庸之道，每得到一个好的道理，他就牢牢记在心里，而不丢失它。"

原文

中庸（第九章）

子曰："天下国家可均①也，爵禄可辞②也，白刃可蹈③也，中庸不可能也。"

注释

①均：平治，把天下国家治理好。　②辞：放弃。　③蹈：踏。

今译

孔子说："天下国家可以治理好，官爵俸禄可以辞掉，明晃晃的锋利的刀刃可以踩踏，中庸却不容易做到。"

原文

中庸（第十章）

子路问强。子曰："南方之强与？北方之强与？抑而①强与？宽柔以教，不报②无道，南方之强也，君子居③之。衽金革④，死而不厌⑤，北方之强也，而强者居之。故君子和而不流⑥，强哉矫⑦！中立而不倚，强哉矫！国有道，不变塞焉，强哉矫！国无道，至死不变，强哉矫！"

注释

①而：代词，你。　②报：报复。　③居：处于。　④衽：卧席，此处用作动词。金：兵器。革：盔甲。　⑤死而不厌：死了也不后悔。　⑥和

而不流：性情平和而不随波逐流。 ⑦矫：强盛的样子。

今译

子路问什么是强。孔子说：“是南方的强，还是北方的强，或是你认为的强呢？用宽容柔和的态度去教育人，不对蛮横无理的行为进行报复，这是南方的强，君子选择这种强。用兵器盔甲当枕席，死而无憾，这是北方的强，勇武强悍的人选择这种强。所以君子与人和睦相处而不随波逐流，是真正的强！坚守中道不偏不倚，是真正的强！国家政治清明时，不因未得任用而改变道德操守，是真正的强！国家政治黑暗时，一直到死不改变自己的道德操守，是真正的强！”

原文

中庸（第十一章）

子曰：“素隐①行怪，后世有述②焉，吾弗为之矣。君子遵道而行，半涂而废，吾弗能已③矣。君子依乎中庸，遁世不见知而不悔，唯圣者能之。”

注释

①素：据《汉书·艺文志》，应为“索”。隐：隐僻。 ②述：记述。 ③已：停止。

今译

孔子说：“寻找隐僻的道理，做怪诞的事情，后世也许会有人来记述，我是不会这样做的。追求道德的君子依正道而行，有的人却半途而废，我是不会中途停止的。追求道德的君子遵循中庸之道，即使避世不为人知也不后悔，只有圣人才能做到。”

原文

中庸（第十二章）

君子之道，费而隐①。夫妇②之愚，可以与③知焉，及其至也，虽圣人亦有所不知焉；夫妇之不肖，可以能行焉，及其至也，虽圣人亦有所不能焉。

天地之大也，人犹有所憾。故君子语大，天下莫能载焉；语小，天下莫能破④焉。

《诗》⑤云：“鸢飞戾⑥天，鱼跃于渊。”言其上下察⑦也。君子之道，造端乎夫妇，及其至也，察乎天地。

注释

①费：广大。隐：精微。 ②夫妇：匹夫匹妇，指普通男女。 ③与：参与。 ④破：分开。 ⑤《诗》：这里指《诗经·大雅·旱麓》。 ⑥戾：到。 ⑦察：洞察，观察。

今译

君子的中庸之道，广大而精微。即使如匹夫匹妇那样愚昧，也可以有所知晓，到了高深境界，即使是圣人，也有不能知晓的地方；即使如匹夫匹妇那样不贤明，也可以照着做，到了高深境界，即使是圣人，也有做不到的地方。

大地如此之大，人还是有所遗憾。所以君子说到“大”，其大无外，天下没有什么东西可以承载它；君子说到“小”，其小无内，天下没有什么东西可以把它分开。

《诗经·大雅·旱麓》说：“鹞鹰在高空飞翔，鱼儿在深渊游跃。”这是说上下明察的意思。君子的中庸之道，开端于匹夫匹妇间的日常生活，到了高深境界，则可以洞察整个天地。

原文

中庸（第十三章）

子曰：“道不远人；人之为道而远人，不可以为道。《诗》①云：‘伐柯②伐柯，其则③不远。’执柯以伐柯，睨④而视之，犹以为远。故君子以人治人，改而止。忠恕违道⑤不远，施诸己而不愿，亦勿施于人。

君子之道四，丘未能一焉：所求乎子以事父，未能也；所求乎臣以事君，未能也；所求乎弟以事兄，未能也；所求乎朋友先施之，未能也。庸⑥德之行，庸言之谨，有所不足，不敢不勉；有余，不敢尽。言顾行，行顾言，君子胡不慥慥⑦尔！”

注释

①《诗》：这里指《诗经·豳风·伐柯》。　②柯：斧柄。　③则：法则。　④睨：斜着眼睛看。　⑤违道：相距于道。　⑥庸：平常。　⑦慥（zào）慥：忠厚诚实的样子。

今译

孔子说：“中庸之道不远离人；有的人行中庸之道远离人，那就不能称作行中庸之道了。《诗经·豳风·伐柯》说：‘砍削树木做斧柄，砍削树木做斧柄，斧柄的样式就在眼前。’手握着斧柄砍削树木做斧柄，斜着眼睛去看手中握的斧柄，斧柄的样式还差得很远。所以君子根据不同人的情况采取不同的办法治理人，只要他能改正就行。一个人做到忠恕，相距于道就不远了。（什么叫忠恕呢？）加之自身不愿意的，也不要施加给别人。

追求中庸之道的君子所应做到的有四条，我孔丘一条都没有能够做到：想用要求子女对待我的道理来侍奉父母，我没有能够做到；想用要求臣子尽忠于我的道理来侍奉君主，我没有能够做到；想用要求弟弟对待我的道理来侍奉兄长，我没有能够做到；想用要求朋友对待我的道理先去对待朋友，我没有能够做到。日常道德的践行，日常说话的谨慎，做得有所不足，不敢不勉力改进；做得有余裕，不敢认为已经到头了。说话顾及行为，行为顾及说过的话，这样的君子怎么会不忠厚诚实呢？”

原文

中庸（第十四章）

君子素其位而行①，不愿乎其外。素富贵，行乎富贵；素贫贱，行乎贫贱；素夷狄②，行乎夷狄；素患难，行乎患难。君子无入③而不自得焉。

在上位，不陵④下；在下位，不援⑤上。正己而不求于人，则无怨。上不怨天，下不尤⑥人。故君子居易⑦以俟命⑧，小人行险以徼幸⑨。

子曰：“射有似乎君子，失诸正鹄⑩，反求诸其身。”

注释

①素其位而行：按照当下所在的地位本来的性质、要求行事。 ②夷：古代历史上，中原地区称东方的部族为夷。狄：古代历史上，中原地区称北方的部族为狄。泛指当时周边的落后部族。 ③无入：无论处于什么情况下。 ④陵：同“凌”，欺凌。 ⑤援：攀援，攀附。 ⑥尤：怨恨，抱怨。 ⑦居易：安居现状。易：平易，安易。 ⑧俟命：等待天命。 ⑨徼（jiǎo）幸：希望获得意料以外的东西。 ⑩正鹄：箭靶正中的圆心。

今译

追求中庸之道的君子依据自己所处的地位行事，不追求超越所处地位以外的事。处于富贵，就做富贵人应做的事；处于贫贱，就做贫贱人应做的事；处于边远地区，就做在边远地区应做的事；处于患难之中，就做在患难之中应做的事。君子无论处于什么境地都是安然自得的。

君子处于上位，不欺侮在下位的人；处于下位，不攀附在上位的人。端正自己而不苛求别人，这样就不会有什么怨恨了。在上位不抱怨天，在下位不抱怨人。所以君子安居现状来等待天命，小人却铤而走险以求非分的东西。

孔子说：“射箭的道理与君子的行道有相似的地方：假如没有射中靶子，应回过来从自己身上找原因。”

原文

中庸（第十五章）

君子之道，辟①如行远，必自迩；辟如登高，必自卑②。《诗》③曰：“妻子好合，如鼓瑟琴。兄弟既翕④，和乐且耽。宜尔

室家，乐尔妻帑⑤。”子曰：“父母其顺矣乎！”

注释 ①辟：通“譬”，譬如。 ②卑：低下。 ③《诗》：这里指《诗经·小雅·棠棣》。 ④翕（xī）：合。 ⑤帑（nú）：同“孥”，子孙。

今译 君子的中庸之道，好比远行，一定要从近处出发；好比登高，一定要从低处起步。

《诗经·小雅·棠棣》说：“你与妻子儿女亲爱和好，就像鼓瑟弹琴。兄弟之间和睦，和乐又融洽。你的家庭和睦融洽了，你的妻子儿女快乐愉悦。”孔子说：“这样（做）父母大概就顺心了吧！”

二、知识朋友圈

1. 中和的一种表达方式——“A 而不 B”。

中国古典哲学和美学中的中和思维，形成了“A 而不 B”的表达方式。这里“A”与“B”并不截然对立，并非互不相容，而是在程度上有浅深之分。一般说来，“A”程度较浅，接近中道；“B”程度较深，已偏离中道。人们往往认同“A”的合理性，但总是为它设置一个限度。在《尚书·舜典》中就有“刚而无虐，简而无傲”的说法。《左传·襄公二十九年》记载了吴公子季札在鲁观乐时对于周乐所作的评价，其评语几乎采用此格式，如“直而不倨”“曲而不屈”“迩而不偪”“远而不携”“迁而不淫”“复而不厌”“哀而不愁”“乐而不荒”“用而不匮”“广而不宣”“施而不费”“取而不贪”“处而不底”“行而不流”。在《礼记·乐记》中也有一连串类似的表述，如“阳而不散”“阴而不密”“刚气不怒”“柔气不慑”等。《中庸》中孔子对子路关于强的回答则是“和而不流”“中立而不倚”。当然，影响最大的还是孔子，《论语·尧曰》阐述的所谓“五美”的标准为“惠而不费，劳而不怨，欲而不贪，泰而不骄，威而不猛”，《论语·八佾》将《诗经》中的《关雎》一篇奉为圭臬，称赞其“乐而不淫，哀而不伤”。

2. 语言积累。

（1）中。甲骨文写作。金文写作。籀文写作。小篆写作。许慎《说文解字》云：“中，内也。从口；丨下上通。”在甲骨文、金文、籀文中，“中”象旗帜形，旗杆上有飘带。本义为旗帜。（一说象旗帜飘扬之形，本义为古代测风向的工具。）旗帜的主体最初挂在旗杆的中部（上边或上下有飘带），引申为中间。又引申

为不偏不倚、合适、适于。在儒家看来，“中”是最高的美德，是在对立两极之间取恰到好处的中点的思维方式，达到无所偏倚、无所乖戾的状态。

（2）和。甲骨文写作。金文写作。小篆写作。许慎《说文解字》云：“和，相应也。从口，禾声。”本义读 hè，声音相应。引申为依照别人诗词格律或内容写诗词。又读 hé，引申为声音和谐、结束争端、比赛中不分胜负、温暖（多指气候）。《礼记·乐记》曰：“乐者，天地之和也。”《左传·昭公二十年》曰：“和如羹焉。”可见，“和”由多种不同的要素相融相济而成。

（3）半涂而废。在《中庸》的语境中，“君子遵道而行，半涂而废，吾弗能已矣”中的“半涂而废”是指：在无尽的道上坚持走，到生命的尽头还没走完，却始终不放下前进的脚步。这种永远在路上的不懈精神反而与现在我们所理解的做事中途即放弃的意思完全相反。

三、文心点点通

本节所选篇章集中于《中庸》中讨论中庸之道的内容，包括中庸之道的实质、意义和难行等方面。

“天命之谓性，率性之谓道，修道之谓教”，是全篇纲要。一开头，子思就叩问天人关系、指明教化的意义，体现了他穷尽本源的气魄与格局。由于古人在初始阶段，无时无刻不面临着与不可抗的自然力的对立，心里充满不安和恐惧。这种不安和恐惧迫使他们将自然中的某些力量神化。而子思将天义理化，使其成为某种普遍而必然的价值象征，并将其与人的本性统一。从天命说起，指出因天命有了人之本性，根据本性的方向发展则有了道，这是道的自然基础，同时道还具有人文内涵——立足于自然之性来制定礼乐，这就是“教”。把人看作整个宇宙、客观世界的一部分，这种天人合一的思想，反映了中华传统文化的特质，钱穆称其为“中国文化对人类最大的贡献”（《世界局势与中国文化》）。

如何“修道”呢？子思提到“慎独”，从戒慎恐惧之心在隐微的时候，也是君子人格彰显的时刻来谈。“独”不仅指独处，而且指没有外在约束，非常孤独的状态。只有这样，才能“致中和”。总的说来，所谓“中和”有这样几层意思：首先，它指那种不偏不倚、无过无不及的状态。其次，它指人的性情状态、心理状态。喜、怒、哀、乐之情尚未被激发之时，还只是一种情感倾向尚不明确的本性，不喜不怒，不哀不乐，无所偏倚，所以称为“中”；而当这种喜、怒、哀、乐之情被激发出来时，则合乎规矩，有所制约，所以称为“和”。再次，“中和”囊括了人的全部精神发展历程，“中”是“天下之大本”，即人的本性，“和”是“天下之达道”，即人所能达到的最高境界，前者是起点，后者是终点。最后，“中和”成为天地万物赖以存在和生长的理由和根据，天地以此而各安其位，万物以此而化育生成。

其后，子思引述孔子的话讲解中庸思想。中庸是区分君子、小人的重要标准，“君子而时中”而“小人之反中庸”；中庸虽为至德，百姓却很少做到。因为人们往往“过”或者“不及”，难以把握其度。而舜的大智慧、颜回的坚持，都是坚守中庸之道的榜样。子路问强，则是列举孔子对强的不同理解，指出南北之强皆非中庸，中庸之强在于“和而不流”“中立而不倚”“不变塞”“国无道，至死不变”。“君子之道，费而隐”则指出中庸的特点在于广大而精微。朱熹注：“费，用之广也。隐，体之微也。”（《四书章句集注·中庸章句》）“费”是一种无所不包的普遍适用性，君子之道从夫妇开始，最终能昭显于天地之间；“隐”是中庸之道的根本性依据，是一种精微难测的状态。如何做到中庸？既要定其两端，求其适度地不断去体会，又要以平常为中庸，以朴素为中庸，做到“道不远人”。

四、思想会客厅

何为中西方的中庸之道？

孔子用“叩其两端”“过犹不及”来表达“中”的思想。“吾有知乎哉？无知也。有鄙夫问于我，空空如也。我叩其两端而竭焉。”（《论语·子罕》）《中庸》发挥了这种“中”的思想，不仅主张君子“时中”，而且将中庸之道视为至高无上的道德准则，是站在天地和世界的中央，对人的本质的普遍而致用的理解。

与先秦儒学几乎同一时代，在遥远的古希腊也产生了一种与中庸思想相一致的思潮，那便是古希腊的中庸观。由于地理环境和社会背景的影响，古希腊人更注重对世界本身的思考。以毕达哥拉斯为例，他在数字、乐律方面造诣颇高，他创立的毕达哥拉斯学派对于数字和乐律的研究讲求和谐与平衡，认为只有和谐才能够被称为“美”，进而宣称：“一切事情，中庸是最好的。”（《金言》）

在经历了古希腊神话以及早期古希腊哲学家的阐发之后，古希腊的中庸观在亚里士多德那里得到了最为完备、最为全面的弘扬。亚里士多德对德性之适度有很多规定，如“勇敢”处于“怯懦”和“鲁莽”之间，“自信”处于“自卑”和“骄傲”之间，等等，但没有儒家哲学表现得那么系统。说是中庸，但通常我们将它翻译成“中道”。“中”之理解同先秦中庸基本一致，可译为中正，对“道”之解释相比道理更偏向道德。因为亚里士多德是在德性的基础之上提出“中道”说的，它是一种对人伦德性的规范，是要求人们务必遵守的道德条例，其一直在伦理学范畴之中使用。如亚里士多德在《尼各马可伦理学》中写道：“过度与不及都破坏完美，唯有适度才保存完美；如果每个好技匠都在其作品中寻求这种适度；如果德性也同自然一样，比任何技艺都更准确、更好，那么德性就必定是以求取适度为目的的。”

亚里士多德认为，当时社会混乱是人们自身德性混乱，这种混乱导致人们的情感、理性、欲望、品格缺失，而德性混乱的根本原因是人们忘记了适度原则。人们的行为不是无度就是达不到度，倘若人人如此，则社会秩序自然混乱，矛盾难以解决，于是，亚里士多德想利用调和的方法维护社会稳定。“中道”则是最符合实践和德性的做法，它具备理性的特性使得人们做正确的事，理性和正确是符合德性要求的。亚里士多德的“中道”立足人所具有的理性，特别是道德理性；而先秦儒家的中庸是从人所具有的道德情感出发，特别是人所具有的向善的道德情感。

五、练习步步高

（一）知识识记

1. 填空。

（1）喜、怒、哀、乐之未发，______________；______________，谓之和。[《中庸》（第一章）]

（2）隐恶而扬善，______________，______________。其斯以为舜乎！[《中庸》（第六章）]

（3）故君子居易以俟命，______________。[《中庸》（第十四章）]

2. 解释下列加点的字词。

（1）率性之谓道，修道之谓教（　　　　　　　　）

（2）莫见乎隐（　　　　　　　　）

（3）民鲜能久矣（　　　　　　　　）

（4）则拳拳服膺，而弗失之矣（　　　　　　　　）

（5）衽金革（　　　　　　　　）

（6）后世有述焉（　　　　　　　　）

（7）夫妇之愚（　　　　　　　　）

（8）言其上下察也（　　　　　　　　）

（9）君子胡不慥慥尔（　　　　　　　　）

（10）在上位，不陵下（　　　　　　　　）

3. 将下列句子翻译成现代汉语。

（1）天命之谓性，率性之谓道，修道之谓教。

（2）中也者，天下之大本也；和也者，天下之达道也。致中和，天地位焉，万物育焉。

（3）君子之中庸也，君子而时中。

（4）天下国家可均也，爵禄可辞也，白刃可蹈也，中庸不可能也。

（5）故君子和而不流，强哉矫！

（6）君子之道，造端乎夫妇，及其至也，察乎天地。

（二）文心体悟

《中庸》开篇说：“天命之谓性，率性之谓道，修道之谓教。”请谈谈你心目中的子思是一位什么样的思想家。

（三）思想碰撞

王阳明说：“无声无臭独知时，此是乾坤万有基。”[《咏良知四首示诸生》（其四）] 请你谈谈对“慎独”的理解。

诚之之法

一、原典选读

中庸（第二十章节选）

原文

凡事豫则立，不豫则废。言前定则不跲[①]，事前定则不困，行前定则不疚，道前定则不穷。

在下位不获乎上，民不可得而治矣；获乎上有道，不信乎朋友，不获乎上矣；信乎朋友有道，不顺乎亲，不信乎朋友矣；顺乎亲有道，反诸身不诚，不顺乎亲矣；诚身有道，不明乎善，不诚乎身矣。

诚者，天之道也；诚之者，人之道也。诚者，不勉而中，不思而得，从容中道，圣人也；诚之者，择善而固执之者也。

博学之，审②问之，慎思之，明辨之，笃行之。有弗学，学之弗能，弗措③也；有弗问，问之弗知，弗措也；有弗思，思之弗得，弗措也；有弗辨，辨之弗明，弗措也；有弗行，行之弗笃，弗措也。人一能之，己百之；人十能之，己千之。果能此道矣，虽愚必明，虽柔必强。

注释

①跲（jiá）：绊倒，引申为不顺畅。　②审：详尽。　③弗措：不停止。

今译

任何事情，预先有准备就会成功，没有准备就会失败。说话事先想好就不会语塞，做事事先想好就不会感到困窘，行动之前事先想好就不会有痛苦，道路事先想好就不会陷入绝境。

在下位的人得不到上级的信任，百姓就不可能治理好；得到上级的信任有途径，不能得到朋友的信任，就得不到上级的信任；得到朋友的信任有途径，不能孝顺父母，就得不到朋友的信任；孝顺父母有途径，自己内心不真诚，就不能孝顺父母；心诚有途径，不知晓善，就不能心诚。

真诚，是天运行的道理；要做到真诚，是做人的道理。真诚的状态，不必努力就能正确，不必思考就能懂得，从容不迫就能达到中道，这是圣人；要努力做到诚实，就是选择善并坚持去做。

要广泛地学习，仔细地探究，审慎地思考，清晰地分辨，笃实地实践。要么就不学，学了没有学会，就不中止；要么就不问，问了还不明白，就不中止；要么就不思考，思考了不懂得，就不中止；要么就不辨别，辨别了不分明，就不中止；要么就不实行，实行了但不够忠实，就不中止。别人用一分的功夫能做到，我用百分的功夫去做；别人用十分的功夫能做到，我用千分的功夫去做。如果真能做到这样，即使愚笨的人也一定会聪明，即使柔弱的人也一定会刚强。

原文

中庸（第二十一章）

自诚明①，谓之性。自明诚，谓之教②。诚则明矣，明则诚矣。

注释

①自诚明：由心诚而通晓道理。　②教：教化。

今译

由心诚而通晓道理，叫作性。由通晓道理达到心诚，叫作教化。达到了真诚的境界就没有不明白的了，明白了道理，就可以达到真诚的境界了。

原文

中庸（第二十二章）

唯天下至诚，为能尽其性。能尽其性，则能尽人之性；能尽人之性，则能尽物之性；能尽物之性，则可以赞①天地之化育；可以赞天地之化育，则可以与天地参②矣。

注释

①赞：帮助，促进。 ②参（sān）：通"叁"。根据朱熹注，人与天、地并立而为三。

今译

只有天下最真诚的人，才能充分发挥天赋的本性。能充分发挥自己的本性，就能充分发挥人类的本性；能充分发挥人类的本性，就能充分发挥万物的本性；能充分发挥万物的本性，就能促进天地自然的繁育发展；能促进天地自然的繁育发展，至诚的功效就能与天、地并立为三了。

原文

中庸（第二十三章）

其次致曲①，曲能有诚。诚则形②，形则著③，著则明，明则动，动则变，变则化。唯天下至诚为能化。

注释

①曲：局部，一部分。 ②形：显露，表现在外。 ③著：显著。

今译

次一等心诚的人只能达到局部，对局部加以探究能达到真诚的境界。达到真诚就会表现出来，表现出来就会昭然显著，昭然显著就会发出光辉，发出光辉就会感动他人，感动他人就会使人转变，转变就会使人不自觉地转化成善人。只有天下至诚的人才能感化人。

原文

中庸（第二十四章）

至诚之道，可以前知。国家将兴，必有祯祥①；国家将亡，必有妖孽②。见乎蓍龟③，动乎四体。祸福将至，善，必先知之；不善，必先知之。故至诚如神。

注释

①祯祥：吉祥的征兆。 ②妖孽：常用来泛指怪异邪恶的现象。这里指不

祥的征兆。③见：通“现”，呈现。蓍（shī）龟：古时用来占卜的蓍草和龟甲。

今译

达到至诚之道的人，可以预知未来。国家将要兴盛，一定有吉祥的征兆；国家将要衰败，一定有不祥的征兆。这种预示吉凶的征兆，呈现在蓍草、龟甲上，体现在身体仪态上。当灾祸和福祉将要来的时候，好事，一定可以提前知道；不好的事，也一定可以提前知道。所以达到至诚的境界的人就像神明一样。

原文

中庸（第二十五章）

诚者，自成也；而道，自道也。诚者，物之终始，不诚无物。是故君子诚之为贵。诚者，非自成己①而已也，所以成物也。成己，仁也；成物，知也。性之德也，合外内之道也。故时措②之宜也。

注释

①成己：自我完善。　②时措：随时运用。

今译

真诚，是自己成就自己的基础；而中庸之道，是自己引导自己的准则。真诚，贯穿万物的始终，没有真诚就没有万物。因此君子以达到真诚为贵。真诚，并不只是自我完善就停止了，还要成就万物。成就自己，是仁德；成就万物，是智慧。真诚是人性固有的德行，是结合了外在事物与内在德行的基本原则。所以随时运用都是适宜的。

原文

中庸（第二十六章）

故至诚无息。不息则久，久则征①，征则悠远，悠远则博厚，博厚则高明。

博厚，所以载物也；高明，所以覆物也；悠久，所以成物也。博厚配地，高明配天，悠久无疆。如此者，不见而章，不动而变，无为而成。

天地之道，可一言而尽也：其为物不贰，则其生物不测。天地之道：博也，厚也，高也，明也，悠也，久也。

今夫天，斯昭昭之多，及其无穷也，日月星辰系焉，万物覆焉；今夫地，一撮土之多，及其广厚，载华岳而不重，振河海而不泄，万物载焉；今夫山，一卷石②之多，及其广大，草木生之，禽兽居之，宝藏兴焉；今夫水，一勺之多，及其不测，鼋鼍③、鲛龙、鱼鳖生焉，货财殖焉。

《诗》④云：“维天之命，於穆不已！”盖曰天之所以为天也。“於乎

不显⑤，文王之德之纯！”盖曰文王之所以为文也，纯亦不已。

注释

①征：验证。②卷石：拳头大小的石头。卷：通“拳”。③鼋（yuán）鼍（tuó）：大鳖和猪婆龙。④《诗》：这里指《诗经·周颂·维天之命》。⑤不显：根据朱熹注，“不显”犹言“岂不显”。一说“不”通“丕”，“不显”即“大显”。

今译

所以至诚是永不停息的。永不停息就会长久存在，长久存在就会验证，有验证就会深远无穷，深远无穷就会博大深厚，博大深厚就会高大光明。

博大深厚，可以负载万物；高大光明，可以覆盖万物；深远长久，可以生成万物。博大深厚与地相配，高大光明与天相配，深远长久没有边际。达到这样，不表现也会自然彰明，不行动也会自然改变，无所作为也会自然成功。

天地之间的道理，可以用一句话概括：作为天地，它纯一不二，因而它化生万物则变幻莫测。天地之间的道理，就在于博大、深厚、高大、光明、悠远、长久。

来说天，论小它不过是一个小小亮点，而它的整体无穷无尽，太阳、月亮、星辰都靠它维系，万物都在它的覆盖之下；来说地，论小它不过是一小撮土，而它的整体广大深厚，负载着华山不觉得重，汇聚着江河湖海没有泄漏，世间万物都承载在地上；来说山，论小它不过是拳头大小的石头，而它整体高峻厚重，草木生长在上面，飞禽走兽居住在上面，宝藏从里面开发出来；来说水，论小它不过是一小勺水，而它的整体深不可测，里面生活着鼋鼍、鲛龙、鱼鳖，货物财富也由此增殖。

《诗经·周颂·维天之命》说：“天的道理，庄严肃穆运转不停！”这大概是说天之所以成为天的原因。“难道不光明，周文王的德行这么精纯！”这大概是说周文王之所以被尊谥为“文”，是因为他精纯的德行永无止境。

二、知识朋友圈

1. 吕思勉是谁？

吕思勉，中国历史学家。与钱穆、陈垣、陈寅恪并称为“现代中国四大史学家”（严耕望语）。其代表作品有《白话本国史》《中国通史》《先秦史》《秦汉史》《两晋南北朝史》《隋唐五代史》等。他的字“诚之”，正是来自《中庸》，与其名“思勉”相对应，足以见其孜孜不倦、追求君子之道的至诚之意。

2. 语言积累。

（1）庸。甲骨文写作。金文写作。小篆写作。许慎《说文解字》云：“庸，用也。从用，从庚。”本义为使用、采用。引申为需要、任用、功劳。假借为平凡，由此引申为没有作为。在《中庸》中，“庸”有几种含义：①致用，一种普适性的用；②平凡，中庸之道是深刻的，同时是朴素的。

（2）诚。小篆写作。许慎《说文解字》云：“诚，信也，从言，成声。”如何知道一个人内心是真诚的？首先看言行，言行一致是最基础的“诚”。更重要的是内心的“诚”，即充实饱满的心灵状态。《大学》讲“诚”主要集中在个人修养，首先是不自欺，而且要“无所不用其极”。《中庸》的突破何在？将“诚”上升到心性与天命的高度上，“诚”是宇宙本体论、心性论和功夫论的统一。如朱熹《四书章句集注·中庸章句》云：“诚者，真实无妄之谓，天理之本然也。”

三、文心点点通

战国以前，“诚”并非一个常用的范畴，出现得很少。战国以后，《大学》《中庸》《孟子》中“诚”的出现渐多，变成了儒家一个关键性的概念。本节所选篇章段落集中于子思谈“诚”的部分。朱熹注说：“章内语诚始详，而所谓诚者，实此篇之枢纽也。”（《四书章句集注·中庸章句》）

“诚”，真实无妄之意。宇宙万物的存在都是真实无妄，此谓“诚者，天之道也”。“诚之”，没有达到而力求达到真实无妄的意思，强调人的主观能动性。人道循性而为，既然天道为“诚”，人亦应当努力尽“诚”。此谓“诚之者，人之道也”。而且应当“择善而固执之”，具体方法就是“博学之，审问之，慎思之，明辨之，笃行之”，具体态度则是“人一能之，己百之；人十能之，己千之”。一种倾尽心血的投入，是一种“君子无所不用其极”的追求，充满了根本、极致、彻底的伟大力量感与充实健劲之美。

接下来提出“自诚明”和“自明诚”的区别，可与“诚者，天之道也；诚之者，人之道也”联系起来。“自诚明”指生而知之，天赋异禀者可率性而为而得“从容中道”；“自明诚”则是学而知之，通过“择善而固执之”的诚之之道，通过后天教化，努力达到“诚”与“中道”。“诚则明矣，明亦可诚矣。”殊途而同归，以诚而明为归宿。“诚”和“明”统一，才是人性得以实现的途径。通过“自明诚”“诚之”的过程，就可以尽心、知性、知天，这里“唯天下至诚，为能尽其性”与《孟子·尽心上》中“存其心，养其性，所以事天也”相通。《中庸》加以推广，至诚不仅可以尽人性，亦可尽物性，进而参赞天地之化育，从而使人与天、地并立为三，成为宇宙中的“一极”。人从自我走出，关注人生、关注自然、关注天下，自觉担当，这就是所谓“诚者，自成也”，人靠自己拓展生命境界，而非靠外在的神或主宰。

最后讲天道“至诚无息”，其外在表现是“博厚”“高明”“悠久”。这是宇宙万物生生不息的整体规律。万物皆按照自己的本性得以实现，从而实现整个自然的生生不息，这是一个磅礴不已的庄严进程。而人把握住“诚”，既是把握先天之根本，又是把握后天之自觉，通过“自明诚”实现自己的本质，这就是最大的“诚”。

四、思想会客厅

中庸是乡愿和犬儒吗？

中庸作为人生的大智慧、中国哲学的真精神，因为其灵活性和深广性，是深知和笃行都很难做到的。很多人甚至认为中庸只是“折中主义”“和稀泥”，是没有原则的处世方式。实际上，这不是中庸，而是媚俗趋势的伪君子，是孔子和孟子极为厌弃的乡愿。

孟子说：“生斯世也，为斯世也，善斯可矣。阉然媚于世也者，是乡原也。……非之无举也，刺之无刺也，同乎流俗，合乎污世；居之似忠信，行之似廉洁，众皆悦之，自以为是，而不可与入尧舜之道。”（《孟子·尽心下》）朱熹曰：“乡愿是个无骨肋的人，东倒西擂，东边去取奉人，西边去周全人，看人眉头眼尾，周遮掩蔽，唯恐伤触了人。”[《朱子语类》（卷六十一）]“乡愿”看起来忠诚信义，实则道貌岸然、左右逢源、魅惑于世、见风使舵，与恶俗同流合污。所以，孔子说：“乡愿，德之贼也。”（《论语·阳货》）

中庸与乡愿有本质区别，区别就在于是否有“诚”：君子时变而自有其原则，自是心口如一，时时处处能守诚处中，合乎道德仁义而率性修道，又懂得不执于一点而适时权变；而乡愿是毫无原则的“墙头草”行径，圆滑狡诈的处世之道实则追求的是名与利，看似以有德者自居，实则混淆美德，“形役于物”而迷失自我，蒙蔽本性。乡愿接近世俗意义上的“中庸”，对什么都“和稀泥”，然而这是不“诚”的，也彻底背离了中庸。没有“诚”，何来“择善而固执之”？又哪里看得到乡愿“博学之，审问之，慎思之，明辨之，笃行之”的努力？

西方有与之类似的概念——“犬儒主义”，亦译为“昔尼克主义”。源自古希腊的犬儒主义学派，曾与斯多葛、伊壁鸠鲁和怀疑论学派并驾齐驱。从最初的愤世嫉俗到之后的玩世不恭，与现实和解，最终变为“说一套做一套”。在现代，“犬儒主义”这一词则带有贬义，意指对人类真诚的不信任，对他人的痛苦无动于衷的态度和行为。这种思想使当代青年或低眉顺眼，或少年老成，或虚假励志，其以一种自欺欺人、逆来顺受的姿态麻痹着青年的心。这是值得我们警惕的。

五、练习步步高

（一）知识识记

1. 填空。

（1）诚者，________；诚之者，________。[《中庸》（第二十章）]

（2）人一能之，己百之；________，________。[《中庸》（第二十章）]

（3）国家将兴，________；国家将亡，________。[《中庸》（第二十四章）]

（4）诚者，自成也；________，________。[《中庸》（第二十五章）]

2. 解释下列加点的字词。

（1）言前定则不跲（　　　　）

（2）弗措也（　　　　）

（3）自明诚，谓之教（　　　　）

（4）则可以赞天地之化育（　　　　）

（5）见乎蓍龟（　　　　）

（6）故时措之宜也（　　　　）

（7）久则征（　　　　）

3. 将下列句子翻译成现代汉语。

（1）凡事豫则立，不豫则废。

（2）博学之，审问之，慎思之，明辨之，笃行之。

（3）自诚明，谓之性。自明诚，谓之教。诚则明矣，明则诚矣。

（4）可以赞天地之化育，则可以与天地参矣。

（5）唯天下至诚为能化。

（6）故至诚无息。不息则久，久则征，征则悠远，悠远则博厚，博厚则高明。

（二）文心体悟

请你结合本节选文，谈谈“自诚明”和“自明诚”的区别。

（三）思想碰撞

苏格拉底很重视道德，他说“美德即知识”（柏拉图《美诺》），将道德当作知识和概念的对象。请你从“诚”的角度谈谈中西方把握道德的方式的不同。

圣人配天

一、原典选读

原文

中庸（第二十章节选一）

哀公[1]问政。子曰："文武之政，布在方策[2]。其人存，则其政举；其人亡，则其政息。人道敏政，地道敏树。夫政也者，蒲卢[3]也。故为政在人，取人以身，修身以道，修道以仁。

仁者，人也，亲亲[4]为大；义者，宜也，尊贤为大。亲亲之杀[5]，尊贤之等，礼所生也。（在下位不获乎上，民不可得而治矣。）故君子不可以不修身；思修身，不可以不事亲；思事亲，不可以不知人；思知人，不可以不知天。

天下之达道五，所以行之者三，曰：君臣也，父子也，夫妇也，昆弟也，朋友之交也，五者天下之达道也；知、仁、勇三者，天下之达德也；所以行之者一[6]也。

或生而知之，或学而知之，或困而知之，及其知之，一也；或安而行之，或利而行之，或勉强而行之，及其成功，一也。"

（子曰：）"好学近乎知，力行近乎仁，知耻近乎勇。知斯三者，则知所以修身；知所以修身，则知所以治人；知所以治人，则知所以治天下国家矣。

凡为天下国家有九经，曰：修身也，尊贤也，亲亲也，敬大臣也，体群臣也，子庶民也，来[7]百工也，柔远人也，怀诸侯也。

修身则道立，尊贤则不惑，亲亲则诸父昆弟不怨，敬大臣则不眩[8]，体群臣则士之报礼重，子庶民则百姓劝，来百工则财用足，柔远人则四方归之，怀诸侯则天下畏之。"

注释

①哀公：即鲁哀公。春秋时期鲁国的国君，姓姬，名蒋。"哀"为其谥号。　②布：布列，记录。方策：古时书写用的木板、竹简。　③蒲卢：即芦苇，生长非常迅速。　④亲亲：亲爱亲人。　⑤杀：差别。　⑥一：根据朱熹注，即"诚"。　⑦来：通"徕"，招徕。　⑧眩：本义为眼花，引申为迷惑。

今译

鲁哀公问孔子如何治理好政事。孔子说："周文王、周武王的政令，都记载在木板、竹简上。圣君贤臣在世，政令就会得到施行；圣君贤臣亡故，政令就会停息。圣君贤臣治理百姓的道理就在于能治理政事，就像经营土地的道理就在于弄好种植。圣君贤臣推行政治教化容易见效，就好像是芦苇一样容易生长。因此治理政事取决于人才，人才的获得取决于明君的修养，修养取决于遵循中庸之道，遵循中庸之道取决于仁爱之心。

所谓仁，就是人的根本，亲爱亲人是最大的仁；所谓义，就是合宜，尊重贤臣是最大的义。亲爱亲人时的亲疏之分，尊重贤臣时的等级之分，是礼产生的依据。（在下位的人得不到上级的信任，百姓就不可能治理好。）所以君子不能不修养自身的德行；要修养自身的德行，不可以不尽心地侍奉双亲；要尽心地侍奉双亲，不可以不知晓人情；要知晓人情，不可以不知晓天道。

普天之下人应共同遵循的大道有五种，而实践大道的美德有三项，这就是：君臣之道、父子之道、夫妇之道、兄弟之道、朋友的交往之道，这五种是普天之下人应共同遵循的道；智慧、仁爱、勇敢这三项，是普天之下人应共同具备的品德；实践大道靠的是一个‘诚’。

有的人生来就通晓大道，有的人通过学习才通晓大道，有的人经历过困惑后才通晓大道，当他们最终通晓大道的时候，结果是一样的；有的人为求心安而实践大道，有的人觉得有利可图而实践大道，有的人勉强地实践大道，当他们最终成功的时候，结果是一样的。”

（孔子说：）“爱好学习就接近智慧，努力行善就接近仁爱，知道耻辱就接近勇敢。知道这三点，就知道如何修养自身的德行；知道怎样修养自身的德行，就知道怎样治理人；知道怎样治理人，就知道怎样治理国家了。

治理天下国家有九条准则，这就是：修养德行、尊重贤人、亲爱亲人、敬重大臣、体恤众臣、爱民如子、招徕各类工匠、优待远客、安抚诸侯。

修养德行，大道就能够实行；尊重贤人，就不会被迷惑；亲爱亲人，父母、伯叔兄弟就没有怨恨；敬重大臣，治理国事就能不糊涂；体恤众臣，士就会以重礼相报；爱民如子，百姓就会勤奋努力；招徕各类工匠，财富用度就充足；优待远客，四方就会归顺；安抚诸侯，普天之下就会敬服。”

原文

中庸（第二十章节选二）

齐明盛服，非礼不动，所以修身也；去谗远色，贱货而贵德，所以劝贤也；尊其位，重其禄，同其好恶①，所以劝亲亲也；官盛任使②，所以劝大臣也；忠信重禄，所以劝士也；时使薄敛③，所以劝百姓也；日省月试④，既廪称事⑤，所以劝百工也；送往迎来，嘉善而矜不能，所以柔远人也；继绝世⑥，举废国⑦，治乱持危，朝聘⑧以时，厚往而薄来，所以怀诸侯也。

凡为天下国家有九经，所以行之者一也。

注释

①好恶：爱憎。　②官盛任使：为大臣设置众多属官，使他们足以听其差遣。　③时使：在不误农时的情况下役使百姓。薄敛：减轻赋税。　④省（xǐng）：省察。试：考核。　⑤既：通“饩”，稻米。称：符合。　⑥绝世：指诸侯中世系断绝的。　⑦举：复兴，振兴。废国：指诸侯中国事废弛的。　⑧朝聘：古时诸侯见天子之礼。每年一见为小聘，三年一见为大聘，五年一见为朝聘。

今译

斋戒沐浴，清心寡欲，穿着盛装，不符合礼的事不做，这是修养德行的方法；屏弃谗言，远离美色，轻视财物重视德行，这是勉励贤人的方法；尊崇亲人的地位，重赐他们俸禄，与亲人有共同的爱憎，这是亲爱亲人的方法；为大臣多设属官以供任用，这是鼓励大臣的方法；以忠信的态度和丰厚的俸禄相待，这是勉励士人的方法；在不误农时的情况下役使百姓，减轻赋税，这是鼓励百姓的方法；日日省察，月月考核，给他们的粮食与他们的工作相符合，这是鼓励工匠的方法；盛情相迎，热情相送，嘉奖良善而体恤能力弱的人，这是优待远客的方法；延续中断的世家，复兴国事废弛的诸侯国，整治混乱，解救危难，定期接见诸侯的朝见和聘问，赏赐丰厚而纳贡微薄，这是安抚诸侯的方法。

治理天下国家虽然有以上九条纲要，但用来实行这些纲要的前提只有一个“诚”。

原文

中庸（第二十七章）

大哉，圣人之道！洋洋乎，发育万物，峻极于天。优优①大哉！礼仪三百，威仪三千，待其人而后行。故曰：苟不至德，至道不凝焉。故君子尊德性而道问学②，致广大而尽精微，极高明而道中庸，温故而知新，敦厚以崇礼。是故居上不骄，为下不倍③。国有道，其言足以兴；国无道，其默足以容。《诗》④曰：“既明且哲，以保其身。”其此之谓与！

注释

①优优：充足有余。 ②尊：恭敬地秉持。问学：询问和学习。 ③倍：同“背”，背叛。 ④《诗》：这里指《诗经·大雅·烝民》。

今译

伟大啊，圣人的道！浩浩荡荡啊，生长发育万物，高大挺拔上达于天。充足有余而伟大啊！礼的大纲有三百条，礼的细目有三千条，等待有德行的人来施行。所以说：如果没有最高境界的德，最高境界的道也不会凝聚在他的身上。所以君子应当尊奉德行而好问善学，致力于广大的宏观境界而尽心于精微的微观世界，极尽高明的道理而又遵循平常的道理，温习已有的知识而又获取新知，用朴实厚道的态度尊崇礼仪。因此君子身居上位不骄纵，身为臣子不悖逆。国家政治清明，他力争主张被接受采纳以使国家兴盛；国家政治黑暗，他的沉默可以保全自己。《诗经·大雅·烝民》说：“明达道理又聪慧，这样才能保全自身。”大概说的就是这个意思吧！

原文

中庸（第三十章）

仲尼祖[①]述尧、舜，宪章文、武[②]；上律天时，下袭水土。辟如天地之无不持载，无不覆帱[③]；辟如四时之错行[④]，如日月之代明[⑤]。万物并育而不相害，道并行而不相悖。小德川流，大德敦化[⑥]。此天地之所以为大也。

注释

①祖：效法，承袭。 ②宪：遵从，效法。章：使彰明。 ③覆帱（dào）：覆盖庇佑。 ④错行：相继运行。 ⑤代明：交替照耀。 ⑥敦化：敦厚化育。

今译

孔子承袭尧、舜的传统并加以阐述，效法周文王、周武王的礼制并加以弘扬；上能遵循天时运行的规律，下能依据水土地理的环境。他的德好像天地那样没有什么不能负载，没有什么不能覆盖；又好像春、夏、秋、冬四季的更替运行，太阳、月亮的交替照耀。万物共同繁育而互不伤害，天地的道同时运行而互不违背。小德像江河那样长流不息，大德敦厚化育万物。这就是天地之所以伟大的原因。

原文

中庸（第三十一章）

唯天下至圣，为能聪明睿知，足以有临也；宽裕[①]温柔，足以有容也；发强刚毅，足以有执也；齐庄中正[②]，足以有敬也；文理密察③，足以有别也。

溥④博渊泉，而时出之。溥博如天，渊泉如渊。见而民莫不敬，言而民莫不信，行而民莫不说。是以声名洋溢乎中国，施及蛮貊⑤。舟车所至，人力所通，天之所覆，地之所载，日月所照，霜露所队⑥，凡有血气者，莫不尊亲，故曰配天。

注释

①宽裕：宽大舒广。②齐庄中正：端庄公正。③文理密察：文字条理周密而明辨。④溥（pǔ）：普遍，辽阔。⑤蛮貊（mò）：南蛮北貊，古代对边远地区少数民族的称呼。⑥队：通"坠"，降落。

今译

只有天下至圣，才能既聪慧明哲，又深远通达，其天赋足以居上位治下民；宽大为怀，温和柔顺，其仁足以包容天下万物；奋发勇健，刚强坚毅，其义足以决断天下大事；威严庄重，忠诚正直，其礼足以博得人们的尊敬；条理清晰，周密明察，其智足以分辨是非曲直。

圣人的德行广博深厚，像深渊的泉水不断涌出又时时表现于外。广博像无际的天，深厚像深渊。表现出来百姓没有不尊敬的，说出话来百姓没有不信服的，做起事来百姓没有不喜悦的。所以他的美好声名在中原广泛传播，并波及边远地区。在船和车所能达到的地方，人力所能通行的地方，天所覆盖的地方，地所承载的地方，太阳、月亮所照耀的地方，霜、露所落下的地方，凡有血气生命的人，没有不尊重他、亲近他的，因此说圣人的道德能与天相匹配。

原文

中庸（第三十二章）

唯天下至诚，为能经纶①天下之大经，立天下之大本，知天地之化育。夫焉有所倚？肫肫②其仁，渊渊其渊，浩浩其天！苟不固聪明圣知达天德者，其孰能知之？

注释

①经纶：本义为纺织前整理丝缕，引申为治理。②肫（zhūn）肫：诚恳的样子。

今译

天下只有达到真诚最高境界的圣人，才能创制治理天下的纲纪，确立天下的根本大德，认识天地化育万物的道理。除了"诚"，他哪里还需要什么依靠呢？多么诚恳啊他的仁爱之心，多么深邃渊博啊他的聪明才智，多么浩瀚广大啊他体察万物的天性！如果不是真正聪明智慧通达天赋美德的人，还有谁能知道天地的真诚之道呢？

二、知识朋友圈

1. 中国古代哲学中的天有何内涵?

天，按照冯友兰《中国哲学史》中的解释，既指物质之天、主宰之天和运命之天，又指自然之天和义理之天。傅伟勋《从西方哲学到禅佛教》则将之分为天地之天、天然之天、皇天之天、天命之天、天道之天、天理之天，实际上与冯友兰所说类似。稍加整合与分析，大抵可以分为三类：

（1）自然之天，包括上述物质之天、自然之天和天然之天，既指整个的世界，又指头顶的天空。如：“天何言哉？四时行焉，百物生焉，天何言哉？”(《论语·阳货》)

（2）神灵之天，包括上述主宰之天、皇天之天和天命之天，带有很强的命运主宰的特性，仿佛是神格化的天。如：“天生德于予，桓魋其如予何？”(《论语·述而》)

（3）义理之天，包括上述天道之天和天理之天，是一种义理化的道德的象征和表现。如：“天之未丧斯文也，匡人其如予何？”(《论语·子罕》)《中庸》中的天多指义理之天，如全篇纲要：“天命之谓性，率性之谓道，修道之谓教。”

2. 语言积累。

（1）教。甲骨文写作。金文写作。小篆写作。甲骨文、金文、小篆从攴、爻、子，攴指鞭策，爻为学习数学的算筹，子指小儿，是手持鞭子督促孩童学习（测算或结绳记事）。许慎《说文解字》云：“教，上所施下所效也。”本义为教导、教育。引申为指导、使令、让、某种学说或派别、宗教。

（2）化。甲骨文写作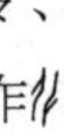。金文写作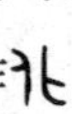。小篆写作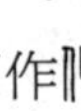。许慎《说文解字》云：“化，教行也。从匕，从人。”清代段玉裁《说文解字注》曰：“教行于上则化成于下。”甲骨文、金文象一个头朝上、一个头朝下的两个人形。朱芳圃《殷周文字释丛》中说：“化象人一正一倒之形，即今俗所谓翻跟头。”以此颠倒表示事物的变化、转化。在这里，子思指出中庸之道正是通过天赋的本性与后天的教化统一起来的，是自然的，也是自觉的。

三、文心点点通

本节内容集中于子思对孔子的“圣人之道”的赞美，并解读了其与“圣王之道”的关系。从孟子首倡“存其心，养其性，所以事天也”（《孟子·尽心上》），到《中庸》圣人“配天”，再到宋明理学的儒学“内圣”之道，这是儒家思想的一个重要传统。

“三达德”“五达道”“九经”，正是说中庸之道是可以落实在一切人伦之中的，不离我们的生活日用。而“九经”让礼得到一种应有的回归，回归到人心的“敬”和“节”。所谓“敬”是诚意，所谓“节”是约束。“九经”相当庞大、复杂，贯穿社会不同阶层和关系，但得以实践的根本原则是一个东西，朱熹认为那就是“诚”。

接下来，子思称扬以孔子为代表的“圣人之道”至高至大，又至细至密。没有最高境界的德的人，最高境界的道也得不到凝聚。由此提出“尊德性而道问学，致广大而尽精微，极高明而道中庸，温故而知新，敦厚以崇礼”的要求。朱熹注：“尊德性，所以存心而极乎道体之大也；道问学，所以致知而尽乎道体之细也。”（《四书章句集注·中庸章句》）“尊德性而道问学”即《论语》中“笃信好学”（《论语·泰伯》）之意，笃志于德行且致力于学问，是本性和自觉的统一，是“自诚明”和“自明诚”的统一，是先天和后天的统一。朱熹又说：“故此五句，大小相资，首尾相应，圣贤所示入德之方，莫详于此，学者宜尽心焉。”（《四书章句集注·中庸章句》）“致广大而尽精微”与“君子之道，费而隐”“道不远人”及“三达德”“五达道”“九经”联系，既能实现人的德行与礼治文明的建构，又能立足于精微，离不开日用常行。

从“仲尼祖述尧、舜，宪章文、武”一章可以看出，仲尼之道具体取法于尧、舜、文、武的“圣王之道”，而尧、舜、文、武的“圣王之道”，源于天道。孔子的思想正是由“圣王之道”及对周文化的反省而得出的。周公对中国文化的重大贡献主要在人道方面。所谓“礼仪三百，威仪三千”，都是依于人情、本于人性。孔子将周文化生命化，突出了个体人格的主动性和独立性。牟宗三总结为：“开辟价值之源，挺立道德主体，莫过于儒。”（《中国哲学十九讲》）

接下来子思讲了孔子的五种品质和境界：“聪明睿知”“宽裕温柔”“发强刚毅”“齐庄中正”“文理密察”。这样的品质足以“配天”。朱熹注：“言其德之所及，广大如天也。”（《四书章句集注·中庸章句》）这样的至诚之人，能理顺天下纲纪，确立天下根本，知晓天地化育之大道，还有什么好依靠的呢？子思最后用孔子作为代表，来讲这种“圣人之道”不是属于某种血统或地位的人，而是属于每一个普通人，关键看你是否可以至诚、尽性，从而参赞天地。

四、思想会客厅

“夫焉有所倚？”——中国哲学的特点何在？

“夫焉有所倚”（还需要依靠什么呢）的表达极有气魄和担当，当一个人成为民族文化的传承者，成为用至诚来化育万民的人，也就有了不亚于先王之道的一种境界。这样的人即使无法作为有权有位的统治者，照样可以顶天立地，去主宰而彰显人道，甚至“赞天地之化育”[《中庸》（第二十二章）]，实现天人合一。

这种独立而不倚的精神和气概，可谓中国文化最大的气质。张载在《正蒙·乾称》中称：“儒者则因明致诚，因诚致明，故天人合一，致学而可以成圣，得天而未始遗人。”第一次明确提出“天人合一”命题。不过这种天人合一的思想，在《中庸》和《孟子》中早有端倪。儒家靠“反身而诚”而浑然与物同体，以天为道德本源，讲天人合德，实际上是先建立人道，再规定天道。不是说有一个外在的主宰者，而是强调人对本性自发地实现。君子自觉地把握这样一种宇宙的整体规律，并把它作为自己存在的法则，以至诚的精神不断地践行这种道。这就是《易·乾卦》强调的“天行健，君子以自强不息”。

中国哲学最重要的课题是生命，儒家就是关于生命的学问。以生命为对象，主要的用心在于如何调节我们的生命、运转我们的生命、安顿我们的生命，所以极为重视道德，所谓“明明德”“尊德性”是也。不同于古希腊哲学家，将自然视为哲学最重要的对象。而中国哲学将此统一于人之内，所谓“道不远人”[《中庸》（第十三章）]。

李泽厚在《中国古代思想史论》中写道，针对西方文化被称为“罪感文化”，于是有人以“耻感文化”或“忧患意识”来相对照以概括中国文化。他认为更恰当的表达是“乐感文化”（以身心与宇宙自然合一）。所谓“反身而诚，乐莫大焉”（《孟子·尽心上》），就是后来张载所说的“人能至诚则性尽而神可穷矣”（《正蒙·乾称》），人与整个宇宙合而为一，尽性知天、穷神达化，从而得到最大的快乐。所以中国人很少向外求，而是独立不倚；很少是彻底悲观的，而是乐观地眺望未来。

五、练习步步高

（一）知识识记

1. 填空。

（1）仁者，人也，________；义者，宜也，________。[《中庸》（第二十章）]

（2）思修身，________；思事亲，________；思知人，不可以不知天。[《中庸》（第二十章）]

（3）天下之达道五，________。[《中庸》（第二十章）]

（4）唯天下至诚，________，立天下之大本，________。[《中庸》（第三十二章）]

2. 解释下列加点的字词。

（1）布在方策（　　　　　　）

（2）亲亲之杀（　　　　　　）

（3）敬大臣则不眩（　　　　　　）

（4）来百工也（　　　　　　）

（5）凡为天下国家有九经（　　　　　　）

（6）日省月试（　　　　　　）

（7）既廪称事（　　　　　　）

（8）为下不倍（　　　　　　）

（9）仲尼祖述尧、舜（　　　　　　）

（10）无不覆帱（　　　　　　）

（11）溥博渊泉（　　　　　　）

（12）霜露所队（　　　　　　）

3. 将下列句子翻译成现代汉语。

（1）故为政在人，取人以身，修身以道，修道以仁。

____

（2）或生而知之，或学而知之，或困而知之，及其知之，一也。

____

（3）凡为天下国家有九经，曰：修身也，尊贤也，亲亲也，敬大臣也，体群臣也，子庶民也，来百工也，柔远人也，怀诸侯也。

（4）齐明盛服，非礼不动，所以修身也。

（5）故君子尊德性而道问学，致广大而尽精微，极高明而道中庸。

（二）文心体悟

你如何理解“故君子尊德性而道问学，致广大而尽精微”？

（三）思想碰撞

中国哲学天人合一的思想对中国古典文学、美学等都有很大的影响，你能想到什么例子吗？

（魏春露　编）

参考答案

上编：课内古诗文（选择性必修上中下册）

第一单元　诸子精神

《论语》十二章、大学之道、人皆有不忍人之心

（一）1.（1）敏于事而慎于言　（2）朝闻道　（3）见不贤而内自省也　（4）知者不惑　（5）非礼勿听　非礼勿言　（6）先致其知　（7）自天子以至于庶人　（8）孔子及其弟子的言行　语录　（9）小戴礼记　戴圣　儒　（10）朱熹　中庸　论语　孟子　（11）恻隐之心　羞恶之心　辞让之心　2.（1）如果　（2）知晓，明白　（3）虚饰，浮夸　（4）志向远大，意志坚强　（5）称赞，称许　（6）大概　（7）近　（8）美好的　（9）思虑精详　（10）处事合宜　（11）使……整齐有序　（12）推究　（13）狠心　（14）惊骇，恐惧　（15）萌芽，发端　（16）伤害　（17）同“燃”，燃烧　3.（1）《诗》可以激发人的感情，可以观察政治的得失、风俗的盛衰，可以提高人际交往能力，可以讽刺时政。（2）不是为了结交孩子的父母，不是为了在乡里朋友间博取名誉，不是因为厌恶孩子的哭声才这样。

（二）

	“修己”	“安人”“安百姓”
《〈论语〉十二章》	“好学”、“闻道”、“文质彬彬”、“见贤思齐”、“学《诗》”（兴）、“克己”……	“复礼”、“学《诗》”（观、群、怨）
《大学之道》	“格物”“致知”“诚意”“正心”“修身”	“齐家”“治国”“平天下”
《人皆有不忍人之心》	“不忍人之心”“四端”	“行不忍人之政”“事父母”“保四海”

（三）赞同。推己及人尽管是心中不仅有自己，而且有他人，因此能够设身处地待人，

但本质上是以自我为中心，并未考虑他人的实际情况与感受。《庄子·至乐》中，鲁侯没有考虑海鸟的实际情况，不尊重海鸟的天性，因此即便给予海鸟最好的物质条件，海鸟三天后就死了。不赞同。两者的出发点不同，儒家侧重从伦理道德的视角来看待“人己”关系，“能近取譬”，从近处打比方，就是从自己入手，去对待他人，因此顺理成章地推出“己欲立而立人，己欲达而达人”“己所不欲，勿施于人”；而道家从自然、天地的视角来看待“人己”关系，无论“人己”还是万物，都是自然的一部分，任何人为干预皆为妄作，唯有顺其自然，顺天致性，才能实现万物的和谐共生。

《老子》四章、五石之瓠

（一）1.（1）凿户牖以为室 （2）知足者富 （3）治之于未乱 （4）合抱之木 起于累土 千里之行 （5）老聃 春秋 道德经 （6）周 庄子·逍遥游 2.（1）揉和 黏土 （2）为，做 （3）接近 （4）弥补，补救 （5）赠送 （6）充满 （7）内中空虚而宽大的样子 （8）击破 （9）不善 （10）卖 （11）用绳结缀 3.（1）所以“有”供人方便利用，正是“无”起了作用。 （2）踮起脚的人不能久立，跨大步的人行走不稳，自我显露的人不能显明，自以为是的人不能彰显，自我夸耀的人不能建功，自我夸耀的人不能长久。 （3）事物安然未生变的时候容易持守，问题还没有显露迹象的时候容易解决，事物脆弱的时候容易分离，事物细微的时候容易散失。 （4）用它来盛水，它的坚固程度却经不起水的压力。把它剖开来做瓢，就宽大而没有什么可盛受的东西。

（二）惠施只能看到事物的“小用”，只会“用小（瓠）”来盛水；庄子能转换角度，发现大瓠可用作腰舟浮于江湖。惠施的“用小”是基于常识判断瓠的价值，对“用”的判断是基于以人类为中心的认知，要物为“我”所用，一旦超越常识，便认定其“无用”；庄子突破人类自我中心的局限，根据物的特性，因物而用，在顺应事物固有的天性的基础上充分发挥其价值。因而，相比惠施，庄子更善于“用大”。

（三）1.

对比图

孔子	⟺	老子
“复古路线”		“（自然）路线”
回归“周文”		（去除）“周文”
提出（仁）		建立“道”
实现和谐之思路： 主张个体通过内修，实现道德层面的自我完善，推而广之，建立起社会秩序		实现和谐之思路： “道法自然”，主张行“无为”之道，顺应事物原本自在的状态，以此消除纷争

2. 赞同。首先，《论语》渗透于生活情境中，告诉人们立身处世的态度，具有伦理色彩；老子关注人生、社会，但并没有局限于此，而是拓展到宇宙起源，探讨万物本体之存在，是最根本的哲学命题。其次，老子论说具有思辨性，论述对立概念，突出反面，对立统一，相反相成。最后，《论语》记录孔子及其弟子的对话、言行，不少章句有具体情境；《老子》则纯粹记录老子的语录，是更典型的格言体，凝练精要，富有哲思。因此，黑格尔称孔子为“一位实际的世间智者”，称老子为哲学家。不赞同。老子学说具有哲学性，探讨宇宙起源等哲学命题；孔子用“仁”建立起社会伦理体系，是道德哲学。老子与孔子都关注人存在的方式、意义与价值，为人立身处世提供无限的智慧。因此，尽管孔子和老子学说的路径不同，但两者殊途同归，均是上古圣哲、智者。

兼爱

（一）1.（1）圣人以治天下为事者也 （2）若使天下兼相爱 爱人若爱其身 （3）交相恶则乱 （4）翟 春秋战国 （5）《非攻》 2.（1）于是 （2）同“尝”，尝试 （3）使受损失 （4）伤害 （5）何，怎么 （6）同时，并列 3.（1）天下纷乱之事，全都在这里罢了。 （2）因此把治理天下作为自己事务的圣人，怎么会不禁止相互仇恨鼓励互相爱护呢？

（二）“兼爱”思想蕴含墨子爱无等差、爱人若己的平等、博爱精神；墨子不仅倡导“兼爱”思想，而且以实际行动践行“兼爱”思想；要践行“兼爱”思想，做到爱人若己，本质上是要以舍弃、让渡自我的利益为代价，历史上的墨子“摩顶放踵”，兼济天下，符合鲁迅所言“埋头苦干”“拼命硬干”的脊梁精神。

（三）巫马子和孟子认为爱有等差。巫马子认为，人与人的关系以自我为中心，推己及人，首先推到最亲近的人，然后层层递推，推到他人、社会以至天下人。孟子认为，人类之爱以人伦为基础，父子之爱、君臣之爱是核心。支持巫马子和孟子的观点，理由是：人的爱的能力是有限的，因此人对关系的远近亲疏的考量很自然，且推己及人的思路符合人情、人性，墨子要求人们爱人若己、爱无等差偏于理想主义。反对巫马子和孟子的观点，巫马子以自我为核心，如果极端化将会导致利己主义；孟子过分重视人伦，如父子、君臣等的关系，人与人之间本质上是不平等的。而墨子倡导平等之爱，尽管难以实现，但作为一种追求，仍然具有借鉴意义。

第二单元　史传精神

屈原列传

（一）1. 平　楚辞　香草美人　《离骚》《九歌》 2.（1）学识　记　（2）信任　（3）嫉妒　（4）撰写　（5）自夸，炫耀　（6）过度，无节制　（7）无，没有　显现　（8）清白，洁净　沾污　污染　（9）推赞，推许　3.（1）诚实不欺却被怀疑，忠贞不贰却被毁谤，能没有怨恨吗？屈原写《离骚》，大概是由怨愤引起的。（2）其文辞描写的是寻常事物，但它的意旨极为博大（因为关系到国家的治乱），列举的事例浅近，表达的意思却很深远。

（二）结构上：承上启下，紧承“顷襄王怒而迁之”，也为后面屈原投汨罗江自沉埋下伏笔。内容上：本段内容取材于《渔父》，几乎照搬。太史公借转述以表达对屈原的赞美和礼敬，寓评于叙。司马迁把渔父和屈原的观点两相对比，是对屈原“志洁”“行廉”的高贵人格和宁为玉碎、不为瓦全的抗争精神的赞扬和景仰，揭示出屈原抗争的社会意义。

（三）以课文《屈原列传》记载的张仪来楚为例，史实源自《战国策》，但《战国策》记载的张仪来楚之事与屈原无关。司马迁凭虚想象，将历史事件与屈原生平联系起来。史家的实录强调的是情理之真与事实的真相相结合，屈原其人、其作品、所处年代是真实的，迫于史料有限，故而采用叙事增饰的手法对史料进行拼接、夸饰，从而表现史传人物的鲜明形象。

苏武传

（一）1.《汉书》 纪传体断代史　班固　班马　2.（1）陷入而不能脱身　（2）暗地里　（3）拜访　（4）发动，动手　（5）暴露，泄露　（6）牵扯　（7）拿出　3.（1）你本是汉朝臣子，不顾恩德道义，背叛主上，背弃双亲，在异族那里做俘虏，要见你做什么？（2）您终究不能回汉朝，白白地在这荒无人烟的地方受苦，有谁知道您对汉朝的信义呢？

（二）课文《苏武传》运用次要人物映衬传主的写法，如以张胜的贪生怕死、主动请降来衬托苏武的高风亮节；以卫律的卖国求荣、无耻凶残衬托苏武威武不能屈、富贵不能淫的凛然大义；以李陵因计较个人恩怨而失志变节来衬托苏武置国家、民族利益于首位的忠贞气节，使得传主形象与人格魅力更为鲜明。

（三）苏武精神暗合儒家伦理道德。一方面，儒家强调忠君爱国思想。董仲舒提出大丈夫应当“无辱宗庙，无羞社稷”（《春秋繁露 · 竹林》），司马迁也曾明确表达“忠臣不先身而后君”(《史记·鲁仲连邹阳列传》)、“先国家之急而后私仇”(《史记·廉颇蔺相如列传》)等思想。苏武则用自己的人生践行了这样的理念，甚至是面对生与死的选择，首先考虑的不是个人的安危，而是使者的气节、国家的尊严。另一方面，儒家的理想人格依据孔孟所言当“杀身以成仁”(《论语·卫灵公》)、“舍生而取义”(《孟子·告子上》)，具有“浩然正气”(《孟子·公孙丑上》)。苏武则是典范，他的不屈、忠贞赢得了匈奴的敬重，九死一生仍不改其志节，的确为大丈夫。

过秦论

(一)1. 贾太傅　贾长沙　西汉　吊屈原赋　屈原　2.(1)指责过失　(2)继承　(3)招致，招引　(4)离散　(5)败逃的军队　(6)振兴　(7)使退却　3.(1)用武力来统治各国，吞并东西二周，消灭各诸侯国，登上皇帝的宝座控制天下，用严酷的刑罚奴役天下的百姓。　(2)一个戍卒起事而宗庙毁灭，自己死在人家手里，被天下人耻笑，是什么原因呢？就因为不施行仁义而攻和守的形势不同了啊。

(二)《过秦论》先叙后议，以时间为轴聚合了秦自兴起至灭亡“百有余年”间的诸多事情。第一段写秦孝公经过商鞅辅佐，变法图强；第二段叙述诸侯国联合抗秦，最终“从散约败，争割地而赂秦”；第三段写秦始皇统一六国和施行暴政；第四段交代陈涉起兵，“天下云集响应”，秦朝最终灭亡。作者在行文之中并没有插入阐述与议论，这与政论文的常规写法看似不符。事实上，只要沿着作者的思路去窥探其匠心，我们便会发现文章通篇皆在蓄势，核心观点含在字里行间，却引而不发，叙而不论，直至文末提出观点。

(三)示例一：依据《过秦论》第一至第四段的现象能够推出结论。在贾谊的论述中，“攻守为二道”(苏轼《儒者可与守成论》)，先王之道的道不是指武力之道或仁义之道。先王与秦始皇其实“攻守之势异”，前者处于攻势，要向外拓展疆土；后者处于守势，要向内坐享天下。秦始皇统一六国之后，开始修固城池，希望凭“关中之固，金城千里，子孙帝王万世之业”。先王进取的心态消失殆尽，这才是“废先王之道”。守的阶段本该施行仁政，可秦始皇对内的政策越发严苛；对外“良将劲弩守要害之处，信臣精卒陈利兵”，强化军事力量。“仁义不施而攻守之势异也”，最终导致秦朝灭亡。示例二：依据《过秦论》第一至第四段的现象，不能推出结论。整篇文章论述秦之兴均与仁义无关，倒是文中所提及的六国四公子施政不乏儒家提倡的仁政色彩，可这些国家最终走向了灭亡。这就可以看出是否施行仁义未必会影响国家的兴衰，也未必会导致“攻守之势异”。此外，秦之灭亡存在经济、政治、军事等方面的原因，也有其历史必然性，属于多因一果的关系。把秦朝灭亡只归因于“仁义不施”存在归因片面的问题。

五代史伶官传序

（一）1.《新唐书》《新五代史》 老翁 六一 2.（1）推其根本 （2）死 （3）箭 （4）祭祀用的羊、猪各一头 祭告 （5）向前 （6）或者，还是 考察，探究 （7）使……兴盛 使……灭亡 3.（1）当后唐庄宗用绳索捆绑着刘仁恭、刘守光父子，用木匣子装着后梁皇帝、大臣的头，进入祖庙，把箭交还到先王的灵位前，向先王禀告成功的时候，他意骄气盛，可以说豪壮极了！ （2）人生的祸患常常在极小的事上积累而成，而智勇的人往往被自己所溺爱的人或物困住，难道只有伶人才如此吗？

（二）《五代史伶官传序》中的对比手法很有特点。一是行文上的先扬后抑。先写李存勖亲临战场，浴血奋战，顺利“凯旋”，灭燕亡梁，获得成功。而后笔锋陡转，后唐庄宗盛势一落千丈，“仓皇东出”“不知所归”，通过先扬后抑造成强烈反差，从而形成对比，突出“忧劳可以兴国，逸豫可以亡身”。二是运用对比构成层层递进的论证方法。伶人的重要性弱于燕、梁，燕、梁又不如后唐庄宗，但最终结局是伶人导致后唐庄宗身亡，从而得出结论“夫祸患常积于忽微”，呼应前文“盛衰之理，虽曰天命，岂非人事哉”。三是运用对称词语形成对比，作者别具匠心地选取了“天命”与“人事”、“得”与“失”、“盛”与“衰”等对称词语形成强烈的反差，读来节奏整齐，富有音乐美。

（三）《五代史伶官传序》借分析后唐灭亡的原因为北宋统治者提供借鉴，开篇即提出“盛衰之理，虽曰天命，岂非人事哉”的观点，文章对天命观采取存而不论的态度，着力表达对“人事”的看法——“满招损，谦得益”，“忧劳可以兴国，逸豫可以亡身”，“夫祸患常积于忽微，而智勇多困于所溺”。通过强调“人事”的意义和价值，劝勉北宋统治者励精图治、奋发有为。事实上，古代的统治者多宣传天命，不少士大夫都有宿命论思想，自汉代起，董仲舒的“天人感应”理念便居于正统地位，认为人的吉凶祸福、国家的盛衰兴亡，都由天决定。强调“人事”凸显出人的主观努力，彰显出欧阳修思想的深邃和先进。

第三单元 诗词精神

氓

（一）1.（1）桑之落矣 其黄而陨 （2）夙兴夜寐 靡有朝矣 （3）总角之宴 言笑晏晏 2.（1）忠厚的样子 （2）拖延 （3）愿，请 （4）财物，这里指嫁妆 （5）沉溺，沉醉 （6）同“脱”，摆脱，脱身 （7）往 （8）差错，过失 （9）不专一，有二心 （10）和悦的样子

（二）（1）起兴的手法。“习习谷风，维风及雨”的意思是风带来雨，也是旧日家庭困难

的写照，妻子在这样的困境中帮助丈夫克服困难。诗歌以此起兴，表达被抛弃的妻子内心的凄苦之情，引出后文丈夫抛弃妻子的内容。（2）诗歌的第一、二两章，在对比中写出了妻子在困境中帮助丈夫，却在生活变好后被丈夫抛弃的悲惨结局，表现了妻子内心的悲伤和无助。第三章通过女主人公对丈夫忘记自己的大恩，专记自己的小错，表达了埋怨和悲愤之情。（3）同：《谷风》和《氓》在主题方面相同，都是弃妇诗。在表现手法上，都带有一定的叙事和抒情成分，都运用了比兴手法。《谷风》主要运用对比手法，把弃妇的哀痛与丈夫的喜新厌旧相对比。《氓》则把女子婚前婚后的不同情形做了对比：初恋时她对追求自己的男子充满真挚而深厚的感情，结婚三载，她得到的却是痛苦和悔恨，丈夫对她的欺凌和虐待，使其难以忍受。另外，《氓》还将不同人物形象做了对比，既揭露了男子的翻脸无情，也反映了女子情操的高尚和纯洁。异：表现手法不同。《氓》比兴合用更为频繁，体现了较高的写作水准。“桑之未落，其叶沃若”，比喻女子年轻貌美，暗示夫妻关系融洽。“桑之落矣，其黄而陨”，则比喻女子容颜衰减，暗示被弃的原因。“淇则有岸，隰则有泮”，其意在说明自然界任何事物都有尽头，只有痛苦没有止境。“于嗟鸠兮，无食桑葚”，暗示女子的不幸遭遇。人物形象不同。《谷风》的女主人公是一位性格善良、懦弱的劳动妇女，《氓》的女主人公则更为清醒决绝。主题思想不同。《谷风》语言凄恻而委婉，只是娓娓地叙述被遗弃前后的事实，不加谴责骂詈的词句，而责备的意思已充分表露，所谓“怨而不怒”；《氓》则直接发出了“无与士耽”的警告，更具有鲜明感和深刻性。

（三）略

离骚（节选）

（一）1.（1）既替余以蕙纕兮　又申之以揽茝　（2）众女嫉余之蛾眉兮　谣诼谓余以善淫　（3）忳郁邑余侘傺兮　吾独穷困乎此时也　2.（1）测度，衡量　（2）同“僻”，幽静，僻静　（3）连缀，连接　（4）久留　（5）时序更替　（6）法度，准则　（7）同“导”，引导　（8）毁谤　（9）同“措”，举措　（10）突然

（二）（1）“鱼鳞屋兮龙堂，紫贝阙兮朱宫。”河伯的家是锦鳞披盖的华屋，是雕绘蛟龙的大堂，紫贝堆砌的城阙，朱红涂饰的宫殿。诗人运用一系列华美的装饰，表明河伯出身高贵，品德高尚，胸怀博大。（分析“乘白鼋兮逐文鱼”或者“送美人兮南浦”亦可）（2）“波滔滔兮来迎，鱼邻邻兮媵予。”河伯巡视黄河下游时，波涛欢迎他，鱼儿跟随他。一个“予”字，暗示了楚国百姓对诗人的挚爱之情。（3）河伯驾驭龙车，溯流而上，一直飞到黄河的发源地昆仑山。来到昆仑山，登高一望，面对浩浩荡荡的黄

河，“心飞扬兮浩荡”，河伯不禁心胸开张，意气昂扬，表达了诗人对楚国山河的热爱之情。所遗憾的是天色将晚还忘了归去，“日将暮兮怅忘归，惟极浦兮寤怀”，河伯看到故乡后就很悲伤，悲伤之后还是得回到家里（对诗人来说就是郢都），昆仑山虽是河伯的故乡（帝高阳的发祥地），但他所怀念的家在遥远的河上。屈原有认宗亲的思想，这种思想贯穿于他的全部作品中，贯穿于他对楚君和楚国百姓的精诚之爱中。这种情愫既在《离骚》中有流露，又在此诗中再一次表现。

（三）观点一：可以理解。作为那个时代的文人，屈原即使出身高贵，他和君主也还是臣子和君主的关系，他的理想也只有在君主的赏识和支持下才能实现，他高尚的节操只有在君主帮他力排众议的情况下才能保持。当君主不赏识他、不支持他时，他便失去了支撑的柱石，若不想变节，不想改变自己，那么他只有走这一条路。屈原走这条不归路是无奈的，并不是他真心所愿。观点二：不赞同。屈原虽遭楚怀王放逐，但楚国百姓并没有抛弃他。他自感前路无望，心中的理想无法实现，便抱石沉江，这是文人心理脆弱的表现。他应该坚持活下来，因为活着便有希望。另外，他的政治理想虽然无法在楚国实现，但可以到别的国家去实现。抱石沉江，是一种愚忠的表现。

孔雀东南飞（并序）

（一）1.（1）却与小姑别　泪落连珠子　（2）誓不相隔卿　誓天不相负　（3）举手长劳劳　二情同依依　2.（1）告诉，禀告　（2）可爱　（3）辞别　（4）偏义副词，单指劳作　（5）整妆，梳妆打扮　（6）偏指一方，指刘兰芝　（7）媒人　（8）摧折　同“脏”，脏腑　（9）如此　（10）告诉，告知

（二）（1）诗人成功地塑造了一个貌美品端、机智活泼、亲切可爱的女性形象。第一段秦罗敷刚出现，就是一个“好女”的印象：“罗敷喜蚕桑”体现她热爱劳动，外貌描写又体现她容貌美丽。第二、三段转为表现性情，通过秦罗敷与使君的对话，她抗恶拒诱，刚洁端正的品格得到了充分展示。从她流利得体，同时带有一点调皮嘲弄的答语中，还可以看出她秉性开朗、活泼、大方，对自己充满自信，并且善于运用智慧保护自己不受侵害。（2）《陌上桑》在写作手法方面，最受人们称赞的是侧面映衬和烘托。如第一段写秦罗敷之美，采用间接的、静动结合的描写来暗示人物形象的美丽。先写秦罗敷采桑的用具和她鲜艳夺目的装束打扮，渲染服饰之美又是重点。“青丝为笼系，桂枝为笼钩。头上倭堕髻，耳中明月珠。缃绮为下裙，紫绮为上襦。”这些诗句一字不提秦罗敷的容貌，而人物之美已从衣饰等的铺叙中映现出来。更奇妙的是，诗人通过描摹路上旁观者的种种神态、动作，使秦罗敷的美貌得到了强烈而鲜明、生动的烘托。“行

者见罗敷，下担捋髭须。少年见罗敷，脱帽著帩头。耕者忘其犁，锄者忘其锄。来归相怨怒，但坐观罗敷。”这些男性旁观者为秦罗敷所深深吸引，乃至有意无意地作出一些想取悦秦罗敷的举止，(“脱帽著帩头”的动作暗示了自己未婚)正说明他们看到秦罗敷时激动不已的心情和从她身上获得的审美满足。借助他们的目光，读者似乎也饱睹了秦罗敷的面容、体态。这样塑造人物形象，比借助比喻等手段进行正面摹写显得更加富有情趣；而且由于加入了旁观者的反应，使作品的艺术容量得到了增加。除从侧面摹写形象外，文章还善于从侧面表达意图，这主要是指第三段秦罗敷夸赞自己丈夫的内容。秦罗敷集中夸赞自己丈夫的尊贵和美好，这显然有明显的针对性。因为调戏她的是一位怀有特殊优越感的太守，秦罗敷说自己丈夫尊贵，则使其优越感变得可笑；又因为太守看中她的美色，秦罗敷说自己丈夫美好，实际上是说只有丈夫才可以与自己相配。秦罗敷这段话句句夸赞自己丈夫，而实际上句句奚落太守，这正是全诗侧面写法的又一次运用。（3）详见《孔雀东南飞（并序）》“知识朋友圈”关于民歌特色的阐释文字（第64页）。

（三）社会原因角度：封建礼教迫害。女性地位角度：女性经济地位不独立而无法掌握自己的命运。性格原因角度：焦仲卿的孝顺和软弱，对刘兰芝的爱情。家庭教育角度：父母对子女婚姻的包办，以爱为名义剥夺。认为悲剧会发生或者不会发生的，都可以从以上几个角度展开论述，言之成理即可。

蜀道难

（一）1.（1）地崩山摧壮士死　然后天梯石栈相钩连　（2）黄鹤之飞尚不得过　猿猱欲度愁攀援　（3）扪参历井仰胁息　以手抚膺坐长叹　2.（1）高　（2）模糊难知的样子　（3）从那时以来，指古蜀国开国以来　（4）正对着　（5）横越，飞越　（6）盘旋曲折的样子　（7）盘绕　（8）空，徒然。一说坐下来　（9）使……凋谢　（10）抵御，引申为把守

（二）（1）诗歌前四句先写朋友设下盛宴为李白饯行，但李白面对精美的菜肴，放下了酒杯和筷子，离开座席，拔出宝剑，举目四顾，心绪茫然。“停”“投”“拔”“顾”四个连续的动作，形象地展现了诗人因无路可走而苦闷抑郁的内心。接下来正面写“行路难”。诗人用“冰塞川”“雪满山”象征人生道路上的艰难险阻，具有比兴的意味。（2）画线的诗句使用典故，拓展了诗歌的意境。诗人在心境茫然之时，忽然想到两位开始在政治上并不顺利，而最后大有作为的人物：一位是吕尚，八十岁在磻溪钓鱼，得遇周文王；一位是伊尹，在受商汤任用前曾梦见自己乘舟绕日月而过。两位历史人物的经历，缓解

了诗人彷徨苦闷的情绪，增加了诗人的信心，为下文诗人发出“长风破浪会有时，直挂云帆济沧海”的豪迈呐喊和乐观精神做铺垫。（3）《行路难三首》（其一）中的“路”是关于建功立业、功成名就的人生、政治的理想之路。蜀道是崇高险峻的山川自然之路，也是人生之路。《行路难三首》（其一）抒发的是理想抱负不能实现的苦闷，但对未来人生仍抱有信心。《蜀道难》表现的是在崇高、峥嵘的自然面前，人类的哀叹、悲愁与敬畏之心。

（三）提示：形式上、内容上、情感上的互相照应，言之成理即可。

蜀相

（一）1.（1）映阶碧草自春色　隔叶黄鹂空好音（2）三顾频烦天下计　两朝开济老臣心（3）出师未捷身先死　长使英雄泪满襟　2.（1）繁密（2）遮蔽（3）徒然，白白地（4）频繁；一说多次劳烦咨询（5）开创　扶助

（二）（1）诗人登楼观景，近看繁花，满眼繁花反衬满腹愁思，抒发客居他乡的漂泊与伤感；国家万方多难的忧国忧民之愁，吐蕃入侵，战乱频仍，诗人为国家灾难而伤心；为自身理想抱负无法实现而伤心，虽仰慕诸葛亮那样的先贤，但难遇明主，为自身怀才不遇而伤心；为君主无道、任用奸佞而伤心。（2）诗人从登楼看见的景色开始写起，描绘了一幅壮美的山河图。锦江水夹带着朝气盎然的春色从天地间奔腾而来，玉垒山上的浮云飘忽不定，这使诗人联想到了动荡不安的国家，那浮云飘移就像是古今世势的更替变幻。上句从空间上扩展，下句从时间上蔓延，这样延展开来，顿然形成了一片宏阔悠远的意境，包括诗人对国家山河的热爱和民族历史的回忆。并且，登高望远，视野开阔，而诗人偏偏向西北方向望去，可见，诗人心怀国家，此时，他忧国忧民的高大形象跃然纸上。（3）《蜀相》表达了诗人对诸葛亮的才能、功绩的敬仰和出师未捷的同情。《梁甫吟》是诸葛亮遇刘备前喜欢诵读的乐府诗篇，用来比喻这首《登楼》，含有对诸葛武侯的仰慕之意。诗人伫立楼头，徘徊沉吟，很快日已西落，在苍茫的暮色中，城南先主庙、后主祠依稀可见。想到后主刘禅，诗人不禁喟叹：“可怜那亡国昏君，竟也配和诸葛武侯一样，专居祠庙，歆享后人香火！”这是以刘禅比喻唐代宗李豫。李豫重用宦官程元振、鱼朝恩，造成国事维艰、吐蕃入侵的局面，同刘禅信任黄皓而亡国极其相似。而诗人自己，空怀济世之心，苦无献身之路，万里他乡，高楼落日，忧虑满怀，却只能靠吟诗来聊以自遣。

（三）提示：可以抓住“森森”“自春色”“空好音”等词语展开，认为这是杜甫设置的虚境或者实写，言之成理即可。

望海潮（东南形胜）

（一）1.（1）东南形胜　三吴都会　钱塘自古繁华　（2）云树绕堤沙　怒涛卷霜雪　（3）羌管弄晴　菱歌泛夜　2.（1）地理形势优越　（2）天然壕沟，文中指钱塘江　（3）不圆的珠　（4）大山上的小山　（5）欢乐的样子　（6）牙旗，将军之旗。文中借指孙何　（7）描绘

（二）（1）手法：设问，色彩明朗，点面结合。内容：写出游人之多，环境之热闹。　（2）词的上阕描绘的是一幅白天西湖春游图，风景美丽，游人欢乐，络绎不绝。下阕写游人返归的景象，头上戴着的花和自然之花相映成趣，意犹未尽。　（3）“满目繁华”的特点，首先体现在对游人的描写上，游人一是多，二是欢。游人之多，在词中写道：“争道谁家？绿柳朱轮走钿车。”这两句写了两种不同的游人，一种是乘车者，一种是步行者。车多，才会引起人们争相指点；步行者多，才可能出现“争道”的景状。这两句用寥寥数字，展示出了一个摩肩接踵的游览盛况。另外，下阕“喧哗”一词，从听觉的角度突出游人之多。从上阕游人“争道谁家”的描写中，已渲染出一片欢快活跃的气氛，接着写游人日暮归去时的“醒醉”两字，更是道尽了游人各个相异的神态。“满目繁华”，还体现在对西湖自身景色特点的描绘上。清明上巳已是暮春时节，但作品呈现了一派色彩浓艳的盛景。在“绿柳朱轮走钿车”一句中，词人以绿柳和朱轮相对，既写了钿车的豪华，也衬托出柳树的茂盛，色彩鲜明，春意浓郁。词的结句顺承“游人日暮相将去”的语意，写归途所见的景色，“路转堤斜”，一路是花。熙熙攘攘的人流和满地遍野的鲜花汇成一体，气氛很热烈。全词构成一幅生动壮美的游春图。

（三）谢处厚的观点：柳永的《望海潮》（东南形胜）对完颜亮的南下有决定性作用。罗大经的观点：《望海潮》（东南形胜）只是触发金主南下念头的一个理由，不值得深恨；但士大夫流连于歌舞嬉游之乐，忘记中原，才应深恨。谢处厚的观点没有现实依据，有强加因果之感。相比而言，罗大经的观点更加客观，一首词无法决定历史进程，金兵南下主要还是北方统治者的战略考虑。罗大经从当时社会的角度，认为朝廷中士大夫沉迷享乐乃至君主沉迷享乐，失去了长远的眼光，在国家内部产生了更大的存亡隐患，具有现实意义。如果认同谢处厚的观点，则可以从文学作品社会传播的角度加以阐释。

扬州慢（淮左名都）

（一）1.（1）过春风十里　尽荠麦青青　（2）自胡马窥江去后　废池乔木　犹厌言兵　（3）念桥边红药　年年知为谁生　2.（1）雪方止，天刚晴　（2）满眼　（3）驻防部队的号角　（4）谱写，作曲　（5）故国残破的悲思　（6）停留　（7）清越的号

角 （8）此处比喻少女

（二）（1）全诗共三章，每章十句。三章之间结构相同，取同一物象不同时间的表现形式完成时间流逝、情景转换、心绪压抑三个方面的发展，在回环往复之间表现主人公不胜忧郁之状。（2）读者可以看到一个孤独的思想者，面对虽无灵性却充满生机的自然，对自命不凡却无法把握自己命运的人类前途的无限忧思，这种忧思只有“知我者”才会理解，可这“知我者”是怎样的人：“悠悠苍天！此何人哉？”在充满失望的呼号中，读者看到另一位诗人的影子。（3）《黍离》说的是东周大夫行役路过西周都城镐京，看到埋没在荒草中的旧时宫室遗址，有感于周王室的倾覆，悲伤而作《黍离》，表达了对国家残破，今不如昔的哀叹，也指国破家亡之痛。《扬州慢》(淮左名都）作于宋孝宗淳熙三年（1176年）冬至日，时姜夔二十余岁。根据词序所说，其时作者初访经过最近两次被战乱洗劫的扬州，见到城内、城外一片萧条景象，联想到旧时繁华的扬州，尤其是诗人杜牧笔下的扬州，怀古之情油然而生，既控诉了金朝统治者发动掠夺战争所造成的灾难，又对南宋的偏安政策有所谴责，符合黍离之悲的情绪和内涵。

（三）姜夔的《扬州慢》(淮左名都）从“荠麦青青”的视角之美转换到“波心荡，冷月无声”的视听联想，体现了意境铸造上突出的、朦胧的冷美；“自胡马窥江去后，废池乔木，犹厌言兵”，具体的意象消融在深沉的伤乱情绪之中，将历史的时间感作为构建词境界的骨架，使该词具有一种悠远的空灵感；姜夔又用委婉、含蓄的笔法表达自己的家国之痛，让读者透过词的情思体会他深沉的感慨，领略他的词的“清空”之美。

第四单元　古文精神

陈情表

（一）1.（1）臣以险衅 （2）终鲜兄弟 （3）内无应门五尺之僮 2.（1）忧患凶丧之事 （2）强行改变 （3）福分　子嗣 （4）穿一年孝服的亲族　穿大功服（九个月）和小功服（五个月）的亲族　勉强算是亲近的 （5）孤单的样子　孤单　安慰 （6）早　缠绕 （7）谦辞，辱 （8）逃避　怠慢，轻慢 （9）病重 （10）申诉（苦衷）（11）怜悯 （12）看重，推崇 （13）自己的私情 （14）希望 3.（1）刚出生六个月，慈爱的父亲就弃我而去；到四岁时，舅父强行改变了母亲想守节的志向（逼她改嫁）。（2）诏书急切严峻，责备臣有意拖延，怠慢上命；郡县官员逼迫，催臣立刻上路；州官登门催促，急迫超过流星。（3）如今臣是卑贱的亡国俘虏，极为卑微鄙陋，过分地受到提拔，加恩特赐任命，怎么敢犹豫不决，有非分的想法呢？（4）我们祖、孙两人，相依为命，正是因为这样，臣的内心实在是不能够停止奉养而远离祖母。

（二）同意。李密写作《陈情表》的意图是希望晋武帝允许他暂不赴任，但李密先不表明本意，而是以情做铺垫。首段叙述自身遭遇的不幸，祖母躬亲抚养的恩情和疾病缠身的困境，这是“陈其已往之情”。中间两段首先叙述朝廷多次征召的经过和自己进退两难的尴尬处境，再进一步解释自己未能奉诏赴任的原因，这是“陈其现今之情”。末段针对前面铺陈的矛盾，提出了一个折中的办法，先尽孝再尽忠，以“缓行”代替了“不行”，这是“陈其日后之情”。

（三）1. 全文寓“陈请”于“陈情”之中，结构严谨，情理兼具，最终打动了晋武帝。《陈情表》中打动晋武帝的是李密孝情的深厚，情真意切，因为真实，所以显得深切、动人。文章叙述祖母抚育自己的恩情，以及自己应该报答祖母的大义，除了感谢朝廷的知遇之恩，又倾诉自己不能从命的苦衷，表达了先尽孝后尽忠的诚意，符合晋武帝以孝治天下的国策。让晋武帝化怒为怜，予以怀柔，终于恩准了李密的请求。 2. 同意。百善孝为先，孝悌乃仁之本，中华民族自古以来就看重孝道，推崇孝行。李密亲身侍奉祖母，对祖母不离不弃；不贸然出仕，又能以情理说动君主，既保全了自身，也使祖母“保卒余年”，更以德才受到人们尊敬，荣亲显亲。其行为的确可以称得上“尊亲”，可以称得上大孝。

项脊轩志

（一）1.（1）借书满架　万籁有声 （2）桂影斑驳　珊珊可爱 （3）先是庭中通南北为一 （4）今已亭亭如盖矣　2.（1）一丈见方 （2）砌上垣墙 （3）明亮的样子 （4）美 （5）俯仰，这里指安居、休息　静静地 （6）树影摇动的样子 （7）分灶做饭，意思是分家 （8）到处 （9）不久后 （10）去世的祖母　喂奶，哺育 （11）内室 （12）你的 （13）很像 （14）等到离开的时候 （15）关闭 （16）嫁到我家来 （17）出嫁的女子回娘家省亲　3.（1）阁子北面开了四扇窗，四周围绕院子砌上墙，用（北墙）对着南边射来的日光，日光反照，室内才明亮起来。 （2）庭院中开始是用篱笆隔开，不久后砌成了墙，一共变了两次。 （3）项脊轩一共遭过四次火灾，能够不被焚毁，大概是有神明保护着它。

（二）1.《项脊轩志》六用叠字来摹声、写景、状物，以增加形象性和音乐美。如用“寂寂”来烘托环境之清静，用“往往”来渲染门墙之杂乱，用“呱呱”来描摹小儿的哭声，用“默默”来状写作者攻读之刻苦。写月下之树随风摇曳，用“珊珊”；写枇杷树高高耸立，用“亭亭”。使用叠字，摹声更为真切，状物更为细致，写景更为生动，诵读起来，音节和谐，更富美感。值得注意的是，作者往往不是纯客观地状物、写景，而是“随物以宛转”，“与心而徘徊”(《文心雕龙·物色》)。既写物貌，又写心情，达到情景交融的境界。如“往往”一词，既强调门墙到处都是，话语中又流露出作者对分家后出现的杂乱现象的厌恶和不满。如“珊珊”一词，既写出树影晃动时轻盈舒缓的样子，又透露了作者对项脊轩无比深挚的感情。再如“亭亭”一词，既使人想到树木高高耸立，又使人想到人亭亭玉立，这一笔中间，寄寓了作者对亡妻的思念和惆怅之情，读来富有余味。 2. 不同意删除。论赞部分以蜀清和孔明自比，感慨自己“昧昧于一隅”的失落和悲哀，“方扬眉瞬目，谓有奇景”表达了自我期许，“其谓与坎井之蛙何异”既有对不得志的自嘲，又不失自我欣赏和自我激励。论赞直接揭示了十九岁的归有光写作时的心态，其中涵盖的时代风貌，个人悲喜、家族托付、场屋蹉跎等，沉沦与抗争尽在其中，只有把论赞部分放回原文，才能全面把握作者的写作意图，从而更深入地理解项脊轩对作者的意义。同意删除，言之成理亦可。(1)认为删除后情感表达更自然，《项脊轩志》在情感表达上从总体来看是属于平静、含蓄、深沉的，论赞部分的自我解嘲和自我期许，冲淡了悲的感情基调。(2)删除后文章结构更严谨。文章虽然叙写不同时期的琐事，但并不给人以松散、拖沓的感觉。相反，由于文章紧扣项脊轩来写，又用或喜或悲作为贯通全篇的意脉，因此，那些看似散漫无章的生活琐事就构成了一个完整有机的整体，论赞部分在前后的叙述琐事中显得突兀，有画蛇添足之嫌。(3)删除后文章的语言风格更为突出。《项脊轩志》以平淡的词句、平静的笔调描述平凡的往事，却使人受到深深的感动，正所谓“不俟修饰，而情辞并得，使览者恻然有隐”(方苞《书归震川文集后》)。而论赞部分的语言多用典故，晦涩难懂，让读者顿然感觉语意难通，先前体会到的辞浅情深之感陡然消失，大大破坏了文章整体的语言风格。

(三)“文从字顺”：唐宋古文运动主张“文从字顺”，即写文章要文句通顺，言辞雅洁，不事雕琢。《项脊轩志》，从文章材料的选择、组织来看，作者面对百年老屋三世变迁，半生坎坷、母慈妻贤、物是人非，多少可喜、可悲的事，一时涌上心头，而他信手拈来，旋写旋放，似无一处相关，又无一处不相关。紧扣一个项脊轩，把记叙的碎片完全串联起来，“形散而神不散”，事断而情不断。从文章的语言来看，全文没有奇字险句、赘言，委婉流畅，朴素简洁，发自肺腑。“不俟修饰，而情辞并得”(方苞《书归震川文集后》)。“务去陈言”：《项脊轩志》继承了唐宋古文运动重人伦的传统，但在情感表达上去除了陈旧的立意和言辞，文中的母爱，不同于传统的孟母大义之爱，而是一种充满女性温柔的舐犊之爱。文中的祖母之爱，也不是一味骄纵庇护的溺爱，而是充满担忧与鼓励、关怀与期望的爱。特别是文中的夫妻之情，超脱了中国古代夫唱妇随、举案齐眉的俗套，表现出一种琴瑟相谐的依依温情。从抒情的手法来看，其突出的特点是含蓄、委婉，将叙事、写景、抒情熔于一炉，自然动人。如文章结尾写对妻子深沉的怀念，归有光并不直写，甚至不明写睹物后如何思人，朴素简洁的话语真切感人，胜过千言万语，可谓"文以情生，情因物感"（陆机《文赋》)。"务为有补于世"：唐宋古文运动重道，归有光也不例外，他"以为文者，道之所形也"(《雍里先生文集序》)。但唐宋古文运动对道的解释偏重实际。其实，现实生活中百事即道，追随欧阳修的归有光在这方面有所突破，他把家庭生活细节和琐事引入"载道"的古文中，使古文更密切地和生活联系起来。在《项脊轩志》中，他以狭小、破旧、阴暗的项脊轩为立足点，将人事变迁，家道坎坷，皆归入此轩。例如，文中对"诸父异爨"后的几句描写，客观地反映了封建大家庭离散破败的趋势，有很大的社会意义。

兰亭集序

（一）1.（1）暮春之初　会于会稽山阴之兰亭　修禊事也 （2）群贤毕至　少长咸集 （3）及其所之既倦　情随事迁　感慨系之矣 （4）况修短随化　终期于尽 （5）固知一死生为虚诞　齐彭殇为妄作　2.（1）酒杯　旁边 （2）同"晤"，面对 （3）同"取" （4）符契，古代符信的一种，以金玉竹木等制成，上刻文字，分成两半，合在一起可为凭验 （5）明白。一说是消解、释怀的意思 （6）发生，引起　意态，情趣　3.（1）兰亭这个地方有高峻的山峰，茂盛的树林，高高的竹子，又有清澈湍急的溪流，辉映环绕在亭子的四周，我们引溪水作为流觞的曲水，排列坐在曲水旁边。（2）抬起头观览到宇宙的浩大，低下头观察到自然界万物的兴盛，借以舒展眼力，开阔胸怀，足够来极尽视听的欢娱，实在很快乐。 （3）人与人交往，很快便度过一生。有的人在室内（跟朋友）面对面地交谈，互相说心里话；有的人把情怀寄托在所爱好的事物上，言行不受约束，放纵地生活。

（二）不一样。《古诗十九首·生年不满百》和曹操的《短歌行》对待人生的态度是，认识到生命短暂，死亡不可避免，所以专注现世，及时行乐。在《兰亭集序》中，王羲之的可贵之处是，他既不回避人必有一死的现实，也不因这一自然规律无法逃避而"活在当下"，他敢于直面现实，因为认识到死亡的痛苦，所以珍视如兰亭集会这样的欢乐，看重生机勃勃的自然；因为认识到一切终将消逝，所以他并不沉溺于各种欢乐之中，而是用哲人的目光审视它们；因为认识到生死之叹贯穿古今，所以寄望于后人能与兰亭诸贤心灵相通。珍惜欢乐、思考生命、寄情未来是王羲之的人生态度。

（三）言之成理即可。古今中外的哲人关于如何对待生死的观点：（1）悬置死亡，追求不朽，有所作为。（儒家）（2）委运任化，崇尚无为。（道家）（3）老骥伏枥，志在千里，烈士暮年，壮心不已。（曹操）（4）人固有一死，或重于泰山，或轻于鸿毛。（司马迁）（5）把握好今天，诗意地栖居。（海德格尔）（6）人生的价值，并不是用时间去衡量，而是用深度去衡量。（列夫·托尔斯泰）（7）把有限的生命投入无限的为人民服务中去。（雷锋）

归去来兮辞（并序）

（一）1.（1）归去来兮　田园将芜胡不归　（2）悟已往之不谏　知来者之可追　（3）舟遥遥以轻飏　风飘飘而吹衣　（4）倚南窗以寄傲　审容膝之易安　（5）景翳翳以将入　抚孤松而盘桓　（6）农人告余以春及　将有事于西畴　（7）聊乘化以归尽　乐夫天命复奚疑　2.（1）本性　造作勉强　（2）都　（3）庄稼成熟一次，引申为一年　（4）挽回　补救　（5）船缓缓前进　（6）深知　（7）拄着　（8）日光　阴暗的样子　（9）羡慕　顺应天时　（10）留恋，爱惜　（11）倚杖，扶杖　除草　培土　（12）顺随自然　3.（1）归去吧，让我同外界断绝交游。（既然）这尘世和我的情志彼此违背，还要驾车出去追求什么？　（2）有时沿着幽深曲折的山谷，有时也经过道路崎岖的山丘。　（3）算了吧！人寄身于天地间能有多长时间？为什么不随心所愿，生与死都顺随自然？为什么心中惶惶不安，到底想要到哪里去？

（二）开篇“归”的理由仅是“田园将芜”，看似简单而平淡，却饱含迫切和向往，向往的背后是对官场的鄙弃和厌恶，带出后文对自身经历的反省：自己本不愿为官，为了生计而出仕让诗人内心痛苦，决定回到心灵安顿之处的田园。进一步探究“归”的原因，第三段中有透露，“请息交以绝游”“世与我而相违”都语带激愤。诗人崇尚率性而行，他无法忍受官场对人性的扭曲，以求保存他的“真我”。从字里行间不难体味到他济世不得的痛苦与回归田园的无奈。因此，文中陶渊明的思想感情，既有回归田园的欢悦，又有理想受挫的失落。在政治极端黑暗的历史时代，士人理想无从实现，甚至生命亦无保障，这时弃官归隐就有了拒绝与污浊世俗合作，高扬独立自由人格的现实意义。

（三）同：梭罗与陶渊明都是崇尚自然、醉心自然的诗人，都以诗人的浪漫情怀拒斥当时的社会体制，营造关于自然与自由的梦幻。陶渊明不为五斗米折腰而决然辞官，逸出当时主流社会的种种管制和约束，表现出自己的独立意志；梭罗拒绝公职和体面的工作，在精神上抵抗工业社会的各个领域，如铁路、银行、邮政、报业等，在他看来，这些现代社会的文明成果实际上是“索债的魔鬼”，带给人们某些好处，却又追逼着人们加倍偿还利息。两人都以生命内宇宙的充实替补外部物质世界的简疏。异：两人回归自然的背景有所不同。生活在东晋末年的陶渊明所要逃避的是频仍的战乱给人生带来的凶险，以及虚伪的名教典章对本真天性的戕害，陶渊明的退隐与回归多少有“圣人韬光，贤人遁世”（萧统《陶渊明集序》）的无奈。生活于19世纪中叶美国的梭罗，面对的是工业化浪潮对传统农耕社会的冲击，人心与自然环境同时遭遇现代化的胁迫，梭罗走进瓦尔登湖不是彻底的隐居，而是一种生活实验，因此他不能做到陶渊明那样的静穆、悠然，他的文字更多的是激愤、焦灼与抗争。与梭罗相比，陶渊明顾及的只是自救与救心。在走近自然的过程中，两人的途径也有差异。梭罗虽然被西方学者冠以“超验主义作家”的称号，但在通往自然真谛的道路上仍不得不时时借助理性，不能忘怀知识与技术的“梯子”；而陶渊明可以在浑然不知的心境中达到天人合一，使自己的身心完全融于自然，这就是“采菊东篱下，悠然见南山”[《饮酒》（其五）] 的那种境界。“云无心以出岫”[《归去来兮辞（并序）》] ——陶渊明“无心”使自己成为“陶渊明”；“掂把斧子进山林”——梭罗“奋力”使自己成为“梭罗”。

种树郭橐驼传

（一）1.（1）能顺木之天　以致其性焉尔　（2）其培欲平　其土欲故　（3）其莳也若子　其置也若弃　（4）传其事以为官戒也　2.（1）患……病　（2）用……名字称呼　（3）以……为业　（4）结果实　多　（5）繁殖　（6）它的果实　（7）宠爱　（8）统治，治理　（9）勉励　（10）养育　你们的　（11）成，养好　（12）晚饭　早饭　用言语或实物慰劳　（13）困苦　3.（1）所以（说），我只是不妨害它自然生长罢了，并不是有能使它高大茂盛的（本领）啊；只是不抑制、减少它结果实罢了，并不是有能使它结果早且多的（本领）啊。（2）其他栽植的人却不是这样。树根拳曲又换了新土，他给树培土啊，不是过多就是不够。（3）但我居住在乡间，见做官的喜好不断发号施令，好像非常怜爱百姓，而最终百姓因此受到灾祸。

（二）“深”体现在文章婉约多讽的笔法上。《种树郭橐驼传》的写作意图是“传其事以为官戒也”，针对的是繁政扰民、民不安生的社会现状，但作者将其隐含在人物传记中，集中笔墨写名不见经传之人的朴实无华的种树之道。实际上里应外合，“他植者”管理不善与官吏治民不善遥相呼应，揭示出吏治的弊端。文章借此喻彼，以小见大，正体现了寓言委婉、含蓄的讽喻特点。“洁”体现在文章语言的简明精当。如描写郭橐驼的体貌特征及性格特点，“隆然伏行”“名我固当”等寥寥几笔，就让一个身有残疾却自信潇洒的行家形象跃然纸上。如描写种树失败者“旦视而暮抚，已去而复顾。甚者，爪其肤以验其生枯，摇其本以观其疏密”，简短几句，写了六个动作，活脱脱地勾勒出了种树失败者对所栽树木“爱之太恩，忧之太勤”的急迫心情和神态。又如描写官吏“好烦其令”“旦暮吏来而呼曰”数句，不仅写出了百姓从早到晚被频繁骚扰不得安宁的严重程度，而且使读者可以看到扰民官吏声色俱厉的神态和嚣张的气焰。语言简洁有力，含蕴良深。

（三）《种树郭橐驼传》作为一篇寓言性质的传记文，在寓言写作上与《庄子》寓言相近。《庄子》寓言强调立象尽意、得意而忘象。如在《庄子》中，庖丁解牛与养生两者之间似无关联，但两者理自相同，轮扁运斤与齐桓公读书也有自然相通之理。柳宗元的《种树郭橐驼传》在行文的事理上多取自《庄子》，在行文的形式上也留下《庄子》的某些痕迹。如《种树郭橐驼传》中最后一句与《庖丁解牛》中最后一句如出一辙：“文惠君曰：‘善哉！吾闻庖丁之言，得养生焉。’”“问者曰：‘嘻，不亦善夫！吾问养树，得养人术。’”柳宗元在郭橐驼这一人物形象塑造上也吸取了《庄子》的写作手法。《庄子》书中描绘的人物有的畸形残疾，如《庄子·养生主》《庄子·德充符》中都写了失去单足或双足的人，《庄子·人间世》写了一个怪物支离疏；有的具有特异技能，如善解牛的庖丁、运斤成风的匠石、承蜩的佝偻丈人等。柳宗元在这篇传记中把这两种特点集中在郭橐驼一人身上，塑造了一个“形残神全”的智者形象。在《庄子·应帝王》和《庄子·天道》中，写人们把一个人呼之为牛马，这个人不以为忤，反而欣然答应。这同郭橐驼欣然接受以橐驼为名是一样的，体现了道家“忘名得实”的思想。

石钟山记

（一）1.（1）古之人不余欺也 （2）事不目见耳闻 而臆断其有无 （3）士大夫终不肯以小舟夜泊绝壁之下 （4）盖叹郦元之简 而笑李渤之陋也 2.（1）激荡，掀动 （2）同“含糊” （3）鼓槌 传播 （4）鸟鸣声 （5）裂缝 （6）水波动荡 （7）江河水流中央 （8）中间是空的 （9）击物声 钟鼓声 （10）大概，几乎 3.（1）到唐代李渤寻访石钟山旧址，看到水潭上有两块山石，敲击它仔细听，南边那块山石的声音重浊模糊，北边那块山石的声音清脆悠扬，鼓槌停止了敲击，声音还在传播，余音慢慢消失。 （2）敲击后能发出声响的石头，到处都这样，可唯独这座山用钟来命名，这是为什么呢？

（二）“至暮夜月明，独与迈乘小舟，至绝壁下”不直接写考察结果，却宕开一笔，写在考察过程中所听到的鸟鸣声。这是平地波澜，尺水兴波。写栖鹘的磔磔声，“若老人咳且笑于山谷中”的鹳鹤声是为了表现“心动”“大恐”。而写“心动”“大恐”不仅渲染了实地考察的艰险，为后文“士大夫终不肯以小舟夜泊绝壁之下”张本，而且从声音的角度衬托后文的“噌吰”声和“窾坎镗鞳”声。在令人毛骨悚然的声音过后，作者才正面写“大声发于水上”。通过前文的铺垫、衬托，正式展示如钟鼓不绝的“噌吰”声、“窾坎镗鞳”声。同时，作者引经据典有根有据地告诉人们“噌吰”是周景王无射钟的声音，“窾坎镗鞳”是魏庄子歌钟的声音。其不仅形象地描摹出声音，而且强调其声如钟的特点，进而肯定了郦道元关于石钟山得名于“声如洪钟”的观点。

（三）观察是人类认识客观世界的凭借与利器。天赋予人类眼、耳、鼻、舌等器官，而事物有声、色、形、味之别，观察不仅要用眼睛，而且要充分调动人的感官，同时用看、听、闻、触摸等，才能形成对事物准确、完整的认识。苏轼重视“见闻之知”，重视通过直接经验获得事物的真相，这种求实的认识论非常可贵，带有现代科学精神。当然，由于人的感官有限度，“见闻之知”不足以穷尽我们对外部世界和内在心性的认识。如现代剪辑技术可以欺骗人的耳、目，让我们对事实真相作出错误判断。又如，人性的幽深，道德的广阔崇高，也不是人的耳、目所能到达的。因此，过度倚仗“见闻之知”，也可能让心灵被见闻所桎梏。

第五单元　诗声词韵（一）

无衣

（一）（1）至（5）都是语助词，无实义

（二）《无衣》中，“征衣”意象是战士同仇敌忾、并肩作战的战友豪情的象征；但在《渡辽水》一诗中，诗人表现了征人长途征战、背井离乡、生死未卜的情景，因此在出征之前母亲为儿子重新做了几件衣裳，好似以备儿子有去无回，万一死在他乡也有衣服可以殓葬。这里“征衣”意象象征了战争年代亲人之间的不舍与哀痛。

（三）提示：这类作品如杜甫《兵车行》、“三吏三别”、《北征》等，对“诗史”的分析言之成理即可，如杜甫借诗分析和记录了当时历史发展的动向，或者以亲历者的视角记录了当时民众的处境、记录了当时人们对于历史巨变的感受，以诗歌的形式为后世留下一部颇有价值的心灵史等。

春江花月夜

（一）（1）平坦的水中陆地　（2）水滨　（3）波光浮动的样子　（4）原野

（二）刘希夷《代悲白头翁》中“古人无复洛城东，今人还对落花风。年年岁岁花相似，岁岁年年人不同”与张若虚《春江花月夜》中“江畔何人初见月？江月何年初照人？人生代代无穷已，江月年年望相似”一样，两者都观照了人类个体面对永恒的时空所体认到的渺小和有限性的问题。但刘希夷《代悲白头翁》在体认到这个问题后，转而写白头翁亦是曾经的红颜少年，而一切青春的快乐都将随岁月而消逝，其主旨落在人类个体在时空中必然腐朽的悲哀和无奈；而张若虚《春江花月夜》面对这个问题侧重表现在时空中不由自主的个体的珍贵的情感和爱，其主旨落在有限的个体依然拥有的珍贵的感情和爱，强调的是有限存在的珍贵性。

（三）可结合《古诗十九首》《兰亭集序》《春夜宴桃李园序》《前赤壁赋》《后赤壁赋》或《念奴娇·赤壁怀古》等作品加以评析。评析相对开放，但大方向上须明确《古诗十九首》较早地集中讨论了这个主题，并为传统中国文人应对这些问题给出了几种最基本的思路（及时行乐、服食求仙、建功立业）；《兰亭集序》和《春夜宴桃李园序》则在此基础上对文章（“斯文”）让有限的个体达成不朽的能力有了更清晰的体认；《前赤壁赋》《后赤壁赋》的重点在于“放下”，把握我们能把握的，放下我们不能把握的；《念奴娇·赤壁怀古》中作者反而不愿意追逐永恒，转而讴歌有限的人间的温暖和美好，在这个意义上，《春江花月夜》与《念奴娇·赤壁怀古》在精神上更为接近，“不知乘月几人归”与“起舞弄清影，何似在人间”（《水调歌头·明月几时有》）之间存在某种相隔百年的精神共鸣。也可结合其他作品评析。

将进酒

（一）（1）君不见高堂明镜悲白发　朝如青丝暮成雪　（2）陈王昔时宴平乐　斗酒十千恣欢谑

（二）《将进酒》中“古来圣贤皆寂寞，惟有饮者留其名”一句，断言自古圣贤寂然无名而只有好酒者流芳千古，这与事实全然不符，但恰恰是这样的荒唐之语方能表现作者的醉态，从中令读者感受到作者驾驭语言的自由自在、无拘无束，故云“乱道故妙”，但这样的文字因其自由，故不可强学。

（三）同意。严羽对《将进酒》的评价，认为《将进酒》是李白胸中豪气自然天成之作，而不在具体字句的精雕细琢。可以侧重分析《将进酒》中语言的浅白直接，如“君不见黄河之水天上来”“烹羊宰牛且为乐，会须一饮三百杯。”“岑夫子，丹丘生，将进酒，杯莫停”“主人何为言少钱，径须沽取对君酌。五花马、千金裘，呼儿将出换美酒，与尔同销万古愁”，此等词句皆明白如话，不见雕琢痕迹，这是本诗豪放自然的一面。

江城子·乙卯正月二十日夜记梦

（一）A

（二）《一斛珠·洛城春晚》运用借景抒情的表现手法，借洛阳城中乱生的垂柳、泛起涟漪的小池表达诗人心中生起的思念的情绪，将池塘的波纹比作篆文，非常形象。下阕又借有限关山表现诗人与妻子相隔遥远和思念的悠长，情景交融，意味深远。本词还运用虚实相生的表现手法，写眼前的垂柳、池塘、西楼、燕子皆是实景，写烛下花前的欢歌醉饮和曾经的相伴寻芳皆是想象，虚实结合，拓展了诗意，表达了诗人对妻子和曾经美好生活的思念。

（三）苏轼《江城子·乙卯正月二十日夜记梦》中写亡妻的孤坟远在千里之外，想象亡妻的魂魄，自己无人能说话的凄凉孤苦之情，又写梦中看见妻子在故乡梳妆打扮，夫妻相见却因时空悬隔而一时不能相认，这里突出表现的都是想象中亡妻的孤独与凄凉；而爱伦·坡《安娜贝尔·丽》中反复强调“美丽的安娜贝尔·丽”、“聪明于我们的人的”安娜贝尔·丽，突出表现的是亡妻安娜贝尔·丽的美丽、聪慧的形象。

燕歌行（并序）

（一）（1）纵金伐鼓下榆关　（2）校尉羽书飞瀚海　（3）胡骑凭陵杂风雨　（4）大漠穷秋塞草腓

（二）“金戈铁马之声”是指《燕歌行（并序）》表现军旅场景慷慨雄壮的艺术特点，如《燕歌行（并序）》“纵金伐鼓下榆关，旌旆逶迤碣石间”借金、鼓和旌旆侧面表现了军队的声势浩大；“校尉羽书飞瀚海”中的“飞”字表现了军中信息传递迅速；“山川萧条极边土”“大漠穷秋塞草腓”“边庭飘飖那可度，绝域苍茫无所有”运用环境描写，表现行军环境的萧瑟苍凉与苦寒，侧面凸显了出征军队坚毅顽强的特点；“杀气三时作阵云”将作战而扬起的杀气比作云，表现了军队作战的激烈，这些共同表现了出征将士的悲凉慷慨之气，是其悲壮的一面。而“玉磬鸣球之节”指的是《燕歌行（并序）》音律的清脆琳琅，朗朗上口。本诗为排律，除首尾两句外，几乎全对仗，音律和谐，读来悦耳动听。

（三）《新乐府序》主张乐府诗应该有现实的关怀，写作方式上应该注意行文通俗易懂、言辞正直恳切、论事真实可信、文体通顺流畅，以便于配乐、传播和警诫世人。（言之成理即可）

李凭箜篌引

（一）（1）昆山玉碎凤凰叫　芙蓉泣露香兰笑　（2）吴质不眠倚桂树　露脚斜飞湿寒兔

（二）《感讽五首》（其三）描写终南山上的坟茔，可以看到李贺善于用奇诡的字眼和想象营造迷离恐怖的氛围，如以“鬼雨”写终南山的冷雨，以树木的“无影”写午夜的情状，皆营造出一种奇诡可怖的氛围，烘托了全诗悲哀的情感。李贺善用颜色描写，本诗写“低迷黄昏径，袅袅青栎道”“月午树无影，一山唯白晓”，字面上由“黄”到“青”

到“白”，色彩变化多样，给读者以丰富的感官体验，并由此烘托出悲凉阴冷的氛围，托出“漆炬迎新人，幽圹萤扰扰”的生命有限、死亡必然的主题，体现了李贺诗善于运用感官描写来表现生命脆弱的特点。

（三）略。

第六单元　诗声词韵（二）

锦瑟

（一）（1）义山　玉谿生　（2）庄生晓梦迷蝴蝶　（3）只是当时已惘然

（二）颔联“庄生晓梦迷蝴蝶”，诗人经历过的人生风雨，现在想来却如同一梦，醒来只有一片迷茫与困惑；“望帝春心托杜鹃”，是说自己一片赤心，却不为人所理解，只能像杜鹃啼血那样，以诗文抒发自己的苦闷。李商隐年轻时跟从牛党成员令狐楚，后来又做了李党成员王茂元的女婿，因此他既被牛党排斥，又被李党怀疑，深陷牛李党争的政治旋涡中，终生郁郁不得志。颔联可以看作这种心迹的书写。（其他解读言之成理即可）

（三）1. C　2. 颈联的意思是：我总是向往着归隐江湖，但一定是在白发之时归隐。因为我一定要做一番回旋天地的大事业之后，才能乘着扁舟归去。内容上，这两句既体现了诗人淡泊的胸襟，又表达出诗人担当事业的志气，与杜甫的胸襟怀抱极为相似。结构上，颈联在颔联的低回哀叹中突然振起，又为尾联的愤世嫉俗之语做好了铺垫，气势奇崛。五、六句之间还有着内在的逻辑，前四字和后三字之间有一个停顿转折，即虽然诗人向往归隐江湖，但一定要等到扭转乾坤之后，情感表达曲折有致，抑扬顿挫的节奏也与杜甫诗类似。写法上，颈联格律严谨，对仗工整，而且暗用范蠡的典故，使得情感的表达更加委婉自然，这也类似杜甫诗的风格。

书愤

（一）（1）务观　放翁　剑南诗稿　（2）早岁那知世事艰　铁马秋风大散关　镜中衰鬓已先斑　出师一表真名世

（二）颔联“楼船夜雪瓜洲渡，铁马秋风大散关”全部由名词构成，运用了名词叠加（列锦）的手法。楼船、铁马象征军事战争，点明事件；夜雪、秋风点明时间，渲染寒冷威严的杀伐之气；瓜洲渡、大散关则点明地点，呈现给读者一种完整而直观的印象，让读者直接进入诗歌所营造的意境中，感受边防重镇千军万马、军容严整、浩浩荡荡的整体氛围。

（三）同：陆游和杜甫都表达了对诸葛亮的仰慕和崇敬。异：陆游借用诸葛亮的《出师表》这一典故，是为了表达自己在壮志难酬的悲愤中，仍然寄托着一种力量和希望。他爱国热情终生不渝，渴望效法诸葛亮，施展自己的抱负。就算自己已经年迈，也期望朝廷中能出现诸葛亮这样的人物，完成恢复中原的大业。而杜甫将诸葛亮的典故与后主刘禅的遭遇形成对比，后主刘禅这位亡国昏君，竟也配和诸葛武侯一样，专居祠庙，享用香火，表示对古今误国昏君的极大讽刺；而诗人自己如同遇到刘备之前的诸葛亮，空怀济世之心，苦无献身之路，忧虑满怀，却只能靠吟诗来聊以自遣，既抒发了国难当头、自己报国无门的悲哀和苦闷，又讽刺了统治者昏庸而不能识人。

拟行路难（其四）

（一）（1）明远　鲍参军　（2）举杯断绝歌《路难》　吞声踯躅不敢言

（二）仔细玩味这个比喻句，我们可以解读出命运的多重特点：第一，水往哪个方向流是不一定的，就好像命运的走向是不可预知的；第二，把水倾倒在地上的那个人是谁，我们不得而知，就好像是谁在掌控我们的命运，也是不可知的；第三，水一旦被倾倒下去，就再也不可能往回流，所谓覆水难收，就好像人的命运已经注定了，是不可能挽回，也不可能重来的。

（三）同：两首诗在情感上都表达了壮志难酬的苦闷和怨愤。在手法上都运用动作描写，如“举杯断绝歌《路难》”“拔剑击柱长叹息”；都运用反问，如“安能行叹复坐愁”“安能蹀躞垂羽翼”；也都有直抒胸臆，如“心非木石岂无感”“何况我辈孤且直”。异：除了表达壮志难酬的苦闷和怨愤，《拟行路难》（其四）还通过“吞声踯躅不敢言”，婉转表达了自己敢怒而不敢言、想说却又不敢说的痛苦；《拟行路难》（其六）则通过“丈夫生世会几时？安能蹀躞垂羽翼”“自古圣贤尽贫贱，何况我辈孤且直”将自己与大鹏鸟、古圣贤相比，暗暗有自许和自负之意，并将自己的际遇提升到普遍的高度。手法上，《拟行路难》（其四）以“泻水置平地”起兴，《拟行路难》（其六）则直接出现动作描写，手法不同，但都富有劈空而来的气势；《拟行路难》（其六）中间六句还通过想象的手法描写弃官还家的天伦之乐，以此反衬官场上的压抑和痛苦。

客至

（一）（1）子美　少陵野老　李杜　（2）舍南舍北皆春水　盘飧市远无兼味　隔篱呼取尽余杯

（二）不同意。“花径不曾缘客扫”，这一句是紧承上句而来，不曾为客人清扫花间的小径，并非因为杜甫有意怠慢或不拘小节，确实是因为这个地方人所罕至、佳客难来，属于客观原因而非主观原因。诗歌到这里，诸多的描写为后一句客人的出场做足了铺垫。

“蓬门今始为君开”，正因为杜甫对客人的到来热切期盼，所以当客人终于来到时，他才会顿时觉得草堂蓬荜生辉，马上打开家门迎客。

（三）相同点：从“竟日淹留佳客坐，百年粗粝腐儒餐”“花径不曾缘客扫，蓬门今始为君开”等诗句可以看出，这里的两位客人都与杜甫关系亲密、感情深厚，所以杜甫才要热情欢迎和挽留客人。不同点：首先是客人身份的不同。《宾至》颔联写“漫劳车马驻江干”，暗示这位客人的地位较高、排场较大，所以杜甫的态度更恭敬一些，自谦“岂有文章惊海内”。而《客至》细写扫花径、开蓬门等行为，杜甫对“客”的态度似乎更加亲切。“客”，指崔明府，他完全没有官员的架子，是以平民身份来拜访杜甫。其次是行为的不同。从《宾至》的颔联可以看出，“宾”“竟日淹留”的原因很可能是想要与名高海内的杜甫谈论诗文，尾联“看药栏”则表现出“宾”对杜甫身体状况的关切。而《客至》中“客”的举止更加随和率意，所以会有“肯与邻翁相对饮，隔篱呼取尽余杯”的豪爽举止，更加富有乡野的生活气息。

登快阁

（一）（1）鲁直　山谷道人　江西诗派　（2）澄江一道月分明　青眼聊因美酒横

（二）从字面上看，“倚”的对象是“晚晴”，也就是夕阳，可是“晚晴”如何能“倚”呢？这就是诗人用字的匠心所在了。缪钺说“倚晚晴”“含有倚阁赏晚晴两重意思，如果用‘赏’字，就显得呆板了”（《诗词散论》）。在这里，人、阁（人文景观）、晚晴（自然景观）三者达到了浑然一体的境界。

（三）景物特点：两首诗的颔联都写了山、月、江、天等意象，但具体特点又有所不同。《登快阁》“落木千山天远大，澄江一道月分明”的意思是，正因为树叶都落下了，天空才显得更加辽阔和远大；正因为赣江水的澄净，所以映照在水中的月亮才显得更加明净和皎洁，整体意境开阔而浏亮。而《过快阁》“山是平沉眠吐月，江如倒激仰吞天”的意思是，天色已晚，远山隐没，似乎进入了沉眠，这就把山上呈现出的一轮明月衬托得更加明亮；江水澎湃，激起的惊涛骇浪似乎要仰吞天空，由此渲染出惊人的磅礴气势。思想感情：相同点在于两首诗都写了对“痴儿”的赞许与推崇。《登快阁》中黄庭坚自称“痴儿”，表达了自嘲、自许、自放、自快的含义，最后诗人希望能吹着长笛、乘着归船，与鸥鸟约定，共同归隐忘机。而《过快阁》主要表达了诗人对黄庭坚其人其诗的仰慕与赞美。尾联“正恐痴儿小痴耳，大痴身自与名全”把《登快阁》中“痴儿”的内涵阐释得更加透彻：所谓“痴”尚有境界之大小，“小痴”就是“生子痴，了官事”（《晋书・傅咸传》）的本来含义；而真正的“大痴”是“了事正作痴，复为快耳”（《晋书·傅咸传》）的深层含义，应如黄庭坚那样，在官场之外找到一条既保全性命，又保全名节的归隐与自快之路。

临安春雨初霁

（一）（1）临安 （2）深巷明朝卖杏花 晴窗细乳戏分茶

（二）颔联是千古名句，传神地描写出诗人在临安的活动、江南的自然景色与风土人情：诗人在小楼里听了一夜的春雨，到了第二天的早晨，又在深巷里听见了叫卖杏花的声音。这两句运用视觉、听觉等多角度描写，选取了几个具有代表性的意象，为读者勾勒出一幅写意的江南春景图：早春时节，小雨淅淅沥沥，杏花在雨中盛开，像是汇聚了所有的春色，而这一片江南春色又好像随着叫卖杏花的声音飞进了千家万户……烟雨蒙蒙，春色迷离，极富神韵。据说这两句诗深为宋孝宗激赏。然而，如果只看到这一层意思，就未免有些肤浅了。我们可以继续追问：诗人为什么会听了一夜的春雨呢？显然这说明六十二岁的陆游一夜未眠。为什么会一夜未眠？联系诗人生平，可以知道陆游此时郁郁不得志，因为心事重重才难以入眠。因此诗中"听雨"的活动并不是出于雅兴，而是因为辗转难眠、百无聊赖。而诗人所处的地点，又为什么是"小楼""深巷"呢？虽然感受到了江南的盎然春意，但诗人似乎并无意于走进这一片大好春光之中。

（三）同：两首诗中陆游都描写了自己作为诗人、文人雅士的活动与形象，如"矮纸斜行闲作草""细雨骑驴入剑门"等。而"衣上征尘杂酒痕""素衣莫起风尘叹"体现了诗人风尘仆仆的一面，表达了诗人对不得志的人生际遇的慨叹。异：《临安春雨初霁》中陆游是骑马，《剑门道中遇微雨》中陆游是骑驴。骑马是仕途顺利、春风得意的官员的象征；骑驴刻画的是一个清苦而落魄的诗人形象。从陆游的主观意愿来说，他是想要策马扬鞭、积极入世、大有作为的，他本人并不甘心只是成为一位诗人，但宋孝宗并不这么想，所以陆游才会发出"此身合是诗人未"的疑问，流露出无限的自嘲与遗憾的情绪。因此《剑门道中遇微雨》更多凸显的是陆游把自己看作诗人时黯然"消魂"的心情，《临安春雨初霁》在失落、惆怅的表面笼罩了一层陆游作为来京官员的无聊、闲适的雅趣。

下编：课外古诗文

第一单元 《老子》选读

可道非常道

（一）1.（1）非常名 （2）众妙之门 （3）天大 （4）道法自然 （5）是以有德 2.（1）不刻意做 （2）牵引 （3）依仗 （4）显现才能、道德 3.（1）道，可以言说，但不是长久不变的道。（2）人世的规则，却不是这样，是剥夺不足来供奉有余。

（二）“天之道”的原则是要维持一个恰当的平衡状态，对有余者损之，对不足者补之。自然的生物链就是这种“损有余而补不足”的具体表现。这和“人之道”恰恰相反。一般的人往往屈从世俗价值，对权贵笑脸相迎，对穷人不屑一顾，对不幸者毫无关照。“天之道”要维持自然的平衡就要“损有余而补不足”。当然，按照道家的原则，这种“损”也是自然之损，这种“补”也是自然之补，而不是豪取强夺后重新分配。中国哲学的一个特点是从客观世界寻找人的行为的根据，天人合一，形而上与形而下之间没有绝对隔绝和分离。所以天道都与人事有关，天道一方面是客观的，另一方面体现了人的行为原则。实际上，天道所体现的原则正是老子所要提倡的价值标准。在实际操作层面，圣人的行为更接近天道。他们拥有比一般人更多的才能，但这还不足以被称为圣人，真正的圣人是有所作为，但不居功自傲。他们固然害怕天道会“损”自己的“有余”而保持低调，但更重要的是，他们深谙天道，懂得“大成若缺”“大巧若拙”[《老子》(第四十五章)]。他们了解真正的完满是将对立面包含在内，这样的完满才是健康、持久的完满。

（三）《老子》认为人们既应该遵循规律，又应该有所敬畏，这种辩证的思维方式非常高明。之后的哲学家、思想家往往只能取其一端。

反者道之动

（一）1.（1）斯恶已 （2）皆知善之为善 （3）长短相形　高下相倾 （4）万物作焉而不辞 （5）生而不有　为而不恃 （6）有生于无　2.（1）暗 （2）空虚 （3）改变 （4）角 （5）施与　3.（1）道的运动是反复的，道的作用是柔弱的。（2）上士听了道，努力去施行；中士听了道，感觉若有若无；下士听了道，大加嘲笑。如果下士不嘲笑，也就不足以称作道。

（二）这里的“大成”“大盈”“大直”“大巧”“大辩”都不是一般的成、盈、直、巧、辩，而是更为完满的成、盈、直、巧、辩，它们之所以完满而“不敝”“不穷”，之所以没有走到反面，就是因为它们“若缺”“若冲”“若屈”“若拙”“若讷”，也就是说，它们包含了反面的因素，呈现了反面的姿态，因此成为更加完满的、更为正面的状态或价值。这种较完满的状态可防止事物激烈的突发的变化，维持了社会的稳定，所以说“清净为天下正”。

（三）《老子》(第二十八章)中的知雄、守雌、知白、守黑、知荣、守辱，都是虽具备常人所期待的价值，却要守住它的反面，也就是要以它的反面的姿态出现，以常人所不喜欢的特点来鞭策自己。这当然不是要人虚伪，而是要防止志得意满，沾沾自喜，更要防止得意忘形。根据材料三“每一事物的运动都和它的周围其他事物互相联系着和互相影响着”，我们了解到守住一个事物的对立面，也就是守住自己，因而“知其白，守其黑”。根据材料四“(发展)是在更高基础上的重复(否定的否定)，发展是按所谓螺旋式而不是按直线式进行的”，我们了解到，接纳、容忍事物的对立面是可持续发展的必要条件。想要越来越坚强，就要能容纳脆弱；想要成功，就要能容纳失败。了解可持续发展的起伏性可以提高一个人的精神境界、道德修养，从而维护和谐的人际关系，建立和谐的社会关系。老子的这种思想后来融入“相反相成”的成语中，也成为中华民族的古老智慧。

无为无不为

(一) 1.(1)天下将自定 (2)以至于无为 (3)大小多少 (4)为大于其细 (5)天下大事 必作于细 2.(1)自我化育，自生自长 (2)不劳民伤财的事 (3)认为困难 3. 求学一天比一天增加知识，求道一天比一天减少知识。

(二)“圣人无为故无败”的道理和“无为而无不为”一样，但圣人并非饱食终日，无所用心，他要做的是“辅万物之自然”，但“不为”。老子显然没有把“辅”当作“为”否定掉，也就是说“无为”的概念并不是要否定一切作为。“辅万物之自然”是圣人特殊的行为方式，不是一般人的行为方式。“弗能为”和“无为”否定的只是一般人的通常的介入性过强的行为及其行为方式。“辅万物之自然”再次说明老子之自然不是什么事都不做，不是没有人类文明的野蛮状态。那么何谓“辅万物之自然”？即以“辅助”而非“管控”的方式帮助每个生存个体自然而然地成长、发展。不压制、限定任何生存个体的正常的、与自然生态及人文环境相协调的发展，但会通过生存个体的内在的价值判断限制和纠正破坏人类和谐秩序的行为。这需要管理者和生存个体都拥有良好的人文素质水平，懂得自尊和尊敬他人，懂得如何有效而平和地待人处事。这要求富有情感和理性的人文素质，是有情感、有理性、有效率、有温暖的人际关系。这就需要新的价值标准和道德原则，特别是往往被忽略和误解的道家式的价值、原则、智慧、态度和方法。

(三)“为无为，事无事”，即不多加管控，强调人与事的自发运作，以达到自然和谐的状态。这就意味着要承认自然的秩序高于强制的秩序。与自然秩序相对的，一边是高压下的秩序，另一边是完全无序的混乱状态。自然的秩序与自然的和谐则大体处于两者之间，最符合人的本性的要求，最有利于生存个体的存在与发展。但是，“道法自然”并不纯粹是个体的自由放任，一切生存个体都要以总体的自然为最高目标和依归。如果要追求和实现这一自然的秩序，那么我们就必须接受一个必要条件，这就是自然和谐的原则高于正义的原则。这就和伏尔泰、亚当·斯密的观点非常接近了。伏尔泰认为人的自然状态是首先要保护的，亚当·斯密也认为市场能自然调节自身问题，因此应当避免过多的管控。

柔弱胜刚强

（一）1.（1）驰骋天下之至坚 （2）其死也坚强 （3）木强则兵 （4）柔弱处上 2.（1）最高尚的品行 （2）怨咎 （3）少 （4）把自己置于后 3.（1）最高尚的品行像水一样，水能够滋润万物但不与万物相争。处于大家所厌恶的地方，所以最接近道。 （2）江海之所以能成为百川归往的地方，是因为它善于居于卑下之地，所以能成为百川归往的地方。

（二）仅仅“善利万物”并不能保证“无尤”。如果“利万物”后一定要求得到自己所期望的回报，往往就酝酿着冲突和不幸。“善利万物”难道不应该得到承认或回报吗？按照一般的道德原则和行为标准，当然应该。但老子哲学的超越之处就在此，老子要求“不争”，即不要求别人的认可、表扬或回报。同党相争、兄弟阋墙、亲朋反目往往不是在共同奋斗之时，而是在大功告成之时，在人人期望得到自己的“一份”的时候。在许多情况下，每个人希望得到的往往高于别人愿意给予的，因此就有失望、抱怨、不平、抗争，而且都打着公平、正义的旗号。这种争斗必然会破坏人类社会自然的和谐与秩序，而自然的和谐是老子哲学的中心价值，所以老子反对“争”而提倡“不争”。可见，“不争”确实是“无尤”的前提。但一般论者只强调《老子》（第八章）中“不争”消极的一面，而忽视老子所讲的“居善地，心善渊，与善仁，言善信，正善治，事善能，动善时”这一系列处理实际事务积极的一面。而“善利万物”更是高尚的理想和原则，绝不消极。所以两方面应当配合着看。

（三）道家的圣人往往不是通常意义上的英雄，道家的圣人“生而不有，为而不恃，功成而弗居”[《老子》（第二章）]、“受国之垢”“受国不祥”[《老子》（第七十八章）]，完全不考虑个人，遑论英雄的美名，但他能够“辅万物之自然”[《老子》（第六十四章）]，创造一个万物自然萌生、百姓安居乐业的局面。有此成就才无愧为“社稷主”“天下王”[《老子》（第七十八章）]。这和《爱的艺术》中艾·弗罗姆所说的“爱情首先是‘给’而不是‘得’”有相似之处。不以百姓的崇拜为目的，不是索取的心态，就会收获更大的幸福。在《老子》中，代表长远、大局的还有雌性，从老子对“知其雄，守其雌”[《老子》（第二十八章）]、“赤子”[《老子》（第五十五章）] 的强调中可见。老子赞美这些文化象征，不是赞美女性和婴孩，而是引入与长远、大局相关的雌、柔的思维方式，并将之作为崇尚强权的男性价值体系的补充，希望用雌、柔的观念帮助人们反思强权价值体系所带来的一些思维弊端，以成就长远的和谐局面。

第二单元 《庄子》选读

逍遥之游

（一）1.（1）抟扶摇而上者九万里　去以六月息者也 （2）举世而非之而不加沮　辩乎荣辱之境 （3）肌肤若冰雪　吸风饮露 （4）安知我不知鱼之乐　2.（1）天边 （2）阻止，阻拦 （3）主持 （4）希望 （5）放置　3.（1）厨师即使不下厨房，主持祭祀的人也不会逾越职责而去代替厨师烹调。（2）这只神龟，是宁可自己死了留下龟骨富贵，还是宁可自己活着拖着尾巴在泥中爬呢？

（二）三本书的开篇不同，意味着视角不同。《论语》着眼于社会中的人，从修身交友开始讲；《老子》着眼于天地，从笼罩一切的道开始讲；《庄子》关注的是自然中的人，从鲲、鹏开始讲。《老子》《庄子》虽然都关注天人之际，但是《老子》更加形而上，《庄子》则较有人间气息。

（三）同：两种说法都认为与他人产生的关联会妨碍个体的自由。异：两者的着眼点不同，庄子的着眼点在于人与人之间的情感，以“相忘”为解决问题的方法。萨特的着眼点在于人的存在，他人的注视使得个体成为“为他人的存在”。萨特并没有给出解决的方法。另外，两者的哲学基础不一样。《大宗师》中的这句话是基于顺应自然的哲学，认为各自依从各自的本性，互不妨碍是最好的。萨特的话则基于存在主义哲学，认为他人影响了个体对自我本质的觉察，影响了选择及自由。

齐物之论

（一）1.（1）鱼见之深入　麋鹿见之决骤　四者孰知天下之正色哉 （2）因之以曼衍 （3）蝴蝶之梦为周与　2.（1）何以，凭什么 （2）评判 （3）从前 （4）顷刻　3.（1）即使我与你辩论，你胜了我，我没有胜过你，你一定是对的，我一定是错的吗？ （2）过去庄周梦见自己变成蝴蝶，自在地飞舞着。自己觉得很快意啊，忘掉自己是庄周了。

（二）这段选文以骊姬婚后觉得自己当初哭着怕结婚是没有必要的，来类比说不定人们死后也会觉得自己当初怕死是没有必要的。普通人以生为乐，以死为苦，因而惧怕死亡。这种执着于生死、好生恶死的心理是没有必要的。此段选文致力于打破人们对生死的固有观念，最终目的是以齐同生死来说明齐物的道理。

（三）这段选文以“凡为山水者一致也”来消弭“天下佳山水”的个体差别，以这种齐同来支撑自己对可楼的认可；然后又进一层，将“可”与“不可”，视为必须打破的二元对立的状态，提出忘记“可”与“不可”的区别才是更高境界，到那时候，有没有这座可楼都已经无所谓了。这是庄子“齐物”思想的应用。

无用之用

（一）1.（1）周将处乎材与不材之间　似之而非也　（2）何不树之于无何有之乡　逍遥乎寝卧其下　2.（1）自然应有的寿命　（2）毁谤，非议　（3）同“向”，趋向，归向　（4）合　3.（1）主宰外物，而不被外物役使，这样哪里能受到牵累呢！　（2）它不会在斧头下夭折，没有什么东西来伤害它，它没有什么用处，哪里会有困苦呢？

（二）庄子先提出“知无用而始可与言用”的观点，即如果不承认“无用”的用就谈不上讨论“用”。接下来采用举例论证的方式，逼迫惠施承认假如没有“无用”，“有用”也变得“无用”。从达到站立的目的看，只有脚下的土地起支撑作用，但是假如把其他看上去“无用”的土地都挖去，立足者就会因为害怕站不住了。所以结论是，从辅助“有用”之“用”的意义上说，“无用”也是“有用”。

（三）两者都肯定了“无用”的意义。不同之处在于，海德格尔强调“无用”本身固有的价值，并且上升到“物的意义”的高度，侧重形而上的讨论。庄子讲的“无用”，则既有全生避祸的现实意义，有辅助“用”而起的作用，又有精神自由的形而上价值，内涵更加丰富。

无为之为

（一）1.（1）七日而浑沌死　（2）天地有大美而不言　万物有成理而不说　2.（1）恩德　（2）驱马快跑　（3）推究　（4）养。这里指被养育　3.（1）陶工说：“我善于处理黄而细密的黏土，可使圆形的与圆规相符合，方形的与矩器相符合。”（2）天地四方虽然广大，却没有超出天道的范围；秋天的兽毫虽然微小，却要依赖天道来生成形体。

（二）儵与忽为浑沌凿七窍，说明了违反自然的“有为”的危害。浑沌没有七窍，眼、耳、鼻、口对他来说都是“无用”的。“无”窍有用，“有”窍反倒有害。儵与忽的做法，可以看作强求“有用”的行为，这种“有用”因为违背浑沌的天性而造成危害。从浑沌自身的角度讲，要想保全自己，首先就要拒绝违反自己天性的“有用”，就要拒绝为自己凿七窍的行为。毕竟“养生”的首要含义是“全生”。如果儵、忽、浑沌都能够依照自己的天性而动，无所谓“德”，也无所谓“报德”，相忘于江湖，那么彼此都能

“逍遥”了。

（三）“仁义”是儒家的核心概念。针对春秋战国时期的乱世，孔子、孟子提出仁政及伦理道德上的仁义，试图建立社会普遍认可的价值观念，使社会秩序井然。庄子则从个体的自由角度出发，认为仁义是强加的，违反人的天性，不能建立秩序，反而会出现打着仁义的旗号行不仁不义之事的行为。两者产生分歧的原因是，儒家认为仁义是人性内在的要求，而庄子认为仁义违反人的天性。两种观点有各自的立场。从社会秩序建立的必要性来看，儒家的看法有积极意义，但一旦过度，又会钳制人的天性；从这个意义上讲，庄子的看法也有其价值。

第三单元　《墨子》选读

贤能治国

（一）1. 是故上下情请为通　2.（1）同“避”（2）使众生安居（3）何故　通“智”（4）全（5）嘴唇，引申为口边（6）四肢（7）善言，也可指天子的诏令　安抚，抚慰（8）做　3.（1）有力量的人赶紧帮助别人，有财富的人尽力分给别人，有知识的人勉力教育别人。（2）所以古代圣明的君主能够把事情成功完成，留名于后世，没有其他什么特别的原因，说：只是能够将统一思想作为治理政治的基本政策。

（二）“尚同”与“尚贤”是相辅而行的行政管理原则。人们的思想见解、人们的是非好恶、人们的一切行动准则，都要逐次统一于上级，直到天子，天子又最终统一于天。“统一于上”这种政治思想立论的前提和根据是“以贤为本”和“上贤于下”。既然“以贤为本”和“上贤于下”，那么“尚同”——“统一于上”，就不但是必要的，而且是自然而然的。应该说，在墨家思想中，“尚同”是“尚贤”的必然发展，“尚贤”则是“尚同”的必要前提。倡导“尚贤”“尚同”，标志着墨家“贤能治国论”的确立。

（三）老子的“不尚贤”强调的是不标榜贤才异能，使民众不争功名；不珍视难得的宝物，使民众不做盗贼；不显耀可贪的事物，使民众不被惑乱。在老子看来，是过度的欲望和过于复杂的心思让民众变得急功近利，争强好胜，反而失去了淳朴的天性，这将导致世道人心的丧乱。墨子的“尚贤”论强调的是要不拘一格地选拔贤人，唯贤是尚，量材任官，赏罚分明，将符合标准的人选拔上去，把那些世袭的无才无德的贵族替换下来，这是为了实现他建立贤人政治的理想。老子是以“无用”来保全天性，使民众回归天真。墨子是以“有用”来拯救世道，使人各尽其材。

泛爱反战

（一）1.（1）为人父必慈　为人弟必悌　（2）夫奚说书其不义以遗后世哉　2.（1）实行　仰望　（2）私，偏袒，迎合　（3）非难，责备　（4）因为　（5）通“诚”，实在　3.（1）所以说兼爱是圣明君主的治国之道，王公大人因此得以安稳，广大百姓的衣服食物因此得以足用。所以君子不如审察兼爱的道理而努力实行它。　（2）现在小范围内犯错，人们知道指责其错误；大范围内犯错去攻打别人的国家，人们却不知道指责其错误，反而跟着称赞这种行为，称它为义。这可以说是知道了义与不义的区别吗？

（二）文章从偷窃抢劫的事例说起。偷窃者从偷窃桃、李到偷窃鸡、狗、猪，到偷窃牛、马，其罪孽随着损人利己的程度加重而加重，人们能辨其不义。抢劫者从抢劫衣裘、戈剑到把人杀死，损人利己的程度更重，罪孽也更重，人们同声谴责其不义。然而，现在有人做着最大的不义之事——攻打别人的国家，大规模地杀人和掠夺，人们非但不谴责，反而称誉其合于义。这可以说是知道了义与不义的区别吗？用这种层层递进的方法，彻底剥去了不义者的伪装，原来以攻打别人的国家标榜为天经地义者，实与偷窃抢劫者同出一辙，文章就此揭示了不义的实质，表现出对不义者蔑视、冷嘲和贬斥的态度。

（三）“仁爱”和“兼爱”分别是儒、墨两家的代表性理论和核心范畴。儒家的“仁爱”是一种有等差的爱，即要求以对父母兄弟之爱为同心圆的圆心，层层外推，逐渐扩展到对宗族、国家和社会的爱，其中“亲亲”之爱最真实、最浓厚，即“孝弟也者，其为仁之本与”（《论语·学而》）。而墨家的“兼爱”是一种无等差的爱，要求人们抛却血缘和等级差别的观念，爱人若己。用墨子的话说就是“视人之国若视其国，视人之家若视其家，视人之身若视其身”（《兼爱中》），以此达到“国与国不相攻，家与家不相乱，盗贼无有，君臣父子皆能孝慈”（《兼爱上》）的良好局面。一言以蔽之，“仁爱”注重推己及人，“兼爱”讲究视人若己。

尚俭合礼

（一）1. 彼其爱民谨忠　利民谨厚　忠信相连　是以终身不餍　殁世而不卷　2.（1）四肢　（2）残害　（3）流出，散发　（4）防御　（5）通“涓”，清洁，干净　（6）不时。这里指哭泣不分昼夜　（7）睡在草垫上　（8）开辟，开垦　3.（1）就算是他最喜爱的（食物），黍和稷只吃其中一种，肉汤和肉块只吃其中一种，用瓦器盛饭，用瓦盘盛汤，用木勺舀酒。　（2）古代圣明的君主因为大河宽广不能渡过，所以制造了船和桨，能够渡河就可以了。

（二）这一节选的文段入题别具慧心，以圣人治国则“一国可倍”来触动人心，更确切地说是触动“君”心。这与《节用中》反复提及“古者圣王制”有异曲同工之妙。紧接着表明“倍”的途径是“节”。所谓“节”，就是“去其无用之费”。何谓“无用”，就是不符合实际需求，不实用。也就是说，在墨子看来，一个国家财富成倍增长，不是靠掠夺他人土地得来，而是靠立足国内，省去无效的花费，用度适“实”而止得来。只要不伤财，不劳民，不办无用之事，国家财富就会增长。这一节选的文段总体是围绕“节用”的原则和目的展开。《节用中》是把《节用上》的原则进一步具体化，设定了“节用”的标准以及“节用”可行的方方面面。我们可以把《节用上》看作“节用”的行动纲领，把《节用中》看作“节用”的实施策略。

（三）崇俭节用的思想源于先秦，历代思想家都曾提出过相当深刻的见解。老子的节俭观是从清心寡欲的养生之道出发，旨在回归纯朴的天性。孔子是将节俭作为君子的修养，用以养德且不违礼。墨子极力推崇由上至下厉行节约，而且率先从自我做起，布衣草鞋，过着“自苦为极”(《庄子·天下》)的简朴生活。如今的我们当然不必做苦行僧，但倡俭戒奢的伦理导向符合人与社会健康发展的理念，尤其是在消费主义盛行的当下，继承和弘扬这一思想，不仅是我们的道德实践，而且对我们培育可持续发展的消费理念具有重要的借鉴意义。

顺天尊鬼

（一）1.（1）兼相爱　交相利　别相恶　交相贼　（2）尝若鬼神之能赏贤如罚暴也　实所以治国家、利万民之道也　2.（1）（达到）极致　（2）传承　（3）通“旁”，广泛地　（4）通“涧”，深沟　（5）祸害残杀　（6）假借为“戕”，残害　功劳　（7）登上　（8）手指戳划。形容不用武器就可以轻而易举地杀死人　3.（1）所以使他们不得寿长而善终，基业不待终其身而亡，人们至今还在唾骂他们，称他们为残暴的君主。　（2）这就是我所说的鬼神的惩罚，无论是富贵、人多势大、勇猛顽强、铠甲坚固武器尖利（而抵抗），就是这样（的道理）。

（二）此段选文通过墨子回答曹公子对鬼神的质疑，再一次阐明了鬼神存在的价值。曹公子是墨子的弟子。他做官之前，生活困窘，没能力祭祀鬼神；做官之后，生活改善，恭敬地祭祀鬼神，但人丁不兴旺，自己也染病在身。由此他怀疑墨子的鬼神之道是否值得采用。墨子直接指出曹公子问题的症结——仅以祭祀的形式与鬼神发生联系，这是远远不够的。在墨子看来，鬼神对于人的欲求众多，其中最基本的两个方面就是“让贤”与“济世”。曹公子在这最基本的两个方面有所缺失，自然会发生不祥。墨子紧接着以

“百门而闭一门”为喻，批评了曹公子流于形式的鬼神信仰。在与曹公子的对话中，墨子以仁义作为人们行为活动的解释准则，可见墨子“明鬼”的深意仍在于为其政治主张开辟道路。

（三）在老子看来，人、地、天、道是宇宙之间的四种存在，其中道为最高。既然天、地、人皆由道所派生，那么天与人在世界本源意义上就达到了统一。而“道法自然”，天、地、人必然要效法自然，进而天与人又在自然层面上达到了统一。庄子继承了老子“道法自然”的思想，也以道作为万物的本源。万物与人都是同生于道，万物与人是一体的。庄子又说：“天地一指也，万物一马也。”（《庄子・齐物论》）其认为万物只是概念存在的不同，其实皆为一种物质存在而已。万物浑然一体，并且在不断地向其对立面转化，因而没有区别。既然天、人一体，天道自然，清静无为，人道效仿天道，自然也是以“无为”为旨归。这与墨家把天看作至高无上的权威，以天为法度上下勉力而行的认识是截然不同的。

止乐非命

（一）1.（1）饥者不得食　寒者不得衣　劳者不得息　（2）有本之者　有原之者　有用之者　2.（1）盾　斧钺，古代的一种兵器　（2）从根本上　（3）对于　（4）标准，准则　（5）转动的陶轮　（6）符合　（7）通“盍”，何不　（8）改变　3.（1）如果向百姓征收很重的赋税，用来制作大钟、鸣鼓、琴、瑟、竽、笙等乐器，来谋求振兴天下的利益，除去天下的祸害，（这）是没有什么益处的。（2）（用这话）对上游说王公大人，对下阻碍百姓从事生产，所以主张有天命的人是不仁义的。

（二）墨子的“三表法”，可称为“三表”或者“三法”，“表”或“法”在这里是原则、标准的含义，联系起来就是三个判断的标准或原则。要证明自己的主张正确并让别人相信其正确，言“必立仪”，即要确定一个共同的标准，这就是“有本之者，有原之者，有用之者”的“三表”。第一表，即第一项原则——“言必有据”。这个“有据”就是古代圣明君主的事迹——“上本之于古者圣王之事”。第二表，即第二项原则——“言必据实”。这个“据实”就是百姓的实际情况——“下原察百姓耳目之实”。第三表，即第三项原则——“言必有利”。这个原则接近我们现在所提倡的“实践是检验真理的唯一标准”——“废以为刑政，观其中国家百姓人民之利”。“三表法”重视历史经验，重视社会实际，更重视实践效用，把是否符合百姓的利益作为考察的标准，强调“事”“实”“利”对检验认识的决定作用，这是一种朴素唯物主义经验论的真理观。

（三）荀子认为音乐能够陶冶人的心性，使人和谐相处，所以统治阶层通过发挥音乐的道德教育功能而实现对人的教化，是礼的重要补充，故不能无乐，无乐社会将乱。墨子认为从事音乐活动，不但对百姓无益，而且有可能拖累国家的经济发展。春秋战国时期，诸侯征伐不断，战乱四起，从事音乐活动要消耗大量人力、物力，给百姓生活带来巨大的压力。从这一角度看，墨子不是反对音乐的艺术功能，而是反对统治阶层不合时宜地享乐纵欲。

第四单元 《大学》《中庸》选读

大学之道

（一）1.（1）日日新　又日新　（2）毋自欺也　（3）故君子必慎其独也　（4）身有所忿懥　有所恐惧　有所好乐　有所忧患　（5）其家不可教　而能教人者　2.（1）能够　（2）审理案件　（3）穷究，彻底研究　（4）气味　（5）通“慊”，满足　（6）装饰房屋　（7）心愤怒　（8）偏颇，偏向　（9）同情，怜悯　（10）败坏　（11）同“率”，率领　（12）用绳度量粗细　3.（1）《尚书·太甲》说：“念念不忘天赋予的光明的禀性。”《尚书·尧典》说：“能够彰明崇高的德性。”都是说要自觉地彰明光明的德性。　（2）做君主时，做到仁爱；做臣子时，做到恭敬；做子女时，做到孝顺；做父母时，做到慈爱；与国人结交来往，做到诚实。　（3）财富可以装饰房屋，品德可以修养身心，使心胸宽广而身体舒泰安康，所以君子一定要使自己的意念真诚。　（4）所以有谚语说：“人都看不到自己孩子的缺点，人都不认为自家禾苗长得茁壮。”（5）之所以说要使天下太平在于治理好自己的国家，是因为：君主尊敬老人，百姓就会兴起孝敬之风，君主尊重长辈，百姓就会兴起敬长之风；君主体恤孤儿，百姓就不会背弃这一公德。所以君子要实行推己及人以协调人际关系的“絜矩之道”。

（二）“明德”的具体内涵，从《论语》看，就是“己所不欲，勿施于人”的“忠恕”之道，是“仁者爱人”的仁德之心，是对父母兄长的“孝悌”，等等；从《孟子》看，就是我们人人本来具有的善性，即仁、义、礼、智的“四端”——恻隐之心、羞恶之心、辞让之心、是非之心。

（三）“大学之道，在明明德，在亲民，在止于至善。”《大学》强调了教育立足于激发人发扬、扩充自己天赋的德性，通过自新、完善而臻于至善。这种理念和苏霍姆林斯基的“激发学生进行自我教育”相通，都是立足于对人的本质的认识，以“成人”为目标，以使学生自己成就自己为基本方式。

中庸之难

（一）1.（1）谓之中　发而皆中节　（2）执其两端　用其中于民　（3）小人行险以徼幸　2.（1）遵循人的自然禀赋　（2）同“现”，显现　（3）很少　（4）胸口　（5）兵器　（6）记述　（7）匹夫匹妇，指普通男女　（8）洞察，观察　（9）忠厚诚实的样子　（10）同“凌”，欺凌　3.（1）天所赋予人的禀赋叫作性，遵循天性以做人做事叫作道，将道修明并推广于民众叫作教。（2）中，是天下的根本；和，是天下普遍的规律。达到了中和，天地就各在其位，万物就繁育生长。（3）君子践行中庸，在于君子的言行时刻符合中庸之道。（4）天下国家可以治理好，官爵俸禄可以辞掉，明晃晃的锋利的刀刃可以踩踏，中庸却不容易做到。（5）所以君子与人和睦相处而不随波逐流，是真正的强！（6）君子的中庸之道，开端于匹夫匹妇间的日常生活，到了高深境界，则可以洞察整个天地。

（二）从《中庸》开篇的语言表达和思想内容看，子思语言简洁直接且一语中的，不枝不蔓；一上来就对人性如何确立、人性和天道的关系如何、道与教化的意义何在，予以开门见山式的回应，看得出他是一位思想格局很大、充满探究根本性问题的锐气与气魄的思想家。

（三）“慎独”延续了曾子“吾日三省吾身”（《论语・学而》）的传统，是对人充分的精神自觉的推崇。《大学》是从君子和小人的对比来谈。《中庸》是从戒慎、恐惧之心在隐、微的时候，也是君子人格彰显的时刻来谈。“独”不仅指独处，而且指没有外在约束，非常孤独的状态，如同王阳明《咏良知四首示诸生》（其四）中所写的“无声无臭”的状态，但此时又是自己的良知能熠熠生辉、照耀乾坤的时候。

诚之之法

（一）1.（1）天之道也　人之道也　（2）人十能之　己千之　（3）必有祯祥　必有妖孽　（4）而道　自道也　2.（1）绊倒，引申为不顺畅　（2）不停止　（3）教化　（4）帮助，促进　（5）通“现”，呈现　（6）随时运用　（7）验证　3.（1）任何事情，预先有准备就会成功，没有准备就会失败。（2）要广泛地学习，仔细地探究，审慎地思考，清晰地分辨，笃实地实践。（3）由心诚而通晓道理，叫作性。由通晓道理达到心诚，叫作教化。达到了真诚的境界就没有不明白的了，明白了道理，就可以达到真诚的境界了。（4）能促进天地自然的繁育发展，至诚的功效就能与天、地并立为三了。（5）只有天下至诚的人才能感化人。（6）所以至诚是永不停息的。永不停息就会长久存在，长久存在就会验证，有验证就会深远无穷，深远无穷就会博大深厚，博大深厚就会高大光明。

（二）“自诚明”是指生而知之，天赋异禀可率性而为而得“从容中道”；“自明诚”则是学而知之，通过“择善而固执之”的诚之之道，通过后天教化，努力达到“诚”与“中道”。“诚则明矣，明亦可诚矣。”殊途而同归，以诚而明为归宿。“诚”和“明”统一，才是人性得以实现的途径。

（三）苏格拉底说“美德即知识”（柏拉图《美诺》），将道德当作知识和概念的对象，是通过理性和逻辑来把握道德，把道德当作一个客观研究对象。儒家思想则主张从主体上下功夫来把握道德，如《大学》《中庸》皆讲“慎独”和“诚”；王阳明讲“致良知”，使主体通过正心、诚意、慎独、诚之之法，来调节和安顿自己的生命，来“明明德”“自明诚”，是一种主体的学问，也就是生命的学问。

圣人配天

（一）1.（1）亲亲为大　尊贤为大　（2）不可以不事亲　不可以不知人　（3）所以行之者三　（4）为能经纶天下之大经　知天地之化育　2.（1）布列，记录　（2）差别　（3）迷惑　（4）通“徕”，招徕　（5）治理　（6）省察　（7）通“饩”，稻米　（8）同“背”，背叛　（9）效法，承袭　（10）覆盖庇佑　（11）普遍，辽阔　（12）通“坠”，降落　3.（1）因此治理政事取决于人才，人才的获得取决于明君的修养，修养取决于遵循中庸之道，遵循中庸之道取决于仁爱之心。（2）有的人生来就通晓大道，有的人通过学习才通晓大道，有的人经历过困惑后才通晓大道，当他们最终通晓大道的时候，结果是一样的。（3）治理天下国家有九条准则，这就是：修养德行、尊重贤人、亲爱亲人、敬重大臣、体恤众臣、爱民如子、招徕各类工匠、优待远客、安抚诸侯。（4）斋戒沐浴，清心寡欲，穿着盛装，不符合礼的事不做，这是修养德行的方法。（5）所以君子应当尊奉德行而好问善学，致力于广大的宏观境界而尽心于精微的微观世界，极尽高明的道理而又遵循平常的道理。

（二）“尊德性而道问学”是说笃志于德行且致力于学问，既指出了人的本性的天赋明德，又强调后天的诚之之法。“致广大而尽精微”与“君子之道，费而隐”“道不远人”等可以联系起来，表明中庸之道既是广博的，能实现礼治文明的建构，又须立足于精微，离不开日用常行。

（三）天人合一、心物合一、情景合一的境界，是古代文人用极大心力追求的境界。天人合一思想对中国古典文学、美学等都产生了很大的影响。如《文心雕龙·物色》中说：“春秋代序，阴阳惨舒，物色之动，心亦摇焉。盖阳气萌而玄驹步，阴律凝而丹鸟羞，微虫犹或入感，四时之动物深矣。”刘勰指出春、夏、秋、冬的四季变化、物容的变化，以及人的情感变化有一种对应关系。历代画论也有类似看法，如沈颢《画麈》曰：“山于春如庆，于夏如竞，于秋如病，于冬如定。”艺术家常常将自己的生命投射到自然中去，又在自然中观照自己的生命，所以我们常常能在诗歌中读出诗人伤春悲秋等情绪，看到诗人情景交融的写作手法，看到艺术家为创造意境所做的努力。

以中华传统文化的存在方式学习中华传统文化

——代后记

作为一名长期坚持在语文教育中引入《论语》《古文观止》《诗经》《楚辞》等大量古代诗文的中学语文教师，经常有学生、家长、同行质疑：为什么一定要学习这些？坦率地说，我很少对此作出完整的回答，只是根据不同的提问者作出不同的回答，比如——

有问："对考试有用吗？"我答："非常有用。当你从高一就认真学习这些后，不仅高考能得高分，而且还为你高三复习其他学科让出一些时间来。"

有问："背诵那么多古人的东西干什么？"我答："这些'东西'是最诗意、最优雅的表达。背多了，你自己的表达也可能会满贮诗意，也可能有一种优雅流溢其间。你不是很喜欢'诗意地栖居于大地之上'这样的诗句吗？假如换掉'栖居于'和'之'四个字，将这句诗译成'诗意地居住在大地的上面'，你觉得还有诗意吗？"

有问："我们可不可以少学一点，少背一点？"我答："可以。但你将同少学、少背的人一样少了文化。"

……

今天在本书的代后记中，我想对质疑的人们做一次较为完整的回答。

当下，中华传统文化的价值与优长被越来越多的包括中国人自己在内的人们所认识、赏识以至推介、推崇。所以，新世纪以来，国学在国内持续升温，孔子学院在国外如雨后春笋。

但是，如何更好地学习、传承、弘扬中华优秀传统文化？这似乎又成了人们今天必须面对、必须回答的一个问题。我们编写这套"中华古诗文阅读"，就是我们面对并回答这个问题的方式。这种方式用一句话来说就是："以中华传统文化的存在方式学习中华传统文化。"

什么是中华传统文化的存在方式？概而言之，就是以"经"（儒家经典）为中心，以“史”“子”“集”为拱卫，形成天人合一（或曰天人同构）的宇宙生命体的文化体系（或曰宇宙秩序）。在这个文化体系中，“经”居中心，宣示“仁义礼智信”，具有天经地义（或曰天地良心）的地位；“史”以人类故事诠释“仁义礼智信”；“子”以思辨姿态诠释“仁义礼智信”；“集”以文学方式诠释“仁义礼智信”。所以，《易・系辞》说：“天尊地卑，乾坤定矣。卑高以陈，贵贱位矣。”《汉书・艺文志》说：“《乐》以和神，仁之表也；《诗》以正言，义之用也；《礼》以明体，明者著见，故无训也；《书》以广听，知之述也；《春秋》以断事，信之符也。五者，盖五常之道，相须而备。”《隋书・经籍志》讲得更明白：“夫经籍也者，机神之妙旨，圣哲之能事，所以经天地，纬阴阳，正纪纲，弘道德，显仁足以利物，藏用足以独善。学之者将殖焉，不学者将落焉。”所以，柳诒徵在《中国文化史》中说“孔子者，中国文化之中心也”，“自孔子以前数千年之文化，赖孔子而传；自孔子以后数千年之文化，赖孔子而开”，是符合几千年中国文化的存在实际的。

中国文化几千年就是生存在这一文化体系中。理所当然，我们几千年文化的全部知识也就产生于这一体系；或者说，我们几千年文化的全部知识都围绕天人同构的宇宙秩序展开；或者说，我们几千年的全部知识都围绕“仁义礼智信”这“五常之道”展开。明乎此，我们才能明乎中国几千年文化的基本形态；明乎“六经”为何在中国几千年文化中居于核心地位；明乎“道德理性”为何深深根植于中国几千年文化的一切文化形态之中；明乎古代教育为何以“明明德”“新民”“止于至善”为三纲，以“格物”“致知”“诚意”“正心”“修身”“齐家”“治国”“平天下”为八目，以“学以成人”“约以成人”为理路，以召唤人们成为“君子”为目标；明乎古代科举取士时为何必考“经义”；明乎古代士人为何以坚守天地良心为己任；明乎韩愈说“尧以是传之舜，舜以是传之禹，禹以是传之汤，汤以是传之文、武、周公，文、武、周公传之孔子，孔子传之孟轲”(《原道》)的要义；明乎张载说“为天地立心，为生民立命，为往圣继绝学，为万世开太平”(《横渠语录》)的真谛。

也许有人会说，以“经”为中心，是汉武帝之后的事，汉之前中国文化是百家争鸣，百家共治，百家共生。这大概是不错的。但是，我们不能以此否定另一个事实，即“尧—舜—禹—汤—文王、武王、周公—孔子—孟子”一脉相承的“道统”始终处于中国文化的中心，战国时期的百家争鸣也是围绕这一中心展开的：道家是站在儒家的对立面成长起来的，即通常所谓“仁义之说兴而道家出”；墨子“学儒者之业，受孔子之术，以为其礼烦扰而不说，厚葬靡财而贫民，久服伤生而害事，故背周道而用夏政”(《淮南子·要略》)，所以一般都认为墨家是从儒家突破而来的；法家“不别亲疏，不殊贵贱，一断于法”(《史记·太史公自序》)的主张则是由孔子“为政以德”(《论语·为政》)到荀子“礼法并重，刑德并举”的进一步突破。因此可以说，《诗》《书》《礼》《乐》《易》《春秋》等儒家经典所承载的“仁义礼智信”是中华传统文化的中心，其他知识均缘此而生发，是一个基本事实。

但是，中国文化几千年存在的这一知识体系，在近一百多年间遭到了西方知识体系的拆解而被否定。

西方知识体系是在古希腊文化传统的基础上构建的知识体系，主要以自然现象和社会现象为研究对象而构建。因此，形式逻辑变成了世界秩序。在这一知识体系中，世界成了可计算、可预测、可推演的秩序；是否科学成了衡量宇宙间万事万物的唯一标准，以线性推演为本质特征的认知方式成了人生学习的基本模式。因此，“分类”在知识中具有了“天经地义”的地位，哲学、文学、艺术、美学、数学、物理、化学、生物学、社会学……构成了世界。

伴随着中华民族近代一百余年的屈辱史，经历了百余年对中华传统文化的沉痛反思后，至五四时期，中国知识人开始了全面接受西方知识体系的革命性步伐，其标志就是胡适于1919年出版的《中国哲学史大纲》。该书由蔡元培作序，出版后迅即震撼了整个中国学界，获得了广泛好评。

确实，《中国哲学史大纲》是石破天惊之作。它将原来以“经”为中心、以“史”“子”“集”为拱卫的浑圆的几千年中华传统文化知识体系切碎，再从西方哲学本体论、价值论、认识论的角度来观察，然后从这三个角度将中国古代几千年的思想纳入宇宙论、人生论、致知论的哲学框架中。这是中国古代思想第一次被西方知识体系完美印证，也是西方知识体系第一次完美归纳中国古代几千年的思想。在这两个“完美”之中，胡适成就了自己在中国哲学研究、中国史学研究及中国现代学术史上的崇高地位——中国现代学术西化之路的大门的开启者。从此，西方知识体系全面征服了中国知识分子，举凡学术的方方面面都唯西方学术马首是瞻，以致今天如果离开这套知识体系，我们将无法表达自己；与此同时，中华传统文化知识体系被无情地抛弃，至今已极少有人识得。

但是，人类文明能传之久远并不断被发扬光大，是因为永远有一批先知先觉者，他们构成了人类文明的另一种景观。在 19 世纪整个西方将中国历史视为“野蛮的、闭关自守的、与文明世界隔绝”(马克思《中国革命和欧洲革命》)的、落后的“一种非历史的历史”(黑格尔《历史哲学》)时，雨果在 1865 年写作《莎士比亚论》时却将西方与东方联系起来思考:“由此产生了两首巨大的诗篇。此地是‘太阳神’，那儿是‘龙’……这两个世界属于最高的趣味，标志出这最高趣味的两极。这最高趣味的一端有希腊，另一端有中国。”列夫·托尔斯泰 1905 年在给留俄中国学生张庆桐的回信中说:“中国常常被人责备为顽固保守，如果把它同基督教世界得到的一些结果相比较，它比基督教世界所处的充满仇恨、刺激和永不停止的斗争的情形要好上千百倍。”在 20 世纪整个中华大地无情地抛弃自己的传统时，辜鸿铭、陈寅恪等学贯中西的大家依然顽强地坚守中华传统文化精神。英国历史学家阿诺德·汤因比在他的巨著《历史研究》中也说:“西方观察者不应低估这样一种可能性:中国有可能自觉地把西方更灵活也更激烈的火力，与自身保守的、稳定的传统文化熔为一炉。如果这种有意识、有节制地进行的恰当融合取得成功，其结果可能为人类的文明提供一个全新的文化起点。”

然而，如果我们不能真正认识到“这最高趣味的两极”“另一端有中国”，我们就不可能真正认识到中国文化对西方文化“有意识、有节制地进行的恰当融合”“可能为人类的文明提供一个全新的文化起点”，更遑论做到这些。因此，我们确实需要对近代以来对中华传统文化知识体系的否定进行彻底反省，重新认识中华传统文化知识体系的价值与优长，并以其独特的生存方式学习它、传承它、弘扬它，以在全球化时代真正重构中国文化的现代知识体系与话语体系，实现中华民族的伟大复兴。

正是鉴于上述思考，我们在语文教育中落实中华传统文化教育时，坚持以中华传统文化知识体系的存在方式展开，基本维护以“经”为中心，以“史”“子”“集”为拱卫的浑圆的中华传统文化知识体系，即以《论语》《古文观止》为核心，将儒家其他经典，如《诗经》、“三礼”、《左传》、《孟子》、《荀子》等作为重点，参以先秦诸子和先秦历史著作的其他几家，旁涉秦以后的历代诗歌及《文心雕龙》《诗品》等著作。

同时，在具体学法指导上，我们坚持“小”“大”并举、以“大”为重的原则。这里所谓“小”即古诗文之“言”，所谓“大”即古诗文所宣示、所拱卫之“道”——由“仁义礼智信”支撑的天人同构的宇宙秩序。韩愈在《师说》中抨击当世之人“小学而大遗”，在今天，“小学而大遗”之弊尤其突出。我们认为，坚持“小”“大”并举、以“大”为重的原则，是破解当今学习之弊的重要策略。

我知道，这一回答肯定不能得到人们的全部认可，因此期待大家的批评。

黄荣华

2015 年 10 月 28 日